Trésors du temps

Niveau avancé

Yvone Lenard

GLENCOE
McGraw-Hill

New York, New York — Columbus, Ohio — Mission Hills, California — Peoria, Illinois

About the Cover

Le mois de mai (Les Très Riches Heures du Duc de Berry, 1412). The green attire worn by these lords and ladies symbolizes Spring, and an atmosphere of *joie de vivre* in the month of May pervades the whole scene. The castle in the background may be the royal palace of the Île de la Cité in Paris, later to be the Palais de Justice.

Photography: Wayne Rowe, unless credited otherwise.

Design: John A. Scapes, William Seabright and Associates

Glencoe/McGraw-Hill

*A Division of The **McGraw·Hill** Companies*

Send all inquiries to:
GLENCOE DIVISION
McGraw-Hill
15319 Chatsworth Street
P.O. Box 9609
Mission Hills, CA 91346-9609

ISBN 0-02-676651-5 (Student Edition)
ISBN 0-02-676652-3 (Teacher's Annotated Edition)

Printed in the United States of America.

2 3 4 5 6 7 8 9 RRW 03 02 01 00 99 98 97 96

Table des matières

Première étape

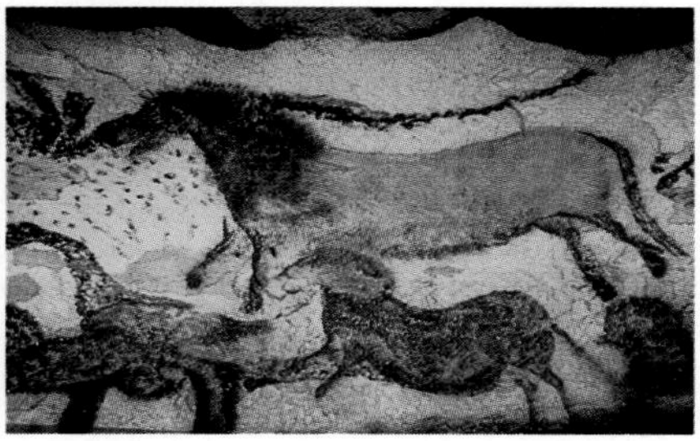

Deuxième étape

Perfectionnez votre grammaire

Application

Plaisir des yeux

Troisième étape

Un peu d'histoire

Vie et littérature

Perfectionnez votre grammaire

Application

Plaisir des yeux

Quatrième étape

Un peu d'histoire

Vie et littérature

Perfectionnez votre grammaire

Plaisir des yeux

Cinquième étape

Un peu d'histoire

Vie et littérature

Perfectionnez votre grammaire

Plaisir des yeux

Sixième étape

Septième étape

Huitième étape

Un peu d'histoire

Vie et littérature

Perfectionnez votre grammaire

Application 248

Plaisir des yeux

Neuvième étape

Un peu d'histoire

Vie et littérature

Perfectionnez votre grammaire

Application 279

Plaisir des yeux

Dixième étape

Un peu d'histoire

Vie et littérature

Perfectionnez votre grammaire

Application 312

Plaisir des yeux

Onzième étape

Un peu d'histoire

Vie et littérature

Perfectionnez votre grammaire

Application 340

Plaisir des yeux

Douzième étape

Un peu d'histoire

Vie et littérature

Plaisir des yeux

Tableaux des conjugaisons des verbes 370

Vocabulaire français-anglais 382

Index grammatical 400

Première Étape

Caverne de Lascaux en Dordogne, région des Eyzies.

Un peu d'histoire

Du passé mystérieux aux divisions d'aujourd'hui

Un outil préhistorique en os poli.

Comme tous les pays, la France a des origines beaucoup plus anciennes que la mémoire humaine. Son territoire date de différentes périodes géologiques, ou ères[1]. C'est au cours de[2] ces ères que se sont formés les fleuves*, les rivières, les plaines et les montagnes qui constituent le relief de la France (voir page 6).

Les montagnes les plus «jeunes» sont aussi les plus hautes. Ce sont les Alpes, où le Mont-Blanc (4807 mètres) est le plus haut sommet d'Europe, et les Pyrénées. Les plus anciennes, comme le Massif Central, une chaîne de volcans éteints[3], sont érodées par le temps.

Les dinosaures habitaient la terre il y a[4] cent millions d'années. Par comparaison, l'arrivée de l'homme, il y a deux ou trois millions d'années, est relativement récente.

La France est une péninsule de l'Europe

Si vous examinez une carte du monde, vous remarquez l'immense continent asiatique. L'Europe est simplement un promontoire de ce continent, et la France est, à son tour, une péninsule de l'Europe. Si vous savez, d'autre part, qu'une force mal expliquée, mais puissante[5] (un tropisme), a tendance à pousser les grandes migrations vers l'ouest, vous ne serez pas surpris que la population de la France soit formée de peuplades[6] diverses. Celles-ci sont venues de différentes parties de l'Europe, attirées[7] vers ce pays au sol[8] riche et au climat assez doux[9].

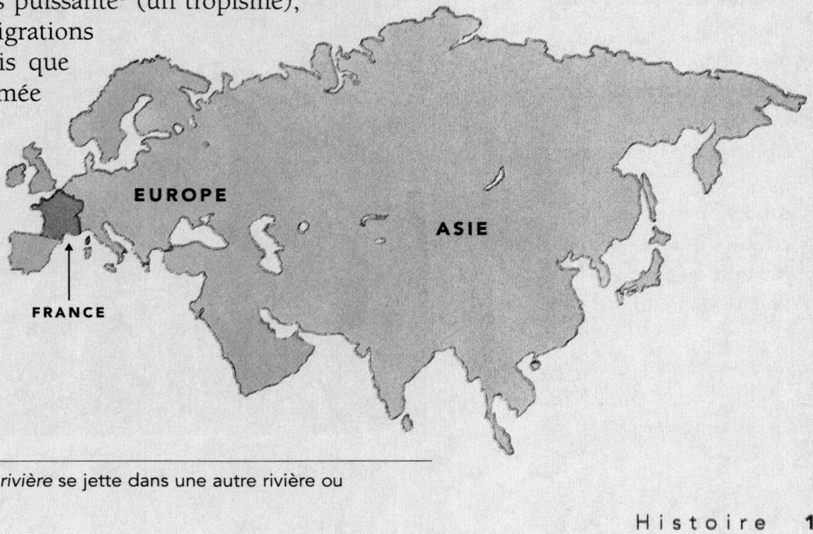
EUROPE
ASIE
FRANCE

[1] **ères** eras, ages
[2] **au cours de** during, over the course of
[3] **éteints** extinct
[4] **il y a** ago
[5] **puissante** powerful
[6] **peuplades** tribes
[7] **attirées** attracted
[8] **sol** soil
[9] **doux** mild

***Un fleuve:** se jette dans *(flows into)* la mer. Une *rivière* se jette dans une autre rivière ou dans un fleuve.

CHRONOLOGIE

100 millions d'années avant notre ère
Âge des dinosaures

2 ou 3 millions d'années avant notre ère
L'homme apparaît sur la terre.

35.000 avant notre ère
L'homme de Cro-Magnon et ses outils

La mystérieuse préhistoire

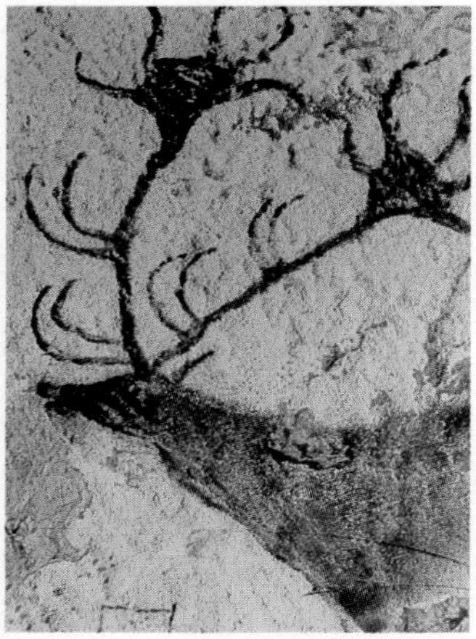

Un cerf peint sur les murs d'une grotte de Lascaux (Dordogne).

Comme son nom l'indique, la préhistoire est la période qui date d'avant l'histoire, c'est-à-dire avant l'existence de documents écrits. S'il n'y a pas de documents écrits, au sens propre[10] du mot, il reste pourtant[11] des quantités de traces importantes.

Dans les cavernes[12], comme celles de la région des Eyzies, dans la vallée de la Dordogne, on trouve des objets de la vie journalière[13]: pointes de flèches[14], couteaux de silex[15], outils de pierre[16], aiguilles d'os[17] pour coudre[18] les peaux de bêtes[19] et en faire des vêtements rudimentaires. On trouve aussi de remarquables peintures (voir pages 22–23).

Des monuments étranges

La préhistoire nous a laissé des monuments extraordinaires. Ceux-ci datent de la période mégalithique (mégalithe = grande pierre). On les trouve un peu partout[20] en Europe du Nord, mais ils sont plus nombreux en France (plus de quatre mille en Bretagne) et en Angleterre (Stonehenge).

Il y a les pierres levées[21] qu'on appelle du nom ancien de *menhirs,* ou celles qui sont arrangées en forme de table gigantesque, les *dolmens.* Près de Carnac, en Bretagne, non loin de la côte atlantique, de longues lignes de menhirs serpentent pendant plusieurs kilomètres à travers les champs. Ce sont les célèbres alignements de Carnac.

[10] **au sens propre** in the literal meaning
[11] **il reste pourtant** there nevertheless remain
[12] **cavernes** caves
[13] **journalière** daily
[14] **pointes de flèches** arrow-heads
[15] **silex** flint
[16] **outils de pierre** tools made of stone
[17] **aiguilles d'os** needles made of bone
[18] **coudre** sew
[19] **peaux de bêtes** animal skins
[20] **partout** everywhere
[21] **levées** standing

Carnac, en Bretagne. Les célèbres alignements de Carnac serpentent dans la campagne.

30.000 à 20.000 avant notre ère
L'art préhistorique: peintures des cavernes

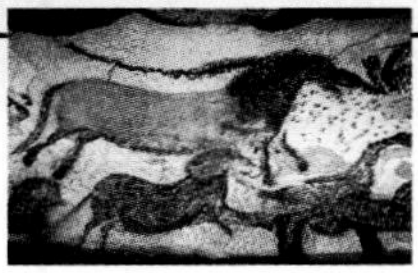

Vers 3.000 avant notre ère
Période mégalithique: dolmens et menhirs

Qui a transporté et dressé[22] ces énormes pierres? Construit ces alignements? De très anciens habitants de la région, bien sûr. Mais dans quel but[23]? Les dolmens servent parfois de tombes, mais les autres?

Longtemps, les archéologues avaient tendance à supposer des objets d'un culte religieux inconnu quand ils n'avaient pas d'explication. Aujourd'hui, on se demande[24] si les alignements de Carnac tracent les courants magnétiques de la terre, dans l'espoir[25] de les magnifier ou de les capter[26]. Est-ce que les dolmens forment des autels[27] aux dieux anciens, ou bien des observatoires rudimentaires pour étudier les phénomènes solaires et lunaires? Une caisse de résonance[28] des forces cosmiques?

Ce qui est certain, c'est que la construction de ces monuments représentait un travail énorme, donc leurs constructeurs avaient de puissantes raisons de les ériger[29]. Raisons religieuses? Scientifiques? Un jour, sans doute, on les connaîtra. Pour l'instant, il est important de ne pas penser que les peuples qu'on nomme primitifs étaient nécessairement ignorants et superstitieux. Des technologies différentes et des manières de penser autres n'impliquent pas une infériorité, mais une autre conception de la réalité.

[22] **dressé** erected, raised
[23] **but** purpose
[24] **on se demande** people wonder
[25] **espoir** hope
[26] **capter** collect
[27] **autels** altars
[28] **caisse de résonance** echo chamber
[29] **ériger** to erect

Art Connection
For more information on cave paintings in France, see *Plaisir des yeux*, pages 22–23.

Did You Know?
Les habitants de la Bretagne, en France, et du sud-ouest de l'Angleterre, étaient des Celtes, qui partagent la même culture et la même langue. C'est pourquoi Stonehenge, près de Salisbury, et Carnac, près de Vannes, sont des monuments qui se ressemblent beaucoup (regardez une carte et voyez leur proximité géographique) et datent approximativement de la même période.

Un dolmen, ou table de pierre. On en trouve un peu partout en Europe de l'Ouest.

C'est beau, les mots!

A 1. ère
2. rivière, fleuve
3. aiguille
4. est, ouest
5. peaux de bêtes
6. journalière
7. os
8. péninsule

A Le mot approprié. Complétez les phrases suivantes par le mot approprié.

1. Une période géologique s'appelle une ___ .
2. Une ___ se jette dans un fleuve ou une autre rivière. Un ___ se jette dans la mer.
3. Une ___ sert à coudre.
4. Les quatre points cardinaux sont: le nord, le sud, l' ___ , et l' ___ .
5. Les vêtements de la préhistoire étaient faits de ___ .
6. Les objets que vous employez tous les jours sont des objets de la vie ___ .
7. Le squelette est formé d' ___ .
8. La Floride n'est pas une île. C'est une ___ .

B 1. migration
2. doux
3. peuplade
4. ignorant
5. erreur
6. capter

B Pas à sa place. Quel mot n'est pas à sa place dans les listes suivantes?

1. migration, péninsule, continent, promontoire
2. puissant, doux, fort, vigoureux
3. couteau, aiguille, peuplade, flèche
4. ignorant, ancien, primitif, différent
5. manière, façon, système, erreur
6. bâtir, ériger, capter, construire

C **Teaching Tip**
Write the words from this activity on index cards. Have a student choose a card and act it out for the class to guess. You may add other words of your own choosing. This activity may also be done in small groups with each group having its own set of cards.

C Jouez le mot. Par un geste ou une attitude, montrez que vous comprenez le sens des verbes suivants:

coudre	**serpenter**	**Je me demande**
pousser	**se jeter**	**dresser**

Votre réponse, s'il vous plaît

D 1. Vrai.
2. Faux. L'Asie est plus grande que l'Europe.
3. Vrai.
4. Faux. Ils sont éteints.
5. Faux. Aujourd'hui ils sont en tissu (laine, coton, soie et fibres synthétiques).
6. Faux. La Seine est un fleuve.

D Vrai ou faux? Si c'est faux, quelle est la phrase correcte?

1. La France a des origines très anciennes.
2. L'Europe est plus grande que l'Asie.
3. Les Alpes sont des montagnes jeunes.
4. Les volcans du Massif Central sont en activité.
5. Aujourd'hui nos vêtements sont en peaux de bêtes.
6. La Seine est une rivière.

E Parlons du texte. Répondez aux questions.

1. Quels sont les éléments qui forment le relief d'un pays?
2. Quelle est la différence entre un fleuve et une rivière?
3. Quelle est la situation *(location)* de la France par rapport au reste de l'Europe? Et quelle est la situation de l'Europe par rapport à l'Asie?
4. Quelles sont les conséquences de la situation de la France sur la population?
5. Qu'est-ce qu'on appelle la préhistoire? Pourquoi?
6. Qu'est-ce qu'un menhir? Un dolmen? Des alignements? Où en trouve-t-on?
7. Quels étaient les usages *supposés* de ces monuments mégalithiques?
8. Pourquoi la construction de ces monuments demandait-elle un énorme travail? (Y avait-il des machines?)
9. Faut-il penser que les peuples de la préhistoire étaient juste ignorants, superstitieux et irrationnels? Pourquoi?
10. Est-ce que la présence de l'homme sur la terre est longue, comparée au passé géologique? Expliquez.
11. Nommez certains objets de la vie journalière préhistorique.
12. Une nouvelle science, la sémiologie, étudie les signes autres que le langage. Résumez les «signes» laissés par la préhistoire.

E For answers to Ex. E, please refer to the Teacher's Manual.

Vocabulary Expansion
To facilitate the debate in *Exprimez-vous*, you may give students the following additional vocabulary.

Quelques expressions utiles pour convaincre quelqu'un de faire ou ne pas faire quelque chose

Pour	Contre
Écoutez-moi bien...	C'est complètement fou.
Il faut faire...	C'est ridicule.
Imaginez les résultats...	Il ne faut pas faire...

F Analyse et opinion. Répondez aux questions.

1. **Des monuments étranges.** Pourquoi les monuments de la préhistoire nous semblent-ils étranges?
2. **Caverne préhistorique ou mystification *(hoax)* récente?** Quand les archéologues trouvent une nouvelle caverne préhistorique ou découvrent un monument, l'opinion publique est, généralement, sceptique. Pourquoi?

Exprimez-vous

1. **Faut-il ériger un menhir de vingt mètres de haut?** Divisons la classe en deux groupes. Un groupe va essayer de convaincre l'autre de la nécessité d'ériger un menhir de vingt mètres de haut (comme celui de Locmariaquer, en Bretagne), devant votre école. C'est un travail énorme, et certains hésitent. Un groupe imagine les raisons de faire ce travail, et l'autre groupe présente des objections. Quelle est la conclusion?

2. **Des traces d'habitation ancienne dans votre région.** Quelles sont-elles? De quand datent-elles? (Renseignez-vous auprès d'un professeur, d'un journaliste ou du conservateur du musée local, par exemple.)

Quelques termes utiles

Pour
du temps bien employé
un excellent exercice
l'admiration de l'école rivale
un instrument astronomique
la stupéfaction des archéologues dans vingt mille ans

Contre
du temps perdu
beaucoup de fatigue inutile
un objet de ridicule
juste une grosse pierre
Et alors? *(So what?)*

(Trouvez beaucoup d'autres arguments.)

Vie et littérature

Pre-reading

1. Y a-t-il des *régions* aux États-Unis? (Suggest the following to students: la Nouvelle Angleterre, le «Far West», le Sud, la Louisiane, etc.)
2. Qu'est-ce qui influence les caractéristiques des habitants? (Suggest: *l'immigration*—from Asia on the West Coast, from Europe on the East Coast, from Latin America in California, New Mexico, Texas, etc.; *le climat; la géographie,* etc.)

La France, ses provinces et ses départements

La France n'est pas un continent massif, comme les États-Unis, par exemple. On compare souvent ses dimensions à celles du Texas. Elle a la forme d'un hexagone et montre une grande diversité de terrain et de population.

Pendant des siècles, les rois de France se sont efforcés[1] d'étendre[2] le territoire jusqu'à ses frontières naturelles: Ce sont des montagnes, comme les Pyrénées, qui séparent la France de l'Espagne, et les Alpes, qui la séparent de l'Italie et de la Suisse. C'est un fleuve, le Rhin, qui la sépare de l'Allemagne. Les autres frontières sont la Manche au nord, l'océan Atlantique à l'ouest et la Méditerranée au sud.

Les Français d'aujourd'hui sont les descendants des peuplades venues de l'est. À cause de la diversité de ses habitants—et de son territoire—chaque province garde[3] son caractère propre.

[1] **efforcés** endeavored, tried hard
[2] **étendre** to extend
[3] **garde** keeps

ANGLETERRE
HASTINGS
MANCHE
BELGIQUE
LILLE
ALLEMAGNE
LUXEMBOURG
NORMANDIE
BRETAGNE
BAYEUX
PARIS
REIMS
ALSACE
STRASBOURG
CHAMPAGNE
MONT-ST.-MICHEL
Seine
VERSAILLES
VAL DE LOIRE
ORLÉANS
BOURGOGNE
VOSGES
Rhin
CARNAC
TOURS
BEAUNE
Saône
DIJON
NANTES
Loire
JURA
SUISSE
FRANCE
COGNAC
LIMOGES
LYON
AQUITAINE
PÉRIGUEUX
MASSIF
CENTRAL
(CAVERNE CHAUVET)
Rhône
ITALIE
Dordogne
BORDEAUX
ALPES
ATLANTIQUE
Garonne
PROVENCE
ROQUEFORT
AVIGNON
NICE
BIARRITZ
PAYS BASQUE
NÎMES
CANNES
MONACO
CARCASSONNE
LANGUEDOC
MARSEILLE
CÔTE D'AZUR
PYRÉNÉES
ESPAGNE
PERPIGNAN
ANDORRE
MÉDITERRANÉE
CORSE

La Normandie, peuplée par les descendants des Vikings scandinaves (voir page 55), est humide, pluvieuse[4] et fraîche[5], «verte comme un saladier»[6]. Ses produits laitiers[7], beurres et fromages, sont renommés. Le célèbre camembert est fabriqué en Normandie. On dit que les Normands sont prudents: «Peut-être que oui, peut-être que non» est, dit-on, une réponse «normande» à une question. Ils sont aussi économes, comme le montre l'écrivain Guy de Maupassant (1850-1893), originaire de Normandie.

Les champs de lavande colorent de bleu les paysages de Provence.

La Bretagne a un sol pauvre, mais elle touche la Manche et l'Atlantique, et son industrie de pêche[8] est importante. Comme le courant du Gulf Stream passe à proximité de ses côtes, il réchauffe[9] l'atmosphère; la Bretagne produit ainsi des primeurs[10] renommés (fraises[11], artichauts, choux-fleurs[12]). Ses habitants sont les descendants des anciens Celtes (apparentés[13] à ceux du Pays de Galles[14] et de l'Irlande). Ils tiennent à[15] garder leur langue, le breton, et leurs anciennes coutumes. Ainsi les dit-on têtus[16] et conservateurs.

Les régions atlantiques, comme les Pays de Loire, le Poitou-Charentes et l'Aquitaine, sont des régions d'agriculture diversifiée, et qui produisent beaucoup de vin, comme le vin de Bordeaux. C'est entre Tours et Orléans qu'on parle le français le plus pur. Honoré de Balzac (1799-1850), né à Tours, situe nombre de ses romans[17] dans ces régions.

Le Centre est riche en agriculture et c'est le pays de George Sand (1804-1876), un grand écrivain. Malgré son prénom de George, c'est une femme. (George est un pseudonyme. Son vrai nom est Aurore Dupin.) Elle a écrit des romans qui, souvent, parlent de la vie à la campagne près de sa maison, à Nohant.

La Provence est pleine de souvenirs[18] de la période gallo-romaine (voir page 26) qui attirent des touristes de tous les pays. Son huile d'olive et ses vins sont renommés. La Côte d'Azur produit des fleurs (roses, œillets[19], violettes, jasmin, lavande) employées dans l'industrie des parfums. Grasse, près de Nice, est la capitale des parfums. Les habitants, les Provençaux, sont des Méridionaux[20], chaleureux[21] et enthousiastes. Deux grands écrivains provençaux sont Jean Giono (1895-1970), auteur de romans, et Marcel Pagnol, auteur de pièces de théâtre et de romans, où il peint des personnages[22] provençaux inoubliables.

La Bourgogne est une province où le bétail[23] charolais, des vaches et des bœufs blancs, paissent[24] dans les vertes prairies. Une partie de la Bourgogne produit aussi d'excellents vins.

Au centre (non pas géographique, mais psychologique) de la France, se trouve Paris, sa capitale. Si vous regardez les cartes routières de la France, vous verrez que les grandes communications[25] convergent vers Paris.

Vannes, en Bretagne: Le jardin municipal et l'Hôtel de Ville.

4 **pluvieuse** rainy
5 **fraîche** cool
6 **saladier** salad bowl
7 **produits laitiers** dairy products
8 **pêche** fishing
9 **réchauffe** warms
10 **primeurs** early produce
11 **fraises** strawberries
12 **choux-fleurs** cauliflower
13 **apparentés** related
14 **Pays de Galles** Wales
15 **tiennent à** are anxious to
16 **têtus** stubborn
17 **romans** novels
18 **souvenirs** memories, mementos
19 **œillets** carnations
20 **Méridionaux** French Southerners
21 **chaleureux** warm(hearted)
22 **personnages** characters
23 **bétail** cattle
24 **paissent** graze
25 **communications** roads, highways

Les départements et régions de la France

Nord-Pas-de-Calais
62 Pas-de-Calais
59 Nord
Haute-Normandie
80 Somme
02 Aisne
08 Ardennes
76 Seine-Maritime
60 Oise
Picardie
50 Manche
55 Meuse
57 Moselle
Basse-Normandie
14 Calvados
27 Eure
51 Marne
Lorraine
67 Bas-Rhin
Paris
77 Seine-et-Marne
Champagne-Ardenne
54 Meurthe-et-Moselle
Alsace
61 Orne
28 Eure-et-Loir
Île-de-France
29 Finistère
22 Côtes-d'Armor
35 Ille-et-Vilaine
53 Mayenne
72 Sarthe
10 Aube
52 Haute-Marne
88 Vosges
68 Haut-Rhin
Brétagne
56 Morbihan
Pays-de-la-Loire
41 Loir-et-Cher
45 Loiret
89 Yonne
70 Haute-Saône
21 Côte-d'Or
90 Territoire de Belfort
44 Loire-Atlantique
49 Maine-et-Loire
37 Indre-et-Loire
Centre
18 Cher
Bourgogne
25 Doubs
58 Nièvre
85 Vendée
79 Deux-Sèvres
86 Vienne
36 Indre
71 Saône-et-Loire
Franche-Comté
39 Jura
03 Allier
95 Val-d'Oise
93 Seine-St.-Denis
92 Hauts-de-Seine
75 Paris
78 Yvelines
94 Val-de-Marne
91 Essonne
Poitou-Charentes
87 Haute-Vienne
23 Creuse
69 Rhône
01 Ain
74 Haute-Savoie
17 Charente-Maritime
16 Charente
Limousin
63 Puy-de-Dôme
42 Loire
Rhône-Alpes
Auvergne
73 Savoie
38 Isère
19 Corrèze
15 Cantal
43 Haute-Loire
24 Dordogne
33 Gironde
46 Lot
07 Ardèche
26 Drôme
05 Hautes-Alpes
48 Lozère
Aquitaine
47 Lot-et-Garonne
12 Aveyron
04 Alpes-de-Haute-Provence
06 Alpes-Maritimes
82 Tarn-et-Garonne
30 Gard
84 Vaucluse
40 Landes
32 Gers
81 Tarn
13 Bouches-du-Rhône
Midi-Pyrénées
34 Hérault
Provence-Alpes-Côte d'Azur
83 Var
64 Pyrénées-Atlantiques
65 Hautes-Pyrénées
31 Haute-Garonne
09 Ariège
Languedoc-Roussillon
11 Aude
66 Pyrénées-Orientales
2B Haute-Corse
Corse
2A Corse-du-Sud

Did You Know?

Aujourd'hui, chaque département a le numéro de sa place dans l'ordre alphabétique. Par exemple, le numéro des Alpes-Maritimes est 06000. Ce numéro sert de code postal et il figure aussi sur la plaque minéralogique (*license plate*) des voitures.

Provinces, puis départements

Jusqu'à la Révolution de 1789, la France était divisée en provinces (voir page 6) et les termes Bretagne, Normandie, Provence, Languedoc, par exemple, représentaient des divisions administratives aussi bien que géographiques. Les rois de France gouvernaient un territoire formé d'une collection de provinces qui gardaient chacune une certaine autonomie.

La Révolution voulait éliminer les traces de l'administration royale et former une nation unie, dans un pays moderne, unifié et centralisé sur Paris. Pour cela, elle a supprimé[26] «officiellement» les anciennes provinces, et les a remplacées par des départements. Les départements (il y en a 95) sont plus petits que les provinces. Ils sont nommés d'après une caractéristique géographique de la région: fleuve, rivière, montagne. Détail intéressant: À l'origine, il y avait les départements de Loire-Inférieure, Seine-Inférieure, Charente-Inférieure, ainsi nommés parce qu'ils se trouvent sur le cours inférieur[27] des fleuves, c'est-à-dire près de la mer.

Mais de nos jours, les habitants ont protesté: «Nous ne sommes inférieurs à personne!» Alors, le gouvernement a changé ces noms «humiliants», et nous avons aujourd'hui la Loire-Atlantique, la Seine-Maritime, la Charente-Maritime, et tout le monde est content. Un changement récent a transformé les Basses-Alpes en Alpes-de-Haute-Provence, un nom un peu long, mais qui satisfait les habitants.

Une marchande de primeurs et ses légumes devant une magnifique porte ancienne.

Les régions économiques

Par un retour vers le passé, la France d'aujourd'hui est de nouveau divisée en régions économiques qui groupent plusieurs départements et qui ressemblent beaucoup au territoire des anciennes provinces. Chaque région économique réunit les départements qui ont des intérêts économiques communs.

[26] **supprimé** did away with
[27] **cours inférieur** lower course

C'est beau, les mots!

A **Le mot approprié.** Complétez les phrases suivantes par le mot approprié.

1. Une figure à six côtés est un ___ .
2. La ligne qui sépare un pays d'un autre est une ___ .
3. Le beurre, le fromage, la crème sont des ___ .
4. Une personne qui ne dépense pas tout son argent est ___ .
5. Les fruits et les légumes de printemps sont des ___ .
6. Les gens qui n'aiment pas changer d'idées sont ___ .
7. Si vous êtes aimable, avec beaucoup d'amis, vous êtes probablement ___ .
8. La Provence est dans le sud de la France, ses habitants sont les ___ ou les ___ .
9. Les habitants du Pays de Galles et de l'Irlande sont des ___ comme les habitants de la Bretagne.
10. Ces auteurs sont associés à différentes provinces:
    Balzac est associé aux ___ ;
    Maupassant à ___ ;
    George Sand au ___ ;
    Giono et Pagnol à ___ .
    Ces auteurs ont écrit des ___ et Pagnol a aussi écrit des ___ .

A 1. hexagone
2. frontière
3. produits laitiers
4. économe
5. primeurs
6. têtus
7. chaleureux
8. Provençaux, Méridionaux
9. Celtes
10. Pays de Loire, la Normandie, Centre, la Provence, romans, pièces de théâtre

Votre réponse, s'il vous plaît

B For answers to Ex. B, please refer to the Teacher's Manual.

B **Parlons du texte.** Répondez aux questions.

1. La France est-elle plus petite ou plus grande que les États-Unis? Plus petite, plus grande ou de la même taille *(size)* que votre état?
2. Quelles sont les frontières naturelles de la France? Et quelles sont les frontières des États-Unis?
3. Y a-t-il une diversité dans la population française? Pourquoi?
4. Que savez-vous sur la Normandie? Est-ce qu'elle ressemble à votre région? Pourquoi?
5. Quel est le principal désavantage de la Bretagne? Mais quels sont ses avantages économiques?
6. Pourquoi dit-on que les Bretons sont têtus?
7. Que fait-on avec les fleurs de la Côte d'Azur? Connaissez-vous des parfums français?
8. Que produit la Bourgogne?
9. Qu'est-ce qui caractérise les grandes communications en France?
10. Pourquoi la Révolution a-t-elle remplacé les provinces par des départements?
11. Nommez trois départements de la Bretagne. De la Normandie? De la Provence-Côte d'Azur? (voir page 8)
12. Qu'est-ce qu'une région économique?

Le village de Châtillon-sur-Chalaronne (à droite) a gagné le prix du village le plus fleuri de France.

C **Analyse et opinion.** Répondez aux questions.

1. **Les nouvelles régions économiques de la France.** Voyez-vous une ironie dans la formation de ces régions? Pourquoi?
2. **Changer le nom de certains départements?** On a changé le nom des Basses-Alpes en Alpes-de-Haute-Provence, par exemple. Qu'en pensez-vous? Est-ce que les habitants avaient raison ou tort? Expliquez.

Exprimez-vous
There is indeed, in California, an area where streets are called *rue*, to convey a French feeling. However, many of the names are in incorrect French, and petitions are being circulated to correct them.

Exprimez-vous

Rue des Ordures ou rue des Fleurs?
Vous habitez une très jolie rue dans un nouveau quartier. Hélas! Cette rue s'appelle rue des Ordures *(garbage)*, parce que les constructeurs (qui ne savent pas le français) ont trouvé le mot joli...
Vous décidez de changer ce nom gênant *(embarrassing)* et pour cela vous organisez une réunion *(meeting)* de vos voisins pour discuter la question. Certains sont d'accord et proposent de jolis noms, mais d'autres refusent fermement tout changement.

Quelques termes utiles

POUR

C'est un changement nécessaire.
C'est ridicule.
On se moque de nous.

CONTRE

Laissons les choses comme elles sont.
Ça ne fait rien.
C'est bien comme ça.

Perfectionnez votre grammaire

Les verbes fondamentaux *être, avoir, aller, faire* et leurs usages

Colmar, en Alsace. Les vieilles maisons peintes de couleurs vives sont typiques de l'Alsace.

1.1 *Le verbe* être

C'est le verbe le plus employé de la langue française.

A La conjugaison de *être* au présent de l'indicatif et à l'impératif

Présent				Impératif affirmatif	Impératif négatif
je	**suis**	nous	**sommes**	**Sois**	**Ne sois pas**
tu	**es**	vous	**êtes**	**Soyons**	**Ne soyons pas**
il/elle, on/c'	**est**	ils/elles, ce	**sont**	**Soyez**	**Ne soyez pas**

B Quelques usages idiomatiques de *être*

You may wish to give students several additional expressions with *être* such as: *être de retour, être reconnaissant(e) à (+ nom de personne)* or *de (+ verbe), être sur le point de, être à, être enrhumé(e).*

Il est ___ heure(s).	Quelle heure *est-il*? *Il est* une heure, deux heures, etc. *Il est* midi. *Il est* minuit.
être en retard	Vous avez rendez-vous à deux heures de l'après-midi. Si vous arrivez à 2h 10, *vous êtes en retard.*
être à l'heure	Si vous arrivez à 2h juste, *vous êtes à l'heure.*
être en avance	Si vous arrivez à 2h moins dix, *vous êtes en avance.*
être d'accord (avec)	Si vous avez la même opinion que moi, *nous sommes d'accord.* «Vous êtes gentil.» «Moi aussi, je pense que je suis gentil! *Nous sommes d'accord.*» *Tout le monde n'est pas d'accord* avec la politique du Président.

Les Français disent «D'accord» (et quelquefois simplement «Dac») pour dire «OK».

Paris: Des jeunes dans un café près de Notre-Dame.

être en train de	***Vous êtes en train d'*étudier votre leçon.**
	On n'aime pas répondre au téléphone quand *on est en train de* dîner.

L'expression *être en train de* indique une action en progrès avec insistance sur le fait qu'on est occupé à faire cette action.

1.2. *Le verbe* avoir

Le verbe *avoir* est un autre verbe très employé.

A La conjugaison de *avoir* au présent de l'indicatif et à l'impératif

Présent				Impératif affirmatif	Impératif négatif
j'	**ai**	nous	**avons**	**Aie**	**N'aie pas**
tu	**as**	vous	**avez**	**Ayons**	**N'ayons pas**
il/elle/on	**a**	ils/elles	**ont**	**Ayez**	**N'ayez pas**

B Quelques usages idiomatiques de *avoir*

Tell students that brown hair = *les cheveux bruns*, but brown eyes = *les yeux marron* (*Marron* is invariable). Hazel eyes = *les yeux noisette* (*Noisette* is also invariable). A dark complexion (not necessarily "brown") = *le teint brun.*

1. Il y a une grande quantité d'expressions idiomatiques avec le verbe *avoir.*

avoir (*nombre*) ans	**Quel âge avez-vous? *J'ai* 16 *ans*.**
avoir les cheveux (*adjectif*) **avoir les yeux (*adjectif*)** **avoir le teint (*adjectif*)**	***Avez-vous les cheveux* bruns ou blonds? *J'ai les cheveux* noirs, *les yeux* marron et *le teint* brun.**
avoir faim/soif	***J'ai faim*, parce qu'il est midi. *J'ai soif* parce qu'il fait chaud.**
avoir raison/tort	***Avez-vous* généralement *tort* ou *raison* dans une discussion? (*Les gens* obstinés *ont* souvent *tort*.)**

avoir besoin de	*J'ai besoin d'*un franc pour téléphoner.
avoir envie de	*J'ai envie d'*une glace au chocolat.
avoir hâte de *(to be eager to)*	*J'ai hâte de* rentrer chez moi.
avoir peur de	*J'ai peur d'*avoir un accident sur l'autoroute. *J'ai peur des* agents de police, alors je suis prudent.
avoir honte de	*J'ai honte d'*admettre mes défauts!

2. D'autres expressions avec *avoir*

avoir l'habitude de	***J'ai l'habitude d'*arriver à huit heures.**
avoir l'intention de	***J'ai l'intention d'*avoir un «A» dans ce cours.**
avoir l'âge de	**À dix-huit ans, *on a l'âge de* voter.**
avoir le temps de	***Avez-vous le temps de* faire tout votre travail?**
avoir la place de	***Tu n'as pas la place de* mettre tes affaires?**
avoir le droit de	***On n'a pas le droit de* regarder dans son livre pendant un examen.**
avoir l'air (de)	***Bill a l'air d'*un acteur de cinéma!**
	Vous êtes pâle. *Vous avez l'air* malade.

Remind students that these expressions can be used with an infinitive as well as a noun. For example: *J'ai besoin d'étudier. Tu as besoin d'amis.* With singular nouns, an article must be used if the noun refers to something that can be counted: *J'ai envie d'une glace au chocolat.* If the noun refers to an indefinite quantity or an abstraction, then no article is used: *Nous avons besoin d'argent. Il a besoin de courage.* With plural nouns, no article is used: *On a besoin de livres.*

Remind students that when *avoir peur de* is followed by a noun, an article is usually required before the noun: *J'ai peur des agents de police.*

Point out to students that when *avoir l'air* is followed by an adjective, the adjective agrees with the subject: *Elle a l'air surprise. Avoir l'air* takes *de* when followed by a noun: *Tu as l'air d'un oiseau, avec ce chapeau!*

You may wish to give students several additional expressions with *avoir: avoir lieu, avoir mal à, avoir de quoi, avoir la parole, avoir l'occasion de, avoir l'idée de.*

1.3 Le verbe aller

C'est un autre verbe fondamental.

A La conjugaison de *aller* au présent de l'indicatif et à l'impératif

Présent				Impératif affirmatif	Impératif négatif
je	**vais**	nous	**allons**	**Va**	**Ne va pas**
tu	**vas**	vous	**allez**	**Allons**	**N'allons pas**
il/elle/on	**va**	ils/elles	**vont**	**Allez**	**N'allez pas**

B L'emploi du verbe *aller*

Le verbe *aller* a des quantités d'usages.

1. comme formule de politesse

Comment *allez-vous*? (*Je vais*) Très bien, merci.
(Ou, dans le français quotidien*: *Ça va*? Oui, merci, *ça va*. *Ça va* bien, très bien, pas mal, très mal.)

2. pour exprimer l'idée de mouvement d'un endroit à un autre

Je fais un voyage. *Je vais* à New York.
(Par avion? Par le train? En voiture? Par un autre moyen de transport? Vous spécifiez si vous pensez que c'est nécessaire.)

Remarquez: Pour éviter de répéter le verbe *aller* trop souvent, on emploie aussi le verbe *se rendre*.

***Le Président se rend* à Londres, accompagné de son cabinet.**

Un clocher en Bretagne.

Comparez le français avec l'anglais. En anglais, la manière du mouvement est souvent indiquée par le verbe:

I travel to Europe.	**Je vais en Europe**.**
We fly to Paris.	**Nous allons à Paris par avion.**
She drives to school.	**Elle va à l'école en voiture.**
He takes the bus home.	**Il rentre (à la maison) en autobus.**
You take the train to town.	**Vous allez en ville par le train.**
I enjoy flying.	**J'aime voyager par avion.**

3. Le verbe *aller* sert à indiquer le futur proche.

Ce soir, *je vais rester* chez moi.
Qu'est-ce que *tu vas faire* pendant le week-end?
Après cette classe, *je vais aller* manger un sandwich.

Le verbe *aller*, suivi d'un autre verbe à l'infinitif (ou de deux, trois autres verbes, tous à l'infinitif) exprime le futur proche. C'est une manière pratique d'exprimer le futur ou une action immédiatement probable.

4. *aller voir* (et *venir voir*)

***Va voir* si le courrier est arrivé.**
***Je vais voir* mes amis et *je visite* leur ville.**
***Tu vas* à Paris *voir* tes copains français et *visiter* le musée du Louvre.**
***Viens* me *voir* et *allons visiter* la cathédrale.**

Remarquez: *On va (vient) voir* une personne, mais *on visite* un endroit.

***français quotidien:** *everyday language*, to be distinguished from slang.
**Do not say: *"Je voyage en Europe."* It would mean that you are already in Europe, traveling around. (*Voyager*, in French, does not get you there, only *aller* does.)

5. *aller chercher* (*venir chercher* ou *passer chercher*)

> ***Va chercher* du pain pour le déjeuner.**
> ***Luc passe chercher* Christophe tous les matins.**
> ***Je vais venir* vous *chercher* à sept heures.**

Aller chercher et *venir chercher* sont souvent employés. On dit aussi *passer chercher,* qui a le sens de *venir* ou *aller chercher*.

> ***Passe* me *chercher* pour aller au cinéma.**

6. Les verbes *amener* et *emmener*, *apporter* et *emporter*

Pendant que nous parlons du verbe *aller*, il est logique d'examiner ces verbes. Par exemple:

> **Je vais chercher un livre à la bibliothèque et *je* l'*emporte*.**
> ***Marie-France emmène* sa petite sœur quand elle va à l'école.**

En fait, ces verbes sont formés sur *mener* et *porter.*

Voilà le tableau récapitulatif de ces verbes:

Personne (ou animal, ou objet qui se déplace seul, une voiture, par ex.)		Objet en général	
MENER (*TO LEAD*)		**PORTER (*TO CARRY*)**	
amener (*to bring*)	**emmener** (*to take [along]*)	**apporter** (*to bring*)	**emporter** (*to take along, out*)
ramener (*to bring back*)	**remmener** (*to take back*)	**rapporter** (*to bring back*)	**remporter** (*to take back*)

> **Je vous invite ce soir. *Apportez* des cassettes et *amenez* un copain.**
> **À la fin de la soirée, *vous remportez* vos cassettes et *vous remmenez* votre copain.**
> **Quand je dîne chez ma grand-mère, elle est contente si *j'emporte* les restes.**
> **Le voyage idéal? *On emmène* un copain (ou une amie) et *on emporte* assez d'argent. Mais n'*emportez* pas trop de bagages. Il faut les *porter* pendant le voyage!**
> **Il faut *rapporter* les livres à la bibliothèque.**
> **On appelle «portatif» un objet qu'*on peut porter* et qu'il est facile d'*emporter* avec soi.**
> ***Luc emmène* son chien chez le vétérinaire et sa voiture au garage.**

Les verbes basés sur *mener* et *porter*
Le français vient du latin. En latin, la préposition *ad* veut dire *vers, dans la direction de.* Par exemple: *Eo ad urbem:* Je vais en ville. On retrouve la préposition *ad* (towards) dans les verbes *amener (ramener)* et *apporter (rapporter).* Par contre, la préposition *ex* exprime l'éloignement. Par exemple: *Eo ex urbe,* je sors de la ville, je quitte la ville. On retrouve la préposition *ex* (away from) dans les verbes *emporter (remporter)* et *emmener (remmener).*

En France, 80% de l'électricité provient d'usines nucléaires comme celle-ci (Vallée du Rhône). La mosaïque qui l'orne représente un enfant jouant avec les éléments *feu* et *eau.*

1.4 *Le verbe* faire

Un autre verbe fondamental!

A La conjugaison de *faire* au présent de l'indicatif et à l'impératif

	Présent			Impératif	
				Affirmatif	***Négatif***
je	**fais**	nous	**faisons**	**Fais**	**Ne fais pas**
tu	**fais**	vous	**faites**	**Faisons**	**Ne faisons pas**
il/elle/on	**fait**	il/elles	**font**	**Faites**	**Ne faites pas**

Qu'est-ce que vous faites? **Je regarde la télé.**
Je lis un roman.
Je travaille.

Remarquez: Le verbe d'une question est souvent répété dans la réponse: Qu'est-ce que *vous lisez? Je lis* un roman. Où *travaillez-vous? Je travaille* dans un bureau. Mais le verbe *faire* est différent. Votre réponse demande souvent (pas toujours, bien sûr!) un autre verbe.

B Quelques usages idiomatiques de *faire*

Le verbe *faire* a beaucoup d'usages idiomatiques. Vous connaissez certainement beaucoup de ces expressions:

Lourmarin, dans le Vaucluse: Une des nombreuses fontaines de Provence.

EAU

1. *Il fait* + (a weather expression)

Quel temps *fait-il? Il fait* bon. *Il fait* chaud. *Il fait* (du) soleil. (ou: **Le soleil brille.**)

***Il fait* froid. *Il fait* gris. *Il fait* du vent.** (ou: **Le vent souffle.**) ***Il fait* mauvais.**

Mais attention: **Il pleut. Il pleut à verse. *Il fait* un temps de chien.**

Remarquez: S'il fait bon, pas trop chaud, pas trop froid, vous *êtes bien*. (Une personne est *bien*, un objet est *confortable:* Je suis *bien* dans ma chambre parce qu'elle est *confortable*.)

2. l'expression *faire semblant de*

Quelquefois, je ne comprends pas. Mais *je fais semblant de* comprendre.
***Faites-vous semblant d'*être malade quand il y a un examen?**

3. Activités diverses

On fait un voyage.
On fait ses bagages.

On fait du sport, du camping, des promenades.
On ne fait pas d'autostop si on est prudent.

À la maison: *On fait son lit, le ménage, la cuisine, la vaisselle.*

En ville: *On fait des courses.* (On va au centre commercial, à la poste, au marché, etc.)

En général: *On fait attention.* Si *on ne fait pas attention, on fait des fautes* et même... *des bêtises. Les gens qui ne font pas attention* sont étourdis (*scatterbrained*).

Région de Bordeaux: Un château et son vignoble.

4. D'autres expressions avec *faire*

You may wish to give students several additional expressions with *faire: faire de la peine, faire de son mieux, faire son possible, faire des achats, faire exprès, faire des progrès, faire la connaissance de.*

C'est bien fait!	**Luc n'a pas étudié, il a un C. *C'est bien fait (pour lui)!***
Ça ne fait rien.	**En retard d'une minute? *Ça ne fait rien.***
Ça fait bien.	**Un T-shirt rose et un jean délavé? *Ça fait bien.***
Ça fait mal!	**Aïe! Je suis tombé et *ça fait mal!***
Ça fait du bien.	**Prenez des vitamines, *ça fait du bien.***
Ça fait du mal.	**Ne mangez pas trop de bonbons, *ça fait du mal.***

1.5 *L'emploi de* depuis *(et* il y a, voilà*) avec le présent*

Depuis quand les dolmens *existent-ils*? *Ils existent depuis* des milliers d'années.

Depuis quand êtes-vous dans cette classe? *Nous* y *sommes depuis* vingt minutes.

Si vous désirez insister sur la *durée*, vous pouvez employer *il y a* ou *voilà*:

Depuis quand attendez-vous? *Il y a* deux heures *que j'attends*!
ou: *Voilà* deux heures *que j'attends*!

Le verbe reste au présent avec les trois expressions.

1.6 *L'emploi de* pendant *avec une expression de temps*

On emploie *pendant* pour exprimer une durée: Il est généralement possible d'omettre *pendant* quand il précède un nombre.

> **Je n'aime pas rester assis *pendant* des heures.**
> Mais: **Au cinéma, je reste assis (pendant) *deux* heures.**
> ***Pendant* les vacances, je joue au tennis (pendant) *une* heure *et demie* par jour.**

Remarquez: *pendant* ou *pour**? On peut employer *pour* dans le cas d'une durée future:

> **Je suis dans cette école *pour* trois ans. (Je vais rester trois ans dans cette école.)**

Mais quand la durée est présente ou passée, employez *pendant:*

> **Je suis resté chez mon oncle *pendant* toutes les vacances.**
> **Nous avons étudié *pendant* le week-end.**

En cas de doute? Il est difficile de faire une erreur grave si on emploie *pendant*.

Côte atlantique: Un phare près de Biarritz.

Application

Les expressions avec le verbe *être*

A Être ou ne pas être. Complétez les phrases suivantes par une de ces expressions: *être à l'heure, en avance, en retard, en train de.*

> **Quand je suis *en retard* à ma classe du matin, le professeur dit: «Bonsoir!»**

1. Zut! Un embouteillage sur l'autoroute! Je suis ___ de deux heures pour le dîner. Quand j'arrive, ma mère est ___ téléphoner à la police.
2. Les gens ponctuels sont exactement ___ . Les gens nerveux sont souvent ___ . Les autres sont probablement ___ .
3. Le téléphone sonne pendant que je suis ___ dîner. C'est mon copain Pierre qui dit qu'il va être ___ d'une heure. (Il va passer me chercher à huit heures au lieu de sept.)

A 1. en retard, en train de
2. à l'heure, en avance, en retard
3. en train de, en retard

*Comment dit-on: «*I've been studying French for three years*»? (présent)
On dit: **J'étudie le français depuis trois ans.**
Comment dit-on: «*I studied French for three years*»? (passé)
On dit: **J'ai étudié le français pendant trois ans.**

Les expressions avec le verbe *avoir*

B **Personne et personnalité.** Chaque personne de la classe pose la question à une autre personne.

Comment avez-vous les yeux?
J'ai les yeux bleus.

1. Comment avez-vous les yeux? (bleus, verts, gris, marron, noisette)
2. Comment avez-vous les cheveux? (longs, mi-longs, courts, frisés, raides)
3. Quel âge avez-vous? Avez-vous l'air plus jeune ou plus âgé(e) que votre âge?
4. De quoi avez-vous besoin maintenant? De quoi avez-vous envie?
5. Avez-vous l'âge de passer votre permis de conduire?
6. Avez-vous la place de mettre vos affaires dans votre chambre? Pourquoi?
7. Mangez-vous quand vous avez faim? Pourquoi?
8. Que faites-vous si vous avez chaud? Et si vous avez froid?
9. De qui, ou de quoi, avez-vous peur en général?
10. Qu'est-ce que vous avez hâte de faire? (Finir cet exercice, bien sûr, mais quoi d'autre?)
11. Avez-vous honte de quelque chose? (Moi, j'ai honte parce que je mange trop de chocolat.)

B 1. J'ai les yeux bleus (gris, verts, marron, noisette).
2. J'ai les cheveux longs (mi-longs, etc.).
3. J'ai 15 (16, etc.) ans. J'ai l'air plus jeune (âgé[e]) que mon âge.
4. *Answers will vary.*
5. Oui (Non), j'ai (je n'ai pas) l'âge de passer mon permis de conduire.
6. Oui (Non), j'ai (je n'ai pas) la place de mettre mes affaires dans ma chambre. *Answers will vary.*
7. Oui (Non), je (ne) mange (pas) quand j'ai faim. *Answers will vary.*
8.-11. *Answers will vary.*

Les expressions avec le verbe *aller*

C **Encore des questions.** Chaque personne de la classe pose la question à une autre personne.

Où allez-vous après la classe?
Je vais chercher une amie et je rentre chez moi.

1. Comment allez-vous, monsieur, madame ou mademoiselle?
2. Salut, mon vieux («*man*», *pal*). Ça va?
3. Allez-vous quelque part* ce soir ou restez-vous chez vous?
4. Allez-vous souvent voir des amis? Des membres de votre famille? Expliquez.
5. Comment allez-vous à l'école? À votre prochaine classe? À Paris?
6. Qu'est-ce que vous allez faire ce soir? Et demain?
7. Quel temps va-t-il probablement faire demain? Quel temps préférez-vous?

C 1. Je vais bien, merci. Et vous?
2. Oui, merci, ça va. (Ça va bien, très bien, pas mal, très mal.)
3.-7. *Answers will vary.*

***Quelque part:** *somewhere.* La négation est *ne... nulle part.*

Les verbes formés sur *mener (amener, ramener, emmener, remmener)* et sur *porter (apporter, rapporter, emporter* et *remporter)*

D À emporter. Complétez les phrases suivantes par le verbe approprié.

Pour un petit voyage, j'*emporte* une petite valise.

D 1. emporter
2. apporter
3. rapporter
4. emporte, rapporter
5. emmène, ramène

1. En avion, vous avez le droit d(e) ___ vingt kilos de bagages.
2. C'est gentil d(e) ___ des fleurs à votre amie!
3. Je vous prête mon CD favori. N'oubliez pas de le ___ .
4. Tu sors? Il va pleuvoir. Alors ___ un parapluie et n'oublie pas de le ___ à la maison.
5. J'ai une voiture! Alors, veux-tu que je t(e) ___ en ville? À l'ecole? Je te ___ ce soir.

Les expressions avec le verbe *faire*

E Qu'est-ce qu'on fait? Chaque personne de la classe pose la question à une autre personne.

Quel temps fait-il aujourd'hui?
Il fait gris. Il va probablement pleuvoir.

E 1. *Answers will vary.*
2. Non. On dit «Je suis bien» parce que «confortable» s'emploie pour les choses, pas les personnes.
3. *Answers will vary.*
4. Je vais faire le marché, aller à la poste, au centre commercial, etc.
5. Si on ne fait pas attention quand on conduit sa voiture, on peut avoir un accident et/ou une contravention.
6. *It doesn't matter*: Ça ne fait rien. *It serves him right*: C'est bien fait pour lui.
7. *It hurts!*: Ça fait mal! *It's good for you*: Ça fait du bien.

1. Quel temps fait-il aujourd'hui? Est-ce un temps normal pour la saison?
2. Quand la température est agréable, dit-on «Je suis confortable»? Pourquoi?
3. Qu'est-ce que vous faites pour aider vos parents à la maison?
4. Que veut dire «Je vais faire des courses»?
5. Si on ne fait pas attention quand on conduit sa voiture, quelles sont les conséquences possibles (un accident? une contravention?)?
6. Comment dit-on: *It doesn't matter*? *It serves him right*?
7. Comment dit-on: *It hurts!*? Et comment dit-on: *It's good for you*?

L'impératif des verbes *être, avoir, aller, faire*

F Donnez des ordres. Transformez les phrases suivantes en phrases impératives. Employez *tu* ou *vous* suivant le contexte et n'oubliez pas le nom de la personne, ou monsieur, madame, etc.

Dites à Madame Talmont de ne pas avoir peur. (madame)
N'ayez pas peur, madame.

F 1. Fais attention, mon vieux!
2. N'allez pas vite, monsieur!
3. N'aie pas peur, Maman.
4. Sois à l'heure, Marlène!

1. Dites à Bill de faire attention. (mon vieux)
2. Dites à Monsieur Lemaire de ne pas aller vite. (monsieur)
3. Dites à votre mère de ne pas avoir peur. (Maman)
4. Dites à votre sœur d'être à l'heure. (Marlène)

5. Dites à Marc, votre copain, d'aller chercher Jackie. (Marc)
6. Dites au Président de ne pas faire de promesses. (Monsieur le Président)
7. Dites à votre chien de ne pas être stupide. (Azor)
8. Dites au professeur d'être gentille avec vous. (madame)

5. Va chercher Jackie, Marc!
6. Ne faites pas de promesses, Monsieur le Président.
7. Ne sois pas stupide, Azor!
8. Soyez gentille avec moi (nous), madame!

L'emploi de *pendant* et *depuis*

G Pendant ou depuis? Complétez les phrases suivantes en employant *depuis* ou *pendant*.

J'écoute attentivement *pendant* un concert.

Je vais à l'école __1__ l'âge de six ans, c'est-à-dire que j'y vais __2__ plus de dix ans. Qu'est-ce que j'apprends __3__ une journée de cours? Beaucoup, si je fais attention __4__ les cours.

__5__ le match de foot, Bill a eu un accident. __6__ ce jour, il marche avec difficulté. Mais __7__ ces quelques semaines, il va faire des exercices de rééducation.

Luc est-il amoureux? Un jour, __8__ une classe, Luc a remarqué Caroline. __9__ ce jour, il est toujours à côté d'elle __10__ la classe de français et la classe de maths. Mais hier, __11__ l'heure du déjeuner, Caroline a dit: «Tu ne travailles pas __12__ l'autre jour. Tu es toujours dans les nuages __13__ les explications du professeur! Alors, voilà: Allons au cinéma __14__ le week-end, mais fais attention __15__ les cours».

G 1. depuis
2. depuis
3. pendant
4. pendant
5. Pendant
6. Depuis
7. pendant
8. pendant
9. Depuis
10. pendant
11. pendant
12. depuis
13. pendant
14. pendant
15. pendant

H 1. — (pendant), pendant
2. — (pendant), pendant
3. Pendant, — (pendant), pendant
4. — (pendant), pour

L'emploi de *pendant,* l'omission de *pendant* avec un nombre, et l'emploi de *pour* avec le futur

H Pendant ou pour? Complétez les phrases en employant *pendant* (ou ne l'employant pas) ou *pour*.

Nous irons en France *pour* un mois *pendant* les vacances.

1. Mon émission favorite dure ___ une heure. Il n'y a pas de violence ___ cette émission.
2. Quelle chance! Rester ___ huit jours à Paris! Qu'est-ce que nous allons faire ___ ce temps?
3. ___ le discours du directeur, qui dure ___ deux heures, je dors ___ un moment.
4. Je vais faire du camping. Nous resterons ___ trois jours à la montagne. Après, mon frère et moi, nous irons à la plage ___ le reste de la semaine.

La grammaire en direct

Un voyage en France. Votre oncle vous offre un billet de Eurailpass. Alors, vous organisez un voyage de quinze jours dans la (ou les) région(s) qui vous intéresse(nt), en fonction de ce que vous aimez faire. Pour organiser votre composition, répondez aux questions:

Quand allez-vous faire ce voyage?
Depuis quand désirez-vous aller en France?
Quels ordres (ou instructions) allez-vous donner à vos parents et vos amis? (N'aie pas peur, maman, par exemple.)
Où désirez-vous aller? Qu'est-ce que vous avez envie de voir? de faire?

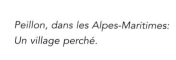

Peillon, dans les Alpes-Maritimes: Un village perché.

L'Art préhistorique

La Caverne (ou Grotte) Chauvet

Le Pont d'Arc (un pont naturel sur l'Ardèche) est près du site de la Caverne Chauvet.

Il existe en Europe un grand nombre de cavernes peintes pendant la période préhistorique. Mais la plus récemment découverte est aussi la plus ancienne, car elle date de 30.000 ans avant notre ère[1]. Ses peintures sont inégalables. Le trio de spéléologues qui l'a découverte se compose de Jean-Marie Chauvet, Éliette Brunel-Deschamps et Christian Hilaire. On l'a nommée la Caverne (ou Grotte) Chauvet, en l'honneur de Jean-Marie, chef de l'expédition.

Quelques jours avant Noël 1994, les trois amis cherchaient, au pied d'une falaise[2], l'ouverture possible d'une caverne dans cette région des Gorges de l'Ardèche. Soudain, ils ont senti un courant d'air venu de l'intérieur des rochers, signe qu'une caverne se trouve là.

Après avoir déblayé[3] beaucoup de pierres, ils ont trouvé un étroit passage. Au bout de ce long passage, ils sont arrivés à une chute profonde. Une échelle[4] de corde leur a permis de descendre jusqu'au sol.

Là, leurs lampes ont révélé une immense salle où des stalactites, teintes de couleurs vives par des oxydes métalliques, brillaient de tous les côtés. Les murs étaient décorés de peintures extraordinaires: ici des chevaux, là des rhinocéros, trois lions en chasse, des ours, des mammouths, des bisons. C'était une profusion d'animaux, tous représentés avec un art et un sens de la perspective parfaits.

Ils se sont avancés: d'autres immenses salles se succédaient. Chacune était décorée de fresques d'animaux. Il y avait aussi d'étranges groupes de points rouges qui révélaient peut-être une mystérieuse arithmétique. Des silhouettes de mains sur le mur, étaient-elles la signature des artistes?

Les trois salles, dont deux sont nommées en l'honneur d'Éliette et de Christian, mesurent plus de 500 mètres. Parmi tous ces animaux on ne trouve aucune représentation d'êtres humains, pas plus que dans les autres cavernes. Pourquoi? On ne le sait pas, et on le regrette, car nous n'avons pas d'image de ces lointains ancêtres.

À quoi servaient ces peintures, placées dans des salles toujours obscures, éclairées seulement par de rudimentaires lampes à huile dont on retrouve les traces? But religieux? Utilitaire? Purement artistique? C'est un des secrets du passé. Peut-être un jour, la science saura-t-elle nous le dire.

[1] **avant notre ère** B.C.
[2] **falaise** cliff
[3] **déblayé** removed, cleared away
[4] **échelle** ladder

Un rhinocéros à la corne (horn) *démesurée, inscrit dans une niche.* Sa corne suit la courbe du mur.

Discussion

1. Aimeriez-vous être spéléologue comme Jean-Marie, Éliette et Christian? Pourquoi?
2. Pourquoi, à votre avis, n'y a-t-il pas de représentation d'êtres humains?
3. À quoi servaient ces peintures? (Cherchez des possibilités originales.)
4. Qu'est-ce que ces peintures nous disent sur la civilisation de nos lointains ancêtres? (Étaient-ils aussi primitifs qu'on le pense souvent?)

Des têtes de chevaux. Ces chevaux sont représentés avec un réalisme parfait. L'artiste emploie l'estompe *(shading)* pour indiquer le relief.

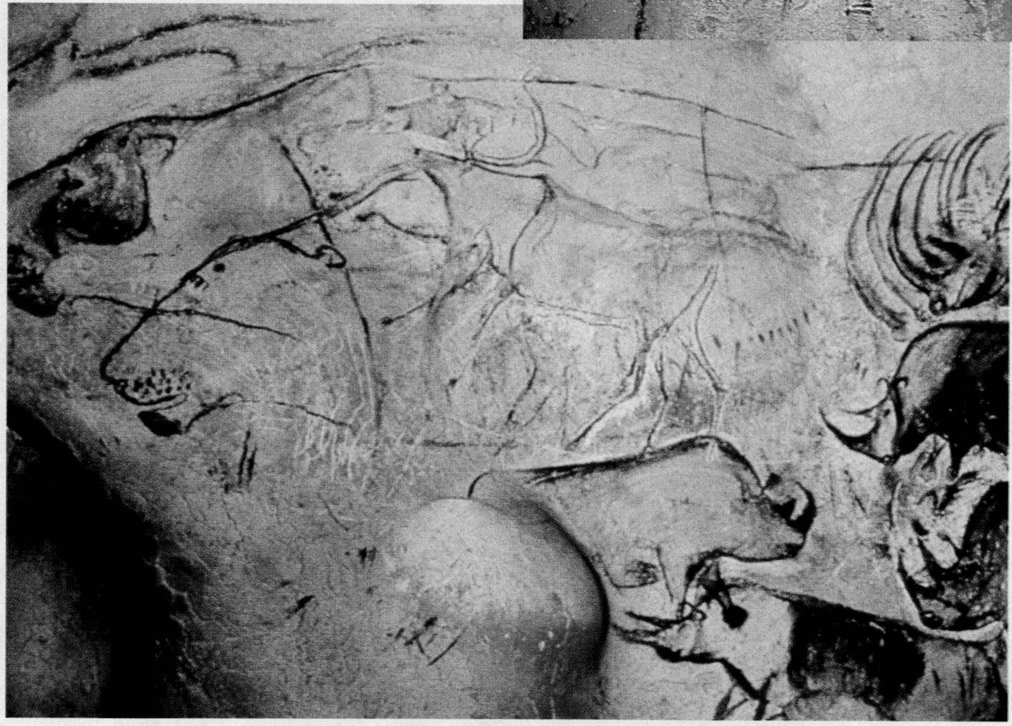

Des lions et des aurochs. Pour indiquer le mouvement l'artiste multiplie les cornes.

Deuxième Étape

Des barbares attaquent une forteresse romaine.

Un peu d'histoire

De la Gaule au Moyen-Âge

Le pays que nous appelons la France était, en grande partie, couvert de forêts et habité par des Celtes, ou Gaulois, organisés en tribus, quand les Romains sont arrivés. On date le commencement de l'histoire de France de 50 avant notre ère*. C'est la date de la conquête de la Gaule par les Romains.

Une pièce de monnaie romaine qui représente l'empereur Jules César.

Marseille est la plus ancienne ville de France

Au cinquième siècle avant notre ère, les Grecs avaient fondé un port sur la Méditerranée, près du delta du Rhône, qu'ils appelaient *Massilia*. Massilia est aujourd'hui Marseille, une des plus grandes villes de France et son plus important port sur la Méditerranée. La possession de Massilia permettait aux Grecs de contrôler le passage le long du Rhône, de la Loire et de la Seine, par lequel ils allaient en Angleterre, où se trouvaient de riches mines de métal.

Quand notre histoire commence, au premier siècle avant notre ère, Massilia prospère. Ses habitants sont devenus romains, car la Grèce a été conquise par les Romains.

Les Gaulois attaquent Massilia. La riposte[1] romaine

Les Gaulois attaquent constamment le territoire qui entoure Massilia. Ils voudraient bien prendre la ville, pleine de richesses qui les tentent. C'est alors que les habitants de Massilia font appel[2] aux Romains pour les aider. Jules César, le général qui plus tard sera empereur, arrive à la tête de ses légions. Non seulement il sauve Massilia, mais il fait la conquête de la région entière. Annexée à l'Empire romain, cette région va s'appeler *Provincia romana*, la Province romaine. Elle s'appelle aujourd'hui la Provence.

Did You Know?
Les Celtes étaient venus de ce qui est maintenant le sud-ouest de l'Allemagne et avaient envahi la Gaule, l'Espagne et les îles britanniques. Les habitants du sud de l'Angleterre, de l'Écosse et de l'Irlande, et de la Bretagne en France, sont restés, de nos jours, en grande partie, celtes.

Did You Know?
Les noms modernes des villes de France dérivent, soit de leur nom latin (Lyon était *Lugdunum*), soit du nom des peuplades qui les habitaient. C'est le cas pour Paris, nommé *Lutétia*, mais habité par la tribu des *Parisii*.

[1] **riposte** response
[2] **font appel** appeal to, call upon

***avant notre ère:** On dit aussi «avant Jésus-Christ», mais la formule «avant notre ère» est plus moderne et préférable.

500 avant notre ère
Fondation de Marseille par les Grecs

50 avant notre ère
Conquête de la Gaule par les Romains (commencement de l'histoire de France)

CHRONOLOGIE

Did You Know?
Il y avait 90 tribus indépendantes, mais acceptant une sorte de fédération. Chaque année, leurs chefs se réunissaient dans la forêt des Carnutes près d'Orléans. (Les Arvernes habitaient ce qui est aujourd'hui l'Auvergne, et c'est de cette région qu'est venu Vercingétorix.)

Conquête du reste du territoire. Résistance héroïque de Vercingétorix

Mais les Romains ne s'arrêtent pas là. Avide de conquêtes, César va prendre possession de tout le territoire qui constitue la France. Il a laissé un récit[3] de cette conquête. C'est le *De bello gallico** premier document écrit qui nous donne une description du pays et de ses habitants.

Les Gaulois sont batailleurs[4] et braves, mais ils n'ont pas l'énorme organisation des légions romaines. Pourtant, un jeune chef mène la résistance contre l'envahisseur[5]. C'est Vercingétorix, dont le nom reste célèbre en France aujourd'hui. Vaincu[6] à Alésia, il est fait prisonnier par César qui l'emmène à Rome, et, malgré ses promesses, le traite cruellement. Vercingétorix, en chaînes, marchera dans le cortège triomphal de César, et après quelques années misérables en prison, sera exécuté. La Gaule est maintenant romaine.

La période gallo-romaine: Les Gaulois adoptent la vie et la langue des Romains

Les Gaulois, qui sont de nature curieux, qui aiment le changement et les idées nouvelles (comme les Français d'aujourd'hui) acceptent avec enthousiasme les façons de vivre des Romains. Rome leur apporte, en effet, une excellente administration et des routes solides en pierre. Ils construisent des monuments qui durent encore: Temples aux dieux romains, aqueducs qui amènent l'eau aux villes, arènes où la population va voir des combats de gladiateurs, théâtres en plein air[7], magnifiques bains publics.

Les Gaulois adoptent aussi le latin, langue des Romains. Mais ce n'est pas le latin classique, c'est une version simplifiée, parlée par les légions d'occupation. La langue française va dériver de ce latin vulgaire, qui se transformera au cours des siècles[8] en langue romane, puis vieux français, avant de devenir le français moderne.

Le pont du Gard, construit par les Romains il y a presque deux mille ans, est un aqueduc qui amenait l'eau à la ville de Nîmes.

[3] **récit** account, narrative
[4] **batailleurs** fighters
[5] **envahisseur** invader
[6] **Vaincu** Defeated
[7] **en plein air** open-air
[8] **au cours des siècles** over the centuries

De bello gallico *(On the War in Gaul)*: Caesar's own chronicle, relating the war that led to the conquest of Gaul by the Romans. It is a classic, studied by every student of Latin.

313
Édit de Milan

476
Chute de l'Empire romain et commencement du Moyen-Âge

496
Baptême de Clovis

Les invasions barbares et la chute de l'Empire romain

La période qu'on appelle gallo-romaine amène une grande prospérité pour la Gaule. Mais bientôt, arrivent de terribles fléaux[9]: des bandes de «barbares» (les Romains appellent ainsi les peuplades qui ne font pas partie de leur Empire) attaquent constamment Rome et la Gaule. Ces barbares, aussi appelés Goths (Ostrogoths, Visigoths), ont une civilisation et des armes inférieures à celles des Romains. Mais, poussés par le besoin, ils attaquent résolument et de façon répetée. Pendant cette période, les empereurs romains sont, soit des enfants, soit[10] des êtres incapables de gouverner. Enfin, Rome décide d'abandonner sa capitale de l'ouest, Rome, et de se replier[11] sur Constantinople, sa capitale de l'est. Donc[12], 476 marque la chute de l'Empire romain pour l'ouest. À cette date, le chef barbare Odoacer brûle[13] et pille[14] Rome.

Avec la chute de l'Empire romain, l'excellente administration de la Gaule va disparaître: les fonctionnaires ne sont plus payés et quittent leur poste; les routes sont abandonnées, les bâtiments tombent en ruines. Le pays tombe dans un abandon et une ruine qui seraient complets, si ce n'était[15] la présence de l'Église chrétienne.

[9] **fléaux** scourges (disasters)
[10] **soit... soit** either... or
[11] **se replier** to withdraw to, fall back on
[12] **Donc** Therefore, thus
[13] **brûle** burns
[14] **pille** pillages
[15] **si ce n'était** if it weren't for
[16] **ont répandu** spread
[17] **foi** faith
[18] **espérance** hope

Les commencements de l'Église chrétienne

Le pays est sauvé d'un retour à la sauvagerie complète par la présence de l'Église. En effet, depuis la mort de Jésus-Christ, ses adeptes ont répandu[16] la nouvelle religion de foi[17], d'espérance[18] et de charité: le christianisme*. Au début, ils sont martyrisés, jetés aux bêtes sauvages dans les arènes sans diminuer leur foi.

L'Édit de Milan établit la liberté de religion (313)

L'empereur Constantin—dont la mère est chrétienne—comprend qu'il est politiquement préférable de laisser les chrétiens pratiquer leur nouvelle religion. Par l'Édit de Milan, il déclare que toutes les religions sont acceptables dans son empire.

La statue de Vercingétorix, le chef gaulois, se dresse sur le champ de bataille d'Alésia.

Did You Know?
Il y avait plusieurs religions dans l'Empire. Certains adoraient *Mithra* sous la forme d'un taureau blanc.
Constantin adorait *Sol Invictus*, le soleil vainqueur. Mais il avait besoin du soutien de l'Église, parce que son autorité était contestée par l'empereur romain Maxence (en latin: *Marcus Aurelius Valerius Maxentius*).

***le christianisme:** The first historic mention of the existence of Christianity is to be found in the *Annals* of the Roman historian Tacitus (55-120 A.D.). He writes of groups of adepts of "Christos" multiplying in Rome and gaining converts to the new religion. The Emperor Nero considered them a threat to law and order (because they refused to accept the Roman gods and placed divine authority above that of the Emperor). He often had them arrested, thrown to the lions in the arena, or burned at the stake on street corners to entertain the people.

Did You Know?
La chute de l'Empire romain crée un vide (plus de police, plus d'administration, etc.). C'est l'Église qui reçoit les voyageurs dans les monastères, qui soigne les malades, qui organise une administration.

L'Église en Gaule

En Gaule, comme à Rome, les premiers chrétiens sont persécutés jusqu'à l'Édit de Milan. À Paris, par exemple, Saint Denis, évêque[19] de la ville, est décapité sur la colline[20] qui s'appelle maintenant Montmartre. La légende nous dit que Saint Denis ramasse[21] sa tête et la porte plus de sept kilomètres avant de la laisser tomber et de mourir. À cet endroit, aujourd'hui la ville de Saint-Denis, près de Paris, on a construit une basilique qui commémore le martyr chrétien. C'est là qu'on a ensuite enterré[22] tous les rois de France, dans la nécropole royale de Saint-Denis.

Une église du Moyen-Âge.

Quand l'Empire romain cesse son administration en Gaule, nous avons vu que l'Église, déjà bien organisée, va prendre un certain pouvoir[23] et essayer d'assurer l'administration du pays. C'est pourquoi, aujourd'hui, la France est en majorité chrétienne et catholique. C'est aussi l'origine de l'autorité de l'Église en France qui va, pendant plus de mille ans, prendre une grande part dans le gouvernement.

Clovis, premier roi chrétien (496)

Clovis est le chef d'une armée barbare, venue de l'Est et composée de Francs, établie dans la région est de la France. Il n'est pas chrétien, c'est un païen[24], mais il a épousé[25] une princesse chrétienne, Clotilde. La légende raconte comment, un jour, Clovis poursuivi par ses ennemis, promet, s'il est sauvé, d'accepter le dieu des chrétiens. Il est sauvé! Alors, il est baptisé par l'évêque de Reims, Saint Rémi (496). La légende est charmante, mais en réalité Clovis avait besoin du support de l'Église pour renforcer son autorité. C'était donc une décision politique.

Ce baptême est triplement important: Il consacre Clovis comme roi des Francs par la volonté[26] de Dieu, et comme chrétien. Il est à l'origine de l'alliance entre les rois de France et l'Église. Enfin, comme avec Clovis toute son armée est devenue chrétienne, c'est le commencement de l'établissement du christianisme comme religion d'état.

La légende raconte aussi qu'une colombe[27], le jour du baptême, est descendue du ciel, apportant dans son bec une petite fiole[28] contenant l'huile sacrée, pour consacrer le roi. Cette huile, conservée à Reims, servira à la consécration de tous les rois de France après Clovis.

Literature Connection
Ce que nous savons de Clovis vient surtout de la chronique de Grégoire de Tours, un moine, qui naturellement donnait toujours un rôle important à l'Église (voir «Le Vase de Soissons», page 34).

Saint Denis, évêque de Paris, est décapité (IIIe siècle) sur la colline de Montmartre.

[19] **evêque** bishop
[20] **colline** hill
[21] **ramasse** picks up
[22] **enterré** buried
[23] **pouvoir** power
[24] **païen** pagan
[25] **épousé** married
[26] **volonté** will
[27] **colombe** dove
[28] **fiole** vial

Clovis est la forme ancienne de Louis

Les textes anciens écrivent son nom Hlodovic et plus tard Clovis, forme de transition entre le germain Ludwig et le français Louis. En souvenir de Clovis, premier roi chrétien des Francs, beaucoup de rois de France s'appelleront Louis. Le dernier de ce nom sera Louis XVIII, mort en 1824.

La fleur de lis, emblème des rois de France

La légende nous dit que Clovis, poursuivi par ses ennemis, se cache[29] dans un marécage[30]. Là, une fleur d'iris est prise[31] dans son casque. Sauvé, il adopte cette fleur comme emblème de sa nouvelle royauté.

En réalité, l'origine de la fleur de lis est inconnue, mais pourrait être celle-ci: Comme la consécration de Clovis n'avait pas de précédent, l'Église fait appel aux textes de l'Ancien Testament qui décrivent le couronnement des rois d'Israël. Ils étaient oints[32] d'une huile sacrée. Le reste de la cérémonie chrétienne ressemble beaucoup au sacre[33] du roi Saül et du roi David.

Le lys était l'emblème de la Judée et du roi David. Il a peut-être été repris[34] par le nouveau roi comme son propre emblème: la fleur de lis. Tous les rois de France ont ensuite gardé comme emblème royal: les trois fleurs de lis or[35] sur fond[36] blanc.

[29] **se cache** hides
[30] **marécage** swamp
[31] **prise** caught
[32] **oints** anointed
[33] **sacre** consecration, coronation
[34] **repris** picked up
[35] **or** gold
[36] **fond** background
[37] **Moyen-Âge** Middle Ages

Did You Know?
On ne sait pas exactement de quelle période date l'adoption de la fleur de lis comme emblème royal. La plus ancienne en existence se trouve sur un pilier du Mont-Saint-Michel et date du 9e siècle.

Le Moyen-Âge[37] (476–1453)

Les historiens appellent Moyen-Âge la période qui va de la chute de l'Empire romain (à Rome) à la chute de Constantinople (1453), envahie par les Turcs. C'est une période parfois assez sombre, où la France reconstruit une civilisation sur les ruines de la civilisation romaine. (On peut aussi dater la fin du Moyen-Âge de l'invention de l'imprimerie en 1440.)

La fleur de lis.

Le baptême de Clovis est aussi son couronnement. Remarquez (en haut, à droite) la colombe venue du ciel qui apporte l'huile sacrée.

C'est beau, les mots!

A **Le mot approprié.** Complétez les phrases suivantes par le mot approprié.

1. Les Gaulois aiment la guerre. Ils sont ___ .
2. Les armées romaines s'appellent des ___ .
3. Le français d'aujourd'hui est dérivé du ___ .
4. Si vous êtes religieux, si vous croyez en Dieu, vous avez la ___ .
5. Les lions, les tigres sont des ___ .
6. Une très petite bouteille est une ___ .
7. Dans un ___ , il y a de l'eau et des plantes aquatiques.
8. Pour aller en motocyclette, vous avez besoin d'un ___ pour vous protéger la tête.

A 1. batailleurs
2. légions
3. latin vulgaire
4. foi
5. bêtes
6. fiole
7. marécage
8. casque

B **Jouez le mot.** Par un geste ou une attitude, montrez que vous comprenez le sens des verbes suivants:

se cacher	**ramasser**	**porter**
laisser tomber	**mourir**	**descendre du ciel**
apporter dans son bec		

B **Teaching Tip**
For *Jouez le mot*, see **Teaching Tip** in *Première étape*, page 4.

Votre réponse, s'il vous plaît

C **Vrai ou faux?** Si c'est faux, quelle est la phrase correcte?

1. La conquête romaine est un désastre pour la Gaule.
2. La chute de l'Empire romain en 476 marque la fin totale de cet empire.
3. L'Édit de Milan dit que le christianisme est la seule religion de l'empire de Constantin.
4. Saint Denis est décapité et mort à Montmartre.
5. Les rois de France sont couronnés dans la basilique de Saint-Denis.

C 1. Faux. Les Romains apportent aux Gaulois une excellente administration et des routes solides en pierre. Ils construi-sent des monuments, des aqueducs, des arènes, etc.
2. Faux. Après la chute de Rome, l'Empire romain continue à exister à Constantinople.
3. Faux. Par l'Édit de Milan, l'empereur Constantin dit que toutes les religions sont acceptables dans son empire.
4. Vrai. (Mais la légende dit qu'avant de mourir il ramasse sa tête et la porte plus de sept kilomètres.)
5. Faux. Ils sont enterrés dans la nécropole royale de Saint-Denis.

Le Vase de Vix, un énorme vase de bronze trouvé dans la tombe d'une princesse gauloise.

D **Parlons du texte.** Répondez aux questions.

1. Quelle est la date qui marque le commencement de l'histoire de France? Pourquoi? Comment dit-on *B.C.* en français?
2. Quel est le titre du document écrit par Jules César pour relater sa conquête de la Gaule? Qui le lit aujourd'hui?
3. Qui a fondé Marseille? Où? Quelle était l'importance de sa situation *(location)*?

D For answers to Ex. D, please refer to the Teacher's Manual.

4. Comment a commencé la conquête de Jules César?
5. Qui était Vercingétorix? Qu'est-ce qu'il a fait? Comment a-t-il fini?
6. Quelle est l'origine du nom *la Provence*?
7. Est-ce que la conquête romaine est bonne ou mauvaise pour les Gaulois? Expliquez.
8. Qu'est-ce qu'on appelle la chute de l'Empire romain? Quelle est sa date?
9. Qu'est-ce que l'Édit de Milan? Qu'est-ce qu'il permet?
10. Quelle est l'importance de l'Église chrétienne après la chute de l'Empire romain?
11. Qui était Clovis? Pourquoi est-il devenu célèbre?
12. Connaît-on l'origine de la fleur de lis? Expliquez. Pourquoi la retrouve-t-on souvent au cours de l'histoire?
13. Qu'est-ce qu'on appelle le Moyen-Âge? Quand commence-t-il et quand finit-il?

E Analyse et opinion. Répondez aux questions.

1. **La chute de l'Empire romain.** Comment peut-on expliquer la chute de l'Empire romain?
2. **La fleur de lis.** La fleur de lis est le symbole de la royauté française. Connaissez-vous d'autres symboles? Quelle est leur importance?

La Maison-Carrée à Nîmes était à l'origine un temple romain.

Exprimez-vous

1. **L'origine de votre ville.** Les villes de Provence datent de très longtemps. Mais quelle est l'origine de votre ville? Quelle est son importance? (Banlieue d'une grande ville? Une petite ville? Centre agricole, industriel, centre d'affaires? C'est un port? Une plage? Une station de montagne? Autre chose?) A-t-elle un passé historique? Expliquez. Aimez-vous votre ville? Pourquoi?
2. **Le commencement de votre histoire personnelle.** Les Français datent leur histoire de la conquête de la Gaule par les Romains. C'est une date arbitraire car la France existait bien avant. Y a-t-il un événement qui marque le commencement de votre histoire personnelle? (Le premier jour d'école? La naissance d'un petit frère ou d'une petite sœur? Votre installation dans une nouvelle maison? Votre rencontre d'une certaine personne?)
3. **La France et le français dans votre ville (ou région).** Il y a sûrement des noms (noms de rues, de magasins, de boutiques, de restaurants, etc.) en français. Chaque élève en trouve deux et les explique. (Pourquoi ne pas demander au propriétaire du magasin, par exemple, pourquoi on a choisi ce nom?)

Quelques termes utiles

Elle date de... (deux siècles, dix ans, etc.)
Elle a été fondée par...
Où est-elle située? (près de..., loin de..., à l'est de..., au nord de..., au sud de..., à l'ouest de...)

For an additional *Exprimez-vous* topic, please refer to the Teacher's Manual.

Pre-reading
César décrit *la civilisation des Gaulois*. Supposez qu'on vous demande de décrire *notre civilisation*.
Moyens de communication: cinéma, télévision, journaux, littérature
Études: Est-ce que les étudiants passent beaucoup d'années à étudier?
Religion: Apprend-on des prières ou des cantiques *(hymns)* par cœur?
Impôts: Est-ce que les établissements religieux paient des impôts? (Non.)
Guerres: Avons-nous des guerres? etc. Lisez le texte et comparez la civilisation des Gaulois et la nôtre.

Vie et littérature

La littérature des Gaulois, c'est de la poésie, des chansons transmises oralement et chantées par les bardes. Cette poésie n'est pas parvenue jusqu'à nous[1]. Mais il existe des textes qui *parlent* de la vie chez les Gaulois.

De bello gallico

Jules César (101–44 avant notre ère)

La religion des Gaulois Longtemps avant le christianisme, les Gaulois avaient leur propre[2] religion. Ils adoraient un grand nombre de dieux qui représentaient les forces de la nature, comme Bélénus, dieu du soleil, et Velléda, déesse de la Terre.

Les prêtres[3] des Gaulois étaient les druides. Voilà ce que César dit à propos des[4] druides:

Les druides ne vont généralement pas à la guerre, et ils ne paient pas d'impôts[5] comme les autres. Attirés par de si grands avantages, beaucoup de jeunes garçons viennent suivre leur enseignement[6] dans l'espoir d'être druides aussi un jour, et beaucoup restent à l'école pendant vingt ans et plus.

Les druides disent que leur religion ne leur permet pas d'écrire les choses qui touchent aux questions religieuses. Pour le reste, ils n'hésitent pas à écrire, comme leurs comptes[7], par exemple, et ils se servent de l'alphabet grec pour cela. Pourquoi ne pas écrire les choses de la religion? Sans doute[8] parce que les gens qui se fient[9] à l'écriture[10] négligent la mémoire. C'est une chose commune: Quand on est aidé par des textes écrits, on s'applique moins à retenir par cœur[11], et on laisse rouiller[12] sa mémoire.

Le point essentiel de leur enseignement, c'est que les âmes[13] sont immortelles, mais qu'après la mort, elles passent dans le corps d'un autre. Ils pensent que cette conviction est le meilleur stimulant du courage, parce qu'on n'a plus peur de la mort.

Traduit et adapté du latin

[1] **parvenue jusqu'à nous** come down to us
[2] **propre** own
[3] **prêtres** priests
[4] **à propos des** about
[5] **impôts** taxes
[6] **enseignement** teaching
[7] **comptes** accounts
[8] **Sans doute** Probably
[9] **se fient** trust, count on
[10] **écriture** writing
[11] **retenir par cœur** learn by heart, memorize
[12] **rouiller** get rusty
[13] **âmes** souls

La reconstitution d'une ferme gauloise du temps de Vercingétorix (l'Archéodrome de Bourgogne).

Le gui[14] du Nouvel An

César raconte maintenant comment les Gaulois célèbrent le Nouvel An. Les druides figurent dans cette cérémonie (qui a laissé des traces dans notre culture).

Pendant plusieurs semaines avant le jour du Nouvel An, les druides vont dans la forêt chercher du gui. Mais pas du gui ordinaire, qui pousse[15] en abondance sur beaucoup d'arbres, comme les pommiers[16] et les peupliers[17]. Non. Ils cherchent du gui qui pousse sur un chêne[18], car le bois[19] du chêne est très dur, et il est rare que le gui y pousse. Le gui poussé sur un chêne est sacré pour les Gaulois. Quand on l'a enfin trouvé, on marque soigneusement[20] la place, mais on ne la révèle à personne.

Quand la nuit du Nouvel An arrive, les druides mènent les fidèles[21] en grande cérémonie vers le chêne où pousse le gui sacré. Le plus agile des druides monte à l'arbre, et avec une faucille[22] d'or, il coupe le gui qui tombe dans un drap[23] de pur lin[24] blanc, étendu sous l'arbre. «Au gui l'an neuf!», crient les Gaulois, joyeux. Chaque chef de famille de la tribu emportera son brin[25] de gui sacré qui protégera du mal[26] pendant l'année qui commence.

Traduit et adapté du latin

Portrait de Vercingétorix

Comme les autres Gaulois de son temps, Vercingétorix portait de longs cheveux qu'il blondissait en les lavant à l'eau de chaux[27]. On le représente souvent coiffé d'un casque surmonté de petites ailes[28]. Voilà ce que dit Jules César, son ennemi, qui a fini par[29] gagner la guerre contre lui, mais qui admire ses qualités d'homme et de chef militaire.

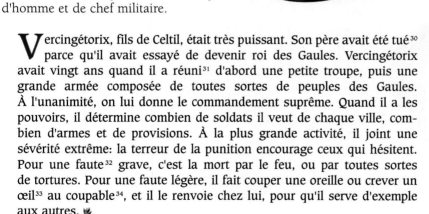

Vercingétorix, fils de Celtil, était très puissant. Son père avait été tué[30] parce qu'il avait essayé de devenir roi des Gaules. Vercingétorix avait vingt ans quand il a réuni[31] d'abord une petite troupe, puis une grande armée composée de toutes sortes de peuples des Gaules. À l'unanimité, on lui donne le commandement suprême. Quand il a les pouvoirs, il détermine combien de soldats il veut de chaque ville, combien d'armes et de provisions. À la plus grande activité, il joint une sévérité extrême: la terreur de la punition encourage ceux qui hésitent. Pour une faute[32] grave, c'est la mort par le feu, ou par toutes sortes de tortures. Pour une faute légère, il fait couper une oreille ou crever un œil[33] au coupable[34], et il le renvoie chez lui, pour qu'il serve d'exemple aux autres.

Traduit et adapté du latin

Pre-reading
Comment célèbre-t-on le Nouvel An aujourd'hui? (soirée, musique et chant, bruit, joie, etc.) Lisez le texte et voyez si vous trouvez un élément de la fête gauloise du Nouvel An qui existe encore de nos jours.

Note
For information on *Astérix le Gaulois* and an excerpt from *Le Bouclier arverne* **(The Shield of Vercingétorix)**, see *Plaisir des yeux*, page 50.

Pre-reading
Quelles sont les qualités d'un chef? (Courage? Autorité? Sens de la discipline? Volonté? Apparence physique? Charisme?) Lisez le texte et voyez si Vercingétorix a de ces qualités.

Un casque gaulois en bronze retrouvé dans un fleuve.

[14] **gui** mistletoe
[15] **pousse** grows
[16] **pommiers** apple trees
[17] **peupliers** poplars
[18] **chêne** oak tree
[19] **bois** wood
[20] **soigneusement** carefully
[21] **fidèles** faithful
[22] **faucille** sickle
[23] **drap** sheet
[24] **lin** linen
[25] **brin** sprig
[26] **mal** evil, harm
[27] **eau de chaux** lime water
[28] **ailes** wings
[29] **a fini par** wound up
[30] **tué** killed
[31] **réuni** gathered together
[32] **faute** mistake, fault
[33] **fait crever un œil** has an eye put out
[34] **coupable** guilty person

Pre-reading
«Œil pour œil, dent pour dent.» Expliquez. Lisez le texte et voyez si les actions de Clovis illustrent cette notion de la vengeance.

«Le Vase de Soissons»

Grégoire de Tours (538–584)

Clovis Un des épisodes les plus célèbres de la vie de Clovis, c'est l'histoire du vase de Soissons. (Soissons est une ville de l'est de la France.) Elle est racontée par le grand chroniqueur* Grégoire de Tours. Grégoire est un évêque, qui admire Clovis sans réserve, parce qu'il est chrétien. Lisez cet épisode, et décidez si le baptême a donné à Clovis toutes les vertus chrétiennes, comme la charité et le pardon des offenses.

Les ennemis de Clovis avaient enlevé[1] d'une église un vase d'une grandeur et d'une beauté merveilleuse, ainsi que beaucoup d'autres objets sacrés. L'évêque de cette église envoie au roi des messagers: «Même si vous ne pouvez pas retrouver tous les objets sacrés, pouvez-vous au moins retrouver le vase qui est notre trésor?» Le roi répond: «Suivez-nous jusqu'à Soissons. C'est là que nous allons partager[2] entre nous ce que nous avons repris à nos ennemis. Quand ce vase sera entré dans ma part du butin[3], je ferai ce que l'évêque me demande.» Car, parmi les guerriers[4] francs, le butin est partagé également entre les soldats et le roi.

Quand il arrive à Soissons, le roi va sur la place où est déposé le butin. «Je vous prie, mes braves guerriers, dit-il, de mettre ce vase en supplément, avec ma part.» Et il montre le vase dont nous avons parlé. À ces paroles[5], les plus raisonnables répondent: «Glorieux roi, tout ici est à toi, et nous-mêmes, nous sommes soumis à ton désir[6]. Fais comme tu voudras, et prends ce vase si tu le désires.» Mais à ce moment, un des soldats, stupide, jaloux et en colère[7], brandit[8] sa hache[9] et crie: «Tu n'auras rien d'autre que ce que le sort[10] te donnera!» Et il frappe le vase qui se brise[11] en mille morceaux.

Le roi ne dit rien, et il donne simplement les morceaux du vase au messager de l'évêque. Mais il n'oublie pas l'insulte du jeune soldat.

Un an plus tard, il fait assembler, un jour, toute son armée pour inspecter les armes et l'équipement. Quand il arrive devant celui qui avait frappé le vase à Soissons, il lui dit: «Tes armes sont mal tenues[12]. Ta lance, ton épée[13], ta hache, tout cela est en mauvais état[14].» Et il jette la hache du soldat à terre. Le soldat se baisse[15] pour la ramasser. Alors le roi, levant la sienne[16] à deux mains, frappe le soldat et le tue, en disant: «Voilà ce que tu as fait au vase de Soissons!»

*Adapté de l'*Histoire des Francs

[1] **enlevé** removed, made off with
[2] **partager** to share
[3] **butin** booty
[4] **guerriers** warriors
[5] **paroles** words
[6] **soumis à ton désir** "your wish is our command"
[7] **en colère** angry
[8] **brandit** brandishes, waves
[9] **hache** ax
[10] **sort** chance
[11] **se brise** shatters
[12] **mal tenues** poorly maintained
[13] **épée** sword
[14] **mauvais état** bad shape
[15] **se baisse** bends down
[16] **la sienne** his own

Le vase de Soissons ressemblait peut-être à celui-ci, trouvé dans les fouilles (excavations) *d'une villa gallo-romaine.*

***Un chroniqueur** writes a chronicle, an account of events, usually in conjunction with a famous person. Unlike an historian, he does not feel obliged to be impartial.

C'est beau, les mots!

Une statuette en or de la période gauloise.

A Le mot approprié. Complétez les phrases suivantes par le mot approprié.

1. Les métaux comme le fer ___ dans l'eau.
2. Le corps est mortel. L' ___ est-elle immortelle?
3. Dans une cérémonie religieuse il y a le prêtre et les ___ .
4. Le ___ est une plante parasite qui pousse sur les ___ .
5. Le ___ est un arbre fruitier. Le ___ a un bois très dur.
6. La nuit, vous dormez dans un lit avec des ___ .
7. Un ___ est une petite partie de la boule de gui.
8. Le bien est le contraire du ___ .
9. Une erreur s'appelle aussi une ___ .
10. Vous entendez avec vos ___ et vous voyez avec vos ___ .

A 1. rouillent
2. âme
3. fidèles
4. gui, arbres
5. pommier, chêne
6. draps
7. brin
8. mal
9. faute
10. oreilles, yeux

B Jouez le mot. Par un geste ou une attitude, montrez que vous comprenez le sens des termes suivants:

étendre un drap sur le sol (*ground*)
monter à un arbre
emporter quelque chose
garder un secret
crever une feuille de papier
mener quelqu'un en grande cérémonie
protéger ses possessions
couper le gui
lever les mains
enlever quelque chose
briser quelque chose
brandir quelque chose
être en colère
se baisser pour ramasser quelque chose

B **Teaching Tip**
For *Jouez le mot,* see **Teaching Tip** in *Première étape,* page 4.

Votre réponse, s'il vous plaît

C Vrai ou faux? Si c'est faux, quelle est la phrase correcte?

De bello gallico

1. Il y a des livres de poésie gauloise dans les bibliothèques.
2. Les Gaulois adoraient le Soleil et la Terre.
3. Les druides préfèrent exercer la mémoire plutôt qu'*(rather than)* écrire.
4. Les druides célèbrent Noël.
5. Vercingétorix préfère la psychologie aux punitions.
6. César admire les qualités de son ennemi, Vercingétorix.

C 1. Faux. La littérature gauloise, c'est de la poésie, des chansons transmises oralement et chantées par les bardes.
2. Vrai.
3. Vrai, pour les questions religieuses. Pour le reste, ils n'hésitent pas à écrire.
4. Faux. Ils célèbrent le Nouvel An.
5. Faux. Il préfère les punitions très sévères.
6. Vrai.

D For answers to Ex. D, please refer to the Teacher's Manual.

D Parlons du texte. Répondez aux questions.

De bello gallico

1. Est-ce que les Gaulois étaient chrétiens? Pourquoi? En quoi consistait leur religion?
2. Quels avantages avaient les druides? Est-ce que les études pour devenir druide étaient courtes? Expliquez.
3. Qu'est-ce que le *De bello gallico?* Qui l'a écrit? À quelle occasion?
4. En quoi consistait la cérémonie du Nouvel An chez les Gaulois? Cette cérémonie a-t-elle laissé des traces dans notre culture? (Attention: *to kiss* = s'embrasser)
5. Comment était Vercingétorix? Quel âge avait-il?
6. Des cheveux longs et blondis... C'était il y a deux mille ans. Est-ce une apparence extraordinaire aujourd'hui?

Le Vase de Soissons

7. Est-ce que le vase était dans une église de Soissons? Une autre?
8. Qu'est-ce que les messagers de l'évêque ont demandé?
9. Comment les guerriers francs partagent-ils leur butin? Que pensez-vous de cette méthode?
10. Pourquoi le jeune soldat brise-t-il le vase?

E Analyse et opinion. Répondez aux questions.

1. **Le jeune soldat.** À votre avis, est-ce que ce jeune soldat a tort ou raison? Pourquoi?
2. **La vengeance de Clovis.** On dit que la vengeance est meilleure froide. Est-ce aussi l'opinion de Clovis? Êtes-vous d'accord avec son action? Pourquoi?

Exprimez-vous

1. **Punitions et récompenses.** Dans les passages que vous avez lus, il est question des méthodes disciplinaires de Vercingétorix et de Clovis. Comment vos parents vous punissent-ils quand ils ne sont pas satisfaits de vous (votre conduite, votre attitude à la maison, vos notes à l'école)? Par contre comment vous récompensent-ils quand ils sont contents de vous? Ont-ils tort ou raison et quel est le résultat?
2. ***Le Vase de Soissons.*** Jouez la scène du *Vase de Soissons*. Choisissez des élèves qui seront, respectivement, Clovis, les messagers de l'évêque, le jeune soldat arrogant et les guerriers francs. Organisez l'action, employez le dialogue du texte, mais complétez-le par des remarques appropriées. (Par exemple, chaque guerrier fera une remarque.) Préparez-vous, et présentez une petite scène animée.

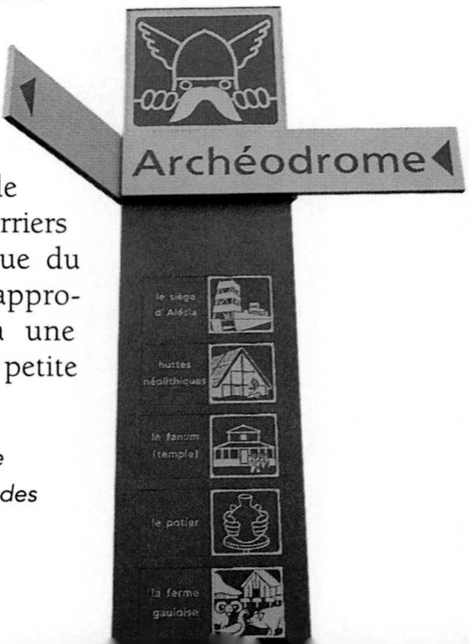

Archéodrome

L'Archéodrome de Bourgogne (près du site de la bataille d'Alésia) présente une reconstitution de la vie du temps des Gaulois et aussi de la bataille d'Alésia.

Quelques termes utiles

Punition

Ils se fâchent.
Ils vous défendent de sortir.
Ils vous obligent à ranger votre chambre, etc.
Ils refusent de vous donner de l'argent.

Récompense

Ils sont enchantés et fiers de vous.
Ils vous félicitent.
Ils vous font un cadeau.
Ils vous permettent de faire quelque chose d'exceptionnel. (Quoi?)

Le résultat

Vous ne recommencerez plus.
Vous améliorez votre conduite, etc.

Note
For an additional *Exprimez-vous* topic, please refer to the Teacher's Manual.

Perfectionnez votre grammaire

Les verbes des trois groupes

Il y a trois groupes de verbes. On classifie les verbes d'après la terminaison de leur infinitif.

L'empereur Auguste (Ier siècle), successeur de César, a continué ses conquêtes.

2.1 *Les verbes du premier groupe, ou verbes en -er*

C'est de beaucoup le plus important. Il comprend plus de 3.000 verbes. Tous les verbes en *-er* sont réguliers, excepté *aller* (qui a un présent et un futur irréguliers) et *envoyer* (qui a un futur irrégulier).

Les nouveaux verbes formés pour les besoins de la langue moderne sont formés sur le modèle du premier groupe: *télégraphier, téléphoner, téléviser, téléguider, (radio)diffuser,* («to broadcast»), *atomiser, faxer,* etc.*

A La conjugaison des verbes en *-er*

LA CONJUGAISON DES VERBES EN *-ER*

PRÉSENT *Exemple*: **ARRIVER**			IMPÉRATIF
j'	**arriv e**	Tous les verbes de ce groupe (excepté *aller*) ont les mêmes terminaisons.	
tu	**arriv es**		**Arrive**
il	**arriv e**		
nous	**arriv ons**		**Arrivons**
vous	**arriv ez**		**Arrivez**
ils	**arriv ent**		

An explanation of the rules for the imperative of *-er* verbs appears on page 43.

*Fond of exceptions? Here is one. "To land" (a plane, a helicopter, etc.) is *atterrir,* 2nd group. On that model has been formed *amerrir,* "to land on water," as hydroplanes do.

B Certains verbes ont des changements orthographiques nécessités par la prononciation.

1. Verbes terminés en *-yer* (*essayer, payer, ennuyer, envoyer,* etc.)

PRÉSENT *Exemple:* ESSAYER			IMPÉRATIF
j'	**essaie**	*Explication:* Devant un *e* muet, remplacez le *y* par un *i*. (Pas de changement, donc, dans le cas de *nous* et de *vous.*)	
tu	**essaies**		**Essaie**
il	**essaie**		
nous	**essayons**		**Essayons**
vous	**essayez**		**Essayez**
ils	**essaient**		

2. Verbes terminés en *-érer* (*espérer, préférer,* etc.) ou en *-eter* (*acheter,* etc.)

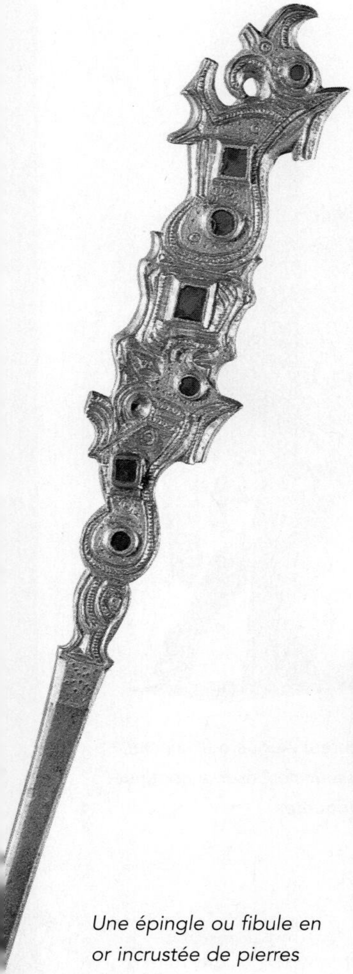

Une épingle ou fibule en or incrustée de pierres de couleur.

PRÉSENT *Exemples:* PRÉFÉRER		ACHETER			IMPÉRATIF
je	**préfère**	j'	**achète**	*Explication:* Devant un *e* muet* remplacez l'accent aigu par un accent grave. (Pas de changement, donc, dans le cas de *nous* et de *vous.*)	
tu	**préfères**	tu	**achètes**		
il	**préfère**	il	**achète**		**Préfère**
nous	**préférons**	nous	**achetons**		
vous	**préférez**	vous	**achetez**		**Préférons**
ils	**préfèrent**	ils	**achètent**		**Préférez**

3. Verbes terminés en *-ger*

PRÉSENT *Exemple:* MANGER			IMPÉRATIF
je	**mange**	*Explication:* Ajoutez un *e* à la forme *nous.*	
tu	**manges**		**Mange**
il	**mange**		
nous	**mangeons**		**Mangeons**
vous	**mangez**		**Mangez**
ils	**mangent**		

*When a word ends with *e + consonant + mute e* (*frère, mère, pièce, pèse,* etc.) there is generally a grave accent on the *e* before the consonant: *Hél**ène**, Thér**èse**.* That's why you change the accent when you conjugate verbs like ***préférer:*** *je préf**ère**, tu pref**ères**, il préf**ère**,* ils *préf**èrent**.*

4. Verbes terminés en *-cer*

Présent *Exemple*: **COMMENCER**			Impératif
je	**commence**	*Explication:* Ajoutez une cédille sous le *c* devant *o (a, u)* pour garder le son de l'infinitif.	
tu	**commences**		**Commence**
il	**commence**		
nous	**commençons**		**Commençons**
vous	**commencez**		**Commencez**
ils	**commencent**		

5. Les verbes *appeler* (et *épeler*) et *jeter*

Présent *Exemples*: **APPELER (ÉPELER)**			**JETER**		Impératif
j'	**appelle, épelle**	je	**jette**	*Explication:* Devant un *e* muet, doublez la consonne. (Pas de changement dans le cas de *nous* et de *vous*.)	
tu	**appelles, épelles**	tu	**jettes**		**Jette**
il	**appelle, épelle**	il	**jette**		
nous	**appelons, épelons**	nous	**jetons**		**Jetons**
vous	**appelez, épelez**	vous	**jetez**		**Jetez**
ils	**appellent, épellent**	ils	**jettent**		

2.2 *Les verbes du deuxième groupe, ou verbes en -ir*

A La conjugaison des verbes réguliers en *-ir*

La conjugaison de ces verbes est caractérisée par l'infixe *-iss-* dans les trois personnes du pluriel.

La conjugaison des verbes en *-ir*

Présent *Exemples*: **FINIR (bâtir, choisir, démolir, punir, réfléchir, réussir)**		Impératif
je	**fin is**	
tu	**fin is**	**Finis**
il	**fin it**	
nous	**fin iss ons**	**Finissons**
vous	**fin iss ez**	**Finissez**
ils	**fin iss ent**	

Le Trophée des Alpes (Ier siècle) commémore les victoires de l'empereur Auguste.

For a more complete list of verbs formed from adjectives, please refer to Vocabulary Expansion in the Teacher's Manual.

Remarquez: l'infixe *-iss-* pour les trois personnes du pluriel. On trouve cet infixe dans un grand nombre de verbes formés sur des adjectifs. Par exemple, *devenir grand*, c'est *grandir, devenir maigre,* c'est *maigrir, devenir gros,* c'est *grossir.*

B Les verbes irréguliers qui n'ont pas d'infixe

Il y a sept verbes dans cette catégorie, et ils sont assez communs.

	Présent							Impératif
	COURIR	DORMIR	MENTIR	PARTIR	SENTIR	SERVIR	SORTIR	
je	**cours**	**dors**	**mens**	**pars**	**sens**	**sers**	**sors**	
tu	**cours**	**dors**	**mens**	**pars**	**sens**	**sers**	**sors**	**Sors**
il	**court**	**dort**	**ment**	**part**	**sent**	**sert**	**sort**	
nous	**courons**	**dormons**	**mentons**	**partons**	**sentons**	**servons**	**sortons**	**Sortons**
vous	**courez**	**dormez**	**mentez**	**partez**	**sentez**	**servez**	**sortez**	**Sortez**
ils	**courent**	**dorment**	**mentent**	**partent**	**sentent**	**servent**	**sortent**	

Remind students that all the verbs in this group except *courir* have two stems, one for the singular forms and one for the plural: *Je dors* but: *Nous dormons.*

C Les verbes *tenir* et *venir*

Ces verbes forment une catégorie séparée, leur conjugaison est différente de celle des autres verbes en *-ir*. Ce sont des verbes importants qui ont quantité de composés:

tenir: retenir, obtenir, maintenir
venir: revenir, devenir, prévenir, convenir, etc.

	Présent			Impératif
	TENIR		VENIR	
je	**tiens**	je	**viens**	
tu	**tiens**	tu	**viens**	**Viens**
il	**tient**	il	**vient**	
nous	**tenons**	nous	**venons**	**Venons**
vous	**tenez**	vous	**venez**	**Venez**
ils	**tiennent**	ils	**viennent**	

D Le verbe *mourir*. Complètement irrégulier!

	MOURIR		
je	**meurs**	nous	**mourons**
tu	**meurs**	vous	**mourez**
il	**meurt**	ils	**meurent**

Forme la plus souvent employée: *Il est mort, Elle est morte.*

E Les verbes comme *ouvrir, offrir* et *souffrir*

Il y a aussi quelques verbes avec un infinitif en *-ir*, comme *ouvrir, offrir* et *souffrir,* qui sont conjugués en réalité comme des verbes en *-er: j'ouvre, j'offre, je souffre.*

2.3 Les verbes du troisième groupe, ou verbes en -re

A La conjugaison des verbes réguliers en *-re*

LA CONJUGAISON DES VERBES EN -RE

Exemples: **DESCENDRE (attendre, entendre, rendre, vendre, interrompre*)**

	PRÉSENT	IMPÉRATIF
je	**descend s**	
tu	**descend s**	**Descends**
il	**descend**	
nous	**descend ons**	**Descendons**
vous	**descend ez**	**Descendez**
ils	**descend ent**	

Sur l'autoroute: Un panneau qui représente une colonne brisée, un casque gaulois et un vase indique la proximité de l'Archéodrome et du champ de bataille d'Alésia.

Des fragments gallo-romains.

***interrompre:** A very small irregularity for *interrompre.* It is: *il interrompt.*

Remind students that all these verbs have regular imperative forms. These forms may be found in the verb charts at the back of the book.

B Les verbes irréguliers du troisième groupe

Voilà la liste de ces verbes et leur conjugaison:

1. PRENDRE (apprendre, comprendre, surprendre)		2. METTRE (permettre, remettre, soumettre)		3. CONNAÎTRE (reconnaître, paraître, naître)		4. DÉTRUIRE (cuire, produire, construire, conduire, traduire)	
je	**prends**	je	**mets**	je	**connais**	je	**détruis**
tu	**prends**	tu	**mets**	tu	**connais**	tu	**détruis**
il	**prend**	il	**met**	il	**connaît**	il	**détruit**
nous	**prenons**	nous	**mettons**	nous	**connaissons**	nous	**détruisons**
vous	**prenez**	vous	**mettez**	vous	**connaissez**	vous	**détruisez**
ils	**prennent**	ils	**mettent**	ils	**connaissent**	ils	**détruisent**

5. ÉCRIRE (décrire)		6. CROIRE		7. RIRE (sourire)		8. VIVRE (suivre)	
j'	**écris**	je	**crois**	je	**ris**	je	**vis (suis)**
tu	**écris**	tu	**crois**	tu	**ris**	tu	**vis**
il	**écrit**	il	**croit**	il	**rit**	il	**vit**
nous	**écrivons**	nous	**croyons**	nous	**rions**	nous	**vivons**
vous	**écrivez**	vous	**croyez**	vous	**riez**	vous	**vivez**
ils	**écrivent**	ils	**croient**	ils	**rient**	ils	**vivent**

2.4 *Les verbes en -oir*

A

Ces verbes sont tous irréguliers et ne font partie d'aucun groupe. Les plus communs sont: *avoir, pouvoir, vouloir, voir* et *savoir*.

	AVOIR		POUVOIR	VOULOIR	VOIR	SAVOIR
j'	**ai**	je	**peux**	**veux**	**vois**	**sais**
tu	**as**	tu	**peux**	**veux**	**vois**	**sais**
il	**a**	il	**peut**	**veut**	**voit**	**sait**
nous	**avons**	nous	**pouvons**	**voulons**	**voyons**	**savons**
vous	**avez**	vous	**pouvez**	**voulez**	**voyez**	**savez**
ils	**ont**	ils	**peuvent**	**veulent**	**voient**	**savent**

B Il y a aussi trois verbes impersonnels (= qui sont employés seulement à la troisième personne: *il...*).

pleuvoir: il pleut
falloir: il faut
valoir: il vaut *(especially in the expression* **Il vaut mieux...** *"It is better...")*

L'arc de Triomphe d'Orange (Vaucluse). Les généraux romains victorieux défilaient sous un arc de triomphe avec leurs troupes et leurs prisonniers.

2.5 *L'impératif*

Vous avez vu l'impératif des verbes *être, avoir, aller, faire* (*Première étape*, pages 11–16) et l'impératif des autres verbes dans la table de conjugaison de ces verbes dans cette leçon (voir pages 37–41). Récapitulons.

A L'impératif des verbes en *-er*

1. Le *s* de la deuxième personne des verbes en *-er* disparaît à l'impératif:

Tu	**parles**	mais:	**Parle!**
Tu	**vas**	mais:	**Va!**

2. Ce *s* est restitué quand le verbe impératif est suivi de *y* ou *en*.

Parles-en, Restes-y, Vas-y.
(Mais: **N'en parle pas. N'y reste pas. N'y va pas.**)

B D'autres impératifs irréguliers

Il y a deux autres impératifs irréguliers:

SAVOIR	VOULOIR
Sache	**Veuille**
Sachons	**Veuillons**
Sachez	**Veuillez**

Remarquez: On emploie surtout *Veuillez...* dans la correspondance formelle: *Veuillez accepter, monsieur/madame, mes salutations*, etc. (*Veuillez* a le sens de: *«Please»* ou *«Please be so kind as to... »*.)

2.6 *La construction de deux verbes sans préposition, ou avec la préposition* à *ou* de

Une tombe gallo-romaine.

J'aime écouter un concert. **Il veut lire son journal.**	} **sans préposition**
Vous m'invitez *à* diner? **Tu commences *à* comprendre.**	} **avec *à***
J'oublie *de* prendre ma clé. **Vous décidez *de* partir.**	} **avec *de***

Certains verbes très communs: *aimer, préférer, aller,* etc. ne nécessitent pas de préposition. Certains autres verbes nécessitent la préposition *à* ou *de* devant un infinitif.

A Sans préposition

Exemples: **Je déteste faire des fautes.**
Descendez acheter le journal.

aimer *to like, love*
aller *to go*
arriver *to arrive*
courir *to run*
croire *to believe*
descendre *to go down*
désirer *to wish*
devoir *to be supposed to*
écouter *to listen*
entendre *to hear*
envoyer *to send*
espérer *to hope*
faire* *to do, make*
falloir *to have to*
laisser *to let or leave*
monter *to go or come up*
oser *to dare*
paraître *to seem or appear*
penser *to think*
préférer *to prefer*
se rappeler *to recall*
regarder *to look, watch*
rentrer *to go (come) home*
retourner *to go (come) back (home)*
savoir *to know*
se souvenir *to remember*
valoir (mieux) *to be better*
venir *to come*
voir *to see*
vouloir *to want*

***faire:** The meaning of *faire* changes when it is followed by an infinitive: *faire* (+ l'infinitif) = to have something done (for you by someone else): **Le samedi je fais laver ma voiture.**

B Avec *à*

Exemples: **J'apprends à parler français.**
Vous continuez à faire des progrès.

aider *to help*
s'amuser *to have fun*
apprendre *to learn*
chercher *to seek*
commencer *to begin*
condamner *to condemn*
continuer *to continue*
enseigner *to teach*
hésiter *to hesitate*
inviter *to invite*
se mettre *to begin*
passer (son temps) to spend (time)
penser *to think (of doing something)*
réussir *to succeed*
tenir* *to hold*

C Avec *de*

Exemples: **Il cesse de pleuvoir.**
Je vous demande de réfléchir.

s'arrêter *to stop*
cesser *to cease, stop*
conseiller *to advise*
craindre *to fear*
décider *to decide*
défendre *to forbid*
demander *to ask*
se dépêcher *to hurry*
dire *to say, tell*
empêcher *to prevent*
essayer *to try*
finir *to finish*
menacer *to threaten*
mériter *to deserve*
obliger *to oblige, force*
offrir *to offer, give*
ordonner *to order*
permettre *to allow*
oublier *to forget*
prier *to pray, beg*
promettre *to promise*
proposer *to propose*
refuser *to refuse*
regretter *to regret*
répéter *to repeat*
risquer *to risk*
venir *to have just*

2.7 *La place de l'adverbe:* souvent, toujours, peut-être, beaucoup, longtemps, bien

A Avec un seul verbe

Je parle *bien* français. Mais je ne parle pas *bien* espagnol.
Michel aime *beaucoup* la musique.
Il va *souvent* au concert.
Savez-vous *déjà* la réponse à ma question?
Nous ne regardons pas *toujours* la télé le soir.

Avec un seul verbe, l'adverbe est *après* le verbe et la négation de ce verbe.

La reconstitution des tours d'assaut de la bataille d'Alésia à l'Archéodrome de Bourgogne.

***tenir:** The meaning of *tenir* changes when it is followed by *à:*
tenir à (+ un nom) = to be fond of: **Je tiens beaucoup à ma voiture.**
tenir à (+ l'infinitif) = to be anxious to: **Je tiens à réussir dans cette classe.**

B Avec deux verbes

Je voudrais *bien faire un voyage. Vous commencez à *bien** parler français.**
Aidez-vous *souvent* votre mère à faire le dîner?

Avec deux verbes, l'adverbe est placé *après* le verbe qu'il modifie. C'est souvent le premier verbe. Donc, l'adverbe est souvent placé après le premier verbe.

Les arènes d'Arles sont parfaitement conservées aujourd'hui.

2.8 *L'usage de* on: on parle, on finit, on prend, on va, on vient

On est très employé en français. Employez *on* pour exprimer *we, you, they (when used in the sense of "people in general").*

Quand *on est* enfant, *on va* à l'école primaire.
***On parle* français dans beaucoup de pays.**
À quelle heure *va-t-on* sortir?

On est aussi très souvent employé pour exprimer *nous* au sens spécifique de *notre groupe:*

Dans ma famille, *on est* très affectueux.
Quand *va-t-on* sortir de cette classe?

Application

Les verbes du premier groupe

A Conjugaisons. Complétez par le verbe à la forme correcte et faites attention aux changements orthographiques.

A 1. essaie
2. jettent
3. paie
4. espère
5. commençons
6. achètes
7. Épelez
8. mangeons

1. Notre équipe ___ de gagner le match de foot. (essayer)
2. Les gens économes ne ___ pas l'argent par la fenêtre! (jeter)
3. Je t'invite. C'est moi qui ___ . (payer)
4. J' ___ rencontrer le Prince Charmant (ou la Princesse). (espérer)
5. Nous ___ notre année scolaire. (commencer)
6. Où ___ -tu tes vêtements? Tu es si chic! (acheter)
7. ___ votre nom, s'il vous plaît. (épeler)
8. Nous ne ___ pas d'escargots à la cafétéria. (manger)

---

*Note that *bien* has two meanings:
1. bien *(well)* (its opposite: **mal** *[bad, badly]*)
Je parle *bien* français, mais je parle *mal* espagnol.
2. bien which serves to emphasize the verb: **Vous espérez *bien* partir en vacances!** *(You **do** hope to go on vacation!)*
Je voudrais *bien* un verre d'eau. *(I sure would like a glass of water.)*

9. Est-ce que cet exercice vous ___ ? (ennuyer)
10. Pour la Saint-Valentin, Luc ___ une carte à Caroline. (envoyer)
11. Nous ___ dans la piscine en hiver. (nager)

9. ennuie
10. envoie
11. nageons

Les verbes du deuxième groupe*, réguliers et irréguliers

B Encore des verbes. Complétez par le verbe à la forme correcte.

1. À quelle heure ___ les classes? (finir)
2. Mes copains ne ___ pas en week-end sans moi! (partir)
3. Vous ___ de me ramener chez moi? C'est gentil! (offrir)
4. Les enfants ___ bien vite! (grandir)
5. Dans un restaurant chinois, on ___ des plats exotiques. (servir)
6. Maria et Fabien ___ au soleil, sur la plage. (brunir)
7. Les fleurs, les amis, les livres ___ la vie. (embellir)
8. Les parfums français ___ bon. (sentir)
9. Les gens ___ toujours un peu chez le dentiste. (souffrir)
10. Mademoiselle, ___ la fenêtre, s'il vous plaît. (ouvrir)
11. On ___ un immeuble, et on le ___ vingt ans plus tard. (bâtir, démolir)
12. Votre mère ne ___ pas du tout! Au contraire, elle ___ tous les jours! (vieillir, rajeunir)

B 1. finissent
2. partent
3. offrez
4. grandissent
5. sert
6. brunissent
7. embellissent
8. sentent
9. souffrent
10. ouvrez
11. bâtit, démolit
12. vieillit, rajeunit

Les verbes du troisième groupe, réguliers et irréguliers, et les verbes en *-oir*

C Je vois, tu vois. Complétez par le verbe à la forme correcte.

1. Les magasins ___ «en solde» à la fin de la saison. (vendre)
2. Vous ___ l'autobus le matin. Moi, je ___ ma moto. (prendre, prendre)
3. Si vous avez froid, ___ un pullover. (mettre)
4. ___ -vous ce monsieur? Non, je ne le ___ pas. (connaître, connaître)
5. Les Français ___ trop vite. Et vous, ___ -vous bien? (conduire, conduire)
6. Qu'est-ce que vous ___ ? Je ___ que vous avez raison. (dire, dire)
7. Pourquoi ___ -vous? Nous ne ___ pas, nous ___ parce que vous êtes amusant. (rire, rire, sourire)
8. Les centenaires ___ plus d'un siècle. (vivre)
9. ___ -vous tout ce que vous ___ ? (croire, lire)
10. ___ -tu entendre la vérité? Oui, je ___ bien si elle est agréable. (vouloir, vouloir)
11. Nous ne ___ pas quelle heure il est. (savoir)
12. Qu'est-ce que tu ___ par la fenêtre? Je ___ le parking et la rue. (voir, voir)

C 1. vendent
2. prenez, prends
3. mettez
4. Connaissez, connais
5. conduisent, conduisez
6. dites, dis
7. riez, rions, sourions
8. vivent
9. Croyez, lisez
10. Veux, veux
11. savons
12. vois, vois

***Attention:** N'oubliez pas qu'il y a: les verbes réguliers avec *-iss-*, les verbes irréguliers sans *-iss-*, et les verbes comme *offrir, ouvrir, souffrir* qui se conjuguent comme les verbes du premier groupe.

Note
These verbs were introduced in *Première étape*, page 15.

D 1. mène
2. portent
3. amènent
4. apporte
5. emporte
6. rapporter
7. emmène
8. ramener
9. amène
10. ramener

La révision des verbes *porter, apporter, rapporter, emporter, mener, emmener, amener, ramener* et *remmener*

D Vercingétorix. Complétez par le verbe correct.

Vercingétorix _1_ ses troupes avec courage. Les soldats gaulois _2_ toujours un bouclier et d'autres armes. Quand Vercingétorix est vaincu, des soldats romains l' _3_ au camp de César. Suivant l'usage de son temps, il _4_ ses armes, et les jette aux pieds de César.

Le même soir, un soldat romain _5_ le précieux bouclier. C'est un vol, il n'a pas l'intention de le _6_ .

Après sa victoire, César _7_ Vercingétorix à Rome, et lui promet de le _8_ plus tard en Gaule. Mais César ment: Arrivé à Rome, on _9_ Vercingétorix en prison et César n'a pas l'intention de le _10_ dans son pays.

L'impératif

E Donnez des ordres. Dites à la personne indiquée de faire quelque chose. Employez *tu* ou *vous* suivant la personne à qui vous parlez. (N'oubliez pas d'ajouter le nom de la personne, ou *monsieur, madame, mademoiselle*.)

de ne pas partir (votre copain Christophe)
Ne pars pas, Christophe.

E 1. Viens chez moi à huit heures, Jackie.
2. Sois à l'heure, Alex.
3. Comprenez mes problèmes, madame.
4. Réponds à ma lettre, Monique.
5. Faites attention dans la rue, monsieur.
6. Dites la vérité, Luc et Marc.
7. N'ayez pas peur, mademoiselle.
8. Aie de la patience, Maman.
9. Ne parle pas en classe, Alain.

1. de venir chez vous à huit heures (votre amie Jackie)
2. d'être à l'heure (votre copain Alex)
3. de comprendre vos problèmes (le professeur, qui est une dame)
4. de répondre à votre lettre (votre sœur Monique)
5. de faire attention dans la rue (M. Lebel, un vieux monsieur)
6. de dire la vérité (vos frères, Luc et Marc)
7. de ne pas avoir peur (Mademoiselle Artaud)
8. d'avoir de la patience (votre mère)
9. de ne pas parler en classe (Alain)

VERCI NGETORIX

Une pièce de monnaie gauloise avec le profil de Vercingétorix.

Les verbes qui n'ont pas de préposition devant un autre verbe, ou qui demandent *à* ou *de*

F Faut-il une préposition? Complétez par la préposition correcte *quand* une préposition est nécessaire.

J'aime bien ___1___ rester seul(e) à la maison, et j'adore ___2___ regarder la télé dans mon lit. Mais quelquefois, je commence ___3___ regarder un film d'horreur, et j'hésite ___4___ arrêter la télé. Alors, je crois ___5___ entendre des bruits étranges. Je préfère ___6___ continuer ___7___ regarder. Je refuse ___8___ réfléchir que c'est un danger imaginaire. Quand le fantôme menace ___9___ attaquer sa victime, je commence ___10___ trembler, et ___11___ mettre la tête sous les draps.

Vous allez ___12___ dire que je risque ___13___ être la victime de ce fantôme avec ou sans draps sur la tête? Vous proposez ___14___ arrêter la télé pour me sauver la vie? Vous offrez ___15___ changer de chaîne? Mais je désire ___16___ voir la fin! Je préfère ___17___ courir le risque de ma vie! En fait, je vous invite ___18___ regarder le film avec moi. Essayons ___19___ survivre ensemble!

La place de l'adverbe

G Où va l'adverbe? Placez l'adverbe correctement.

1. Luc pense à Caroline. (souvent)
2. Pensez à emporter vos clés quand vous sortez. (toujours)
3. Vous préférez rester à la maison le samedi soir. (peut-être)
4. J'espère arriver à l'heure et je voudrais trouver une place. (bien) (bien)
5. Vous aimez parler au téléphone. (beaucoup)
6. Ne reste pas au centre commercial. (longtemps)

L'emploi de *on*

H Qu'est-ce qu'on fait? Chaque personne de la classe pose la question à une autre. Employez beaucoup de verbes: *venir, sortir, prendre, acheter, donner, parler, dîner, souffrir, remercier, accepter,* etc.

> **Qu'est-ce qu'on fait, le dimanche, si on a un examen le lundi?**
> ***On reste à la maison. On ne sort pas. On prend ses livres et on étudie. On ne passe pas la journée au téléphone.***

1. Qu'est-ce qu'on fait pour aider sa mère?
2. Qu'est-ce qu'on fait si on désire avoir beaucoup d'amis?
3. Qu'est-ce qu'on fait si on désire avoir une bonne note?
4. Qu'est-ce qu'on dit à sa grand-mère quand elle vous fait un cadeau?
5. Qu'est-ce qu'on fait pour avoir un A dans la classe de français?

F 1. — 2. — 3. à 4. à 5. — 6. — 7. à 8. de 9. d' 10. à 11. à 12. — 13. d' 14. d' 15. de 16. — 17. — 18. à 19. de

G 1. Luc pense souvent à Caroline.
2. Pensez toujours à emporter vos clés...
3. Vous préférez peut-être rester à la maison...
4. J'espère bien arriver à l'heure et je voudrais bien trouver une place.
5. Vous aimez beaucoup parler au téléphone.
6. Ne reste pas longtemps au centre commercial.

H *Answers will vary.*

La grammaire en direct

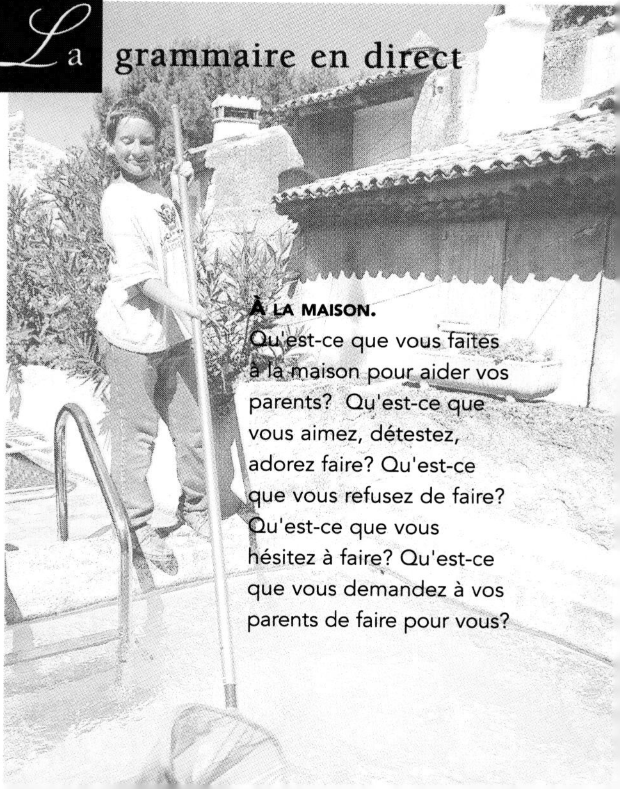

À LA MAISON.
Qu'est-ce que vous faites à la maison pour aider vos parents? Qu'est-ce que vous aimez, détestez, adorez faire? Qu'est-ce que vous refusez de faire? Qu'est-ce que vous hésitez à faire? Qu'est-ce que vous demandez à vos parents de faire pour vous?

L'HUMOUR GALLO-ROMAIN

Did You Know?
Dans la traduction en anglais des livres d'Astérix, le druide Panoramix qui prépare la potion magique s'appelle *Getafix*, le barde Assurancetourix s'appelle *Cacophonix* et le chef de la tribu porte le nom ironique de *Vitalstatistix*. Il y a aussi un petit chien, Idéfix, rebaptisé *Dogmatix*.

Les livres d'Astérix le Gaulois ont un grand succès en France en ce moment. Voilà les deux premières pages d'un de ces livres, *Le Bouclier arverne* ("The Shield of Vercingétorix").

D'abord, faites connaissance avec les personnages principaux.

QUELQUES GAULOIS...
Astérix, le héros de ces aventures. Petit guerrier à l'esprit malin, à l'intelligence vive, toutes les missions périlleuses lui sont confiées sans hésitation. Astérix tire sa force surhumaine de la potion magique du druide Panoramix...
Obélix, est l'inséparable ami d'Astérix. Livreur de menhirs de son état, grand amateur de sangliers, Obélix est toujours prêt à tout abandonner pour suivre Astérix dans une nouvelle aventure. Pourvu qu'il y ait des sangliers et de belles bagarres.
Panoramix, le druide vénérable du village, cueille le gui et prépare des potions magiques. Sa plus grande réussite est la potion qui donne une force surhumaine au consommateur. Mais Panoramix a d'autres recettes en réserve...
Assurancetourix, c'est le barde. Les opinions sur son talent sont partagées : lui, il trouve qu'il est génial, tous les autres pensent qu'il est innommable. Mais quand il ne dit rien, c'est un gai compagnon, fort apprécié...
Abraracourcix, enfin, est le chef de la tribu. Majestueux, courageux, ombrageux, le vieux guerrier est respecté par ses hommes, craint par ses ennemis. Abraracourcix ne craint qu'une chose : c'est que le ciel lui tombe sur la tête, mais comme il le dit lui-même: «C'est pas demain la veille!»

VOCABULAIRE

malin clever, crafty
tire draws
livreur de menhirs de son état "menhir delivery man" by profession
amateur de sangliers great lover of wild boars
bagarres fights
partagées divided
innommable awful, unspeakable
ombrageux touchy
«C'est pas demain la veille!» Don't hold your breath!

VAINCU À ALÉSIA, VERCINGÉTORIX JETTE SES ARMES AUX PIEDS DE CÉSAR... OFFICIELLEMENT, LA GAULE EST VAINCUE...
OUAP!
CLANG!
APRÈS CETTE TRISTE CÉRÉMONIE CÉSAR S'EN VA VERS D'AUTRES CONQUÊTES...
...ET LES ARMES DU CHEF ARVERNE RESTENT LÀ, ABANDONNÉES, PERSONNE N'OSANT Y TOUCHER.
CE N'EST QU'AU COUCHER DU SOLEIL QU'UN ARCHER ROMAIN NE RÉSISTE PAS À L'ENVIE DE S'EMPARER D'UN MAGNIFIQUE BOUCLIER.
DIS, TU LE JOUES AU XXX ET XL?
!
BOUCLIER QU'IL PERD AUSSITÔT AU COURS D'UN JEU DE HASARD.
DIEM PERDIDI!
TU L'AS DIT, BOUFFI!
LE GAGNANT, UN LÉGIONNAIRE, RETOURNANT VERS SON CANTONNEMENT QU'IL AVAIT QUITTÉ SANS PERMISSION, EST SURPRIS PAR UN CENTURION ABUSIF...
HEP! VOUS, LÀ-BAS! QUO VADIS, MON GAILLARD?
...QUI CONFISQUE LE PRÉCIEUX BOUCLIER EN ÉCHANGE DE SON INDULGENCE.
O TEMPORA! O MORES!
BLAM BLAM

VOCABULAIRE

s'emparer seize, grab

XXX et XL *30 et 40*, a contemporary French card game. (Note that the name is written in Roman numerals.)

Diem perdidi! It's my unlucky day. (literally: I lost the day!) (Note that the Romans speak Latin.)

Tu l'as dit, bouffi! You don't say!

cantonnement quarters, camp

abusif unfair

Quo vadis, mon gaillard? Where are you going, soldier?

O tempora! O mores! So that's what things have come to!

DISCUSSION

1. Les Gaulois ont perdu la guerre. Pourtant, le petit Gaulois Astérix est un héros pour les Français. Comment expliquez-vous cela?

2. Pourquoi *Le Bouclier arverne* est-il amusant?

Troisième Étape

Le couronnement de Charlemagne à Rome, le jour de Noël 800.

Un peu d'histoire

Une sombre période mais de grands hommes

La période qui suit le règne de Clovis (mort en 511) est sombre, malgré[1] les efforts d'administration de l'Église. Les descendants de Clovis sont de mauvais rois, si faibles et si paresseux[2] qu'on les appelle les rois fainéants*. Les assassinats dans la famille royale sont constants, et la rivalité des reines Brunehaut et Frédégonde, avec tous les crimes qu'elle occasionne, reste symbolique de cette période.

Médaillon, appelé le «talisman» de Charlemagne.

Les maires du Palais prennent le pouvoir

Aussi[3], le pouvoir passe bientôt dans les mains des maires du Palais[4]. Le maire du Palais est un fonctionnaire[5], chef de la maison (de l'administration) du roi.

Charles Martel arrête les Arabes à Poitiers (732)

C'est le maire du Palais, Charles Martel (il doit son surnom[6] au fait que son arme favorite est un martel, ou marteau[7]), qui sauve la France de l'invasion arabe.

En effet, les Arabes (toujours ce mouvement vers l'ouest!), venus du Moyen-Orient[8], occupent déjà l'Afrique du Nord et l'Espagne. Ils passent les Pyrénées et avancent en France qui est en grand danger d'être conquise par les forces musulmanes. Mais Charles Martel prend la tête d'une armée qui écrase à Poitiers (732) les forces d'Abd-el-Rahman et les repousse[9] vers l'Espagne.

Charles Martel assure aussi la subordination des provinces du sud-ouest et les rattache au royaume de France, ainsi que la Provence et la Bourgogne.

Charlemagne, qui l'admire beaucoup, est son petit-fils.

[1] **malgré** in spite of
[2] **paresseux** lazy
[3] **Aussi** So, thus
[4] **maires du Palais** palace mayors
[5] **fonctionnaire** government employee
[6] **surnom** nickname
[7] **marteau** hammer
[8] **Moyen-Orient** Middle East
[9] **repousse** repels

***fainéants** (from *fait néant*, "does nothing"): an old adjective seldom used today

CHRONOLOGIE

732
Charles Martel arrête les Arabes à Poitiers.

800
Charlemagne est couronné empereur par le pape à Rome.

L'Empereur Charlemagne (747-814)

[10] **tient** holds
[11] **droit divin** divine right
[12] **élu** elected
[13] **détient** has
[14] **pape** Pope
[15] **retire** withdraws
[16] **soutien** support
[17] **Que celui** Let the one (who)
[18] ***missi dominici*** messengers from the master
[19] **déloger** dislodge
[20] **embuscade** ambush

Il y a une différence fondamentale entre un roi et un empereur. Le roi tient[10], en principe, son pouvoir de Dieu, et le transmet à ses descendants. C'est le droit divin[11]. Un empereur peut être élu[12], et c'est souvent un chef militaire qui devient aussi chef du gouvernement parce qu'il détient[13] le support de l'armée.

Charlemagne, chef militaire, est couronné empereur par le pape[14], à Rome, le jour de Noël 800. C'est une surprise pour lui, disent les chroniqueurs. Ce couronnement représente, en tout cas, une décision politique de l'Église qui retire[15] son soutien[16] aux rois couronnés et le donne aux fils des maires du Palais. On assure que le pape a dit, en posant la couronne sur la tête de Charlemagne: «Que celui[17] qui possède le pouvoir en fait, le possède aussi en droit».

Charlemagne est une des grandes figures de l'histoire de France. Son peuple, ce sont les Francs, et sa capitale Aix-la-Chapelle*. Il agrandit considérablement son empire et il établit les bases d'une administration en envoyant des *missi dominici*[18] qui représentent son autorité dans les provinces.

Il fonde des écoles. Il ne sait pas lire lui-même (savoir lire est chose rare à cette époque), mais il s'intéresse aux idées abstraites, comme la nature de la vie et de la mort, dont il aime discuter avec le philosophe Alcuin. C'est une attitude nouvelle, dans ce temps encore très proche de la barbarie.

Charlemagne veut continuer les succès de son grand-père, Charles Martel, contre les Arabes. Il organise donc une expédition en Espagne, dans l'espoir de les déloger[19]. Il n'y obtient que peu de succès, mais c'est durant le retour de cette expédition qu'un des ses officiers, Hrodlandus ou Roland, est tué dans une embuscade[20]. Cet épisode, transformé en une aventure merveilleuse, donne naissance à *La Chanson de Roland,* grand poème épique de la littérature française (voir page 60).

Statuette représentant Charlemagne. Il est montré sans la barbe dont parle La Chanson de Roland.

***Aix-la-Chapelle:** Today, it is Aachen, in Germany, near the Rhine river. Charlemagne's chapel can still be seen there today.

Les invasions des Normands (ou Vikings) (VIIe au IXe siècles)

Encore des invasions? N'oubliez pas cette force mystérieuse qui pousse les peuplades vers l'ouest.

Cette fois, les envahisseurs[21] sont des Vikings, des hommes du Nord ou Norsemen, venus de Scandinavie, qu'on appelle Normands aujourd'hui. Chaque année, au printemps, ils organisent des expéditions dans leurs bateaux, arrivent sur la côte nord de la France (ils vont aussi, entre autres[22], en Angleterre et en Irlande), remontent le cours des rivières, attaquent les villes, brûlent[23] et pillent[24] fermes, châteaux et monastères. C'est une terreur annuelle. Paris, dans son île, est attaqué huit fois. Les défenseurs protègent leurs fortifications de bois en les couvrant de peaux de bêtes fraîches[25] qui arrêtent l'incendie[26]* et ils lancent des barges de foin[27] enflammé contre les embarcations des Normands pour y mettre le feu.

Enfin, le roi Charles le Simple, un descendant de Charlemagne, décide de donner aux Normands la province nord de la France, et le traité de Saint-Clair-sur-Epte est signé, avec le chef normand Rollon (911). Cette province s'appellera la Normandie, du nom de ses habitants, et c'est le nom qu'elle porte toujours.

Par un exemple d'adaptation assez rare, ces Normands oublient vite leurs coutumes, leur langue, même leurs dieux, et ils acceptent les coutumes, la langue et le christianisme, religion des Français. Ils deviennent agriculteurs et pêcheurs, beaucoup épousent[28] des femmes de la région. Mais ils sont, et restent, d'excellents navigateurs.

Le château de Falaise, en Normandie. C'est d'une fenêtre de ce donjon que le duc Robert a vu la jolie Arlette qui sera la mère de Guillaume, né dans ce château (en 1027 ou 28).

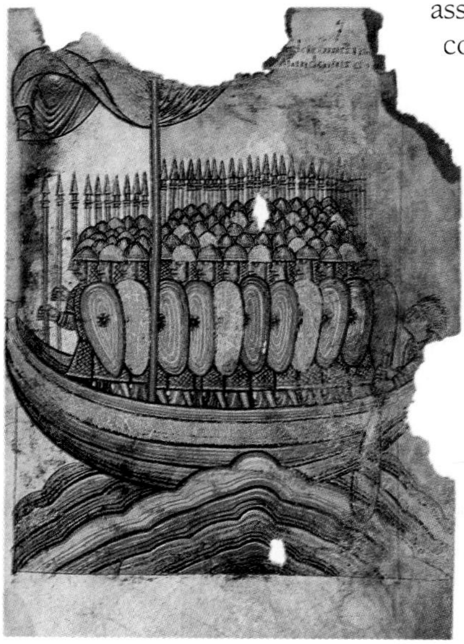

Soldats normands dans un bateau sur une mer agitée. Ils sont armés du bouclier *(shield)* et de la lance employés à la bataille de Hastings.

[21] **envahisseurs** invaders
[22] **entre autres** among other places
[23] **brûlent** burn
[24] **pillent** pillage
[25] **peaux de bêtes fraiches** freshly skinned animals
[26] **incendie** fire
[27] **foin** hay
[28] **épousent** marry

***un incendie:** "A fire," in the sense of destruction by fire. You call the firefighters to fight *un incendie*. But in your fireplace, you light *un feu*.

HIC EXEVNT:CABALLI

Tapisserie de Bayeux. La flotte normande se dirige vers l'Angleterre.

La conquête de l'Angleterre par les Normands (1066)

D'autres Vikings sont aussi établis en Angleterre, de sorte que[29] le roi d'Angleterre est un cousin du duc de Normandie.

À la mort du vieux roi Edward the Confessor, qui n'a pas d'enfants, le duc Guillaume considère qu'il a des droits sur la couronne d'Angleterre. Quand les barons la donnent à Harold, un autre baron anglais, Guillaume décide de traverser la Manche et d'attaquer l'Angleterre. Il construit une flotte pour transporter son armée et gagne la bataille de Hastings (1066). Il devient roi d'Angleterre sous le nom de Guillaume le Conquérant (William the Conqueror)*.

Art & History Connections
For more information on the Bayeux Tapestry and the Battle of Hastings, see *Plaisir des yeux*, page 82.

Tapisserie de Bayeux: Guillaume le Conquérant.

Donc, le duc de Normandie est aussi, maintenant, roi d'Angleterre. (Le lion des armes[30] de Normandie est, encore aujourd'hui, sur les armes royales d'Angleterre.) La langue anglaise se développe en incorporant une grande quantité de mots français apportés par les Normands. En fait, l'anglais a conservé les termes anglo-saxons pour les choses de la vie paysanne, mais il a adopté les mots français pour la vie des châteaux où habitent les conquérants français: Par exemple, *pig* est un animal de ferme, mais *pork* (le porc) est le rôti[31] mangé au château. Même chose pour *ox,* qui laboure[32] les champs, mais *beef* (le bœuf) est mangé sur la table noble; *calf* est l'enfant de la vache, mais *veal* (le veau) est une viande délicate servie au seigneur[33]. Beaucoup de termes légaux, militaires et poétiques viennent aussi du français.

Dans les siècles à venir[34], les rois d'Angleterre restent possesseurs de cette grande province. Ils en ajoutent[35] d'autres, et un jour, ils vont demander la couronne de France. C'est une des causes de la Guerre de Cent Ans.

[29] **de sorte que** so that
[30] **armes** coat of arms
[31] **rôti** roast
[32] **laboure** ploughs
[33] **seigneur** lord
[34] **siècles à venir** centuries to come
[35] **ajoutent** add

***William the Conqueror:** A marked improvement over his previous name. His father, duke of Normandy, had neglected to marry Arlette, the pretty peasant girl who bore him Guillaume. So, until he conquered England, Guillaume was known as *Guillaume le Bâtard.*

C'est beau, les mots!

A Le mot approprié. Complétez les phrases suivantes par le mot approprié.

1. La ___ est l'animal qui donne le lait.
2. Un ___ est un outil qui sert à frapper.
3. Le président des États-Unis est ___ pour quatre ans.
4. Un roi est ___ pour la vie.
5. Le jour de votre anniversaire, vous célébrez la date de votre ___ .
6. On allume un ___ dans la cheminée.
7. Quand une maison brûle, c'est un ___ .
8. Le ___ est la nourriture des animaux de ferme.
9. N' ___ pas vos clés quand vous sortez.
10. Pour aller de l'autre côté de la rue, vous êtes obligé(e) de ___ .

A 1. vache
2. marteau
3. élu
4. couronné
5. naissance
6. feu
7. incendie
8. foin
9. oubliez
10. traverser

B Le contraire. Quel est le contraire des mots dans la liste de gauche?

Une personne propose chacun de ces termes à une autre qui trouve son contraire dans la liste de droite.

1. bon	a. clair
2. paresseux	b. mauvais
3. faible	c. commun
4. nouveau	d. ancien
5. rare	e. lointain
6. proche	f. concret
7. abstrait	g. fort
8. mystérieux	h. énergique

B 1. b 5. c
2. h 6. e
3. g 7. f
4. d 8. a

Tapisserie de Bayeux:
Les messagers de Guillaume.

C Pas à sa place. Quel mot n'est pas à sa place dans les listes suivantes?

1. l'administration, le gouvernement, l'organisation, la poésie
2. attaquer, piller, adorer, brûler
3. arriver, avancer, attaquer, chanter
4. avoir, posséder, donner, tenir, garder
5. discuter, aller, traverser, approcher

C 1. la poésie
2. adorer
3. chanter
4. donner
5. discuter

D Jouez le mot. Par un geste ou une attitude, montrez que vous comprenez le sens des verbes suivants:

apporter	**couvrir**	**lancer**
avancer	**écraser**	**tenir**

D **Teaching Tip:** For *Jouez le mot*, see **Teaching Tip** in *Première étape*, page 4.

Votre réponse, s'il vous plaît

E 1. Faux. Les descendants de Clovis sont des rois fainéants.
2. Faux. Charlemagne est le petit-fils de Charles Martel.
3. Faux. Il a organisé une expédition contre les Arabes en Espagne mais il n'y a obtenu que peu de succès.
4. Faux. Les Vikings et les Normands sont le même peuple.
5. Faux. Beaucoup de mots *anglais* viennent du français à cause de la bataille de Hastings.

F For answers to Ex. F, please refer to the Teacher's Manual.

Les armes de Normandie: deux lions d'or sur fond rouge.

Did You Know? (Ex. G #3)
Les Normands ont apporté leurs lois, leur système de gouvernement et leur langue: le français du onzième siècle. C'est pourquoi l'anglais contemporain a plus de 50% de mots français. (Le *G* initial des mots français est devenu *W* en anglais: Guillaume est devenu William, une garderobe, *wardrobe*, un gardien, *warden*, la guerre, *war*, une guêpe (qui s'écrivait guespe), *wasp*.
Le signal de détresse des aviateurs «Mayday» est en réalité *M'aidez (Aidez-moi)*. Beaucoup de noms de famille sont d'origine française: Bush vient de Boucher, Carter de Cartier, Brown de Brun. Fitzgerald était, à l'origine, le fils de Gérald, et Fitzpatrick, le fils de Patrick.

E Vrai ou faux? Si c'est faux, quelle est la phrase correcte?

1. Les descendants de Clovis sont les maires du Palais.
2. Charlemagne est le petit-fils de Clovis.
3. Charlemagne a délogé les Arabes d'Espagne.
4. Les Vikings et les Normands sont deux peuples différents.
5. Beaucoup de mots français viennent de l'anglais, à cause de la bataille de Hastings.

F Parlons du texte. Répondez aux questions.

1. Comment appelle-t-on les descendants de Clovis? Pourquoi?
2. Qui était le vrai chef du gouvernement sous ces rois?
3. Qui était Charles Martel? Pourquoi est-il célèbre?
4. Quelle était la capitale de Charlemagne? Dans quel pays est cette ville aujourd'hui?
5. Quelle est la différence entre un roi et un empereur?
6. Comment Charlemagne devient-il empereur?
7. Pourquoi Charlemagne est-il considéré une grande figure de l'histoire de France?
8. Quelle est l'origine de *La Chanson de Roland?*
9. Quelle est l'invasion qui dévaste le Nord de la France?
10. Comment les Normands deviennent-ils français?
11. Est-ce que Paris est attaqué? Quelle est sa protection?
12. Qui est Guillaume? Comment devient-il Guillaume «le Conquérant»?
13. Quelle est la date de la conquête de l'Angleterre?

Charlemagne pleure en voyant les soldats de son arrière-garde tomber avec Roland au col de Roncevaux. (Panneau doré à Aix-la-Chapelle)

G Analyse et opinion. Répondez aux questions.

1. **Charlemagne**. Les rois ne gouvernaient plus, après Clovis. Alors, l'Église a couronné Charlemagne à leur place. Êtes-vous d'accord avec cette décision? Pourquoi?
2. **Les Vikings en Normandie.** Donner la belle province de Normandie aux Vikings! C'est le prix de la paix et de la tranquillité. Que pensez-vous de cette action de Charles le Simple?
3. **Le français et l'anglais, langues sœurs?** Trouvez des mots anglais qui sont identiques ou très semblables à des mots français. (Tout le monde trouve un ou plusieurs mots.)

Making Connections
Vous avez vu, dans la *Première étape*, comment la France est une péninsule de l'Europe. Vous avez aussi vu que sa population est mixte. Quelles sont les invasions qui ont formé cette population? Pourquoi?

Exprimez-vous

Le discours de Guillaume à ses troupes. Imaginez que vous êtes Guillaume. C'est le jour de l'embarquement. Debout devant les troupes, vous leur expliquez pourquoi cette expédition est nécessaire. Chaque personne de la classe pose une question, ou exprime une objection.

Quelques termes utiles

Guillaume

Nous allons faire un voyage en mer, gagner une bataille.
Vous allez faire une grande conquête.
Courage! Valeur! En avant![1] etc.

Les troupes

Moi, j'ai le mal de mer[2].
Et si nous ne gagnons pas?
Je préfère rester chez moi.
On va y rester longtemps? etc.

[1] **En avant!** Let's go!
[2] **j'ai le mal de mer** I get seasick.

Le lieu exact de la bataille de Hastings. L'abbaye, derrière l'arbre, marque l'endroit où Harold est mort.

Vie et littérature

La littérature française naît au Moyen-Âge, car le latin a fait place à une langue intermédiaire qu'on appelle la langue romane. Le premier exemple de cette langue se trouve dans les Serments de Strasbourg (842), un document signé par les petits-fils de Charlemagne.

Il y a deux sortes de littérature: La littérature aristocratique avec les romans courtois, des histoires d'amour nommées *romans* parce qu'elles sont écrites dans la langue romane; et la littérature populaire, avec les *chansons de geste.*

Les chansons de geste

Ce sont de longs poèmes qui racontent *la geste,* c'est-à-dire l'aventure héroïque d'un personnage du passé, déjà devenu légendaire. Elles sont probablement chantées devant un public populaire, longtemps avant d'être écrites.

Le héros de la chanson de geste est toujours un brave chevalier[1] qui reste fidèle à Dieu et au roi. Il est prêt à donner sa vie pour sauver son roi et sa religion.

La plus célèbre de ces chansons de geste est *La Chanson de Roland.*

Pre-reading

1. Quelle est la différence entre l'histoire et la légende? Citez quelques exemples de légendes tirées de l'histoire américaine et racontez, si possible, les faits historiques sur lesquels chacune de ces légendes est basée.

2. Quand vous racontez une histoire, qu'est-ce que vous faites pour la rendre plus intéressante, plus dramatique? Dites-vous toujours exactement la vérité? Pourquoi?

La Chanson de Roland (vers 1100)

Les événements véritables La chanson de geste est toujours basée sur un fait historique. En 778, Charlemagne conduit une expédition contre les Arabes en Espagne. À son retour, l'armée, qui a gagné certaines batailles, mais pas de victoire décisive, traverse les Pyrénées pour retourner en France. Les Pyrénées sont de hautes montagnes, le passage est difficile, car les cols[2] sont étroits. Enfin, l'armée est passée, et commence la descente sur le versant[3] français. Seule reste l'arrière-garde[4] qui, naturellement, passe la dernière. Cette partie de l'armée est commandée par Hrodlandus, ou Roland, un officier de Charlemagne.

Au moment où l'armée traverse le col de Roncevaux, un passage étroit entre des montagnes escarpées[5], un groupe de Basques, habitants de la région, cachés au-dessus[6] du chemin, fait rouler des rochers qui terrifient les chevaux. Ils attaquent le petit groupe de soldats, les tuent tous, y compris[7] Roland, et volent les armes, les provisions et l'équipement. C'est l'histoire, telle qu'elle[8] est racontée par Eginhard, le chroniqueur de Charlemagne.

[1] **chevalier** knight
[2] **cols** passes
[3] **le versant** side
[4] **l'arrière-garde** rear-guard
[5] **escarpées** steep
[6] **cachés au-dessus** hiding above
[7] **y compris** including
[8] **telle qu'elle** as

Une transformation merveilleuse Partant de[9] cet épisode, la légende a composé une aventure merveilleuse. Roland est le neveu de Charlemagne, qui l'aime comme son fils. Il est accompagné de son ami Olivier, son inséparable compagnon, et presqu'un frère, puisque Roland est fiancé avec Aude, la sœur d'Olivier. Il est à la tête d'une armée de vingt mille hommes.

Roland est le type du chevalier brave et complètement dévoué à son roi et à son Dieu. Mais il est trahi[10] par Ganelon, son beau-père qui le déteste, et qui révèle aux Sarrasins (ou Arabes) la route où va passer Roland et son armée. Et voilà cent mille Sarrasins qui attaquent les vingt mille soldats français. Roland combat héroïquement, et tue des milliers de Sarrasins, car Dieu est avec lui. Mais les ennemis sont trop nombreux, les soldats français tombent l'un après l'autre. Enfin, seuls restent Roland et Olivier. Roland pourrait sonner son oliphant* et appeler à l'aide Charlemagne et son armée. Mais il refuse, parce qu'il est brave, et qu'il n'aime pas demander de l'aide. Enfin, le combat devient désespéré. Roland souffle[11] alors dans son oliphant, et il souffle si fort qu'il rompt les veines de son cou[12]. Charlemagne l'entend, mais il est trop tard! Resté seul en vie, blessé à mort[13], Roland essaie de briser son épée[14], Durandal, sur un rocher. C'est en vain: Durandal ne se brise pas. Alors, Roland, qui sent venir la mort, se couche sous un arbre, tourné vers l'Espagne, demande pardon à Dieu de ses péchés[15], et meurt en bon chevalier:

Alors Roland sent que la mort vient
Que de la tête au corps elle descend.
Sous un pin[16], il s'en va en courant.
Sur l'herbe verte, il s'est couché.
Dessous lui, met l'épée et l'oliphant,
Tourne sa tête vers le pays païen[17].
Il fait cela, car il voulait vraiment
Que Charles dise, et avec lui ses gens:
«Le noble Roland est mort bravement!**»

Charlemagne retrouve le corps de Roland.

[9] **Partant de** Starting out, taking off from
[10] **trahi** betrayed
[11] **souffle** blows
[12] **cou** neck
[13] **blessé à mort** mortally wounded
[14] **briser son épée** break his sword
[15] **péchés** sins
[16] **pin** pine tree
[17] **païen** pagan, heathen

***un oliphant:** You recognize the deformation of the word *éléphant*. Roland's *oliphant* is indeed a horn, made from an elephant tusk. In modern French, it would be called *un cor* or *une corne*, a horn. A French horn is called *un cor de chasse*.

**Roland must be found facing danger, so all will know that he died bravely, not running away like a coward.

[18] **âme** soul
[19] **juré** swore
[20] **éprouve douleur et chagrin** feels pain and sorrow
[21] **tire** pulls
[22] **barbe** beard
[23] **Ne plaise à Dieu** May God not wish (May it not please God)
[24] **demeure vivante** remain alive
[25] **plaignent** pity

Alors Dieu envoie tous ses saints pour emporter au paradis l'âme[18] du brave chevalier Roland. Mais l'histoire n'est pas finie. Une femme, et une seule, apparaît dans *La Chanson de Roland*. Son rôle est court, mais poignant. C'est la belle Aude, fiancée de Roland.

L'empereur, revenu d'Espagne,
Arrive à Aix, capitale de la France.
Il monte au palais, entre dans la salle.
Voici que vient à lui Aude, une belle fille.
Elle dit au roi: «Où est Roland, le capitaine,
Qui a juré[19] de me prendre pour épouse?»
Charles en éprouve douleur et chagrin[20].
Il pleure, il tire[21] sa barbe[22] blanche.
«Ma chère enfant, c'est d'un homme mort que tu me parles.
Mais je te donnerai en échange quelqu'un de plus précieux,
C'est Louis, je ne peux pas mieux te dire.
C'est mon fils, et il héritera de mes terres.»
Aude répond: «Ces mots n'ont pas de sens pour moi.
Ne plaise à Dieu[23], ni à ses saints, ni à ses anges
Que je demeure vivante[24] après Roland».
Elle perd la couleur, elle tombe aux pieds de Charlemagne.
Et la voilà morte! Dieu ait pitié de son âme.
Les barons français pleurent et la plaignent[25].

Traduit du vieux français

Les romans courtois

Les romans courtois sont des œuvres en prose. Ils sont destinés, non pas au public ordinaire, mais aux gens des châteaux, surtout aux dames, et ce ne sont pas des histoires de guerre, mais des histoires d'amour.

Un thème fréquent, c'est l'amour fatal entre un homme et une femme qui en sont prisonniers. *Tristan et Yseut*, sur ce thème, est un des grands romans du Moyen-Âge. Il en existe plusieurs versions. Voilà le récit d'une de ces versions.

Les adieux d'un chevalier à sa dame.

Tristan et Yseut (1170)

Le beau Tristan est allé en Irlande chercher Yseut la Blonde, qui est fiancée avec son oncle, le roi Marc. C'est un mariage arrangé, et Yseut ne connaît pas Marc, qui est beaucoup plus âgé qu'elle. Sa mère, pour assurer le succès de ce mariage, a préparé un «vin herbé», une potion magique, qui, partagée entre un homme et une femme, les fera tomber amoureux[1] l'un de l'autre pour la vie.

Sur le bateau qui vient d'Irlande, Yseut et Tristan boivent, par erreur, la potion magique, le philtre d'amour. Sa force tombe sur eux, et les voilà amoureux pour la vie. Ils comprennent vite que c'est un amour fatal, et Tristan part vers un autre pays, car il ne veut pas déshonorer son oncle, qu'il aime beaucoup.

Des années passent... Tristan n'a pas oublié Yseut, mais il a fini par se marier. Sa femme est jalouse, car elle a entendu parler de l'amour de son mari pour Yseut la Blonde.

Un jour, Tristan est blessé dans un combat, par une lance empoisonnée. Tous les remèdes sont en vain. Il devient de plus en plus faible, et on voit bien qu'il va mourir. Alors, Tristan appelle son fidèle serviteur, et lui dit: «Va, va chez la reine Yseut, et donne-lui cette bague[2]. Elle saura que c'est la mienne. Dis-lui que je vais mourir et que je voudrais la voir avant de retourner à Dieu. Amène-la avec toi si elle accepte de venir. Et, pour que je sache si elle est avec toi, mets une voile[3] blanche à ton bateau. Je resterai en vie jusqu'au moment où je verrai cette voile. Si la voile est noire, je saurai que je peux mourir, car Yseut ne viendra pas».

Le serviteur part, arrive dans le royaume du roi Marc et donne la bague à Yseut. Elle pâlit, et quand elle apprend que Tristan va mourir, elle part aussitôt sur le bateau. Le voyage est long, parce qu'il y a des tempêtes. Enfin, le bateau approche de la côte, et le serviteur fidèle hisse[4] la voile blanche.

Couché sur son lit, Tristan est trop faible pour regarder par la fenêtre. C'est sa femme qui surveille la mer et voit à l'horizon le bateau avec la voile blanche. Elle hésite. Le bateau va entrer dans le port... Elle hésite encore, mais comme elle est jalouse, elle dit à Tristan: «Voilà le bateau que vous attendez, mais la voile est noire». À ces mots, Tristan, que seul l'espoir gardait en vie, ferme les yeux et meurt.

Quand Yseut arrive au palais, elle voit celui qu'elle a tant aimé. «Je suis arrivée trop tard», dit-elle. Elle prend la main déjà froide de Tristan, et elle sait qu'elle ne pourra plus vivre après lui. Alors, elle se couche près de lui, et elle meurt aussi.

Quand le vieux roi Marc apprend la mort de Tristan et d'Yseut, il est triste, car il a perdu les deux personnes qu'il aimait le plus. Il vient au

Pre-reading

1. Quels sont des couples célèbres de la littérature? Est-ce que leur amour est heureux ou tragique? Quels obstacles confrontent-ils?

2. Qu'est-ce que la fatalité? Quel rapport y a-t-il entre amour et fatalité?

[1] **tomber amoureux** fall in love
[2] **bague** ring
[3] **voile** sail
[4] **hisse** hoists

Tristan ramène Yseut à son oncle le roi Marc.

[5] **a liés** bound together
[6] **ronce** bramble
[7] **se penche** leans over
[8] **repousse aussitôt** grows right back

pays de Tristan, et il fait préparer deux très belles tombes pour cet homme et cette femme que la fatalité a liés[5] dans la vie et dans la mort.

Mais les gens du pays sont surpris, peu de jours après, de voir une vigoureuse plante, une ronce[6], qui pousse sur la tombe de Tristan et se penche[7] sur la tombe d'Yseut à côté. Ils la coupent. Elle repousse aussitôt[8], comme poussée par une force magique, et en quelques jours, elle est devenue aussi grande qu'avant. Ils la coupent une deuxième fois. Elle repousse de la même façon. Alors, les gens comprennent qu'il s'agit là d'une force plus puissante qu'eux.

Quand le roi Marc entend parler de cette ronce miraculeuse, il pleure, et il donne des ordres pour qu'on ne la coupe plus et qu'on la laisse pousser en paix.

Abrégé et traduit du vieux français

C'est beau, les mots!

A Le mot approprié. Complétez les phrases suivantes par le mot approprié.

La Chanson de Roland

1. Pour traverser les montagnes, on passe par un ___ .
2. Prendre quelque chose illégalement à une autre personne, c'est ___ .
3. Roland est un brave ___ .
4. Hélas, il est ___ par Ganelon.
5. Après une bataille, il y a des ___ pour le cimetière, et des ___ qui vont à l'hôpital.
6. Roland voudrait ___ son épée sur un rocher.
7. Si vous êtes très triste, vous ___ peut-être, et vous avez besoin d'un mouchoir.

Tristan et Yseut

8. Quand on a soif, on ___ un verre d'eau.
9. Quand une fille est fiancée, elle porte une ___ .
10. Un bateau navigue dans le vent avec une ___ .
11. Une ___ est une plante sauvage qui a des épines (*thorns*).
12. Quand vous aimez d'amour une autre personne, vous êtes ___ .

La Chanson de Roland
A 1. col
2. voler
3. chevalier
4. trahi
5. morts, blessés
6. briser
7. pleurez

Tristan et Yseut
8. boit
9. bague
10. voile
11. ronce
12. amoureux

B Jouez le mot. Par un geste ou une attitude, montrez que vous comprenez le sens des termes suivants:

se cacher	**être blessé**	**souffler**	**briser**
se coucher	**couper**	**mourir**	**tirer sa barbe**
tomber	**pleurer**	**boire**	**demander pardon**

B **Teaching Tip**: For *Jouez le mot*, see **Teaching Tip** in *Première étape*, page 4.

Votre réponse, s'il vous plaît

C Vrai ou faux? Si c'est faux, quelle est la phrase correcte?

1. Les chansons de geste étaient destinées à un public de dames.
2. Un roman s'appelle ainsi parce qu'il raconte une histoire romanesque (*romantic*).
3. Tristan et Yseut ne peuvent pas contrôler leur passion.
4. La littérature du Moyen-Âge est adressée à deux publics bien distincts.

C 1. Faux. Elles étaient destinées à un public populaire.
2. Faux. Il s'appelle ainsi parce qu'il est écrit dans la langue romane.
3. Vrai.
4. Vrai.

D Parlons du texte. Répondez aux questions.

La Chanson de Roland

1. Qu'est-ce qu'une chanson de geste? De quelle période datent les chansons de geste? Quel est leur sujet, en général: la guerre, le courage, des actions merveilleuses, ou l'amour?
2. Qui est Roland: dans la réalité et dans *La Chanson*?
3. À quelle occasion Roland est-il attaqué? Et par qui: dans la réalité et dans *La Chanson*?
4. Que fait Roland, pour se préparer à la mort, dans *La Chanson*? Pourquoi?
5. Y a-t-il beaucoup de femmes dans *La Chanson de Roland*? Pourquoi?
6. Qui est Aude, et quel est son rôle? Comment trouvez-vous cette scène: simple, triste et touchante, ou amusante et ridicule? Pourquoi?

Tristan et Yseut

7. Qu'est-ce qu'un roman courtois? Quel est son sujet?
8. Où habite Yseut la Blonde? Qui vient la chercher? Pourquoi?
9. Pourquoi la mère d'Yseut a-t-elle préparé une potion magique? Mais... qu'est-ce qui arrive?
10. Pourquoi Tristan part-il du royaume de son oncle? Est-ce qu'il se marie, plus tard?
11. Comment est-il blessé?
12. Qu'est-ce qu'il donne à son serviteur pour Yseut? Et quel est son message?
13. Que fait la femme de Tristan quand le bateau arrive? Pourquoi?
14. Comment finit l'histoire?

D For answers to Ex. D, please refer to the Teacher's Manual.

La Mort de Tristan et Yseut.

E Analyse et opinion. Répondez aux questions.

1. **Le héros du Moyen-Âge.** Roland est un héros. Il est... (brave, pieux, etc.). Admire-t-on ces qualités aujourd'hui? Est-ce qu'il y a des héros dans notre société?
2. **La ronce.** Que symbolise la ronce qui pousse sur la tombe de Tristan et se penche sur la tombe d'Yseut? Pourquoi Marc donne-t-il l'ordre de ne pas la couper?
3. **La guerre et l'amour.** La chanson de geste parle de guerre. Le roman courtois parle d'amour. Est-ce que ces deux types de littérature représentent une évolution de la société? Pourquoi?

Making Connections
Have students read the poem "Le chèvrefeuille" by Marie de France in the Writing Activities Workbook. Use the following questions for discussion or assign them as a composition. *Quel est le rapport entre l'histoire de Tristan et Yseut et le poème «Le chèvrefeuille»? Y a-t-il un thème commun? Quel thème?*

Exprimez-vous

Additional Topics

1. Imaginez l'histoire racontée dans *La Chanson de Roland* du point de vue de la belle Aude, la fiancée de Roland et la sœur d'Olivier.

2. Pensez à un fait historique et un personnage important et écrivez une «chanson de geste» moderne basée sur ses aventures.

Quelques termes utiles

Roland n'est pas mort...
Il me semble que, si Aude épouse Louis...
Quand il revient...
La mort d'Aude est pathétique...

Il est félicité par les barons...
Je préfère les fins heureuses...
Charlemagne est embarrassé...
J'aime cette fin triste...

1. **La mort d'Aude.** Préparez une petite scène où vous jouez l'épisode de la mort d'Aude (dans *La Chanson de Roland*). Il y a Charlemagne, la belle Aude, peut-être aussi Louis, le fils de Charlemagne, et les barons français. Que dit Louis? Que disent et que font les barons français?

2. **Une autre fin à *La Chanson de Roland*.** Imaginez une autre fin. (Roland n'est pas mort, et il revient, à la surprise générale? ou bien Aude accepte d'épouser Louis.) Mais... à votre avis, quelle est la plus belle fin?

Mort de la belle Aude.

Perfectionnez votre grammaire

Le passé

Les temps principaux du passé sont:

LE PASSÉ COMPOSÉ	L'IMPARFAIT
j'**ai parlé**	je **parlais**
LE PASSÉ LITTÉRAIRE (qui a le sens du passé composé)	LE PLUS-QUE-PARFAIT
je **parlai**	j'**avais parlé**

3.1 *L'imparfait*

A La formation de l'imparfait

L'imparfait est formé sur la racine du verbe à la forme *nous* du présent: *Nous parl~~ons~~, nous finiss~~ons~~, nous répond~~ons~~, nous av~~ons~~, nous sav~~ons~~, nous pouv~~ons~~, nous all~~ons~~.*

EXEMPLES DE CONJUGAISON DE L'IMPARFAIT

	AVOIR	ÊTRE	PARLER	FINIR	RÉPONDRE
j(e)	**av ais**	**ét ais**	**parl ais**	**finiss ais**	**répond ais**
tu	**av ais**	**ét ais**	**parl ais**	**finiss ais**	**répond ais**
il	**av ait**	**ét ait**	**parl ait**	**finiss ait**	**répond ait**
nous	**av ions**	**ét ions**	**parl ions**	**finiss ions**	**répond ions**
vous	**av iez**	**ét iez**	**parl iez**	**finiss iez**	**répond iez**
ils	**av aient**	**ét aient**	**parl aient**	**finiss aient**	**répond aient**

Remarquez: Le seul imparfait irrégulier est celui du verbe *être: j'étais.*

B L'usage de l'imparfait

On emploie l'imparfait pour une description, pour dire comment étaient les choses:

> **Hier, il *faisait* beau. Il y *avait* du soleil. J'*étais* en ville parce que j'*avais* des courses à faire. Je n'*avais* pas de travail à la maison.**

1. *Être, avoir* et les verbes d'état d'esprit

Certains verbes sont très souvent à l'imparfait, parce qu'ils indiquent, précisément, par leur sens, une idée de description. C'est le cas des verbes *être* et *avoir.*

être	**J'*étais* à la maison hier parce que j'*étais* malade.**
avoir	**J'*avais* la grippe, j'*avais* mal à la tête.**

Dans cette même catégorie, certains verbes, qu'on appelle verbes d'état d'esprit, parce qu'ils indiquent la description de votre état d'esprit *(state of mind),* sont généralement, eux aussi, à l'imparfait. Exemples de ces verbes:

adorer	**Quand j'*étais* petit, j'*adorais* les animaux.**
aimer	**J'*aimais* surtout mon chien, Azor.**
croire	**Je *croyais* que c'*était* le plus beau chien du monde.**
détester	**Lui, il *détestait* tous les autres chiens, et les chats.**
espérer	**Il *espérait* sans doute rester un jour le seul chien au monde.**
penser	**Il *pensait* que dans ce cas, plus de comparaison ne serait possible.**
pouvoir	**Il ne *pouvait* pas comprendre qu'on aime un chat.**
savoir	**Il *savait* que les chats grimpent aux arbres.**
vouloir	**Lui, hélas, il *voulait* grimper, mais il ne *pouvait* pas.**

Sculpture de saints. (Église Saint-Trophime, Arles)

En fait, il est difficile de faire une erreur grave en français si vous employez ces verbes à l'imparfait. Vous allez voir, un peu plus loin dans cette leçon (page 71), que ces verbes s'emploient aussi au passé composé. C'est le cas quand ils ne décrivent pas un état d'esprit, mais un événement. Par exemple:

Je le savais.	*I knew it.* (state of mind)
Je l'ai su.	*I learned it, I heard of it.* (event)

2. Les autres verbes à l'imparfait

Tous les verbes ont un imparfait. On emploie l'imparfait quand il y a une idée de description, d'action en progrès. *(Use the imperfect for something which was going on, to tell how things were. A helpful rule is that, whenever an English verb is—or could be, without change of meaning—in the past progressive form: I was... -ing, (I was speaking, you were working, he was leaving, etc.) that verb will have to be in the imperfect in French* (je parlais, tu travaillais, il partait, etc.).

Quand je suis sorti, vous *regardiez* la télévision. Vous la *regardiez* encore quand je suis rentré.
Je *déjeunais* sur un banc. Il y *avait* des gens qui *passaient.* Un vieux monsieur *donnait* des graines aux pigeons. Ils *avaient* faim aussi! Alors, j'ai partagé mon déjeuner avec eux.

3. L'imparfait exprime l'idée de *used to* (ou *would).*

C'est un autre usage spécifique de l'imparfait. Il traduit avec exactitude l'expression anglaise *used to.*

Je *passais* tous les étés chez ma grand-mère quand j'étais enfant.
(I used to spend every summer at my grandmother's when I was a child.)

L'année dernière vous *parliez* français avec un petit accent.
(Last year you used to speak French with a little accent.)

L'imparfait sert donc à exprimer l'action habituelle et répétée dans le passé. Assez souvent, un terme indique cette répétition: *tous les ans, tous les étés, tout le temps, toujours, etc.*

Nous *achetions* toujours notre pain chez le boulanger.

4. Le passé récent *venir de* + l'infinitif *(je viens de rentrer)* et le futur proche *aller* + l'infinitif *(je vais partir)* forment leur passé avec l'imparfait de *aller* et de *venir.*

Nous *allions sortir* quand le téléphone a sonné.
C'était mon copain qui *venait d'arriver* à l'aéroport.

Récapitulation des usages de l'imparfait

Description (souvent: *être, avoir,* verbes d'état d'esprit)	**Quand j'*avais* douze ans, j'*adorais* cet acteur. C'*était* mon idole. J'*espérais* lui ressembler.**
«En progrès» *(was ...-ing)*	**Ce matin, j'*allais* au travail. J'*écoutais* ma radio et je *chantais* le refrain d'une chanson à la mode quand une voiture m'*a frappé* à l'arrière.**
Habituel *(used to, would)*	**Quand j'étais enfant mes parents *habitaient* une grande maison à la campagne. Je *grimpais* aux arbres, je *courais* dans les bois et... je *manquais*** *(used to miss)* **souvent l'école.**
Passé récent et futur proche *(had just* and *was going to)*	**C'était la veille de Noël. Je *venais de préparer* l'arbre et les cadeaux, et j'*allais me coucher* quand soudain j'ai entendu un bruit.**

Page d'un livre de prière admirablement décorée.

3.2 *Le passé composé*

A La formation du passé composé

Tous les verbes (sauf les verbes de mouvement expliqués plus loin dans cette leçon, et les verbes pronominaux [voir p. 207]) forment leur passé composé avec l'auxiliaire *avoir* et le participe passé du verbe.

1. Le passé composé des verbes réguliers des trois groupes:

verbes en *-er:* **(1**[er] **groupe)**	*-é:*	**j'ai parlé**, **j'ai déjeuné**, etc.
verbes en *-ir:* **(2**[e] **groupe)**	*-i:*	**j'ai fini**, **j'ai réussi**, etc.
verbes en *-re:* **(3**[e] **groupe)**	*-u:*	**j'ai entendu**, **j'ai répondu**, etc.

2. Le passé composé de quelques verbes irréguliers*

boire	j'**ai bu**	lire	j'**ai lu**
conduire	j'**ai conduit**	mettre	j'**ai mis**
connaître	j'**ai connu**	ouvrir	j'**ai ouvert**
courir	j'**ai couru**	plaire	j'**ai plu**
devoir	j'**ai dû**	pleuvoir	il **a plu**
dire	j'**ai dit**	prendre	j'**ai pris**
écrire	j'**ai écrit**	recevoir	j'**ai reçu**
faire	j'**ai fait**	vivre	j'**ai vécu**
falloir	il **a fallu**	voir	j'**ai vu**

3. Le passé composé de *être*, *avoir* et les verbes d'état d'esprit

Vous savez déjà que *être*, *avoir* et les verbes d'état d'esprit sont généralement employés à l'imparfait, parce qu'ils expriment un état de choses, une description. Mais quelquefois, ces verbes expriment, au contraire, une action soudaine, un événement. Dans ce cas ils sont au passé composé. Regardez le passé composé de ces verbes à la page suivante.

Merveilleuse couverture en or et pierres précieuses d'une Bible, cadeau pour un prince de la famille de Charlemagne.

*Pour les formes des verbes, voyez l'appendice à la fin du livre.

être	j'**ai été**	***J'ai été* surpris quand je vous ai vu.**
avoir	j'**ai eu**	***J'ai eu* peur quand j'ai entendu ce bruit terrible.**
croire	j'**ai cru**	**Quand j'ai eu* cet accident de voiture, j'*ai cru* un instant que j'étais mort!** (J'*ai cru* implique souvent que ce que j'ai cru était une erreur.)
pouvoir	j'**ai pu**	**Je ne pouvais pas ouvrir ma porte. Mais soudain*, la clé a tourné, et j'*ai pu* l'ouvrir.**
savoir	j'**ai su**	**Saviez-vous que le President de la République française était en visite à Washington?** **Non, je ne le savais pas, mais je l'*ai su* en écoutant* la radio.** (Je l'*ai su.* = *I learned it.*)
vouloir	j'**ai voulu**	**Ma mère préfère rester à la maison pendant le week-end. Mais dimanche*, par extraordinaire, elle *a voulu* sortir.** (Elle *a voulu* = *Suddenly, she felt like...* There is the idea of a sudden impulse.)

Remarquez: Les autres verbes d'état d'esprit sont réguliers.

4. Le passé composé des verbes de déplacement

L'idée du verbe de déplacement est limitée, en français, à un petit groupe de verbes. Ces verbes forment leur passé composé avec *être*. Voilà les principaux verbes de déplacement:

aller	je **suis allé(e)**	**Je *suis allé* au travail en voiture.** *(I drove to work.)*
arriver	je **suis arrivé(e)**	**Je *suis arrivée* à l'aéroport.** *(I flew in to the airport.)*
descendre	je **suis descendu(e)**	**Nous *sommes descendus* en courant.** *(We ran downstairs.)*
devenir	je **suis devenu(e)**	**Luc et Jenny *sont devenus* bons amis.** *(Luc and Jenny became good friends.)*
entrer	je **suis entré(e)**	**Elle *est entrée* en courant.** *(She ran in.)*
monter	je **suis monté(e)**	**Ils *sont montés* sur la Tour Eiffel.** *(They climbed the Eiffel Tower.)*
partir	je **suis parti(e)**	**Pierre *est parti* sans dire au revoir.** *(Pierre left without saying goodbye.)*
rentrer	je **suis rentré(e)**	**À quelle heure *êtes-vous rentré* hier soir?** *(What time did you get home last night?)*
rester	je **suis resté(e)**	**Nous *sommes restés* chez nous tout l'été.** *(We stayed home all summer.)*
retourner	je **suis retourné(e)**	**Je *suis retourné* à ma voiture à pied.** *(I walked back to my car.)*
revenir	je **suis revenu(e)**	**Les hirondelles *sont revenues* ce printemps-ci.** *(The swallows flew back this spring.)*
sortir	je **suis sorti(e)**	**Pierre *est sorti* faire un tour à bicyclette.** *(Pierre went out for a bike ride.)*
tomber	je **suis tombé(e)**	**Tu *es tombé* de ta mobylette.** *(You fell off your moped.)*
venir	je **suis venu(e)**	**Nous *sommes venues* vous voir en voiture.** *(We drove over to see you.)*

*Note the presence of a term *(quand, soudain, en écoutant la radio, dimanche, etc.)* which fixes the event in time and makes it sudden, rather than the state of things or a state of mind.

In English, verbs like *to walk, to fly, to travel, to sail, to ride, to swim, to drive*, are considered to be verbs of movement. You walk home, you drive to work, you bike to the park, you fly overseas, or travel to Europe, etc.

In French, these verbs are not verbs of movement in the sense of displacement. They only indicate the manner in which you go from one place to another. They do not, in themselves, get you from one place to another. The only verbs of movement as displacement are the ones listed in the chart on page 71.

À ces verbes, on ajoute:

naître	je **suis né(e)**	**Je *suis né* le 24 mars.** *(I was born on March 24.)*
mourir	je **suis mort(e)**	**Mon père *est mort* l'année dernière.** *(My father died last year.)*

B L'usage du passé composé

Le passé composé indique une action, un événement.

ACTION: **J'*ai fini* de travailler à midi. J'*ai mangé* un sandwich et j'*ai bu* une tasse de café. Ensuite, je *suis retourné* au bureau, et j'*ai repris* mon travail à une heure et quart.**

ÉVÉNEMENT: **L'avion *est parti* à son heure habituelle, mais il *a rencontré* du mauvais temps qui l'*a forcé* à changer de direction. Il *a essayé* d'atterrir sur un petit aéroport, mais là, il *a frappé* un avion privé, il *a pris* feu, et il y *a eu* des morts.**

(L'action et l'événement sont souvent difficiles à distinguer l'un de l'autre.)

Remarquez: Quand un verbe est au passé composé, comme vous l'avez vu pour les verbes d'état d'esprit au passé composé, il y a souvent un terme de temps qui indique la soudaineté de l'action:

Il faisait beau depuis un mois, mais *dimanche soir,* il a plu.
***Un jour,* j'ai décidé d'acheter une nouvelle voiture.**
Vous êtes arrivés *à midi juste.*

Remarquez aussi que la longueur de temps que prend une action ou un événement (un mois, un an, des siècles) ne change pas le fait que c'est une action:

Il *a plu* pendant quarante jours. *(That's what it **did**.)* **C'était le déluge.**

La période préhistorique *a duré* des millions d'années. *(That's what it **did**.)*

Mais: **Quand Noé (*Noah*) a regardé par la fenêtre, il *pleuvait*.** *(That's how it **was**.)*

3.3 *Le passé littéraire (ou passé simple ou passé défini)*

C'est un temps littéraire qui est, aujourd'hui, strictement réservé pour la littérature. On ne l'emploie pas dans la conversation, et on ne l'emploie pas dans les textes qui n'ont pas d'intention littéraire, comme les journaux, les revues et la correspondance. **Vous n'avez pas besoin de l'employer, mais il est indispensable de le reconnaître quand vous le voyez.** Le passé simple a le même sens que le passé composé.

Remind students that the endings are the same for the *passé simple* of *-ir* and *-re* verbs.

A La formation du passé simple des verbes réguliers et irréguliers

Guillaume le Conquérant (en haut, à gauche) *et ses successeurs sur le trône anglais.*

Verbes réguliers

	1er groupe: *-er* DEMANDER	2e groupe: *-ir* FINIR	3e groupe: *-re* ATTENDRE
j(e)	**demand ai**	**fin is**	**attend is**
tu	**demand as**	**fin is**	**attend is**
il/elle	**demand a**	**fin it**	**attend it**
nous	**demand âmes**	**fin îmes**	**attend îmes**
vous	**demand âtes**	**fin îtes**	**attend îtes**
ils/elles	**demand èrent**	**fin irent**	**attend irent**

Verbes irréguliers*

	AVOIR	ÊTRE	DIRE	FAIRE	VOIR	PRENDRE	SAVOIR
j(e)	**eus**	**fus**	**dis**	**fis**	**vis**	**pris**	**sus**
tu	**eus**	**fus**	**dis**	**fis**	**vis**	**pris**	**sus**
il/elle	**eut**	**fut**	**dit**	**fit**	**vit**	**prit**	**sut**
nous	**eûmes**	**fûmes**	**dîmes**	**fîmes**	**vîmes**	**prîmes**	**sûmes**
vous	**eûtes**	**fûtes**	**dîtes**	**fîtes**	**vîtes**	**prîtes**	**sûtes**
ils/elles	**eurent**	**furent**	**dirent**	**firent**	**virent**	**prirent**	**surent**

Remarquez: Le passé littéraire de *naître* (to be born): je *naquis,* ou il/elle *naquit* (I was born, he/she was born) et le passé littéraire de *mourir* (to die): il/elle *mourut* (he/she died).

*Le passé simple des autres verbes irréguliers est dans l'appendice des verbes à la fin du livre.

B L'emploi du passé littéraire

L'écrivain George Sand *naquit* à Paris en 1804 et *mourut* à Nohant en 1876. Elle *écrivit* de nombreux romans, où elle *montra* son affection pour les paysans qui vivaient près de Nohant.

For all practical purposes, you can be certain that if the verb in English is in the "I have looked" form, it has to be translated into a *passé composé: J'ai regardé.* If it is in the "I was looking" form, it has to be an *imparfait: Je regardais.* What if it is in the "I looked" form which requires a choice between the *passé composé* and the *imparfait*? Ask yourself whether it implies an action to be replaced by "I have looked" ("I looked at this carefully." *J'ai regardé cela avec attention.)* or a description, which could be replaced by "I was looking." ("When I was sick, I looked out the window all day." *Quand j'étais malade, je regardais par la fenêtre toute la journée.)*

Vous dites, sans passé littéraire:

L'écrivain George Sand *est née* à Paris en 1804 et *est morte* à Nohant en 1876. Elle *a écrit* de nombreux romans, où elle *a montré* son affection pour les paysans qui vivaient près de Nohant.

Le passé composé a exactement le même sens que le passé littéraire. (Mais l'imparfait ne change pas.)

Comparaison des temps du passé en anglais et en français

En anglais (3 temps possibles)	En français
to look	**regarder**
*I looked**	**J'ai regardé ou je regardais** (passé composé ou imparfait)
I have looked	**J'ai regardé** (passé composé)
I was looking	**Je regardais** (imparfait)

3.4 *Le passé composé (ou le passé simple) et l'imparfait ensemble*

Il est impossible de séparer le passé composé (ou le passé simple) de l'imparfait. Ces deux temps sont constamment employés ensemble, dans la même phrase, pour indiquer une action/un événement, ou une description/situation:

J'*étais* en train de dîner quand le téléphone *a sonné*. D'abord, j'*ai protesté* contre l'intrusion. Je ne *savais* pas que c'*était* Lisa. Elle me *téléphonait* parce qu'elle *voulait* savoir si j'*avais* envie d'aller au cinéma. J'*ai accepté* avec plaisir et elle *est venue* me chercher à huit heures.

Jeanne d'Arc *naquit* au moment où la Guerre de Cent Ans *dévastait* la France.

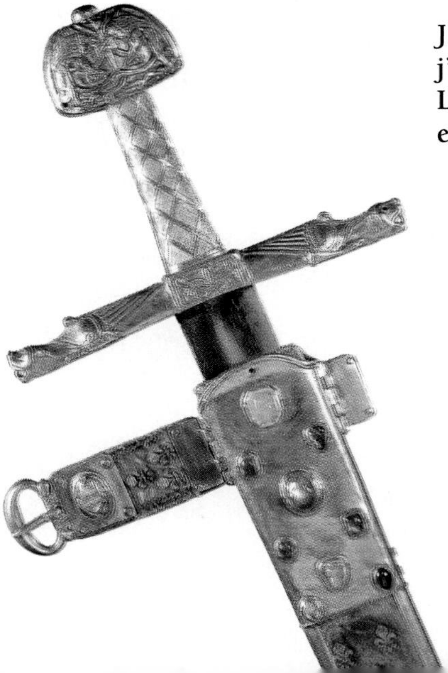

L'épée appelée traditionnellement «Épée de Charlemagne.»

*L'équivalent exact est le passé simple que vous avec étudié dans le paragraphe précédent. Mais son emploi est strictement littéraire.

3.5 *Le plus-que-parfait*

C'est le passé du passé. On l'emploie pour parler d'un événement qui a eu lieu avant un autre événement. Il correspond à l'anglais *I had finished (when you arrived). Your plane had landed (when I arrived at the airport), etc.*

> **J'*avais fini* mon travail quand vous êtes arrivé.**
> **Votre avion *avait atterri* quand je suis arrivé à l'aéroport.**
> **Tu *étais descendu* chercher le journal quand le téléphone a sonné.**

Le plus-que-parfait est composé de l'auxiliaire *être* ou *avoir* à l'imparfait et du participe passé.

La formation du plus-que-parfait

	PARLER		FINIR		RÉPONDRE		ALLER	
j (e)	**avais**	**parlé**	**avais**	**fini**	**avais**	**répondu**	**étais**	**allé(e)**
tu	**avais**	**parlé**	**avais**	**fini**	**avais**	**répondu**	**étais**	**allé(e)**
il	**avait**	**parlé**	**avait**	**fini**	**avait**	**répondu**	**était**	**allé**
nous	**avions**	**parlé**	**avions**	**fini**	**avions**	**répondu**	**étions**	**allé(e)s**
vous	**aviez**	**parlé**	**aviez**	**fini**	**aviez**	**répondu**	**étiez**	**allé(e)(s)**
ils	**avaient**	**parlé**	**avaient**	**fini**	**avaient**	**répondu**	**étaient**	**allés**

> **À minuit, je dormais sur le divan et je ne savais pas que mon programme de télé *avait fini* une heure plus tôt.**
> **Les dinosaures *avaient* déjà *disparu* quand l'homme est apparu sur la terre.**

Remarquez: On emploie généralement le plus-que-parfait avec le passé composé ou l'imparfait.

3.6 *L'accord du participe passé*

Le participe passé du verbe *(parlé, regardé, fini, vu, fait, dit, etc.)* s'accorde dans certains cas avec un autre élément de la phrase.

A Avec le verbe *avoir*

> **Avez-vous pris votre clé? Où *l'*avez-vous mis*e*?**
> **J'ai acheté des chocolats et je *les* ai mangé*s*.**

Le participe passé s'accorde avec le complément d'objet direct si ce complément est placé avant le participe:

> **Où *l'*avez-vous mis*e*? (*l'* = la clé)**
> **Je *les* ai mangé*s*. (*les* = les chocolats)**

S'il n'y a pas de complément d'objet direct, ou si ce complément est placé après le participe passé, le participe reste invariable:

J'ai apporté les provisions.	(Le complément est après.)
Elle a regardé.	(Il n'y a pas de complément.)
Où avez-vous mis votre clé?	(Le complément est après.)
J'ai rencontré des amis	(Le complément est après.)
et je leur ai parlé.	(Le complément est indirect.)

B Avec le verbe *être*

Ma mère est sorti*e*. Ma mère et sa sœur sont sorti*es*.
Mon père est sorti. Mon père et son frère sont sorti*s.**

Avec le verbe *être*, le participe passé s'accorde avec le sujet, comme un adjectif.

3.7 La place de l'adverbe avec un temps composé

Vous savez déjà (*Première étape*, page 45) que l'adverbe est généralement placé après le verbe:

Je fais *toujours* attention dans la rue.

Quand un verbe est à un temps composé (passé composé, plus-que-parfait), l'adverbe est après l'auxiliaire:

J'ai *toujours* fait attention.
À une heure, nous avions *déjà* fini de déjeuner.
Nous avons *presque* fini cette Étape, mais nous n'avons pas *encore* commencé la suivante.
Êtes-vous *déjà* allé à Paris? Non? Vous n'y êtes *jamais* allé? Mais vous avez *souvent* vu des films sur Paris?

L'adverbe de temps, comme *aujourd'hui, hier, demain* est à la fin de la phrase:

Je vous ai téléphoné *hier*.
Votre lettre est arrivée *aujourd'hui*.

Remarquez aussi la place de l'adverbe *peut-être:*

Vous êtes *peut-être* surpris de nos progrès.
***Peut-être que* vous êtes surpris de nos progrès.**

Il y a deux places possibles pour *peut-être:*
—à sa place normale après le verbe
—comme premier mot de la phrase avec *que*
(On ne dit pas: *Peut-être vous êtes surpris de nos progrès.*)

---

*Quand il y a un sujet multiple, composé d'éléments masculins et d'éléments féminins, l'accord est fait au masculin: *Suzanne, Brigitte, Jacqueline, Marie-France et Pierre sont sortis. Le train et ta voiture sont arrivés en même temps.*

Application

Marie de France, première femme poète française.

Les formes de l'imparfait

A À l'imparfait. Chaque personne de la classe lit une phrase et demande à une autre de lui dire cette phrase à l'imparfait.

Le professeur est satisfait parce que j'ai la bonne réponse.
Le professeur était satisfait parce que j'avais la bonne réponse.

1. Je crois que tu as raison, mais j'ai tort.
2. Il fait froid et il commence à pleuvoir: C'est l'hiver!
3. Pour mon anniversaire ma grand-mère téléphone toujours et elle envoie des cadeaux.
4. À six ans, j'ai peur quand il fait noir et qu'il n'y a pas de lumière!
5. Avant la classe, nous courons parce que nous sommes en retard.
6. Nous allons toujours au cinéma quand il y a une histoire d'amour.
7. Quand un film est amusant, nous rions, mais nous pleurons quand il est triste.
8. La Belle au Bois Dormant (*Sleeping Beauty*) dort et le Prince pense qu'elle est très belle.
9. Il y a un Prince Charmant, parce que c'est un conte de fées (*fairy tale*).
10. La soirée d'hier est terrible: Jacques chante, la musique joue autre chose.
11. Moi, je pense que c'est une horrible cacophonie.

A 1. Je croyais, tu avais, j'avais
2. Il faisait, il commençait, C'était
3. ma grand-mère téléphonait, elle envoyait
4. j'avais, il faisait, il n'y avait pas
5. nous courions, nous étions
6. Nous allions, il y avait
7. un film était, nous riions, nous pleurions, il était
8. La Belle au Bois Dormant dormait, le Prince pensait, elle était
9. Il y avait, c'était
10. La soirée d'hier était, Jacques chantait, la musique jouait
11. je pensais, c'était

Les formes du passé composé

B Au passé composé. Chaque personne de la classe demande à une autre de lui dire la phrase au passé composé.

Je cherche du travail et j'en trouve. (samedi)
Qu'est-ce que vous avez fait samedi?
Samedi j'ai cherché du travail et j'en ai trouvé.

1. Je cours quand j'entends le téléphone. (hier soir)
2. J'ouvre la porte et je prends le courrier. (ce matin)
3. Tu réfléchis. Tu comprends le problème et tu trouves la solution (après la classe)
4. Je prépare le dîner, je mets la table et j'attends mes invités. (dimanche dernier)

B 1. J'ai couru, j'ai entendu
2. J'ai ouvert, j'ai pris
3. Tu as réfléchi, Tu as compris, tu as trouvé
4. J'ai préparé, j'ai mis, j'ai attendu

5. Nous sommes allé(e)s, nous sommes rentré(e)s
6. Je suis venu(e), je suis arrivé(e)
7. J'ai déjeuné, j'ai mangé
8. Ma sœur est allée, elle a acheté
9. Jean Giono a vécu, a écrit
10. Les Normands sont partis, ont envahi

5. Nous allons à un concert et nous rentrons à minuit. (samedi dernier)
6. Je viens en classe en autobus, alors j'arrive en retard. (ce matin)
7. Je déjeune à la cafétéria et je mange un sandwich. (à midi)
8. Ma sœur va au centre commercial (*mall*) et elle achète des vêtements. (pendant le week-end)
9. Jean Giono vit à Manosque et écrit des romans. (toute sa vie)
10. Les Normands partent en expédition et envahissent la France. (sur la commande du chef)

Le passé composé et l'imparfait ensemble

C **Une petite aventure qui finit bien.** Chaque personne de la classe lit une phrase et demande à une autre de lui dire cette phrase au passé (passé composé et imparfait).

Il fait beau. Je sors à deux heures.
Dimanche dernier, je suis sorti(e) à deux heures. Il faisait beau.

C 1. Le soleil brillait, les oiseaux chantaient, J'ai décidé
2. J'ai pris, je pensais, nous allions
3. j'ai vu, qui était
4. J'ai crié, j'ai traversé
5. un agent de police m'a vu, Il a arrêté
6. Il m'a demandé, j'allais, il y avait
7. Je lui ai expliqué, j'allais
8. Il m'a demandé, je traversais
9. Je lui ai répondu, je ne le faisais pas, je savais, il y avait, qui me regardait
10. Il était, il a ri, il m'a dit
11. Je l'ai remercié, je suis parti, La fille me regardait, elle riait (m'a regardé, elle a ri)

1. Le soleil brille, les oiseaux chantent. Je décide d'aller chez mon copain.
2. Je prends ma raquette, parce que je pense que nous allons peut-être jouer au tennis.
3. Mais sur le trottoir d'en face, je vois soudain une fille qui est dans ma classe l'année dernière.
4. Je crie: «Hé, salut!» et je traverse la rue.
5. À ce moment, un agent de police me voit. Il arrête sa voiture.
6. Il me demande où je vais, et s'il y a un incendie.
7. Je lui explique que je vais voir cette jolie fille.
8. Il me demande si je traverse toujours la rue entre les feux de circulation (*traffic lights*).
9. Je lui réponds que je ne le fais pas quand je sais qu'il y a un agent qui me regarde.
10. Il est sympa. Alors il rit et il me dit d'être plus prudent une autre fois.
11. Je le remercie et je pars. La fille me regarde et elle rit.

Le passé récent (*venir de* + l'infinitif) et le futur proche (*aller* + l'infinitif)

D **Au passé ou au futur.** Chaque personne de la classe demande à une autre:

D For answers to Ex. D, please refer to the Teacher's Manual.

1. Qu'est-ce que tu venais de faire quand cette classe a commencé?
2. Qu'est-ce que Tristan et Yseut venaient de faire quand ils sont tombés amoureux?
3. Qu'est-ce que Tristan allait faire si Yseut ne venait pas quand il était blessé?
4. La belle Aude allait-elle épouser le fils du roi, Louis?
5. Suppose que tu étais malade ce matin. Allais-tu venir à l'école?

Le passé littéraire

E Un peu d'histoire. Récrivez les paragraphes suivants au passé composé.

1. Charlemagne *eut*, pour son époque, une longue vie, et il *fut* un grand empereur. Il *fit* la guerre aux Arabes en Espagne, mais il ne *gagna* pas de grandes victoires. En 800, il *vint* à Rome, et là, le Pape le *couronna* empereur. Quand son armée *traversa* les Pyrénées, des ennemis *attaquèrent* l'arrière-garde, *firent* rouler des rochers, *terrifièrent* les chevaux, *tuèrent* les soldats et *pillèrent* les bagages. Roland *combattit* héroïquement, mais il *mourut*. Les saints *descendirent* alors du Paradis et *emportèrent* à Dieu l'âme du bon chevalier.

2. Quand Aude *apprit* que Charlemagne était de retour au palais, elle y *courut* et lui *demanda* où était son fiancé Roland. Charlemagne *tira* sa barbe, *regarda* ses barons et lui *répondit* que Roland était mort. Il lui *offrit* son fils Louis en mariage, mais Aude *tomba* morte aux pieds de l'empereur et les barons *pleurèrent*.

3. Guillaume *partit* pour l'Angleterre avec sa flotte. Il *arriva* à Pevensey, et de là, il *alla* à Hastings où il *rencontra* les forces de Harold. La bataille *dura* toute la journée. Nombre de soldats *tombèrent* blessés et d'autres *moururent*. Harold *mourut* d'une flèche dans l'œil. Guillaume, après sa victoire, *prit* le nom de «Conquérant» et *devint* roi d'Angleterre.

E For answers to Ex. E, please refer to the Teacher's Manual.

Le plus-que-parfait

F Qu'est-ce que vous aviez déjà fait? Répondez selon les indications.

Avant la classe (prendre l'autobus)
Avant la classe, j'avais déjà pris l'autobus.

1. Qu'est-ce que vous aviez déjà fait avant neuf heures ce matin?

   (faire mon lit/déjeuner/manger des céréales et boire du lait/parler au téléphone/dire au revoir à mon père/expliquer à ma mère que j'avais besoin de nouveaux vêtements)

2. Qu'est-ce que Lise et Caroline avaient déjà fait avant de partir en voyage?

   (faire des projets/aller à la banque/acheter une valise/prendre leur billet/dire au revoir à leurs amies/aller à l'aéroport)

3. Qu'est-ce que Luc avait déjà fait avant le match de foot?

   (faire beaucoup d'entraînement/aller au gym/faire de la musculation/promettre une grande victoire/insulter l'équipe rivale/emporter ses affaires/mettre son uniforme/arriver sur le stade)

F For answers to Ex. F, please refer to the Teacher's Manual.

Roland appelle au secours en soufflant dans son oliphant. Comparez cette version avec celle du vitrail, page 83.

G Qu'est-ce que ces personnages historiques avaient déjà fait?

Répondez en usant de votre imagination et des lectures des *Étapes 1, 2* et *3.*

Qu'est-ce que les druides avaient fait avant la nuit du Nouvel An?
Ils avaient trouvé du gui poussé sur un chêne.

G For answers to Ex. G, please refer to the Teacher's Manual.

1. Qu'est-ce que Vercingétorix avait fait avant de jeter ses armes aux pieds de César?
2. Qu'est-ce que Clovis avait fait avant d'accepter le baptême?
3. Qu'est-ce que Charles Martel avait fait avant de gagner le surnom «Martel»?
4. Qu'est-ce que Charlemagne avait fait avant son retour d'Espagne?

Le passé composé, l'imparfait et le plus-que-parfait ensemble

H Tristan et Yseut. Mettez l'histoire de Tristan et Yseut au passé (passé composé, imparfait ou plus-que-parfait).

H For answers to Ex. H, please refer to the Teacher's Manual.

Tristan *part* de son pays et *va* en Irlande, parce que c'*est* là qu'*habite* Yseut, la fiancée de son oncle, le roi Marc. Marc *est* âgé et il *a demandé* à Tristan de faire ce voyage parce qu'il ne *peut* pas quitter son royaume.

Tristan *arrive* en Irlande et *rencontre* la belle Yseut. La mère d'Yseut lui *a donné* en secret une potion magique et elle *a recommandé* à Yseut de la partager avec Marc.

Hélas, sur le bateau qui *revient* d'Irlande, Tristan et Yseut *boivent* par erreur cette potion magique et ils *tombent* amoureux. Tristan ne *veut* pas trahir son oncle qu'il *respecte*, mais il *sait* que c'*est* un amour fatal qui le *frappe* et qu'il ne *peut* pas résister.

Un jour, par sa fenêtre, le roi Marc *surprend* les amoureux. Ils *sont* près d'une fontaine. Marc ne les *voit* pas, mais il *voit* leur réflection dans l'eau de la fontaine. Alors, il *chasse* Tristan qu'il *a* beaucoup *aimé*...

Tristan *part*, *arrive* dans un autre pays, *rencontre* une autre femme et l'*épouse*. Mais il n'*oublie* pas Yseut et quand il *comprend* qu'il *va* mourir, il *demande* à son serviteur de traverser la mer. Le serviteur *revient* avec Yseut. Mais la femme de Tristan *est* jalouse et elle lui *dit* que Yseut n'*a* pas *voulu* venir. Alors Tristan *ferme* les yeux et *meurt*. Quand Yseut le *voit* mort, elle *prend* place près de lui et elle *meurt* aussi.

L'accord du participe passé

I L'accord. Faites l'accord du participe passé si c'est nécessaire.

1. J'ai rencontré_ Caroline et Jacqueline. Quand je les ai rencontré_, elles m'ont demandé_ où vous étiez.
2. Où avez-vous mis_ les fleurs que vous avez reçu_ ? Je les ai mis_ dans un vase, que j'ai mis_ sur ma table.
3. Tu as pris_ ton billet et tu l'as mis_ dans ta poche. Mais où as-tu mis_ tes clés? Les as-tu laissé_ à la maison?
4. Lise: J'ai regardé_ la télé. Je l'ai regardé_ une heure et puis j'ai decidé_ de l'arrêter. Quand je suis monté_ dans ma chambre, j'ai ouvert_ la fenêtre. Mais je l'ai vite refermé_ parce que j'ai entendu_ un bruit bizarre. J'ai appelé_ la police. Quand les agents sont arrivé_, ils ont trouvé_ un type suspect et ils l'ont emmené_ avec eux.
5. Caroline est arrivé_ à son hôtel. Elle est monté_ dans sa chambre, a ouvert_ sa valise, a téléphoné_ à ses amis?
6. Une heure plus tard, ils sont venu_ la chercher. Ils l'ont emmené_ visiter la ville. Ils lui ont montré_ les choses intéressantes, et ils l'ont invité_ à dîner. Elle leur a donné_ les cadeaux qu'elle avait apporté_ .
7. «As-tu déjà entendu_ ces chansons?» «Oui, je les ai entendu_ , et j'ai acheté_ les CD.» «Tu les as acheté_ ? Combien les as-tu payé_ ?» «J'ai payé_ cinquante francs pour les deux.»

I
1. —, es, —
2. —, es, es, —
3. —, —, —, es
4. —, e, —, e, —, e, —, —, s, —, —
5. e, e, —, —
6. s, e, —, e, —, s
7. —, es, —, s, s, —

J For answers to Ex. J, please refer to the Teacher's Manual.

La place de l'adverbe

J L'adverbe. Mettez l'adverbe à sa place.

As-tu écouté? (bien)
As-tu bien écouté?

1. On vous a dit de faire attention. (souvent)
2. Je n'ai pas obéi à mes parents. (toujours)
3. Nous n'avons pas joué au tennis cette année. (beaucoup)
4. Notre équipe de foot a perdu les matchs. (quelquefois)
5. Nous écrivions notre examen quand la cloche a sonné. (encore)
6. À votre âge, Napoléon avait gagné des batailles. (déjà)
7. Vous n'avez pas assez étudié. (peut-être)
8. Le frigo est vide. Tu as mangé! (tout)

La grammaire en direct

Un souvenir d'enfance. Racontez un de vos souvenirs d'enfance (*childhood memories*). Employez le passé composé et l'imparfait.
Pour organiser votre composition, répondez aux questions:

Quel âge aviez-vous? Où étiez-vous? Qui d'autre était là? Qu'est-ce qui est arrivé? Pourquoi? Qu'est-ce que les personnes ont dit? Ont fait? Était-ce amusant ou triste? Étiez-vous content(e)? fier ou fière? désolé(e)? Aviez-vous honte? Est-ce un bon ou un mauvais souvenir? Pourquoi?

L'Art autour de l'An Mil

Sainte Foy. Cette statue en or, ornée de pierres précieuses, est un reliquaire qui contient un morceau d'os de la sainte, une jeune chrétienne martyrisée à douze ans.

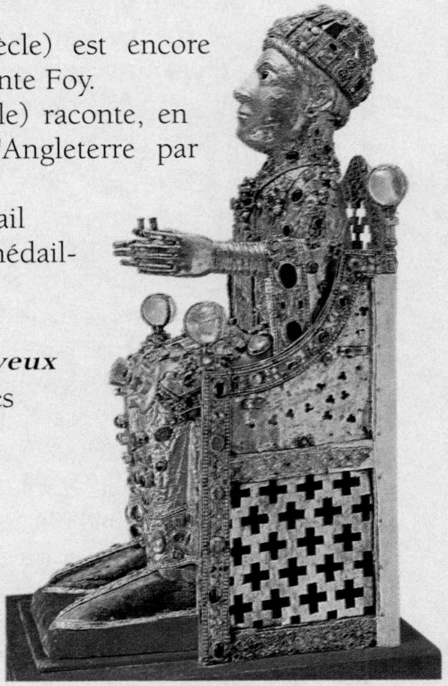

L'art de la période de Charlemagne (IXe siècle) est encore barbare, comme le montre la statue en or de Sainte Foy.

Plus tard, la tapisserie de Bayeux* (XIe siècle) raconte, en style de bande dessinée, la conquête de l'Angleterre par Guillaume le Conquérant.

Enfin, dans la cathédrale de Chartres, un vitrail (XIIe siècle) raconte la vie de Charlemagne. Le médaillon central y montre l'épisode de Roland.

L'histoire racontée par la tapisserie de Bayeux

C'est une longue bande de toile brodée[1] (70 mètres de long) qui raconte, en 58 scènes, les épisodes de cette conquête. Tous les détails sont précis: costumes, armes, équipement.

Le vieux roi d'Angleterre Edward the Confessor, qui n'a pas d'enfants, va mourir. Il envoie son beau-frère[2], Harold, offrir la couronne d'Angleterre à son cousin Guillaume de Normandie qui accepte.

Edward meurt, mais Harold, rentré[3] en Angleterre, trahit[4] Guillaume et prend la couronne lui-même.

Furieux, Guillaume fait construire une flotte[5] d'invasion et, à la bataille de Hastings (1066) il est victorieux et devient roi d'Angleterre.

Qui a fait cette tapisserie? La reine Mathilde, femme de Guillaume, dit la légende. En réalité, ce sont probablement des moines qui l'ont brodée dans un monastère anglais, vers 1087.

Pourquoi? C'est probablement sur les instructions de Guillaume, qui désirait établir sa légitimité par un document frappant[6]. (La vérité est peut-être différente de la version offerte par la tapisserie, mais, comme Guillaume a gagné, cette version reste la seule.)

Harold est tué d'une flèche dans l'œil et Guillaume est victorieux.

[1] **toile brodée** embroidered cloth
[2] **beau-frère** brother-in-law
[3] **rentré** having returned
[4] **trahit** betrays
[5] **flotte** fleet
[6] **frappant** striking

***Bayeux:** Ville de Normandie où on peut voir la tapisserie au Centre Guillaume le Conquérant.

Discussion

1. **La statue de Sainte-Foy.** À quoi servait cette statue? Qui était Sainte Foy?
2. **La Chanson de Roland.** Que savez-vous sur Roland? Que fait-il sur cette image? Qu'est-ce qu'un vitrail?
3. **La tapisserie de Bayeux.** De quand date cette tapisserie? Qui était Guillaume? Et qui était Harold? Quelles scènes voyez-vous?

La Chanson de Roland.
À gauche, Roland essiae en vain de briser Durandal, son épée. À droite, le visage congestionné par l'effort, il souffle dans l'oliphant pour appeler l'Empereur au secours. Des soldats morts sont à ses pieds.

ISTI MIRANT STELLA
HAROLD

La tapisserie de Bayeux.
La foule est terrifiée. C'est la comète de Halley qui passe dans le ciel! Un messager vient avertir *(to warn)* Harold, assis sur son trône, dans le palais royal de Londres. Harold tremble, et il a raison: Guillaume a appris sa trahison, et il fait construire une flotte pour venir attaquer l'Angleterre.
(voir page 56)

QUATRIÈME ÉTAPE

Le château de Saumur se dresse, dans toute sa splendeur, sur une miniature du XIVe siècle.

Un peu d'histoire

Croisades, cathédrales et calamités

Un chevalier reçoit la communion avant le départ pour la Croisade.

Depuis longtemps, les chrétiens allaient, quand ils le pouvaient, faire un pèlerinage[1] à Jérusalem, ville où le Christ est mort. Ce pèlerinage, disaient les prêtres, procurait le pardon des péchés et garantissait le paradis. Mais depuis que les Turcs, qui sont musulmans, ont pris la Terre Sainte (la région qui s'appelle aujourd'hui l'Israël), ils attaquent les pèlerins, les volent, les tuent même souvent.

C'est alors que le pape Urbain II vient en France et prêche[2] une grande expédition qui partira délivrer Jérusalem des mains des musulmans. C'est en 1095. Le peuple entre dans un grand enthousiasme. Au cri de «Dieu le veut!», des foules[3] de pèlerins partent pour le long voyage de la Terre Sainte. Parmi[4] eux, il y a des nobles bien équipés, mais surtout beaucoup de pauvres gens. Il y a même des enfants. Tous ont cousu[5] une croix[6] de tissu[7] rouge sur leur épaule: Ce sont les *Croisés*[8] et leur expédition est une *croisade*. Beaucoup mourront de faim en route, ou de soif, ou de maladie, ou bien attaqués par les gens des pays qu'ils traversent. La première vague[9] de Croisés est massacrée, mais d'autres suivent, qui vivront pour voir briller au soleil les dômes de Jérusalem.

Did You Know?

Le but des Croisades était, certes, religieux. Mais beaucoup de pauvres partaient pour échapper à leur misère. Pour les chefs, il y avait aussi l'intention d'agrandir le monde qu'ils connaissaient. C'était, en quelque sorte, la première entreprise coloniale.

Le roi Louis IX (Saint Louis) part pour la septième Croisade (1248). Il est parti du port d'Aigues-Mortes, sur la Méditerranée.

[1] **pèlerinage** pilgrimage
[2] **prêche** preaches
[3] **foules** crowds, multitudes
[4] **Parmi** Among
[5] **cousu** sewed
[6] **croix** cross
[7] **tissu** cloth
[8] **Croisés** Crusaders
[9] **vague** wave

CHRONOLOGIE

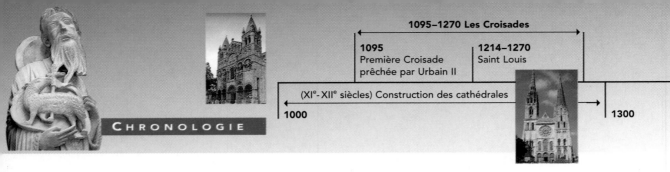

1095–1270 Les Croisades

1095 Première Croisade prêchée par Urbain II

1214–1270 Saint Louis

(XIe- XIIe siècles) Construction des cathédrales

1000 — **1300**

Le krak des Chevaliers est une forteresse construite en Palestine (ou Terre-Sainte) par les Croisés.

Did You Know?
De nouvelles routes de commerce sont ouvertes entre l'Europe et le Moyen-Orient. On ne peut pas exagérer l'importance des épices au Moyen-Âge. C'était une denrée de luxe, extrêmement désirable et que seuls les riches pouvaient obtenir.

La première Croisade réussit à prendre Jérusalem. Son chef, Godefroi de Bouillon, est couronné roi, et le royaume franc de Jérusalem va durer près de cent ans.

En tout, et pendant près de deux cents ans, il y a huit croisades, conduites par les rois et les empereurs d'Europe, en particulier le roi de France, Saint Louis (1214-1270).

Il y a d'effroyables batailles, au cours desquelles les Croisés perdent, reprennent et finalement perdent de nouveau la ville de Jérusalem. Des milliers de personnes meurent dans ces guerres.

Enfin Saint Louis meurt de la peste[10], et c'est la fin de la participation française aux Croisades. Fatiguée, l'Europe abandonne la Terre Sainte aux musulmans.

Les conséquences des Croisades

Les Croisés ont découvert un monde nouveau, et la civilisation orientale, plus riche et plus luxueuse que celle de leur pays. Des Croisades, ils ont rapporté des goûts[11] plus raffinés: la soie[12], les riches brocards[13], les tapis[14], sont maintenant parmi leurs possessions. Ils ont goûté les épices[15] comme le poivre[16], la cannelle[17], le clou de girofle[18], qui deviendront une des denrées[19] les plus précieuses du Moyen-Âge. Pourquoi? Parce qu'ils ont bon goût, bien sûr, mais aussi parce que, en l'absence de réfrigération, ils aident à conserver les aliments, surtout la viande. Ils ont découvert de nouveaux fruits, comme l'orange et l'abricot, de nouveaux légumes, comme l'artichaut. Ils rapportent aussi l'amandier[20]. Ils ont pris contact avec des idées nouvelles, et surtout, ils ont appris les avantages d'une union entre voisins pour une entreprise commune.

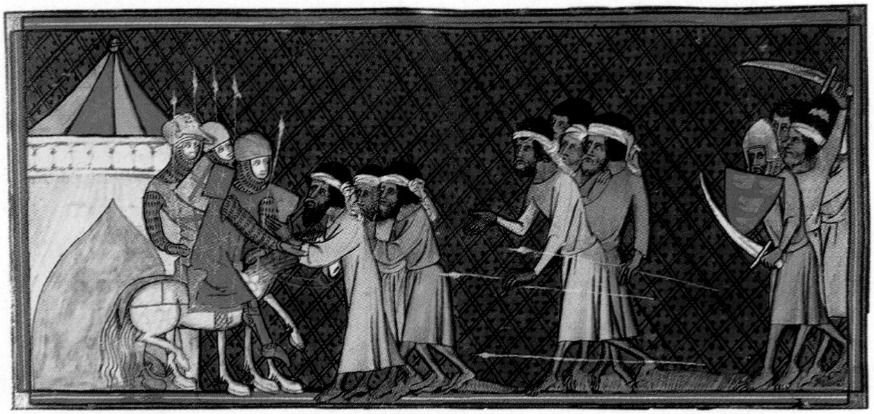

Pendant les Croisades: Des musulmans viennent demander le baptême. Mais c'est une ruse pour pénétrer dans le camp des Croisés.

[10] **peste** plague
[11] **goûts** tastes
[12] **soie** silk
[13] **brocards** brocades
[14] **tapis** carpets
[15] **épices** spices
[16] **poivre** pepper
[17] **cannelle** cinammon
[18] **clou de girofle** cloves
[19] **denrées** commodities, goods
[20] **amandier** almond tree

1337–1453 La Guerre de Cent Ans

1346
Bataille de Crécy

1415
Bataille d'Azincourt

1429
Jeanne d'Arc
fait couronner le Dauphin.

1431
Jeanne d'Arc
brûlée vive à Rouen

Les cathédrales (XIe–XIIe siècles)

Notre Dame d'Aulnay est une église romane. Remarquez ses arches rondes. Elle est basse, car ce sont les arcs-boutants (*flying buttresses*) qui ont permis d'élever les murs des cathédrales gothiques. Comparez son architecture simple avec celle de Notre-Dame de Paris, cathédrale gothique.

C'est un âge de foi, et pendant cette période, la France (de même que les autres pays d'Europe de l'ouest) construit la quantité d'églises et de cathédrales* qu'on admire encore aujourd'hui. Dans le sud, ce sont les cathédrales et églises *romanes*[21], caractérisées par leur arche ronde; dans le nord, elles sont *gothiques*, caractérisées par leur arche brisée, ou ogivale[22].

Ce sont de splendides monuments, couverts de sculptures. Au peuple qui ne sait pas lire, elles racontent la Bible en figures de pierre: L'Ancien Testament, et puis la vie de Jésus, ses apôtres et sa mort. La pierre est grise aujourd'hui, mais au Moyen-Âge, toutes les sculptures étaient peintes de couleurs brillantes: rouge, vert, bleu, or. La voûte des cathédrales gothiques est immense, et les murs[23] sont en grande partie, remplacés par des vitraux[24] multicolores qui, eux aussi, racontent des histoires de la religion chrétienne. Parmi les nombreuses cáthedrales de France, on admire surtout celles de Reims, Notre-Dame de Paris et Notre-Dame de Chartres.

La cathédrale Notre-Dame de Paris. Remarquez les arc-boutants et la grande rose (en vitrail) au centre.

[21] **romanes** Romanesque
[22] **ogivale** gothic
[23] **murs** walls
[24] **vitraux** stained-glass windows

Art Connection

La grande innovation de l'architecture gothique, c'est l'arc-boutant. Il maintient le haut des murs et distribue la pression de l'énorme voûte de pierre dans le sol. Sans les arc-boutants, les cathédrales ne s'effondreraient pas; elles feraient explosion.

Note

For more information about Gothic architecture, see *Plaisir des yeux*, page 116.

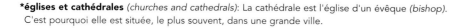

***églises et cathédrales** (*churches and cathedrals*): La cathédrale est l'église d'un évêque (*bishop*). C'est pourquoi elle est située, le plus souvent, dans une grande ville.

Note
Naturellement, la guerre n'était pas constante. C'était une série de batailles, parfois séparées par plusieurs années.

Did You Know?
Les rois de France épousaient toujours des princesses étrangères et donnaient leurs filles en mariage à des rois d'autres pays. On épousait généralement une princesse d'un pays ennemi ou au moins rival, pour cimenter des alliances. Catherine, la fille du roi fou, Charles VI, qui a épousé Henri V d'Angleterre, a apporté la folie dans la famille royale anglaise de Lancastre.

Literature Connection
L'histoire de la bataille d'Azincourt *(Agincourt* pour les Anglais) est racontée par Shakespeare dans *Henry V.*

La terrible Guerre de Cent Ans (1337–1453)

Pendant toute cette période, l'Angleterre, qui possédait déjà une partie de la Normandie (voir p. 55), a continué à acquérir, par mariage, d'autres provinces françaises. En 1328, quand le roi de France meurt sans héritier mâle direct, le jeune roi d'Angleterre, Edward III, qui est fils d'une princesse française, demande la couronne de France.

Il n'y a pas de raison légale de la lui refuser. Mais les barons français n'ont pas l'intention de «donner» la France à l'Angleterre. Alors, ils invoquent une très ancienne loi (qui date du temps des ancêtres de Clovis!) et ils font semblant de croire que cette loi interdit de donner la couronne à une femme, ou aux descendants de cette femme*. C'est la loi salique.

Alors, une guerre entre la France et l'Angleterre commence, pour la possession du trône de France. Cette guerre, conduite exclusivement sur le territoire français, est désastreuse pour le pays. Les soldats des deux armées détruisent villages et fermes, volent et pillent partout. L'Angleterre remporte[25] de grandes victoires comme celle de Crécy (1346) et Azincourt (1415). Il y a aussi des épidémies de peste, et des famines encore plus effroyables[26]. Le pays a faim et peur.

En 1429, les Anglais tiennent une grande partie de la France, y compris Paris. Le roi de France, Charles VI, fou[27] depuis longtemps, vient de mourir. Sa fille a épousé le roi d'Angleterre, Henry V. Celui-ci est couronné roi de France dans la cathédrale Notre-Dame de Paris.

Y a-t-il encore de l'espoir pour la France?

[25] **remporte** wins
[26] **effroyables** horrifying
[27] **fou** insane

Une bataille de la Guerre de Cent Ans, entre les Français et les Anglais. Les deux adversaires portent la fleur de lis, emblème royal français. (Les Anglais considèrent qu'ils ont des droits sur le royaume de France.)

*That is why France could never be governed by a queen, as England, for instance, can. A woman could only be queen through her marriage to a king of France. (The *loi salique* never actually said that, but it was used as an expedient to keep France from becoming an adjunct of England.)

Jeanne d'Arc (1412–1431)

La mort de Jeanne d'Arc, brûlée vive à Rouen.

C'est alors qu'apparaît Jeanne d'Arc. C'est une jeune fille de dix-sept ans, née à Domrémy, en Lorraine. Elle est très pieuse[28], et un jour, en gardant ses moutons, elle entend des voix qui lui disent de délivrer la France. Elle entend ces voix très souvent, et elle est certaine que ce sont celles de Saint Michel et de Sainte Catherine, patronne des jeunes filles. «Va, Jeanne, va délivrer la France», répètent les voix. Cela est plus facile à dire qu'à faire. Pourtant, Jeanne obtient une troupe d'hommes et elle va à Chinon, sur la Loire, ou réside le Dauphin, âgé de dix-neuf ans.

C'est le fils du défunt[29] roi. Normalement, il serait couronné roi à la place de son père, mais il y a des doutes sur sa légitimité. Et puis, les Anglais tiennent Paris, et leur roi est assis sur le trône de France. Le Dauphin, qui est timide, sans argent, abandonné de presque tous, a peur d'être victime d'un complot[30].

Alors, pour éprouver[31] Jeanne, il se cache parmi ses courtisans[32]. Pourtant, Jeanne, sans hésiter, le trouve. Elle ne l'a jamais vu, mais elle le reconnaît, s'agenouille[33] devant lui et lui dit: «Dieu m'envoie pour délivrer la France». Devant tant de courage et de foi, les conseillers du Dauphin acceptent de donner une armée à Jeanne. Elle délivre Orléans, et va de victoire en victoire. Enfin, elle conduit le timide Dauphin à Reims, où sont couronnés les rois depuis Clovis. Là, il est sacré roi de France sous le nom de Charles VII. Pendant la cérémonie, Jeanne se tient debout à son côté, avec son étendard[34] blanc.

Hélas, un jour, elle est blessée et faite prisonnière par un soldat, allié des Anglais, qui la vend aux Anglais. Ceux-ci la gardent en prison pendant un an, et finissent par la juger comme sorcière[35] et hérétique. C'est un procès[36] complètement injuste*. Mais, condamnée à mort, elle est brûlée vive à Rouen à l'âge de dix-neuf ans (1431). «Nous avons brûlé une sainte!» s'exclame un soldat anglais, terrifié.

Après la mort de Jeanne d'Arc**, les victoires françaises continuent. Le cycle des défaites est rompu, et, on peut dire, en 1453, que la Guerre de Cent Ans est finie. Charles VII reste seul roi de France.

Une idée nouvelle: le patriotisme

La France est donc sauvée. Plus important encore, peut-être, est le fait qu'avec Jeanne d'Arc apparaît un sentiment nouveau: le patriotisme. Au lieu de[37] se considérer comme habitants de diverses provinces, souvent hostiles les uns aux autres, les Français voient maintenant la France comme une réalité, une personne spirituelle, qu'il faut protéger et sauver à tout prix.

*The English had no right to put her on trial, as she was fighting a legitimate war against them. But she was winning, and they had to discredit her and the king she'd helped crown, by attributing her success to sorcery and the devil.

**Popular imagination refuses to admit the death of its heroes. President Kennedy supposedly survived in Parkland Hospital in Dallas, and Elvis Presley is still occasionally sighted around the country. Jeanne d'Arc, too, supposedly survived her execution and a number of women turned up, claiming with varying degrees of success, to be she. The most successful of these impostors was Jeanne des Armoises who was "recognized" by some, denounced by others, and lived a long life under the identity of the sacrificed heroine.

[28] **pieuse** pious, devout
[29] **défunt** deceased
[30] **complot** plot
[31] **éprouver** put to the test
[32] **courtisans** courtiers
[33] **s'agenouille** kneels
[34] **étendard** standard, flag
[35] **sorcière** witch
[36] **procès** trial
[37] **Au lieu de** Instead of

C'est beau, les mots!

A 1. Israël, Terre Sainte
2. croisades, croix, tissu rouge
3. faim, soif
4. musulmans
5. viande
6. épices
7. goût
8. fils
9. vitraux
10. délivré
11. brûlez
12. voleur

A Le mot approprié. Complétez les phrases suivantes par le mot approprié.

1. Aujourd'hui, Jérusalem se trouve en ___ . Au Moyen-Âge on appelait cette région la ___ .
2. Ces grandes expéditions qui allaient à Jérusalem s'appelaient des ___ , parce que leurs participants avaient cousu une ___ sur leurs vêtements. Cette croix était faite de ___ .
3. Si vous n'avez rien à manger, vous mourez de ___ ; rien à boire, vous mourez de ___ .
4. Les Turcs n'étaient pas chrétiens. Ils étaient ___ .
5. Les végétariens ne mangent pas de ___ .
6. Les ___ servaient à conserver les aliments.
7. On mange de préférence les aliments qui ont bon ___ .
8. Le Dauphin est le ___ d'un roi.
9. Dans les cathédrales gothiques, des ___ de couleur remplacent les murs.
10. Jeanne d'Arc a ___ la France de la domination anglaise.
11. Vous ___ du bois dans la cheminée.
12. Quelqu'un qui prend illégalement un objet de valeur est un ___ .

B **Teaching Tip**
For *Jouez le mot*, see **Teaching Tip** in *Première étape*, page 4.

B Jouez le mot. Par un geste ou une attitude, montrez que vous comprenez le sens des verbes suivants:

s'agenouiller	**mourir**
se tenir debout	**prêcher**
se cacher	**attaquer**

Votre réponse, s'il vous plaît

C 1. Faux. La Terre Sainte n'était pas trop loin de France pour un pèlerinage.
2. Vrai.
3. Faux. Ils ont exporté des tapis d'Orient en France.
4. Vrai.
5. Faux. La loi salique était une très ancienne loi.
6. Faux. Ce sont des victoires anglaises.

D For answers to Ex. D, please refer to the Teacher's Manual.

C Vrai ou faux? Si c'est faux, quelle est la phrase correcte?

1. La Terre Sainte était beaucoup trop loin de France pour un pèlerinage.
2. Les Croisés ont établi un royaume de Jérusalem.
3. Les Croisés ont exporté des tapis de France en Orient.
4. Au Moyen-Âge, les sculptures des cathédrales étaient peintes de couleurs vives.
5. La loi salique était une loi récente au Moyen-Âge.
6. Les batailles de Crécy et d'Azincourt sont des victoires françaises.

D Parlons du texte. Répondez aux questions.

1. Qu'est-ce qu'on appelait la Terre Sainte? Pourquoi l'appelait-on ainsi?
2. Pourquoi les chrétiens avaient-ils des difficultés pour accomplir ce pèlerinage?
3. Qu'est-ce qu'une Croisade? Pourquoi est-elle ainsi nommée?
4. Est-ce que tous les Croisés sont arrivés à Jérusalem? Pourquoi?

5. Qui a gagné les Croisades?
6. Comment les Croisades ont-elles contribué à enrichir la civilisation occidentale?
7. Qu'est-ce qu'une cathédrale? Quels sont les principaux styles de cathédrales? Quelles sont les plus célèbres en France?
8. Comment la Guerre de Cent Ans a-t-elle commencé?
9. En Angleterre, il y a des reines aussi bien que des rois. Mais pas en France. Pourquoi?
10. Quelles sont les horreurs qui frappent la France pendant la Guerre de Cent Ans?
11. Quelle est la situation de la France à l'arrivée de Jeanne d'Arc?
12. Qui était Jeanne d'Arc? Qu'est-ce qu'elle a fait? Quel âge avait-elle quand elle a fait la guerre?
13. Comment a-t-elle fini? Était-ce une condamnation juste ou injuste?
14. Jeanne était-elle une sorcière ou une héroïne? Pourquoi?

Arrivée de Jeanne d'Arc à Chinon. Dans cette scène imaginaire, le Dauphin vient à la porte de la forteresse de Chinon pour saluer l'arrivée de Jeanne.

E **Analyse et opinion.** Répondez aux questions.

1. **Les Croisades.** Le but *(goal)* officiel des Croisades était de délivrer la Terre Sainte des Turcs. À votre avis, y avait-il aussi peut-être un autre but, moins religieux, mais plus commercial?
2. **La loi salique.** Y avait-il une bonne raison d'«inventer» la loi salique? Pensez-vous que continuer l'application de cette loi imaginaire était une bonne idée? Pourquoi?
3. **Les succès de Jeanne d'Arc.** Pouvez-vous essayer d'expliquer ces succès?
4. **Une femme admirable.** Beaucoup admirent Jeanne d'Arc. Quelle est la femme d'aujourd'hui que vous admirez le plus? Pourquoi?

Teaching Tip (E #4)
This topic also works well as a group activity. Have students work in groups of four (with a mix of boys and girls in each group) to decide on a woman they admire and to explain why they admire her.

Exprimez-vous

1. **Le patriotisme.** Qu'est-ce que le patriotisme? Et qu'est-ce que ce n'est pas? Pensez-vous que vous êtes patriote? Pourquoi?

2. **Faut-il partir pour Jérusalem?** Vous êtes parmi la foule qui est venue entendre prêcher le pape Urbain II. Beaucoup sont pleins d'enthousiasme et veulent partir. D'autres préfèrent rester—du moins pour le moment. La classe se divise en deux groupes qui discutent de la question. Quelle est la décision finale? Est-elle unanime?

Quelques termes utiles

Pour

Moi, je vais partir tout de suite parce que...
Il faut aller à Jérusalem parce que...
On y va à pied, c'est un peu loin, bien sûr...
Allez, venez tous, partons...

Contre

Moi, je préfère réfléchir.
Je ne suis pas équipé(e)...
Est-ce un long voyage?
Comment y va-t-on?
Qu'est-ce qu'on mange en route?
Il faut que je parle à ma famille...

Vie et littérature

Pre-reading

1. Préférez-vous les films, les émissions tristes ou amusantes? Pourquoi? Préférez-vous rire plutôt que pleurer?
2. Un philosophe a dit que le rire naissait quand il y avait un contraste entre ce qu'on attendait et qui arrivait en réalité. Par exemple, si un petit enfant tombe, vous ne riez pas. Si un digne professeur tombe en entrant en classe, vous riez. Cherchez des exemples de ce contraste dans des émissions de télévision que vous regardez tous.

Maître Pathelin achète six aulnes de bon drap dans la boutique du drapier.

[1] **se moquer** make fun (of), laugh (at)
[2] **marchand drapier** cloth merchant
[3] **avocat** lawyer
[4] **défauts** faults, shortcomings
[5] **trompe** cheats
[6] **berge**r shepherd
[7] **aulnes** old French measure of length (about one meter)
[8] **Parlez plus bas** Lower your voice

La Farce de Maître Pathelin

(auteur anonyme, 1464)

Malgré les horreurs de la guerre, de la peste et de la famine, le bon peuple du Moyen-Âge aimait rire et se moquer[1]. Les farces sont des pièces de théâtre comique, où on se moque des professions (ici: le marchand drapier[2], l'avocat[3], le juge) et surtout de l'autorité. Les farces sont jouées en plein air, devant un public populaire, mais bien informé des défauts[4] humains.

La Farce de Maître Pathelin* est une des farces les plus appréciées du Moyen-Âge. Maître Pathelin est avocat, et vous allez voir comment il trompe[5] tout le monde.

Tout le monde? Pas exactement. Lisez cette version abrégée de *La Farce de Maître Pathelin.*

Personnages

Maître Pathelin, avocat	Guillemette, sa femme	
Le drapier	Thibaut le berger[6]	Le juge

Ce matin-là, le drapier a vendu six aulnes[7] de bon drap à l'avocat Pathelin, qui est parti sans payer. Mais il a dit au drapier: «Venez chez moi, je vous donnerai l'argent». Maintenant, le drapier arrive chez Maître Pathelin pour demander son argent.

Scène 1

Devant la maison de Maître Pathelin, puis à l'intérieur.

Personnages: Guillemette, Le drapier

Le drapier: *(Il arrive.)* Holà, Holà, Maître Pathelin!
(Il voit Guillemette devant la maison.)

Guillemette: Hélas, monsieur, au nom de Dieu!
Si vous avez à me parler,
Parlez plus bas[8], je vous en prie.

Le drapier: Dieu vous garde, madame,
Où est votre mari?

Guillemette: Plus bas, plus bas, le pauvre,
Où voulez-vous qu'il soit?

Le drapier: De qui parlez-vous donc?

***Maître:** Title by which lawyers are addressed. Lawyers today in France are still called *Maître* instead of *Monsieur.*

Guillemette: Pardonnez-moi, je parle bas.
Je crois qu'il dort. Il est
Presque inconscient, le pauvre homme.

Le drapier: Qui? Mais qui?

Guillemette: Mon mari, Maître Pathelin.

Le drapier: Ah vraiment? N'est-il pas venu
Chercher six aulnes de drap à l'instant?

Guillemette: Qui? Lui? Mais c'est bien impossible!

Le drapier: Mais si[9], il en vient tout juste,
Il y a moins d'un quart d'heure.
Et je veux mon argent sans perdre plus de temps
C'est neuf francs qu'il me faut.

Guillemette: Ah, ne plaisantez[10] pas, je vous prie
Car je n'ai pas l'esprit à rire[11].

Le drapier: Êtes-vous folle[12]?
J'ai dit neuf francs, et sur l'instant.
Je suis fatigué de vos sottises[13].
Faites venir ici Maître Pathelin.

Guillemette: Ah, monsieur, mais le pauvre homme
Est dans un tel état, presque[14] mort.
Il n'a pas quitté son lit de trois mois.
(Elle crie.) Et maintenant, je vous en prie,
Allez-vous quitter la maison?

Le drapier: Vous me dites de parler bas!
Mais vous, madame, vous criez!

Guillemette: *(Elle crie.)* C'est parce que vous, vous restez
Ici, et vous me querellez!

Le drapier: Vous parlez quatre fois plus haut que moi.
J'exige que vous me payiez.

Guillemette: Mais à qui l'avez-vous donné, ce drap?

Le drapier: Mais à votre mari, lui-même.

Guillemette: Il est bien en état[15] d'acheter du drap!
Hélas, pauvre homme, il n'en portera plus
Et il ne sortira de chez lui
Que vêtu de blanc, pieds devant*.
Ne comprenez-vous pas? Il va mourir.

(On entend la voix de Maître Pathelin, à l'intérieur de la maison.)

Pathelin: *(dans son lit, gémissant[16])*
Guillemette, à boire, à boire,
Donnez-moi un peu d'eau,
Un peu d'eau par pitié. Je vais mourir.

Maître Pathelin et sa femme Guillemette.

[9] **Mais si** Yes he did
[10] **plaisantez** joke
[11] **esprit à rire** a mind to laugh
[12] **folle** crazy
[13] **sottises** foolishness
[14] **presque** almost
[15] **en état** in fine shape
[16] **gémissant** moaning

*He'll be wrapped in a sheet and taken out in his casket. (Caskets are always carried "feet first.")

Le drapier: Je l'entends. Il est là.

Guillemette: Bien sûr. Mais dans quel état!

Pathelin: *(Il fait semblant de divaguer[17].)*
Ah, chasse tous ces gens autour de moi,
Ils veulent tous me tuer! Chasse-les!
Voilà un chat noir qui vole[18]*
Prends-le, c'est le diable[19] en personne.
Ces physiciens m'ont tué avec leurs drogues.
C'est bien peu de chose que nous!

Guillemette: Hélas, venez le voir. Je crois que c'est la fin.

Le drapier: Me dites-vous qu'il est malade
Depuis qu'il est rentré du marché
Où je lui ai vendu six aulnes de bon drap?
Et je veux mon argent, Maître Pathelin!

Pathelin: *(Il fait semblant de prendre le drapier pour un médecin.)*
Ces trois morceaux[20] noirs et pointus[21]
Vous nommez cela des pilules[22]?
Ils m'ont cassé les dents! Ne m'en faites plus prendre.
Ils m'ont fait vomir. Et rien de plus amer[23].

Le drapier: Il me faut neuf francs tout de suite,
Pour mes six aulnes de bon drap.

Guillemette: Comme vous le torturez, pauvre homme!
Comment pouvez-vous être si dur[24]? Il divague,
Il vous prend pour son médecin.
Trois mois, presque mort, dans son lit!

Pathelin: *(Il fait semblant de divaguer.)*
Est-ce un âne[25] que j'entends braire[26]?
Mon cousin, mon cousin, aide-moi.
Il faut chasser tous ces trompeurs[27].
Ha oul danda, oul en ravezeie.
*Corfa en euf, corfa en euf**...*

Guillemette: *(Elle s'essuie les yeux.)*
Que Dieu vous aide, cher époux!

Pathelin: *Huis oz bes ou dronc nos badou**...*

Le drapier: Quoi? Que dit-il? Il est vraiment perdu!
C'est le cri du canard. Ce n'est pas une
Langue! C'est le diable qui parle!
Je vois bien que je n'aurai pas mon argent.
Il vaut mieux que je parte avant qu'il meure.
(Il sort.)

[17] **divaguer** to be delirious
[18] **vole** flies
[19] **diable** devil
[20] **morceaux** lumps
[21] **pointus** sharp
[22] **pilules** pills
[23] **amer** bitter
[24] **dur** harsh
[25] **âne** donkey
[26] **braire** braying
[27] **trompeurs** cheaters, deceivers

***vole:** Note that *voler* means both "to steal" and "to fly." But *un voleur* only means a thief. (How do you say "a flyer," then? Well, it might be *un pilote* or *un voyageur par avion*.)
**Pathelin pretends to be raving, using made-up words, just too sick to make sense.

Scène 2

Dans la maison du drapier

Le drapier a convoqué Thibaut, le berger qui garde ses moutons. Il est furieux parce que le berger a tué et mangé nombre de ses moutons.

Personnages: Le drapier, Thibaut le berger

Le drapier: Tout le monde me vole.
On prend mon drap sans me payer.
Et voilà ce berger. C'est un autre voleur
Mais c'est le dernier jour qu'on se moque de moi.
Approche-toi, Thibaut. Nous allons chez le juge.

Le berger: Que Dieu vous donne une bonne journée.
Et une douce soirée, mon bon monsieur.

Le drapier: Ah, te voilà, méchant[28] garçon.
Bon à rien, voleur de moutons!

Le berger: Ayez pitié de moi, monsieur.
Un homme en costume bizarre*
Est venu me trouver. Je ne comprends pas bien.
«Le maître veut te voir», me dit-il.
«Il parle de procès[29], de prison,
D'aller devant le juge.» Mais pourquoi?

Le drapier: *(Il mélange[30] ses problèmes.)*
Tu me paieras pour ces moutons.
Et pour les six aulnes de drap,
Je veux dire, tous ces moutons
Que tu as volés et mangés.

Le berger: Ah, vous voilà bien en colère,
Mon doux monsieur! Mais qu'ai-je fait?

Le drapier: Devant le juge nous irons
Et c'est lui qui décidera.
Je suis fatigué des voleurs.
Neuf francs ici, dix moutons là,
Justice enfin on me fera.

Le berger: Mon dieu, monsieur, je suis surpris.
Je vous en prie, ne plaidons[31] pas.

Le drapier: Nous plaiderons.
Je suis certain que le bon juge
Décidera en ma faveur.

Le berger: Mon dieu, monsieur, Dieu vous protège!
(à part[32]) Il faudra que je me défende.
Je vais chercher un avocat.

(Il sort.)

Maître Pathelin l'avocat et Thibaut le berger.

[28] **méchant** wicked
[29] **procès** lawsuit
[30] **mélange** confuses, mixes up
[31] **ne plaidons pas** let's not go to court
[32] **à part** aside

*Today, we'd say it was a uniformed marshall who served him with papers for a lawsuit.

Scène 3

Au tribunal[33]

En sortant de chez le drapier, Thibaut le berger va demander à Maître Pathelin d'être son avocat. Pathelin lui demande: «As-tu vraiment mangé les moutons?» «Plus de trente en trois ans» répond le berger.

Pathelin lui conseille de répondre seulement *«Bêe»* à toutes les questions du juge. Le juge pensera peut-être qu'il est idiot, trop stupide pour voler les moutons.

Personnages: Le juge, Maître Pathelin, le drapier, Thibaut le berger

Le juge: S'il y a quelque affaire[34], allez vite.
Ne perdons pas de temps. Je suis pressé
De rentrer chez moi.

Le drapier: Mon avocat est en retard. Il sera là dans un moment.
Attendons-le.

Le juge: Eh diable, je suis pressé!
J'ai d'autres affaires à entendre.
N'êtes-vous pas le demandeur[35]?

Le drapier: Si.

Le juge: Où est le défenseur[36]? Est-il présent en personne?
C'est lui, ici, qui ne dit mot?
Allez, demandeur, présentez votre cause.

Le drapier: Votre Honneur, voilà ce garçon
Que j'ai élevé[37] comme un fils.
Il garde mes moutons, mais je découvre
Qu'il en a mangé plus de trente.

Le juge: Berger, êtes-vous salarié?

Pathelin: Certainement, selon la loi.
(Pathelin se cache la figure[38].)*

Le drapier: Quoi? C'est vous? C'est vous le voleur!

Le juge: Comme vous tenez la main haute.
Avez-vous mal aux dents[39], cher maître?

Pathelin: Oui, elles me font souffrir
À tel point que je n'ose
Lever la tête. Mais, par Dieu, qu'il continue.

Le juge: *(au drapier)* Allez, achevez[40] de plaider.
Vite, à votre conclusion.

Le drapier: *(à Pathelin)* C'est à vous que je vendis
Six aulnes de drap, Maître Pathelin.

[33] **tribunal** court(house)
[34] **affaire** matter, business
[35] **demandeur** plaintiff
[36] **défenseur** defendant
[37] **élevé** raised
[38] **figure** face
[39] **mal aux dents** toothache
[40] **achevez** finish

*Pathelin hides his face with his hand in the hope of not being recognized by the cloth merchant.

LE JUGE: *(à Pathelin)* Qu'est-ce qu'il dit? Six aulnes de drap?
Je croyais que c'était des moutons.

LE DRAPIER: Oui, c'est vous qui me l'avez pris.

PATHELIN: Ce ne sont que des inventions.
Il veut dire, je pense, que son berger
A vendu la laine[41] qui fait le drap de ma robe.

LE DRAPIER: Vous avez mes six aulnes!

LE JUGE: Paix. Vous divaguez. Revenons à nos moutons**.
Où sont-ils?

LE DRAPIER: Il prit six aulnes de moutons pour neuf francs.

PATHELIN: Nous perdons notre temps.
Examinons le défenseur.

LE JUGE: Vous avez raison. Approche, Thibaut.

LE BERGER: *Bêe.*

LE JUGE: Quoi? Me crois-tu chèvre[42]?

LE BERGER: *Bêe.*

LE JUGE: Te moques-tu de moi?

LE BERGER: *Bêe.*

PATHELIN: Croyez qu'il est fou ou stupide,
Ou qu'il se croit parmi ses bêtes.

LE DRAPIER: *(à Pathelin)* C'est vous, c'est vous, et pas un autre,
Qui avez pris mon drap. Votre Honneur,
C'est un voleur!

LE JUGE: Taisez-vous[43]. Êtes-vous idiot?
C'est une affaire de moutons.
Venez à l'essentiel.

LE DRAPIER: Votre Honneur, j'avais donné six aulnes,
Non, mes moutons. Cet avocat...
Mon berger, qui est malhonnête,
Me promet qu'il m'apportera
Neuf francs. Mais il les a mangés!
Ce voleur de berger, oui,
Il a mangé mon drap, Votre Honneur,
Mes moutons...
Et l'avocat ne m'a pas payé...

LE JUGE: Mais vous mélangez tout. Je n'y
Comprends rien.
Il a mangé du drap? de l'argent?
Et les moutons, où sont-ils donc?

Un troupeau de moutons exactement comme celui du berger Thibaut.

[41] **laine** wool
[42] **chèvre** goat
[43] **Taisez-vous** Quiet! Shut up.

****Revenons à nos moutons:** C'est-à-dire, retournons à notre sujet. Cette expression, employée en français courant, vient de *La Farce de Maître Pathelin*.

Au tribunal. Le juge est au centre. À gauche, le drapier, et à droite, le berger et son avocat, Maître Pathelin.

PATHELIN: Le pauvre homme est fou. Laissez-moi
Conseiller le berger. Il est intimidé.
(au berger) Approche, mon ami. Tu me comprends?
Je te parle dans ton intérêt.
Réponds par *oui* ou *non*.

LE BERGER: *Bêe.*

PATHELIN: Il est simple d'esprit[44]. Nous n'en tirerons rien.
Envoyez-le garder ses bêtes.

LE JUGE: Il est clair qu'ils sont fous tous les deux.
Retourne à tes moutons, Berger. L'affaire est entendue.
Rentrez tous chez vous.

LE DRAPIER: *(au juge)* Donnez, de grâce,
Une autre date pour juger mon affaire.

LE JUGE: Une autre date? Pour quoi faire?
(au berger) Retourne à tes bêtes.
(à Maître Pathelin) Venez dîner chez moi, cher maître.

LE BERGER: *Bêe.*

PATHELIN: *(au berger)* Assez de *Bêe.*
Dis merci au juge.

LE BERGER: *Bêe.*

(Le juge sort. Le drapier court après lui.)

Maintenant, Maître Pathelin est seul avec le berger. Il demande à être payé.

PATHELIN: Tu vois, nous avons gagné.

LE BERGER: *Bêe.*

PATHELIN: Quoi? C'est fini, je te dis.
Tu peux parler. Es-tu satisfait
De mon travail pour toi?

LE BERGER: *Bêe.*

PATHELIN: Ton adversaire est parti.
Fini les *Bêe.* Ce n'est plus le moment.
Lui ai-je joué un bon tour[45]?
Ne t'ai-je pas bien conseillé[46]?

LE BERGER: *Bêe.*

PATHELIN: Allons, il faut que je m'en aille.
Donne-moi l'argent que tu me dois.

LE BERGER: *Bêe.*

[44] **simple d'esprit** feeble-minded
[45] **tour** trick
[46] **Ne t'ai-je pas bien conseillé** Didn't I advise you well?

PATHELIN: À vrai dire
Tu as très bien joué ton rôle.
Ils t'ont bien pris pour un idiot
Parce que tu as su ne pas rire.

LE BERGER: *Bêe.*

PATHELIN: Quoi? *Bêe* encore?
Il ne faut plus le dire.
Paie-moi bien vite maintenant.

LE BERGER: *Bêe.*

PATHELIN: Assez de *Bêe*. Paie-moi et je rentre chez moi.

LE BERGER: *Bêe.*

PATHELIN: Plus de bêlement[47], c'est compris?
Je le jure: Tu me paieras
Mon argent, je veux mon argent.

LE BERGER: *Bêe.*

PATHELIN: Je vois le jeu que tu veux jouer.
(à part) Je croyais bien être le maître
Des trompeurs d'ici et d'ailleurs[48],
Des escrocs[49] et puis des gens
Qui donnent paroles en paiement.
Un berger est plus malin[50] que moi!
(au berger) Ah, si je pouvais trouver
Un bon officier de police
Je te ferais arrêter.

LE BERGER: *Bêe.*

PATHELIN: *(enragé) Bêe, Bêe,* cette fois, je le jure,
Je vais te faire mettre en prison.

LE BERGER: *(Il se sauve en courant[51].) Bêe,*
Bêe, Bêe...

Abrégé et adapté de l'original
en vieux français

[47] **bêlement** baaing, bleating
[48] **d'ailleurs** from elsewhere
[49] **escrocs** crooks
[50] **malin** clever
[51] **se sauve en courant** runs away and escapes

Une rue de Paris au Moyen-Âge, où vous pourriez rencontrer le drapier et Maître Pathelin.

C'est beau, les mots!

A 1. défauts
2. drap, laine
3. mètre
4. lit, pillules
5. bêtes
6. procès, tribunal
7. figure
8. mal, dents
9. trompe
10. idiot, malin
11. diable
12. moutons, chèvres
13. jouent
14. ailleurs
15. faites semblant d'

A **Le mot approprié.** Complétez les phrases suivantes par le mot approprié.

1. Vous avez beaucoup de qualités. Avez-vous aussi quelques petits ___ ?
2. Le drapier vend du ___ qui est un tissu fait de ___ .
3. Une aulne de drap, c'est approximativement un ___ .
4. Un malade reste dans son ___ . Il prend des médicaments qui sont souvent des ___ .
5. Un autre nom pour les animaux, c'est les ___ .
6. Le drapier fait un ___ contre le berger. Il vont devant le juge au ___ .
7. Un autre mot pour le visage, c'est la ___ , avec le nez, les yeux, la bouche, etc.
8. On va chez le dentiste quand on a ___ aux ___ .
9. L'avocat ___ tout le monde, excepté le berger.
10. Le berger dit toujours *Bêe*. Est-ce parce qu'il est ___ ou au contraire parce qu'il est plus ___ que les autres?
11. Dieu est au paradis, mais le ___ est en enfer.
12. Les animaux qui disent *Bêe* sont les ___ et les ___ .
13. Au théâtre ou dans un film, les acteurs ___ un rôle.
14. Si vous n'êtes pas ici, vous êtes ___ .
15. Si on vous fait un cadeau ridicule, vous ___ être content.

B **Teaching Tip**
For *Jouez le mot*, see **Teaching Tip** in *Première étape*, page 4.

B **Jouez le mot.** (Est-ce votre exercice favori?) Par un geste ou une attitude, montrez que vous comprenez le sens des termes suivants:

gémissant (de *gémir*)	**se cacher la figure**
sur l'épaule	**cousu (de *coudre*)**
un âne*	**un voleur**
un canard*	**un bêlement (de *bêler*)**
braire	**se sauver**
voler (comme un oiseau)	**parler bas**
voler (action illégale)	**s'essuyer les yeux**

Votre réponse, s'il vous plaît

C 1. Faux. Elles ridiculisent les professions et surtout l'autorité.
2. Faux. Il fait semblant d'être malade.
3. Vrai.
4. Vrai.
5. Vrai.

C **Vrai ou faux?** Si c'est faux, quelle est la phrase correcte?

1. Les farces du Moyen-Âge ridiculisent le petit peuple.
2. Le pauvre Maître Pathelin est bien malade.
3. Le juge a plus de sympathie pour l'avocat que pour les plaideurs.
4. Le drapier est dupé par tout le monde.
5. Le peuple du Moyen-Âge n'avait pas d'admiration pour la justice «officielle».

---

*L'âne et le canard font, respectivement, *hi han* et *coin coin*.

D Parlons du texte. Répondez aux questions.

1. Qu'est-ce qu'une farce? Pourquoi le public du Moyen-Âge adorait-il les farces?
2. Qu'est-ce que le drapier a vendu à Maître Pathelin? Pourquoi le drapier vient-il chez Maître Pathelin?
3. Est-ce que Guillemette est sincère et honnête? Qu'est-ce qu'elle fait?
4. De quoi Pathelin fait-il semblant? Pourquoi?
5. Pourquoi le drapier a-t-il convoqué son berger Thibaut?
6. Quelle est l'attitude du berger: humble ou arrogante? Pourquoi? Est-il coupable ou innocent?
7. Quelle est l'attitude du juge? Son désir essentiel, c'est de rendre la justice ou de rentrer chez lui?
8. Quel conseil Pathelin a-t-il donné à son client le berger? Pourquoi?
9. Est-ce que la présentation du drapier est claire ou confuse? Pourquoi?
10. Quelles sont les réponses du berger à toutes les questions? Et quelle est la conclusion du juge?
11. Quelle est la décision du juge? Est-ce bon pour le berger? Pourquoi?
12. Qui *perd* dans cette affaire?
13. Resté seul avec le berger, qu'est-ce que Pathelin demande?
14. Quelle est la réponse du berger?
15. Qui est le seul vrai gagnant?

D For answers to Ex. D, please refer to the Teacher's Manual.

E Analyse et opinion. Répondez aux questions.

1. **Le rire.** Trouvez des exemples où le rire vient parce que ce qui arrive n'est pas ce qu'on attendait.
2. **Une satire.** Voyez-vous une satire dans cette farce? Expliquez.
3. **Le berger.** Pourquoi le public populaire est-il heureux de voir le berger gagner*? Avec qui s'identifie-t-il?
4. **Les avocats.** Est-ce que, aujourd'hui encore, on fait des plaisanteries sur les avocats? Les juges? Les marchands? Pourquoi?
5. **Pourquoi rit-on?** *La Farce de Maître Pathelin* a plus de cinq cents ans. Pourtant, elle nous fait rire aujourd'hui. Pourquoi?

Note (Ex. E #2): You may wish to remind students of the definition of *satire:* «Écrit, discours qui s'attaque à quelque chose, à quelqu'un, en s'en moquant» *(Le Nouveau Petit Robert)*.

Exprimez-vous

1. **Jouez *La Farce de Maître Pathelin*.** (Pour une réunion du Club de français? Pour une autre occasion?) Apprenez le texte par cœur, ou copiez-le sur des petites cartes. Jouez avec beaucoup d'animation. (Une idée: Chaque acteur essaie de trouver un accessoire qui représente sa profession ou sa personne. Exemple: Un bonnet et un mouchoir pour Guillemette.)

2. **Une petite scène.** Composez une petite scène amusante ou sérieuse avec deux ou trois personnages et donnez-lui un titre. (C'est peut-être une conversation dans votre famille? Avec vos amis? Avec un athlète ou un acteur/une actrice célèbre? Quel est le sujet de cette conversation?)

Teaching Tip *(Exprimez-vous #2)* This activity could also be done in a group. Before class, prepare cue cards for a variety of typical situations involving teenagers and their parents. Students work in pairs. Each gets a cue card explaining the situation and indicating whether the student is to play the parent or the teenager. Some examples: A son who stayed out until 2 A.M. and has to explain why to his mother or father; a daughter who has just dyed her hair a weird color and has to face the reaction of her flabbergasted mother, etc. Give students five minutes to prepare a dialogue of about ten lines each. They then present them to the class.

---

*Vous n'avez pas oublié le mot *un opprimé* («an underdog»)?

Pre-reading
Villon attend sa mort par pendaison et vit dans l'angoisse. Vous est-il jamais arrivé d'avoir peur de ce qui va arriver le lendemain? (Vos parents vont découvrir quelque chose que vous avez fait? Vous n'avez pas préparé une classe ou un examen? Vos copains ont découvert que vous leur avez menti?, etc.) Quelles sont vos émotions ce soir? Le regret? Le remords? Le désir d'obtenir le pardon? Autre chose?

«La Ballade des pendus[1]»

François Villon (1431–mort après 1463)

François Villon. Une gravure contemporaine montre le poète dans le costume de son époque.

François Villon, c'est un poète, mais c'est aussi un mauvais garçon de Paris. Il boit, court[2] les filles, vole une bourse[3] à l'occasion. Un jour, après une rixe[4] dans un cabaret, François est condamné à mort. Il sera pendu à Montfaucon, où on pend les condamnés. On y laisse aussi les cadavres suspendus, par cinq ou six, pour servir d'exemple, et ils sont dévorés par les oiseaux et lavés par la pluie.

Alors qu'il attend[5] son exécution, François écrit *«La Ballade des pendus»,* un poème plein de tristesse. Vous y voyez l'horreur de la mort physique et aussi la terreur de l'enfer[6].

Frères humains, qui après nous vivez,
N'ayez le cœur contre nous endurci[7],
Car, si pitié de nous pauvres avez,
Dieu en aura plus tôt de vous merci[8].

Vous nous voyez ici attachés, cinq, six:
Quant à la chair[9], que nous avons nourrie[10],
Elle est déjà dévorée et pourrie[11],
Et nous, les os, devenons cendre[12] et poudre[13].

De notre mal[14] personne ne s'en rie[15];
Mais priez Dieu que tous nous veuille absoudre[16]!

[......]

La pluie nous a lavés et relavés,
Et le soleil desséchés[17] et noircis;
Pies[18] et corbeaux[19] nous ont mangé les yeux,
Et arraché[20] la barbe et les sourcils[21].

Jamais nul temps[22] nous ne sommes assis;
Ici et là, comme le vent varie,
À son plaisir sans cesse nous charrie[23],
Plus becquetés[24] d'oiseaux que dés à coudre[25].

Ne soyez donc de notre confrérie[26];
Mais priez Dieu que tous nous veuille absoudre*!

[......]

Abrégé et adapté

[1] **pendus** hanged men
[2] **court** chases
[3] **bourse** purse
[4] **rixe** fight
[5] **Alors qu'il attend** While awaiting
[6] **enfer** hell
[7] **endurci** hardened
[8] **merci** forgiveness
[9] **Quant à la chair** As for the flesh
[10] **nourrie** fed, nourished
[11] **pourrie** rotten
[12] **cendre** ashes
[13] **poudre** dust
[14] **mal** plight
[15] **personne ne s'en rie** laughs
[16] **veuille absoudre** kindly forgive us
[17] **desséchés** dried (us) up
[18] **pies** magpies
[19] **corbeaux** ravens
[20] **arraché** pulled out
[21] **sourcils** eyebrows
[22] **Jamais nul temps** Never ever
[23] **charrie** pushes (us) around
[24] **becquetés** pecked at
[25] **dés à coudre** thimbles
[26] **confrérie** brotherhood

*In spite of the death sentence, François would not be executed. His sentence was reduced to banishment from Paris. He was last seen there in 1463, left shortly thereafter, and no one knows what became of him afterwards.

C'est beau, les mots!

A Le mot approprié. Complétez les phrases suivantes par le mot approprié.

1. François Villon est un poète, mais à l'occasion il vole une ___ .
2. Au Moyen-Âge, les condamnés à mort sont ___ à Montfaucon.
3. Le contraire du bonheur, de la joie, c'est la ___ .
4. Les deux oiseaux de Montfaucon sont la ___ et le ___ .
5. Les ___ sont au-dessus des yeux.
6. Quand quelque chose devient *noir*, il ___ et s'il devient *dur*, il s' ___ .
7. Pour coudre, vous mettez un ___ sur votre doigt.

A 1. bourse 2. pendus 3. tristesse 4. pie, corbeau 5. sourcils 6. noircit, endurcit 7. dé à coudre

B Pas à sa place. Quel mot n'est pas à sa place dans les listes suivantes?

1. la pitié, la moquerie, la sympathie, la compassion
2. la chair, les os, l'âme, le corps
3. le rire, la barbe, les sourcils, les cheveux
4. attaché, suspendu, pendu, endurci
5. le cœur, l'amour, l'émotion, la cendre
6. une confrérie, une association, un étranger, une fraternité
7. une bête, un oiseau, une vache, un chêne

B 1. la moquerie 2. l'âme 3. le rire 4. endurci 5. la cendre 6. un étranger 7. un chêne

C Jouez le mot. Par un geste ou une attitude, montrez que vous comprenez le sens des termes suivants.

arracher **becqueter** **assis** **laver**

C **Teaching Tip**
For *Jouez le mot*, see **Teaching Tip** in *Première étape*, page 4.

Votre réponse, s'il vous plaît

D Vrai ou faux? Si c'est faux, quelle est la phrase correcte?

1. François Villon avait une vie exemplaire.
2. Une morale imparfaite est compatible avec le talent de poète.
3. Les exécutions étaient fréquentes au Moyen-Âge.
4. Villon a peur de l'enfer.
5. Il ne demande pas la pitié des passants.

D 1. Faux. C'était un mauvais garçon.
2. Vrai
3. Vrai.
4. Vrai.
5. Faux. Il demande la pitié des passants.

Les pendus de Montfaucon.

E For answers to Ex. E, please refer to the Teacher's Manual.

E Parlons du texte. Répondez aux questions.

1. Que savez-vous sur Villon? À quelle période vivait-il? Quel âge avait-il quand il a disparu?
2. Dans quelles circonstances a-t-il composé cette ballade?
3. Qu'est-ce qu'il décrit?
4. Cherchez des images concrètes qui illustrent le poème. Quel spectacle ces images évoquent-elles?
5. Est-ce que Villon demande quelque chose aux passants? Est-ce qu'il leur conseille quelque chose? Quoi?

Extension (F#2)
This topic can produce some lively discussion. You may wish to divide the students into two groups, for and against capital punishment, and have them debate each other.

F Analyse et opinion. Répondez aux questions.

1. **Vos réactions.** Quelles sont vos émotions quand vous lisez ce poème? (La joie? La tristesse? La pitié? L'horreur? La peur? Autre chose?) Pourquoi?
2. **La peine de mort.** Au Moyen-Âge, non seulement la peine de mort est fréquente, mais on laisse les cadavres exposés au public. Pourquoi? Et que pensez-vous de cela? Est-ce un bon déterrent au crime? Pourquoi? Êtes-vous pour ou contre la peine de mort? Pourquoi?

Exprimez-vous

Extension (Exprimez-vous)
Have students read their poems aloud and elicit discussion from the class.

1. **Composez un poème.** Il sera long, ou court, cela n'a pas d'importance. Villon écrit sur la mort. Mais il y a d'autres sujets, aussi éternels: l'amour, par exemple.

   Ecrivez un poème d'amour adressé à quelqu'un que vous aimez (une personne ou un animal) ou à quelque chose (un objet). Quand pensez-vous à l'objet de votre amour (ou de votre affection)? Souvent? Tout le temps? Quelles sont les images qui représentent vos émotions? Qu'est-ce que vous demandez? Conseillez? Êtes-vous heureux (-se) ou triste? Les deux? Pourquoi? (Ou, si vous préférez, prenez un autre sujet: On ne peut pas contrôler l'inspiration!)
2. **Le poème de Villon, *«La Ballade des pendus»*.** Apprenez le poème et récitez-le en classe avec beaucoup d'émotion. (Peut-être que deux personnes récitent chacune une strophe?)

Le Jugement dernier (cathédrale de Chartres). Cette sculpture représente le jugement des morts—la récompense des bonnes actions et la punition des mauvaises. C'est de ce jugement que Villon a peur.

Perfectionnez votre grammaire

Les pronoms d'objet

4.1 Les pronoms d'objet direct et indirect

Le château de Saumur aujourd'hui. Il a perdu, hélas, les tours et les hautes cheminées du Moyen-Âge (voir page 84).

A Le pronom d'objet direct: *le/la/l': les*

Je lis *le journal*.	**Je *le* lis.**
Tu regardes *la télévision*.	**Tu *la* regardes.**
Nous attendons *l'autobus*.	**Nous *l'*attendons.**
Vous aimez *vos parents*.	**Vous *les* aimez.**

Le/la/l': les sont des pronoms d'objet direct. Ils remplacent le nom d'une personne ou d'un objet.

B Le pronom d'objet indirect: *lui: leur*

Je parle *à ma mère*.	**Je *lui* parle.**
Je téléphone *à mes amis*.	**Je *leur* téléphone.**

Lui: leur sont des pronoms d'objet indirect. Ils remplacent *à* + le nom d'une personne.

C Le pronom d'objet direct et indirect: *me, te, nous, vous*

Est-ce que vous *nous* trouvez remarquables?	**(direct)**
Le professeur *nous* explique la leçon.	**(indirect)**
Nicolas dit à sa fiancée: «Je *t'*aime.	**(direct)**
Je *t'*apporte un cadeau.»	**(indirect)**
On *vous* aime bien parce que vous êtes sympa.	**(direct)**
On *vous* raconte tous les secrets.	**(indirect)**
Mon père *me* trouve impossible!	**(direct)**
Il hésite à *me* donner de l'argent.	**(indirect)**

Me, te, nous, vous sont compléments d'objet direct ou indirect.

RÉCAPITULATION: *Pronoms d'objet*

SUJET	OBJET DIRECT	OBJET INDIRECT
je	**me**	**me**
tu	**te**	**te**
il/elle	**le/la/l'**	**lui**
nous	**nous**	**nous**
vous	**vous**	**vous**
ils/elles	**les**	**leur**

D La place d'un pronom d'objet, direct ou indirect

1. Avec un seul verbe

J'aime *les bons films.*	*Les* aimez-vous aussi? Oui, je *les* aime bien.
Je n'ai pas *l'heure.*	*L'*avez-vous? Non, je ne *l'*ai pas.
Je parle *à ces gens.*	*Leur* parlez-vous? Oui, je *leur* parle.

Dans une déclaration, une question ou une négation, le pronom est directement devant le verbe.

2. Avec deux verbes

Aimez-vous regarder *la télévision?*	Oui, j'aime *la* regarder.
Aimez-vous *la* regarder?	Non, je n'aime pas *la* regarder.
Allez-vous écrire *à votre tante?*	Oui, je vais *lui* écrire.
Allez-vous *lui* écrire?	Non, je ne vais pas *lui* écrire.

Avec deux verbes, le pronom d'objet est directement devant le verbe dont il est l'objet. C'est souvent le deuxième verbe. Le pronom est donc souvent devant le deuxième verbe.

Conques, dans l'Aveyron: Une ancienne maison de bois et de pierre qui date du Moyen-Âge.

E La place de deux pronoms d'objet employés ensemble

1. *le/la: les, lui: leur*

Quand deux pronoms sont de la même personne, ils sont de la troisième personne *(le/la: les, lui: leur)*. Placez ces pronoms par ordre alphabétique: *la/le/les* devant *lui/leur.*

Je donne *le livre à Paul.*	Je *le lui* donne.
Vous donnez *la pomme à Suzanne.*	Vous *la lui* donnez.
On donne *les notes aux étudiants.*	On *les leur* donne.

RÉCAPITULATION: *L'ordre des pronoms d'objet (à la 3ème personne)*

SUJET	**le** **la** **les**	**lui** **leur**	**VERBE**

2. Personnes différentes

Quand deux pronoms sont de personnes différentes, vous les placez par ordre de personne (il y a trois personnes).

1ère personne	**me, nous**
2ème personne	**te, vous**
3ème personne	**le/la: les, lui: leur**

Il *me* donne *le livre*. Il *me le* donne. (1ère, 3ème personnes)
Je *vous le* dis. (2ème, 3ème personnes)
Nous *te le* disons. (2ème, 3ème personnes)
Il *nous la* rend. (1ère, 3ème personnes)

Employez les pronoms dans l'ordre indiqué.

RÉCAPITULATION: *L'ordre des pronoms d'objet*

me le	**me la**	**me les**	**le lui**	**la lui**	**les lui**
te le	**te la**	**te les**	**le leur**	**la leur**	**les leur**
nous le	**nous la**	**nous les**			
vous le	**vous la**	**vous les**			

F Le pronom indirect *en*

1. L'emploi de *en*

Avez-vous *du travail?*	**Oui, j'*en* ai. / Non, je n'*en* ai pas.**
Avez-vous *des frères?*	**Oui, j'*en* ai un. / Non, je n'*en* ai pas.**
Avez-vous *une voiture?*	**J'*en* ai une. Mon père *en* a deux.**
Avez-vous *assez de temps?*	**J'*en* ai quelquefois assez.**
Avez-vous *beaucoup de problèmes?*	**Non, je n'*en* ai pas beaucoup. (Je n'*en* ai pas de graves.)**
Y a-t-il *des nuages* dans le ciel?	**Oui, il y *en* a pour le moment. (Il y *en* avait toute la semaine.)**

Remind students that a number can be used with *en* only in affirmative sentences. *Avez-vous* ***des frères?*** *Oui, j'****en*** *ai* ***trois.*** Mais: *Non, je* ***n'en*** *ai* ***pas.***

Y avait-il ***un concert*** *hier soir? Oui, il y* ***en*** *avait* ***un.*** Mais: *Non, il* ***n'****y* ***en*** *avait* ***pas.***

En is frequently used with expressions such as *avoir besoin de* and *avoir envie de*. For example, *Tu as besoin d'un stylo? Oui, j'****en*** *ai besoin. / Non, je n'****en*** *ai pas besoin. Vous avez envie de partir? Oui, nous* ***en*** *avons envie. / Non, nous n'****en*** *avons pas envie.*

En est un pronom d'objet indirect qui remplace un complément introduit par *de (du/de la/de l': des)* ou par une autre expression de quantité: *un/une, deux, trois, un peu de, beaucoup de, assez de,* etc.

2. L'usage de *en* n'est pas limité à l'expression de quantité ou de nombre.

J'arrive *de Paris* ce matin.	**J'*en* arrive par avion.**
Parlez-vous *des problèmes politiques?*	**Oui, nous *en* parlons.**
Êtes-vous fatigué(e) *du menu* de ce restaurant?	**Non, je n'*en* suis pas fatigué(e).**

En remplace très généralement la préposition *de* et son complément d'objet.

G Le pronom indirect *y*

1. L'emploi de *y*

Déjeunez-vous *à la cantine?*	**Oui, j'*y* déjeune. / Non, je n'*y* déjeune pas.**
Êtes-vous resté(e) *chez vous* hier soir?	**Oui, j'*y* suis resté(e). / Non, je n'*y* suis pas resté(e).**
Votre chien est-il *devant la porte?*	**Il *y* est. Il *y* dort tout le temps.**

Ansouis, dans le midi de la France: La tour de guet (watchtower) *du château.*

Y est un pronom d'objet indirect qui remplace un complément introduit par une préposition autre que *de*. Il remplace souvent la préposition *à (à la/ à l'/au: aux)* et son objet, mais il remplace aussi les prépositions de situation: *sur, sous, dans, entre, devant, derrière, près de, loin de, à côté de, chez* et leur objet. *Y* remplace donc souvent une préposition de situation et cette préposition est souvent *à*, parce que *à* est une préposition très commune.

2. L'usage de *y* n'est pas limité à l'expression de situation.

Vous jouez *au tennis.*	***Y* jouez-vous aujourd'hui? Non, j'*y* joue le mercredi.**
Avez-vous pensé *à l'examen?*	**J'*y* ai pensé toute la semaine!**

Y remplace aussi un complément d'objet indirect introduit par une préposition autre que *de* (c'est le plus souvent *à*) même si cette préposition n'indique pas la situation.

Remarquez: N'employez pas *y* pour remplacer *le nom d'une personne*. Pour remplacer le nom d'une personne, introduit par *à (à ce monsieur, à cette dame, à ma famille, à Michel, à Caroline, à ces gens)* employez *lui* ou *leur* (voir *4.1*, B, page 105.)

H La place de *y* et *en*

1. Avec un seul verbe

Je vais *au restaurant.*	*Y* allez-vous? J'*y* vais. / Je n'*y* vais pas.
Tu as *de l'argent.*	*En* as-tu? Tu *en* as. / Tu n'*en* as pas.
Il arrive *de Paris.*	*En* arrive-t-il? Il n'*en* arrive pas.

Les pronoms *y* et *en*, comme les autres pronoms d'objet, sont placés directement devant le verbe. Il est *impossible* de les séparer du verbe.

2. Avec deux verbes

Je désire aller *en Europe.*	Je désire *y* aller. / Je ne désire pas *y* aller.
Luc a pensé à acheter *des provisions.*	Luc a pensé à *en* acheter. / Luc n'a pas pensé à *en* acheter.

Quand il y a deux verbes, *y* et *en* sont placés devant le verbe dont ils sont l'objet.

3. L'emploi de *en* dans l'expression *Il y en a*

Y a-t-il des lettres pour moi?	Y *en* a-t-il? Il y *en* a. / Il n'y *en* a pas.
Y avait-il un concert hier soir?	Y *en* avait-il un? Il y *en* avait un. / Il n'y *en* avait pas.

Dans l'expression *il y en a (Y en a-t-il?/ il n'y en a pas)*, remarquez l'ordre: *y* + *en* + le verbe*.

4. *Y, en* avec les autres pronoms

Les pronoms indirects *y* et *en* sont toujours les derniers quand il y a deux pronoms employés ensemble:

Qui *vous* donne *de l'argent?*	Ma mère *m'en* donne.
On *vous* a vu(e) *au cinéma.*	On *vous y* a vu(e).
Jacqueline *m'*a parlé *de la France.*	Elle *m'en* a parlé.
Venez *me* voir *à la maison.*	Venez *m'y* voir.

RÉCAPITULATION: *L'ordre des pronoms d'objet*

me le	**me la**	**me les**	**le lui**	**la lui**	**les lui**	**y**	**en**
te le	**te la**	**te les**	**le leur**	**la leur**	**les leur**		
nous le	**nous la**	**nous les**					
vous le	**vous la**	**vous les**					

Une armure du Moyen-Âge. L'armure protégeait le chevalier des attaques de ses ennemis. (Mais quand il était tombé de son cheval, il lui était très difficile d'y remonter.)

*Would it help you remember to know that French donkeys say *Hi-han* which sounds just like *y en?* (This may not be the true reason for this word order, but if you find it useful, it is a good enough one.)

4.2 Les pronoms accentués

Restez avec *moi*. N'allez pas avec *lui*.
Moi? Qu'est-ce que j'ai fait?
Oh *toi*, tu as toujours raison.
Cette motocyclette est à *moi*.

A Voilà les formes des pronoms accentués (ou pronoms disjoints):

PRONOMS SUJET	PRONOMS ACCENTUÉS	PRONOMS SUJET	PRONOMS ACCENTUÉS
(je)	**moi**	(nous)	**nous**
(tu)	**toi**	(vous)	**vous**
(il)	**lui**	(ils)	**eux**
(elle)	**elle**	(elles)	**elles**
(on)	**soi**		

B L'usage des pronoms accentués

Ces pronoms ont quatre usages principaux:

1. Comme objet d'une préposition

Je rentre *chez moi*.
Nous comptons *sur vous*.
Viens *avec moi*. Ne va pas *avec eux*.
C'est *pour moi*, ce cadeau? Oui, c'est *pour vous*.
Il pense *à elle*. Mais elle ne pense pas *à lui*.

2. Comme sujet ou objet multiple

Ma famille et *moi*, nous sommes heureux ensemble.
Ton copain et *toi*, vous jouez au tennis.
Caroline et Michel? Ils sont sympa, *lui* et *elle*.

Remarquez: Il est habituel de placer *moi* le dernier. On dit: *Mes amis et moi, nous faisons du sport.*

3. Comme expression du possessif: *être à* (to belong to)

Ce livre *est à moi*, il n'*est* pas *à vous*.
Elle *est à vous*, cette maison? Oui, elle *est à nous*.

Remarquez: *C'est à...* a aussi le sens de *C'est votre tour* (It's your turn). *À qui est-ce?* (Whose turn is it?) *C'est à vous? À lui? À elle?*

4. Comme pronom d'accentuation, pour accentuer le sujet, pour renforcer, insister par répétition

> **Les escargots? Vous aimez ça, *vous*? *Moi*, je n'aime pas ça.**
> **Tu ne veux pas sortir, *toi*? Eh bien, je vais téléphoner à Michel. *Lui*, il est toujours prêt.** (ou: **Il est toujours prêt, *lui*.**)

4.3 Les verbes de communication

Les verbes de communication indiquent la communication entre deux ou plusieurs personnes. Les plus employés sont: *dire, demander, répéter, répondre, conseiller* et d'autres verbes du même sens qui indiquent la manière de la communication:

You may wish to give students several other *verbes de communication* that function the same way as those already mentioned: *ordonner, défendre, permettre* and *promettre*.

> **Elle *lui* a murmuré *de* rester. (requête)**
> **Il *lui* a chuchoté *qu*'elle était jolie. (information)**
> **Pierre *leur* a crié *de* l'attendre. (requête)**
> **Mes copains sont à Los Angeles. Je *leur* téléphone *de* venir me chercher à l'aéroport. (requête)**

ORDRE OU REQUÊTE

à + nom de la personne (ou pronom d'objet indirect)	*de* + verbe infinitif

J'écris *à mes parents*. Je *leur* écris *de* m'*envoyer* de l'argent.

INFORMATION

à + nom de la personne (ou pronom d'objet indirect)	*que* + verbe conjugué

Ils *me* répondent *qu*'ils m'en *envoient*.

4.4 L'impératif (affirmatif et négatif) avec un ou deux pronoms d'objet

A Avec un pronom d'objet

Dites *la vérité*.	Dites-*la*.	Ne *la* dites pas.
Regardez *ces enfants*.	Regardez-*les*.	Ne *les* regardez pas.
Parlez *au directeur*.	Parlez-*lui*.	Ne *lui* parlez pas.
Répondez *aux professeurs*.	Répondez-*leur*.	Ne *leur* répondez pas.

1. La place du pronom

Pour l'impératif affirmatif, le pronom est placé après le verbe et ils sont joints par un trait d'union (*hyphen*). Pour l'impératif négatif, le pronom est placé devant le verbe à sa place normale.

Tarascon (sur le Rhône). Les tours fortifiées du château protégeaient la Provence de ses ennemis.

2. *Me* et *te*

Remarquez que les pronoms *me* et *te* deviennent *moi* et *toi* à l'impératif affirmatif: *Parle-moi, Écris-moi, Téléphone-moi* ou: *Regarde-toi, Arrête-toi.*

À l'impératif négatif, *me* et *te* gardent leur forme normale: *Ne me parle pas, Ne m'écris pas, Ne me téléphone pas,* ou: *Ne te regarde pas, Ne t'arrête pas.*

3. L'impératif des verbes en *-er* avec des pronoms

Va **en France.**	***Vas*-y.**	**N'y *va* pas.**
Reste **chez toi.**	***Restes*-y.**	**N'y *reste* pas.**
Parle **de ton voyage.**	***Parles*-en.**	**N'en *parle* pas.**

Comme vous savez déjà (voir *Deuxième étape*, page 43), on restitue le *s* pour les verbes du premier groupe qui n'en ont pas à l'impératif singulier (*Tu restes,* mais: *Reste!*) et pour le verbe *aller* (*Tu vas,* mais: *Va!*) devant *y* et *en*, et on fait la liaison: *Vas-y, Restes-y, Parles-en.*

B Avec deux pronoms d'objet

Dis *ce secret à ta sœur.*	**Dis-*le-lui*.**	**Ne *le lui* dis pas.**
Raconte-*moi ton aventure.*	**Raconte-*la-moi*.**	**Ne *me la* raconte pas.**
Mets *les fruits dans le frigo.*	**Mets-*les-y*.**	**Ne *les y* mets pas.**
Prends *du pain pour moi.*	**Prends-*m'en*.**	**Ne *m'en* prends pas.**

À l'impératif affirmatif, les pronoms sont placés après le verbe dans leur ordre normal.

Exception: *Me* et *te,* comme vous le savez déjà, deviennent *moi* et *toi* et sont placés les derniers du groupe*.

À l'impératif négatif, les pronoms sont placés devant le verbe, dans leur ordre normal.

*Please don't get angry! But there is even an exception to the exception. *Moi* and *toi*, when used with *en*, keep their *me* and *te* form and are not placed last. *En* is placed last:

Apporte-*m'en*.	**Ne *m'en* apporte pas.**
Donne-*m'en*.	**Ne *m'en* donne pas.**

Application

Les pronoms d'objet

A **Un seul pronom.** Chaque personne de la classe lit la question et demande à une autre de répondre en employant *un* des pronoms: *le/la/l': les; me, te, nous, vous.*

Avez-vous l'heure?
Oui, je l'ai. (Non, je ne l'ai pas.)

1. Aimez-vous les exercices de grammaire?
2. Écoutez-vous la radio?
3. Me regardez-vous?
4. Faites-vous votre lit?
5. Me trouves-tu sympa?

A 1. Oui, je les aime. (Non, je ne les aime pas.)
2. Oui, je l'écoute.
3. Oui, je vous (te) regarde.
4. Oui, je le fais.
5. Oui, je te (vous) trouve sympa.

B **Un seul pronom, deux verbes.** Même exercice, avec deux verbes.

1. Aimez-vous écouter le jazz?
2. Savez-vous faire la cuisine?
3. Allez-vous continuer le français?
4. Préférez-vous abandonner les maths?
5. Voulez-vous entendre la grande nouvelle?
6. Est-ce que je peux vous parler? (à deux élèves)

B 1. Oui, j'aime l'écouter. (Non, je n'aime pas l'écouter.)
2. Oui, je sais la faire.
3. Oui, je vais le continuer.
4. Oui, je préfère les abandonner.
5. Oui, je veux l'entendre.
6. Oui, vous pouvez nous parler. (Oui, tu peux nous parler.)

C **Deux pronoms, un seul verbe.** Maintenant, avec les mêmes pronoms, plus *lui, leur.* Employez deux pronoms.

1. Dites-vous vos secrets à vos amies?
2. Me prêtes-tu ta bicyclette?
3. Nous lis-tu la question?
4. M'achetez-vous ces fleurs?
5. Racontes-tu ce conte de fées à ta petite sœur?

C 1. Oui, je les leur dis. (Non, je ne les leur dis pas.)
2. Oui, je te la prête.
3. Oui, je vous la lis.
4. Oui, je vous les achète.
5. Oui, je le lui raconte.

D **Deux pronoms, deux verbes.** Maintenant, avec deux pronoms et deux verbes.

1. Pouvez-vous me donner les résultats?
2. Savez-vous nous expliquer le problème?
3. Veux-tu donner ces tickets à Luc?
4. Va-t-elle te donner son numéro de téléphone?
5. Allons-nous envoyer ces cadeaux à nos amis français?

D 1. Oui, je peux vous (te) les donner. (Non, je ne peux pas vous [te] les donner.)
2. Oui, je sais vous l'expliquer.
3. Oui, je veux les lui donner.
4. Oui, elle va me le donner.
5. Oui, nous allons les leur envoyer.

E 1. Oui, j'en mange. Non, je n'en mange pas. *Answers will vary.*
2. Oui, j'y vais souvent. Non, je n'y vais pas souvent. *Answers will vary.*
3. Oui, j'en ai besoin. Non, je n'en ai pas besoin. *Answers will vary.*
4. Oui, j'y dîne souvent. Non, je n'y dîne pas souvent. *Answers will vary.*
5. Oui, il y en a quelquefois. Non, il n'y en a pas. *Answers will vary.*
6. Oui, j'en joue. Non, je n'en joue pas. Je joue de la guitare. *Answers will vary.*
7. Oui, j'y étudie. Non, je n'y étudie pas. *Answers will vary.*

F 1. Oui, j'y suis allé(e). Non, je n'y suis pas allé(e).
2. Oui, je l'ai pris. Non, je ne l'ai pas pris.
3. Oui, je vous l'ai apporté. Non, je ne vous l'ai pas apporté.
4. Oui, je les y passais. Non, je ne les y passais pas.
5. Oui, j'y en ai fait. Non, je n'y en ai pas fait.
6. Oui, j'y suis resté(e). Non, je n'y suis pas resté(e).
7. Oui, nous l'y avons lue. Non, nous ne l'y avons pas lue.
8. Oui, je voulais l'y amener. Non, je ne voulais pas l'y amener.
9. Oui, on m'y en a servi. Non, on ne m'y en a pas servi.
10. Oui, je te les ai laissées. Non, je ne te les ai pas laissées.

G 1. Moi, vous, moi
2. elle, lui, toi
3. vous
4. lui, elles
5. eux

Y et *en*

E ***Y* et *en*.** Chaque personne de la classe lit la phrase et demande à une autre de répondre en employant *y* ou *en* et sans oublier d'user de son imagination.

Mangez-vous des escargots?
Oui, j'en mange et je les aime, parce que je suis cosmopolite. (Non, je n'en mange pas parce que je les déteste.)

1. Mangez-vous des hamburgers? Pourquoi?
2. Allez-vous souvent au centre commercial? Pourquoi?
3. Avez-vous besoin d'argent? Pourquoi?
4. Dînez-vous souvent au restaurant? Pourquoi?
5. Y a-t-il quelquefois des fautes dans vos compositions? Pourquoi?
6. Jouez-vous du piano? d'un autre instrument de musique? Pourquoi?
7. Étudiez-vous dans votre chambre? Pourquoi?

Beaucoup de pronoms et le passé

F **Tu l'as vu?** Chaque personne de la classe lit la question et demande à une autre de répondre en employant des pronoms.

Avez-vous vu ce film?
Oui, je l'ai vu. (Non, je ne l'ai pas vu.)

1. Êtes-vous allé(e) en France?
2. Avez-vous pris votre parapluie?
3. M'avez-vous apporté le dictionnaire?
4. Passiez-vous les vacances chez votre grand-mère quand vous étiez petit(e)?
5. Avez-vous fait des progrès dans cette classe?
6. Êtes-vous resté(e) chez vous hier soir?
7. Avons-nous lu *La Farce de Maître Pathelin* dans cette classe?
8. Vouliez-vous amener votre chien en classe?
9. Vous a-t-on servi de la cuisine française chez McDonald?
10. M'as-tu laissé les clés de la voiture?

Les pronoms accentués

G **Moi, toi et les autres.** Complétez par le pronom accentué: *moi, toi, lui/elle, nous, vous, eux/elles.*

1. ____ , je ne sors jamais pendant la semaine. Et ____ , sortez-vous? Non, je reste à la maison ____ aussi.
2. Ta mère, ____ , elle est toujours prête en cinq minutes. Mais ton père, ____ , il met une heure! Alors, ta sœur et ____ , vous ne les attendez pas.
3. Où est mon stylo? Il est devant ____ , monsieur.
4. À qui est cette mobylette? Est-elle à Bob? Oui, elle est à ____ . Et les autres, à côté, sont-elles à Lise et Camille? Non, elles ne sont pas à ____ .
5. À chacun son tour d'effacer le tableau, et c'est le tour de Lise et Bob. C'est à ____ .

Les verbes de communication

H **On vous demande de répondre.** Employez le verbe de communication avec *de* ou *que*.

Le drapier à Pathelin: «Je veux mon argent». (dire)
Il lui dit qu'il veut son argent.

Pathelin au berger: «Réponds *Bêe*». (dire)
Il lui dit de répondre «Bêe».

1. Guillemette au drapier: «Mon mari est bien malade». (dire)
2. Le drapier à Pathelin: «Donnez-moi mes neuf francs». (dire)
3. Guillemette au drapier: «Parlez plus bas, au nom de Dieu». (demander)
4. Pathelin au berger: «Fais semblant d'être idiot». (conseiller)
5. Pathelin au berger: «Ne réponds pas aux questions». (conseiller)
6. Le drapier au juge: «Le berger et Pathelin sont des voleurs». (répéter)
7. Le juge au berger: «Retourne à tes bêtes». (conseiller)
8. Pathelin au berger: «Paie-moi pour mes services». (demander)

H-J For answers to Ex. H-J, please refer to the Teacher's Manual.

L'impératif avec des pronoms

I **À l'affirmatif.** Vous partez faire un voyage et vous dites au revoir à votre groupe d'amis français.

Yves, je te donne mon adresse?
Bonne idée. Donne-la-moi.

1. Marie-France, je t'envoie ma photo?
2. Jackie, je te rapporte un souvenir?
3. Janine, je te téléphone la date de mon retour?

À tout le groupe:

4. Je vous parle des gens que je rencontre?
5. Je vous décris les villes que je visite?

J **Au négatif.** Vous donnez des conseils à votre copain français Fabrice.

Fabrice: «Je laisse ma moto dans la rue?»
Vous: «Ne l'y laisse pas.»

1. Je mets ma moto sous cet arbre?
2. Je regarde ce film d'horreur?
3. Je dis à Betsy que j'aime une autre fille?
4. Je donne des détails de notre soirée à mes parents?
5. J'apporte des chocolats français au professeur?

La grammaire en direct

UNE RECETTE DE CUISINE. Donnez une recette de cuisine très simple (avec quatre ou cinq ingrédients). C'est peut-être une salade, un hamburger, une mousse au chocolat, une tarte aux fruits, etc. (Utilisez le vocabulaire ci-dessous.)

Pour faire une omelette, prenez deux œufs, cassez-les et mettez-les dans une poêle (frying pan), *etc.*

du beurre	**du sel**
de l'huile	**du poivre**
du vinaigre	**du sucre**
des tomates	**des fruits**
des oignons	**du pain**
de la laitue	**du lait**

mettre / mélanger / ajouter / dans un bol, saladier / faire cuire: dans une poêle, dans une casserole *(saucepan)*, **sur le feu, dans le four** *(oven)*

L'ART DU MOYEN-ÂGE

La Sainte Chapelle. Construite par le roi Saint Louis pour recevoir la couronne d'épines (*crown of thorns*) du Christ, elle garde ses couleurs d'origine et des vitraux l'éclairent somptueusement.

Le Moyen-Âge est un âge de foi. L'art est donc surtout religieux, avec les églises et les cathédrales bâties pendant cette période.

Les vitraux qui inondent[1] de leur lumière multicolore l'intérieur des cathédrales gothiques racontent l'histoire de la Bible en images. Comme ces vitraux sont souvent donnés par les guildes, c'est-à-dire les associations d'artisans, ils contiennent alors un message commercial (voir les drapiers et les fourreurs[2]).

Certains secrets des couleurs de ces vitraux sont perdus aujourd'hui, comme celui du «bleu de Chartres», clair et transparent, que vous voyez sur la robe de la Vierge[3], dans le plus ancien vitrail de la cathédrale de Chartres.

Mais le Moyen-Âge nous a aussi laissé des images de la vie des châteaux (voir la couverture de votre livre) et des travaux des paysans (voir page 84). Ici c'est un banquet à l'occasion d'un grand mariage. Admirez la coiffure des dames à l'honneur à leur propre[4] table et remarquez aussi les chaussures «à la poulaine», si longues que le roi a été forcé de limiter leur longueur par un édit.

Notre-Dame de la Belle-Verrière. Le plus ancien des vitraux de Chartres. La Vierge, entourée d'anges, tient Jésus sur ses genoux. On a, hélas, perdu le secret du «bleu de Chartres» de sa robe.

[1] **inondent** flood
[2] **fourreurs** furriers
[3] **Vierge** Virgin Mary
[4] **propre** own

La rose. Chaque portail d'une cathédrale est surmonté d'un vitrail circulaire appelé une «rose». Cette rose, à Chartres, représente les vertus de la Vierge Marie.

Le «message commercial» des vitraux. Le drapier montre un rouleau de tissu à un client. Le fourreur déploie un magnifique manteau d'hermine pour la cliente qui a ôté son gant pour le toucher.

Discussion

1. **Qu'est-ce qu'un vitrail?** Quel est son usage?
2. **Les vitraux et la publicité.** Quel message commercial voit-on sur les vitraux de la cathédrale de Chartres?
3. **La scène de banquet.** Qu'est-ce que cette scène nous dit sur la situation des dames au Moyen-Âge?

Scène de banquet dans un château. Les dames portent le hennin, haute coiffure, soit conique, soit à deux cornes. Des musiciens, dans la galerie au-dessus, jouent de leurs instruments.

CINQUIÈME ÉTAPE

Le jeune roi François Ier dans un magnifique costume.

Un peu d'histoire

La France en transformation: Les Grandes Découvertes du XVe siècle

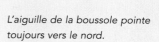

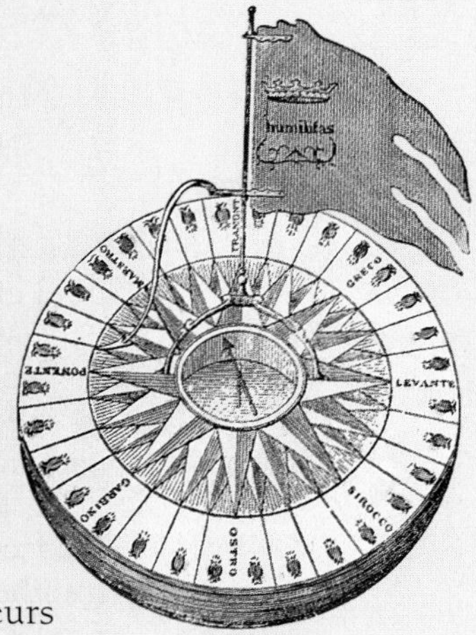
LEVANTE
GRECO
SIROCCO
OSTRO

L'aiguille de la boussole pointe toujours vers le nord.

Après la Guerre de Cent Ans, la France va être transformée par les Grandes Découvertes: la boussole[1] et l'imprimerie[2].

Avant l'existence de la boussole, les navigateurs n'avaient que l'astrolabe, un instrument qui leur permettait de déterminer la latitude, mais pas la longitude. Ils n'osent[3] donc pas s'aventurer loin des côtes, et les voyages à travers l'océan sont impossibles.

Mais, avec l'invention de la boussole, cette aiguille[4] qui pointe toujours vers le nord, le navigateur détermine sa longitude, et les voyages d'exploration deviennent possibles.

Christophe Colomb, parti pour trouver une autre route vers l'Inde, pays des épices et de l'or, arrive aux Antilles en 1492. Il ne met point les pieds[5] sur le grand continent qui s'appellera l'Amérique. Convaincu qu'il a trouvé l'Inde, Colomb appelle les habitants «Indiens», et les îles des Antilles s'appellent encore, en anglais, *West Indies.* La découverte de l'Amérique agrandit l'horizon des Européens. Un peu plus tard (1534), des explorateurs français, comme Jacques Cartier, longent[6] la côte de l'Amérique du Nord, cherchant un passage vers la Chine. Ils découvrent le Canada qu'ils appellent *Nouvelle-France.* Le Canada reste français jusqu'en 1759, quand il tombe aux mains des Anglais. Mais aujourd'hui encore, tout le Québec, avec ses grandes villes, Québec et Montréal, reste français de langue et de tradition.

Did You Know?
C'est un cartographe de Saint-Dié (France) qui a nommé l'Amérique (1502). Il faisait une carte, en suivant les dessins d'Amerigo Vespucci, qui avait exploré une partie des côtes du Nord et du Sud. Il avait besoin d'un nom pour ces côtes et pour le continent qu'elles révélaient, alors il a choisi le nom *Ameriga*, qui plus tard est devenu *America*.

L'invention de l'imprimerie (1440)

C'est un Allemand, Gutenberg, établi à Strasbourg, qui a l'idée d'un système d'imprimerie à caractères mobiles[7]. Jusque là, les livres étaient écrits à la main, donc rares et très coûteux. Et, comme il y avait peu de livres, peu de gens savaient lire*. L'imprimerie va changer cela, et les livres vont se multiplier. Le premier livre que Gutenberg imprime en quantité, c'est la *Bible* et il reste[8] encore aujourd'hui quelques-unes de ces fameuses Bibles à quarante-deux lignes (elles ont quarante-deux lignes par page). Les imprimeurs modernes admirent leur beauté.

[1] **boussole** compass
[2] **imprimerie** printing
[3] **osent** dare
[4] **aiguille** needle
[5] **ne met point les pieds** never sets foot
[6] **longent** sail along
[7] **à caractères mobiles** with movable type
[8] **il reste** there remain

*The term "a lecture," employed to describe a university class in which the instructor addresses the students, dates from the time when only the teacher had a book. He gave a reading *(une lecture)* to his students (who could, or couldn't read).

CHRONOLOGIE

1440
Invention de l'imprimerie par Gutenburg

Vers 1450
Invention de la boussole

1453
Fin de la Guerre de Cent Ans

1492
Christophe Colomb arrive aux Antilles.

1515
François Ier (1494–1547) devient roi.

1517
La Réforme

François Ier et ses conseillers.

La Renaissance

Sous l'influence des Grandes Découvertes qui ouvrent le Nouveau-Monde, de l'imprimerie qui multiplie les livres, sous l'influence aussi de la Renaissance italienne, la France entre dans une phase de transformation, de modernisation, et en même temps, de découverte et d'admiration de la culture classique, grecque et latine, oubliée pendant les invasions barbares et les terribles guerres.

La Renaissance française est associée au nom de François Ier (1494-1547). François Ier devient roi en 1515. Il a vingt ans, il est beau, plein d'énergie et d'enthousiasme. Quand il devient roi, il semble qu'une nouvelle ère commence. C'est le roi François Ier qui décide que, désormais[9], le français sera la langue officielle de la France (Édit de Villers-Cotterêts, 1539) et que tous les actes officiels seront écrits en français. (Avant, ils étaient écrits en latin.)

La sœur de François Ier, Marguerite de Valois, est une des femmes importantes de son temps et un écrivain de valeur.

Les Châteaux de la Loire

Pendant la Renaissance, période de paix intérieure, les nobles et le roi construisent des quantités de merveilleux châteaux qui sont des résidences de plaisir. On trouve ces châteaux un peu partout en France, mais surtout dans la Vallée de la Loire, où le visiteur peut admirer cinq ou six de ces châteaux en une seule journée. Il y a Azay-le-Rideau, petit bijou[10] entouré d'eau, construit pour être «la résidence d'une dame»; Chenonceaux, qui ajoute plus tard sa galerie sur la rivière; l'immense Ussé, qui sert de décor

[9] **désormais** from then on
[10] **bijou** jewel

Le château de Chenonceaux, pur style Renaissance, reflète son image dans la rivière. Il a été la résidence de trois reines.

1572
Massacre de la Saint-Barthélemy

1589
Henri IV (1553–1610) devient roi.

1610
Mort d'Henri IV

1539
Édit de Villers-Cotterêts: Le français devient la langue officielle de la France.

1598
Édit de Nantes

aux films sur la Belle au Bois Dormant *(Sleeping Beauty)*; et le somptueux, l'inoubliable[11] Chambord, construit par François Ier lui-même, pour éclipser tous les autres.

La coupole centrale du château de Chambord.

La Réforme (1517)

Ce n'est pas une coïncidence si la Réforme est contemporaine de la Renaissance, une période de questions et de transformation.

Jusqu'à cette période, l'Église catholique, avec son chef le Pape, représente l'autorité religieuse indiscutée[12]. Mais le Pape décide de faire construire Saint-Pierre de Rome, la splendide église du Vatican. Il a besoin d'argent, de beaucoup d'argent. Il va en trouver par la vente des indulgences, vendues dans chaque pays par des religieux voyageurs[13].

Une indulgence, c'est la rémission[14], au nom du Pape, d'une certaine partie du temps que vous devrez passer au purgatoire[15]—pour une certaine somme d'argent! Une indulgence ne vous gagne pas le paradis si vous devez aller en enfer. Non. Elle abrège seulement le temps qu'une personne doit passer au purgatoire. La vente des indulgences est chose commune à l'époque, et beaucoup de gens sont enchantés[16] de payer pour gagner le paradis plus vite. Mais pas tous. Parmi ces derniers, un moine[17] allemand, Martin Luther, est exaspéré par les excès de certains vendeurs d'indulgences, comme Tetzel, qui transforme cette vente en un véritable cirque.

Luther dit à peu près[18]: «Si le Pape a besoin d'argent, pourquoi n'emploie-t-il pas son propre argent? Il est riche!» Il dit aussi: «Si le Pape a la possibilité de pardonner les péchés, alors pourquoi ne les pardonne-t-il pas tous? Et pourquoi demande-t-il de l'argent pour le faire? Ce n'est pas très chrétien!»

Luther a quelques autres idées du même genre, que les gens de son pays approuvent avec enthousiasme. Par exemple, il pense que la foi en Dieu est bien plus importante que les manifestations extérieures de la piété, et que l'homme peut communiquer directement avec Dieu, sans l'intermédiaire de l'Église.Naturellement, le Pape et l'Église ne sont pas d'accord avec lui. Luther est excommunié, mais il a fondé une nouvelle branche de la religion chrétienne qui n'accepte pas l'autorité du Pape. C'est l'Église réformée, ou protestante, et les idées de Luther restent encore aujourd'hui celles de l'Église luthérienne*.

Martin Luther était un moine allemand qui a initié la Réforme.

[11] **inoubliable** unforgettable
[12] **indiscutée** unchallenged
[13] **religieux voyageurs** itinerant (traveling) friars
[14] **rémission** pardon, forgiveness
[15] **purgatoire** purgatory (place where Catholics believe souls go to purge themselves of sin before being allowed to enter Heaven)
[16] **enchantés** delighted
[17] **moine** monk
[18] **à peu près** more or less

*This is, of course, a simplified view of a very complex situation, and for more details, you may want to consult historical sources. In any case, this aspect of the Reformation is not strictly part of the history of France, since it took place in Germany.

Calvin admirait Luther mais avait des idées plus sévères.

La Réforme, commencée par Luther, continue en France avec Calvin. Les idées de Calvin sont très sévères: Il croit que Dieu a décidé d'avance pour chaque personne si elle sera sauvée ou damnée, c'est la doctrine de la prédestination. Les protestants français d'aujourd'hui sont calvinistes. En Amérique, les Puritains étaient des calvinistes. Ils appelaient leur religion *congregationalism*, et ils ont fondé Harvard comme école de théologie (1636) pour la formation des pasteurs protestants de leur secte.

Les conséquences de la Réforme en France

Les conséquences de la Réforme en France sont terribles. La Réforme est la cause d'une succession de guerres civiles de religion, qui dressent catholiques contre huguenots[19], le nom donné aux protestants. Le massacre de la Saint-Barthélemy (1572) fait des milliers de victimes parmi les protestants.

Le pays est à feu et à sang[20] jusqu'à l'arrivée du bon roi Henri IV.

Le bon roi Henri IV (1553–1610)

Henri est protestant. Il n'est pas question, pour la France, d'un roi qui ne soit pas catholique. Cela pose un sérieux problème mais Henri décide de se convertir. Il aurait dit[21]: «Bah, Paris vaut bien[22] une messe[23]!», c'est-à-dire qu'il vaut la peine[24], pour être roi à Paris, d'entendre une messe catholique. Henri est plein de bon sens et n'est pas un fanatique.

Converti, baptisé, et devenu roi de France, il garde sa sympathie aux protestants, et termine les guerres de religion par l'Édit de Nantes (1598) qui donne la liberté religieuse aux protestants. Henri est un homme bon, raisonnable et modéré. Il souhaitait que chaque paysan[25] puisse avoir «une poule au pot tous les dimanches». Mais il est assassiné en 1610 par un fou fanatique, Ravaillac.

[19] **dressent catholiques contre huguenots** set Catholics against Huguenots
[20] **à feu et à sang** ravaged (literally: to fire and blood)
[21] **aurait dit** supposedly said
[22] **vaut bien** is well worth
[23] **messe** mass
[24] **il vaut la peine** it's worth it
[25] **paysan** peasant

Did You Know?

Le massacre de la Saint Barthélemy (23 août 1572) reste un terrible symbole de l'intolérance religieuse. À l'occasion du mariage du futur Henri IV avec la sœur du roi Charles IX (la Reine Margot), Paris était plein de nobles, protestants comme Henri. Le parti catholique, qui redoutait l'influence des protestants sur le roi, a organisé le massacre de plus de 3.000 personnes.

Victorieux des Guerres de religion, Henri IV entre à Paris.

C'est beau, les mots!

A Le mot approprié. Complétez les phrases suivantes par le mot approprié.

1. La ___ contient une aiguille qui pointe vers le nord.
2. La ___ traverse les pôles nord et sud. La ___ est parallèle à l'équateur.
3. L' ___ permet de reproduire des livres en quantité.
4. Le ___ était la langue officielle de la France avant 1539.
5. Un ___ est un acte contraire à la religion (probablement à la morale!).
6. Dans un ___, il y a des animaux exotiques et des acrobates.
7. Si vous croyez que Dieu existe, vous avez la ___ .
8. Une guerre civile met le pays ___ , c'est-à-dire qu'on brûle et qu'on tue.
9. La ___ des indulgences exaspère Luther.
10. Quelqu'un qui change de religion ou d'opinion dit: «Je me suis ___ ».

A 1. boussole
2. longitude, latitude
3. imprimerie
4. latin
5. péché
6. cirque
7. foi
8. à feu et à sang
9. vente
10. converti

B Association. Un(e) élève propose chacun de ces termes à un(e) autre, qui trouve le mot associé par le sens dans la liste de droite.

1. souhaiter	a. péché
2. oser	b. désirer
3. Québec	c. la Belle au Bois Dormant
4. imprimerie	d. savoir lire
5. châteaux	e. tradition française
6. conte de fées (*fairy tale*)	f. troubles intérieurs
7. guerre civile	g. modernisation
8. renaissance	h. de nouveaux pays
9. découverte	i. Vallée de la Loire
10. purgatoire	j. s'aventurer

B 1. b 6. c
2. j 7. f
3. e 8. g
4. d 9. h
5. i 10. a

C For answers to Ex. C, please refer to the Teacher's Manual.

Votre réponse, s'il vous plaît

C Parlons du texte. Répondez aux questions.

1. Quelles sont les Grandes Découvertes du XVe siècle?
2. Qu'est-ce qu'une boussole? À quoi sert-elle?
3. Qu'est-ce que Christophe Colomb cherchait? Et qu'est-ce qu'il a découvert?
4. Qui a découvert le Canada? Quelles sont aujourd'hui les grandes villes du Québec?
5. Qui a inventé l'imprimerie? À quelle date?
6. Quel est le premier livre qu'il a imprimé? Qu'est-ce qui caractérise ce livre?
7. Quel est le roi associé à la Renaissance en France? Quand devient-il roi? Comment est-il?
8. Qu'est-ce qui caractérise la Renaissance?
9. Qu'est-ce qu'on appelle *châteaux de la Loire?* Nommez-en quelques-uns.
10. Qui a commencé la Réforme? Où? Pourquoi?

Le château de Villandry est remarquable pour ses jardins. Le jardin potager (*vegetable garden*) ressemble à une tapisserie créée par les couleurs des légumes.

11. Quelles sont les conséquences de la Réforme? (Est-ce un mouvement limité dans le temps? Ou un mouvement qui dure encore *[is still going on]*?)
12. Qui a terminé les guerres de religion? Faites un portrait de ce roi. Quelle action a-t-il faite pour accéder au trône de France?
13. Comment Henri IV est-il mort?

D Analyse et opinion. Répondez aux questions.

1. **La «découverte» de l'Amerique.** On dit que Colomb a «découvert» l'Amérique, que Jacques Cartier a «découvert» le Canada. Mais il y avait déjà des habitants dans ces régions! Donc, cette découverte était une question très relative. Pour qui était-ce une découverte? Qui en a bénéficié?
2. **L'imprimerie et les communications.** L'imprimerie a permis la multiplication des livres. Aujourd'hui, l'électricité permet la multiplication des communications (télévision, ordinateurs, fax, films, vidéos, courrier électronique *[e-mail]*, internet, etc.). Pensez-vous que les livres vont disparaître? Pourquoi?

Exprimez-vous

Les Grandes Découvertes et vous. Les astronomes viennent de découvrir que la planète Mars est habitable. En fait, c'est peut-être de là que viennent les extra-terrestres et les soucoupes volantes (*flying saucers*). On cherche des volontaires pour un premier voyage mais il n'y a pas de garantie de retour.

Êtes-vous parmi ceux qui désirent partir? Ou parmi ceux qui préfèrent rester chez eux?

La classe se divise en deux groupes: Les *aventureux* et les *casaniers* (homebodies). Chaque personne contribue au moins une raison pour ou contre le voyage.

Un atelier d'imprimerie au XVIe siècle.

Vie et littérature

Pre-reading
Vous allez voir un personnage partagé entre deux émotions. Êtes-vous quelquefois partagé entre deux émotions? Par exemple: le désir de rester à la maison pour étudier ou celui de sortir avec vos amis? D'acheter quelque chose ou de garder votre argent pour une occasion plus importante?

Pantagruel

François Rabelais (1494–1553)

C'est la Renaissance, qui voit s'ouvrir le monde et les esprits[1]. C'est la période des grands voyages, des découvertes et des grands changements.

Rabelais est moine, puis médecin, et surtout écrivain. Il représente bien l'esprit du commencement de la Renaissance. Sa langue est riche, son vocabulaire est exubérant. Sa joie de vivre est immense. Il s'amuse, et amuse son lecteur, tout en faisant[2] une critique de l'humanité de son temps, de la science et de l'éducation.

Ses livres—*Pantagruel* (1532), *Gargantua* (1534) et *Le Tiers Livre* (1546)—racontent les aventures d'une famille de géants. Géants? Oui, l'homme de la Renaissance est heureux de voir le monde s'ouvrir, et l'homme grandir en importance dans ce monde renouvelé. Les géants de Rabelais symbolisent ce nouveau sentiment.

Le roi Gargantua vient d'avoir un fils, Pantagruel. Malheureusement, sa femme Badebec est morte en mettant l'enfant au monde[3]. Gargantua est partagé[4] entre la joie d'avoir un fils et la tristesse d'avoir perdu sa femme. Comme c'est un géant, ses émotions sont énormes, en proportion avec sa taille.

François Rabelais: moine, médecin, surtout écrivain et plein de joie de vivre.

La naissance de Pantagruel

Quand Pantagruel est né, qui était bien étonné[5] et perplexe? C'est Gargantua son père, car, voyant d'un côté sa femme Badebec morte, et de l'autre son fils Pantagruel né, si beau et si gros, il ne savait que faire. Et il se demandait anxieusement s'il devait pleurer la mort de sa femme, ou rire de joie à la naissance de son fils. Il avait des arguments raisonnables pour les deux attitudes, et il était très capable de les discuter en termes philosophiques, mais il ne savait pas quelle attitude prendre: la tristesse, ou la joie?

«Pleurer?» disait-il. «Oui, j'ai de bonnes raisons. Ma femme, qui était si bonne, est morte. C'était bien la meilleure femme du monde. Jamais je ne la verrai plus, jamais je n'en trouverai une autre comme elle! C'est une perte[6] irréparable! O, mon Dieu, qu'est-ce que je vous ai fait pour me punir autant? Pourquoi ne m'avez-vous pas envoyé à la mort le premier? Ah, Badebec, ma mignonne[7], mon amie, ma tendresse, ma chérie, jamais je ne te reverrai... Hélas, et toi, pauvre Pantagruel, qui as perdu ta mère, comme je te plains[8]! Ta douce nourrice[9], ta dame tant aimée, elle est partie pour toujours! Ah, méchante Mort, qu'est-ce que tu as donc contre moi, et pourquoi m'as-tu pris celle qui aurait dû vivre pour toujours?»

[1] **esprits** minds
[2] **tout en faisant** while making
[3] **en mettant l'enfant au monde** giving birth to the child
[4] **partagé** torn
[5] **étonné** surprised
[6] **perte** loss
[7] **ma mignonne** my sweetheart
[8] **comme je te plains** how sorry I feel for you
[9] **douce nourrice** sweet nurse

En disant cela, il pleurait comme une vache*. Mais soudain, il changeait de visage et riait comme un fou, quand Pantagruel revenait à sa mémoire.

«Oh, mon fils, disait-il, mon bébé, mon ange, que tu es joli! Et que je suis reconnaissant[10] à Dieu qui m'a donné un si beau fils, si joyeux, si riant, si fort, si vigoureux! Oh, oh, oh, que je suis content! Buvons et abandonnons toute mélancolie. Servantes, apportez du meilleur vin, lavez les verres, mettez la nappe, chassez les chiens, ranimez[11] le feu, allumez la lampe, et donnez aux pauvres gens qui sont à la porte, du pain et de l'argent. Moi, je vais célébrer avec un bon dîner.»

Comme il disait cela, il entendit les prières des prêtres qui allaient enterrer[12] sa femme, et cela changea son humeur[13] une fois de plus[14]. Il dit: «Seigneur Dieu, faut-il que je sois encore triste? C'est dommage, je ne suis plus jeune et la tristesse me vieillit. Je sens bien que si je fais une autre grande scène de larmes[15], je vais prendre la fièvre. Et quel avantage y aura-t-il à cela? Par ma foi, il vaut mieux pleurer moins et vivre davantage[16]. Ma femme est morte. Eh bien, je ne peux pas la ressusciter avec des larmes! Elle est sûrement au paradis, ou peut-être même dans un endroit[17] meilleur, s'il y en a un. Elle prie Dieu pour nous, elle est bien heureuse, elle n'a plus de misère, ni de maladie. La mort est la destinée qui nous attend tous un jour...

Dans l'intervalle[18], que Dieu garde celui qui survit! Il faut que je pense à trouver une autre femme.»

Adapté de Pantagruel, *chapitre III*

Le géant Gargantua pleure la mort de sa femme Badebec.

[10] **que je suis reconnaissant** how grateful I am
[11] **ranimez** rekindle
[12] **enterrer** bury
[13] **humeur** mood
[14] **une fois de plus** once again
[15] **larmes** tears
[16] **davantage** more
[17] **endroit** place
[18] **Dans l'intervalle** In the meantime

C'est beau, les mots!

A Le mot approprié. Complétez les phrases suivantes par le mot approprié.

1. Le géants ne sont pas d'une ___ ordinaire.
2. Si un enfant n'est pas gentil avec les autres, on dit qu'il est ___ .
3. Quand vous perdez un objet impossible à remplacer, c'est une ___ irréparable.
4. On boit dans un ___ .
5. Pour un grand dîner, on met une ___ blanche sur la table.
6. Il y a trois ___ après la mort: le paradis, le purgatoire ou l'enfer.
7. Un autre mot pour *plus*, c'est ___ .
8. Quand une personne est morte, on va l'___ au cimetière.

A 1. taille
2. méchant
3. perte
4. verre
5. nappe
6. endroits
7. davantage
8. enterrer

B Jouez le mot. Par un geste ou une attitude, montrez que vous comprenez le sens des termes suivants:

étonné	**mettre la nappe**	**prier Dieu**
pleurer	**allumer la lumière**	**de mauvaise humeur**
des larmes	**prendre la fièvre**	**de bonne humeur**

B **Teaching Tip**
For *Jouez le mot*, see **Teaching Tip** in *Première étape*, page 4.

***il pleurait comme une vache:** Cows aren't that well known for weeping abundantly, but Rabelais is probably looking for a comparison with a large animal.

Votre réponse, s'il vous plaît

C Vrai ou faux? Si c'est faux, quelle est la phrase correcte?

1. Gargantua est un homme ordinaire.
2. Il est partagé entre la joie et la tristesse.
3. Il pleure la mort de sa femme.
4. Il n'a pas l'intention de se remarier.

C 1. Faux. Gargantua est un géant.
2. Vrai.
3. Vrai.
4. Faux. Il dit qu'il faut qu'il pense à trouver une autre femme.

D Parlons du texte. Répondez aux questions.

1. Dans quelles circonstances Pantagruel est-il né?
2. Quel est le dilemme du pauvre Gargantua?
3. Rabelais aime accumuler les termes pour mieux exprimer une idée. Donnez des exemples de cette accumulation.
4. Comment Gargantua montre-t-il sa tristesse à la mort de sa femme?
5. Comment s'en console-t-il?
6. Qu'est-ce qu'il demande aux servantes de faire pour changer l'atmosphère? Quel sera le résultat?
7. Quelle est la conclusion de cette scène?

D For answers to Ex. D, please refer to the Teacher's Manual.

E Analyse et opinion. Répondez aux questions.

1. **L'optimisme ou le pessimisme?** Dans cette scène, Rabelais exprime-t-il l'optimisme ou le pessimisme? Expliquez.
2. **Un conflit.** Est-ce que le conflit de sentiments éprouvé *(experienced)* par Gargantua correspond à une réalité humaine? Expliquez.
3. **La mort d'une mère.** Est-ce que la mort d'une mère en metttant son enfant au monde était plus commune dans ce temps-là qu'aujourd'hui? Pourquoi?

Exprimez-vous

Un dilemme. Racontez une situation où vous êtes partagé(e) entre deux émotions. (Par exemple, le désir d'avoir un chien et la responsabilité qu'il représente; ou peut-être de faire quelque chose que vos parents n'aiment pas, parce que vos amis le font). Donnez des arguments *pour* et *contre*, et proposez une solution.

Près de Chinon, La Devinière *était la maison de campagne des parents de Rabelais.*

Pre-reading

Quand deux personnes se disputent, font-elles généralement preuve de bon sens? (Non, parce qu'elles se laissent emporter par leurs émotions.) Que peut-on faire pour réconcilier ces adversaires?

Jehan le Fou avait la réputation de rendre des jugements pleins de bon sens.

Le Tiers Livre

François Rabelais (1494–1553)

Dans un autre livre, Rabelais pose la question: Qui est le plus raisonnable ou le plus fou? Il se prononce dans cet épisode qui fait honneur au bon sens populaire.

Le jugement de Jehan le Fou

À Paris, il y avait une rôtisserie sur la place du Petit-Châtelet, avec une grande devanture[1] ouverte sur la place. Les rôtis[2] sentaient[3] si bon que c'était un endroit favori des pauvres gens qui n'avaient rien à manger. Ils sentaient la bonne odeur, la «fumée[4]» de la viande qui rôtissait. Et ils oubliaient un moment leur pauvreté.

Un jour, un pauvre diable debout devant l'étalage[5] de la rôtisserie, mangeait son pain à la fumée du rôti, et le trouvait, ainsi parfumé[6], tout à fait[7] savoureux[8]. Le rôtisseur le laisse faire. Enfin, quand il a fini tout son pain, le rôtisseur saisit[9] l'homme et lui demande de payer la fumée de son rôti. Le pauvre diable disait qu'il n'avait pas touché la viande, qu'il n'avait rien pris, et qu'il ne devait d'argent à personne. La fumée dont il était question s'évaporait dehors, où elle se perdait. On n'avait jamais entendu dire que, dans Paris, on pouvait vendre la fumée d'un rôti dans la rue!

Le rôtisseur répondait qu'il n'était pas obligé de nourrir les pauvres du quartier avec la fumée de son rôti; il menaçait de punir le pauvre homme, et de lui prendre ce qu'il pouvait avoir sur lui qui ait un peu de valeur.

Le pauvre diable sort son couteau, et se prépare à se défendre. La dispute grandit, elle attire une foule de curieux qui arrivent de tous les côtés, forment un cercle, regardent et discutent l'affaire. Parmi cette foule, il y a justement[10] Jehan le Fou, un citoyen de Paris, qui a la réputation de faire des jugements fous en apparence, mais raisonnables en réalité. Le rôtisseur demande au pauvre diable: «Veux-tu accepter le jugement de Jehan le Fou sur notre dispute?» «Parbleu[11], oui» répond l'autre.

Alors, après avoir entendu les détails de la dispute, Jehan le Fou demande au pauvre diable de lui donner une petite pièce de monnaie. Jehan le Fou prend la pièce, l'examine, la passe d'une main dans l'autre. Il la fait sonner[12] contre la pierre du mur, la jette par terre pour entendre le son qu'elle fait, la ramasse, et recommence.

Tout le monde le regarde en silence et se demande ce qu'il fait. Enfin, Jehan le Fou, satisfait, se retourne avec une grande majesté, comme un juge de tribunal, vers le rôtisseur.

«Le juge a décidé que le pauvre diable qui a mangé son pain à la fumée du rôti, a payé le rôtisseur du bruit de son argent.» Tout le monde applaudit cette sentence si juste, et beaucoup, en rentrant chez eux, disaient que ce fou de Paris était moins fou que beaucoup de juges des tribunaux.

Adapté de Le Tiers Livre, *chapitre XXXVII*

[1] **devanture** shop front
[2] **rôtis** roasts
[3] **sentaient** smelled
[4] **fumée** "smoke" (vapors)
[5] **étalage** stall
[6] **parfumé** flavored
[7] **tout à fait** absolutely, quite
[8] **savoureux** tasty
[9] **saisit** grabs hold of
[10] **justement** precisely
[11] **Parbleu** Of course
[12] **sonner** ring

C'est beau, les mots!

A **Le mot approprié.** Complétez les phrases suivantes par le mot approprié.

1. La grande fenêtre devant un magasin s'appelle la ___ .
2. Un parfum ___ bon. Les ordures *(garbage)* ___ mauvais.
3. Quel est votre ___ favori pour les vacances: la plage ou la montagne?
4. Un feu a des flammes et produit de la ___ .
5. Les rues qui sont autour de votre rue forment votre ___ .
6. L'argent a deux formes. Il y a les billets, et il y a les ___ .
7. Vous ne pouvez pas étudier quand il y a beaucoup de ___ autour de vous.
8. La cloche *(bell)* (ou la sonnette) ___ pour annoncer la fin des classes.

A 1. devanture
2. sent, sentent
3. endroit
4. fumée
5. quartier
6. pièces (de monnaie)
7. bruit
8. sonne

B **Jouez le mot.** Par un geste ou une attitude, montrez que vous comprenez le sens des mots. Aujourd'hui, c'est une pantomime de la scène:

Le pauvre diable: Il mange son pain à la fumée du rôti.
Le rôtisseur: Il saisit le pauvre diable. Il menace de le punir. Il demande de l'argent.
Le pauvre diable: Il sort son couteau. Il se prépare à se defendre.
Jehan le Fou: Il demande une pièce. Il l'examine. Il la fait passer d'une main dans l'autre. Il la fait sonner contre le mur. Il écoute le son. Il se retourne avec une grande majesté.
Tout le monde applaudit.

B **Teaching Tip**
You may wish to have different students narrate the actions of the various characters as others pantomime the narration.

Votre réponse, s'il vous plaît

C **Vrai ou faux?** Si c'est faux, quelle est la phrase correcte?

1. Jehan le Fou est un sage *(a wise man)*, en réalité.
2. Le rôtisseur veut faire payer sa fumée.
3. Le pauvre diable doit de l'argent à Jehan le Fou.
4. Le public parisien approuve le jugement.
5. Le public pense que les juges sont toujours raisonnables.

C 1. Vrai.
2. Vrai.
3. Faux. Le pauvre diable ne doit pas d'argent à Jehan le Fou.
4. Vrai.
5. Faux. Le public pense que Jehan le Fou est plus raisonnable que beaucoup de juges.

Franç. Rabel.

Rabelais présente son Tiers Livre *au roi. (1547)*

D For answers to Ex. D, please refer to the Teacher's Manual.

D Parlons du texte. Répondez aux questions.

1. Où se passe la scène?
2. Qu'est-ce qui cause cette bonne odeur?
3. Qu'a fait le pauvre diable?
4. Que lui a demandé le rôtisseur?
5. Quelle était la défense du pauvre diable?
6. Qui était parmi la foule des curieux?
7. Quel arbitrage le rôtisseur propose-t-il au pauvre diable?
8. Qu'est-ce que Jehan le Fou a fait?
9. Quelle est la conclusion du juge improvisé?
10. Quelle est la conclusion de l'affaire?

E Analyse et opinion. Répondez aux questions.

1. **En réalité.** Pouvez-vous expliquer le surnom de Jehan «le Fou» qui a la réputation de faire des jugements «fous en apparence mais raisonnables en réalité»?
2. **La justice.** Avez-vous l'impression que la justice était bien servie? Pourquoi?

Cooperative Learning
Before class, prepare index cards, each with a different type of dispute. Students work in groups of three. One student plays the part of a parent (for example) who does not want to let his or her teenage son or daughter go to a particular concert. A second student plays the part of the teenager, and a third student attempts to resolve the dispute. Have students present their conversations to the class to see if "Justice has been served."

Exprimez-vous

Vous jugez une dispute et vous réconciliez les adversaires. C'est une dispute (Entre qui: Votre mère et votre sœur? Deux copains? D'autres personnes?). Vous intervenez et vous trouvez un moyen raisonnable de terminer la dispute et de réconcilier les adversaires.

La ville fortifiée de Chinon. C'est la ville natale de Rabelais. C'est aussi à Chinon que Jeanne d'Arc a rencontré le dauphin, le futur Charles VII.

Contre le colonialisme

Michel Eyquem de Montaigne (1533–1592)

Pre-reading

Imaginez vos réactions et celles de votre famille si des gens venaient chez vous et vous disaient: 1) que le roi de *leur* pays est propriétaire de votre maison 2) qu'ils veulent de l'argent et des provisions 3) que vous devez changer de religion. Après cela, lisez le texte et comparez vos réactions à celles de ces «Indiens».

Montaigne représente bien l'esprit de la Renaissance par son désir de connaissance[1]. Il désire surtout connaître l'homme, et pour cela, il essaie de se connaître lui-même. Dans ses *Essais*, il examine différents aspects de l'homme et de ses actions.

Dans le passage suivant, il raconte un épisode de la conquête du Nouveau-Monde par les Espagnols arrivés aux «Indes», c'est-à-dire dans les îles des Antilles *(West Indies, in the Caribbean)*.

Montaigne était un humaniste, c'est-à-dire son intérêt principal était l'étude de la nature humaine.

Comme ils naviguaient le long d'une côte, cherchant des terres riches en mines d'or, certains Espagnols ont, un jour, mis pied dans un pays fertile et plaisant, habité par des Indiens. Alors, ils ont dit à ces indigènes[2] ce qu'ils disent toujours dans les mêmes circonstances:

«Qu'ils étaient des hommes de paix, et qu'ils venaient de très loin. Qu'ils étaient envoyés par le roi d'Espagne, le plus grand roi de la terre habitable. Et que le pape, qui représente Dieu sur la terre, avait donné à ce roi le droit de prendre toutes les Indes. Que, si les Indiens voulaient accepter le roi d'Espagne, et lui payer des impôts[3], ils seraient très bien traités... »

LE SEIGNEVR DE MONTAIGN

Les Espagnols demandaient aussi des provisions pour eux-mêmes et des quantités d'or pour leur roi, pour des raisons qu'ils n'expliquaient pas. Ils indiquaient aussi qu'ils croyaient en un seul dieu, que leur religion était la vraie, et que tout le monde devait l'accepter. À tout cela, ils ajoutaient un nombre de menaces, au cas où[4] les Indiens n'accepteraient pas leur roi et leur religion.

Voilà la réponse des Indiens:

«Que si les visiteurs étaient des hommes de paix, ils n'en avaient certainement pas l'air! Leur roi, qui demandait tant de choses, était sans doute bien pauvre et dans le besoin. Pour le pape, ce n'était pas un signe de bon sens de donner quelque chose qui ne vous appartient[5] pas, et de le donner à un roi, aux dépens[6] des vrais possesseurs. Pour les provisions, ils en donneraient. De l'or, ils en avaient un peu, pas beaucoup, et c'est une chose sans valeur, qui n'est pas utile à la vie, ou au bonheur[7]. Les Espagnols pouvaient prendre tout l'or qu'ils trouveraient, sauf ce qui servait au culte des dieux.

«Quant à[8] cette religion d'un seul dieu, c'était un beau discours[9], et elle les intéressait, mais ils ne voulaient pas changer leur propre religion. Elle les avait bien servis et depuis longtemps. Ils n'avaient pas l'habitude de demander conseil aux étrangers, seulement à leurs amis et aux gens qu'ils connaissaient depuis longtemps. Quant aux menaces de ces

[1] **connaissance** knowledge
[2] **indigènes** natives, indigenous people
[3] **impôts** taxes
[4] **au cas où** in case
[5] **appartient** belong
[6] **aux dépens de** at the expense of
[7] **bonheur** happiness
[8] **Quant à** As for (Don't confuse with *quand*!)
[9] **c'était un beau discours** it sounded nice

[10] **moyens** means

étrangers, c'était un signe de mauvais jugement, que d'aller menacer sans raison, et sur leurs propres terres, des gens qui avaient peut-être des moyens[10] de défense que les autres ne connaissaient pas.»

En tout cas, continuaient les Indiens, en montrant quelques têtes coupées placées autour de leur ville, ils demandaient aux Espagnols de partir vite, car ils étaient patients, mais ils n'avaient pas l'habitude d'écouter indéfiniment les discours et les menaces d'hommes armés*.

Adapté de Les Essais, *Livre III, chapitre 6*

C'est beau, les mots!

A **Le mot approprié.** Complétez les phrases suivantes par le mot approprié.

A 1. indigènes
2. droit
3. impôts
4. l'air
5. étrangers
6. moyens
7. habitude
8. loin

1. Les gens qui sont nés dans un pays et qui y habitent sont des ___ .
2. Est-ce que les navigateurs avaient le ___ de prendre ces terres?
3. Vos parents paient des ___ au gouvernement (sur leur salaire, leur maison, etc.).
4. Vous êtes pâle, vous avez la fièvre. Vous avez ___ d'être malade.
5. Les gens qui viennent d'un autre pays sont des ___ .
6. Je ne suis pas riche. Je n'ai pas les ___ de faire ce grand voyage.
7. Si vous travaillez toujours dans votre chambre, vous dites: «J'ai l'___ d'y travailler».
8. Il vous faut dix minutes pour venir ici, parce que vous n'habitez pas ___ .

B **Le contraire.** Trouvez le contraire dans la liste de droite.

B 1. b
2. j
3. c
4. i
5. d
6. e
7. h
8. g
9. f
10. a

1. bon	a. le malheur
2. indéfiniment	b. mauvais
3. loin	c. près
4. utile	d. aride
5. fertile	e. des divinités multiples
6. un seul dieu	f. mal
7. toujours	g. le devoir
8. le droit	h. jamais
9. bien	i. inutile
10. le bonheur	j. pour peu de temps

Votre réponse, s'il vous plaît

C **Vrai ou faux?** Si c'est faux, quelle est la phrase correcte?

C 1. Faux. Les navigateurs mentent aux Indiens.
2. Faux. Le colonialisme est pour le bien des navigateurs.
3. Vrai.
4. Vrai.

1. Les navigateurs disent la vérité aux Indiens.
2. Le colonialisme est strictement pour le bien des indigènes.
3. Les indigènes ont une attitude plus raisonnable que les navigateurs.
4. Les Indiens n'ont pas l'intention de changer de religion.

*Montaigne ajoute, avec une grande ironie, qu'il était clair que ces Indiens étaient des sauvages, et que les Espagnols avaient raison de les massacrer.

D Parlons du texte. Répondez aux questions.

1. Qu'est-ce que le pape avait donné à ces navigateurs?
2. Qu'est-ce que les navigateurs demandaient aux Indiens de leur donner?
3. Est-ce que les Indiens ont écouté patiemment? Avaient-ils de mauvaises intentions?
4. Est-ce que les Indiens acceptaient de donner de l'or? Pourquoi?
5. Ont-ils accepté autre chose de la part des navigateurs?
6. Qu'est-ce qu'ils ont répondu aux menaces des navigateurs?
7. Est-ce qu'ils ont montré de l'admiration pour le roi d'Espagne?
8. Qu'est-ce qu'ils pensent de la religion des navigateurs?
9. Comment terminent-ils la conversation?

D For answers to Ex. D, please refer to the Teacher's Manual.

E Analyse et opinion. Répondez aux questions.

1. **Qui a raison?** Que pensez-vous de l'attitude respective des Indiens et des navigateurs espagnols? Laquelle approuvez-vous? Pourquoi?
2. **Qui est le plus civilisé?** Qu'est-ce que Montaigne veut montrer par cette petite scène? (Qui est en réalité le plus civilisé? Le plus raisonnable? Qui mérite mieux le nom de *sauvages?*)

Exprimez-vous

Comment protégez-vous vos droits? Pensez à un événement de votre vie où vous avez eu besoin de protéger vos droits. Quelles étaient les circonstances? Qui a menacé vos droits? Qu'est-ce que vous avez répondu? Quelle était la conséquence? (Par exemple: Vous avez l'habitude de jouer au volley-ball dans le parc le dimanche. Un jour, un groupe de jeunes que vous ne connaissez pas arrive. Ils veulent jouer toute la journée et vous menacent si vous ne partez pas vite. Quelle est votre réaction et celle de vos copains? La conclusion de l'affaire?)

Une scène du Nouveau Monde. Les voyageurs espagnols du texte de Montaigne ont peut-être vu une scène semblable en arrivant chez les Indiens.

Pre-reading

La beauté physique et la jeunesse, ont-elles beaucoup d'importance dans notre société? Pourquoi? Le culte de la minceur (poussé jusqu'à l'anorexie des jeunes filles) est-il associé à cette obsession de la beauté et de la jeunesse? Jusqu'à quel point iriez-vous pour être mince? beau/belle?

Point out to students the following rule of French versification: *On prononce les **e** muets qui ne sont pas suivis d'une voyelle. Par exemple:*

Sa/ro/b**e**/de/pour pre/au/so/leil
Cet/t**e**/vê/prée
Puis/qu'u/n**e**/tel/l**e**/fleur/ne/dure

[1] **à peine** barely
[2] **déclose** opened
[3] **pourpre** crimson
[4] **vêprée** late afternoon
[5] **plis** folds, pleats
[6] **teint** complexion, color
[7] **pareil** the same
[8] **Las** Alas
[9] **choir** fall
[10] **marâtre** cruel
[11] **Tandis que** While
[12] **fleuronne** is flowering, blossoming
[13] **Cueillez** Gather, harvest
[14] **ternir** tarnish, drain of color

LA POÉSIE

1. Trois strophes.
2. Six vers dans chaque strophe.
3. Huit syllabes dans chaque vers.
4. Le système de rimes est le suivant: AABCCB/DDEFFE/GGHIIH.

Ode à Cassandre

Pierre de Ronsard (1524–1585)

Ronsard est un des grands poètes de la Renaissance. Il écrit au sujet des guerres de religion, qui ravagent la France à son époque, au sujet de la nature et surtout de l'amour. Il imite souvent les auteurs latins, comme Horace, qui, longtemps oubliés, sont redécouverts par la Renaissance.

Il avait vingt ans, et Cassandre Salviatti à peine[1] quatorze ans, quand il l'a rencontrée à Blois, dans la Vallée de la Loire. Leur amour a sans doute été bref, peut-être imaginaire, car Ronsard était promis à une carrière associée aux ordres religieux. De son côté, Cassandre s'est mariée l'année suivante.

Dans cette ode, suivant un de ses thèmes favoris, il compare la jeunesse et la beauté d'une fille à celle d'une rose, qui dure si peu de temps. Vous allez voir quel conseil il donne à Cassandre.

Mignonne, allons voir si la rose
Qui ce matin avait déclose[2]
Sa robe de pourpre[3] au soleil,
A point perdu, cette vêprée[4],
Les plis[5] de sa robe pourprée,
Et son teint[6] au vôtre pareil[7].

Las[8], voyez comme en peu d'espace,
Mignonne, elle a dessus la place
Las, las, ses beautés laissé choir[9]!
Ô vraiment marâtre[10] Nature,
Puisqu'une telle fleur ne dure
Que du matin jusques au soir.

Donc si vous me croyez, Mignonne,
Tandis que[11] votre âge fleuronne[12]
En sa plus verte nouveauté,
Cueillez[13], cueillez votre jeunesse;
Comme à cette fleur, la vieillesse
Fera ternir[14] votre beauté.

LA POÉSIE

Le poème de Ronsard est une *ode*. Chaque forme de poésie suit des règles bien déterminées au temps de Ronsard. (La poésie «libre» est une invention de notre siècle.) Trouvez les règles d'une *ode*:

1. Combien de strophes?
2. Combien de vers dans chaque strophe?
3. Combien de syllabes dans chaque vers?
4. Examinez les rimes et déterminez le système de rimes.

C'est beau, les mots!

A Le mot approprié. Complétez les phrases suivantes par le mot approprié.

1. Un terme affectueux et tendre pour une fille c'est: «___».
2. La couleur de la peau de votre visage, c'est votre ___ .
3. Six et une demi-douzaine, c'est la même chose. C'est ___ .
4. Le contraire de la jeunesse, c'est la ___ .
5. Quand un métal n'est plus brillant, il est ___ .
6. Pour faire un bouquet, on ___ des fleurs.
7. Une jupe peut être droite, ou large, ou avec des ___ .

B Les mots anciens. Ronsard emploie des mots anciens. Remplacez-les par le mot moderne:

1. La rose avait *déclose* sa robe. Nous disons aujourd'hui: Elle avait ___ ses pétales.
2. La *vêprée* est la fin de l'___ .
3. Une *marâtre* est une mère ___ .
4. *Jusques* est l'orthographe poétique de ___ .
5. *Votre âge fleuronne*, c'est-à-dire votre jeunesse est comme une ___ .
6. À la place de *Las!* aujourd'hui on dit: ___ !
7. *Laisser choir* a le sens de ___ .

Votre réponse, s'il vous plaît

C Vrai ou faux? Si c'est faux, quelle est la phrase correcte?

1. Ronsard compare Cassandre à la rose.
2. La nature est une bonne mère pour nous.
3. La rose ne dure qu'un jour.
4. Ronsard conseille à Cassandre de rester enfermée chez elle.
5. Il lui dit qu'elle a beaucoup de temps devant elle pour «vivre».

D Parlons du texte. Répondez aux questions en français moderne.

1. Ronsard invite Cassandre à aller voir... quoi?
2. Mais qu'est-ce qu'ils trouvent?
3. Quelle est la réaction du poète: tristesse, joie, colère, etc.?
4. De quoi Ronsard est-il surpris?
5. Qu'est-ce que Ronsard pense de la Nature?
6. Quel conseil Ronsard donne-t-il à Cassandre?
7. Cassandre sera-t-elle toujours jeune? Qu'est-ce qui arrivera?

A
1. Mignonne
2. teint
3. pareil
4. vieillesse
5. terni
6. cueille
7. plis

B
1. ouvert
2. après-midi
3. cruelle
4. jusque
5. fleur
6. Hélas
7. laisser tomber

C
1. Vrai.
2. Faux. La Nature est une mauvaise mère pour nous (une mère cruelle).
3. Vrai.
4. Faux: Il lui conseille de cueillir sa jeunesse.
5. Faux. Il lui dit qu'elle a peu de temps pour «vivre», que sa beauté ne durera pas longtemps.

D
1. Il l'invite à aller voir la rose.
2. Ils trouvent que la rose a perdu ses pétales.
3. Sa réaction, c'est la tristesse et le regret (ou la colère).
4. Il est surpris que la rose ait laissé tomber ses pétales en si peu de temps.
5. Il pense que la Nature est cruelle.
6. Il lui conseille de profiter de la vie pendant qu'elle est jeune et belle.
7. Non, elle ne sera pas toujours jeune. Elle vieillira. Elle perdra sa beauté.

E Analyse et opinion. Répondez aux questions.

1. **Parlons du poème.** Quel est le thème de cette ode?
2. **Êtes-vous d'accord avec Ronsard?** Y a-t-il un danger à suivre ses conseils? Expliquez.
3. **Comparaisons.** Cassandre s'est mariée à moins de quinze ans. Pour son temps, c'était normal. Pourquoi «vivait-on» plus vite qu'aujourd'hui? (Pensez à la médecine, très primitive alors, l'absence de dentistes, de chirurgiens esthétiques *(plastic surgeons)*. Vieillissait-on plus vite? Est-ce que la vie était plus courte ou plus longue? Quelles étaient les implications?)

Exprimez-vous

Racontez le poème. En français moderne, racontez ce que dit Ronsard, imaginez la réponse de Cassandre. Où vont-ils? Qu'est-ce qu'ils voient? Qu'est-ce qu'ils disent? Quelle est leur conclusion? (Ne répétez pas le poème, usez de vos propres termes.)

Et voulez-vous apprendre le poème par cœur et le réciter devant la classe? (Peut-être que trois personnes réciteront chacune une strophe?)

Des dames et des seigneurs de la Renaissance, en costumes somptueux, dans un jardin.

Perfectionnez votre grammaire

Le futur et le conditionnel / Le verbe *devoir*

Ce plat en faïence porte le portrait de François Ier et son emblème, la salamandre. (Cet animal est supposé renaître de ses cendres.)

5.1 *Le futur*

Il y a deux temps du futur: le futur simple et le futur antérieur. Le futur simple exprime une action future: *Je partirai demain.* Le futur antérieur exprime une action future, mais qui se passe **avant** une autre action future: *Quand vous arriverez,* ***je serai parti.***

A La formation du futur

Tous les verbes ont les mêmes terminaisons pour le futur. Ce sont les terminaisons du verbe *avoir* au présent: *-ai, -as, -a, -ons, -ez, -ont.*

1. Le futur régulier

Pour la plus grande partie des verbes, le futur est régulier et il est formé:

INFINITIF + TERMINAISONS DU VERBE *AVOIR*

	ARRIVER	RÉUSSIR	VENDRE
j'(e)	**arriver ai**	**réussir ai**	**vendr ai**
tu	**arriver as**	**réussir as**	**vendr as**
il	**arriver a**	**réussir a**	**vendr a**
nous	**arriver ons**	**réussir ons**	**vendr ons**
vous	**arriver ez**	**réussir ez**	**vendr ez**
ils	**arriver ont**	**réussir ont**	**vendr ont**

Demain, *je commencerai* ma journée à sept heures. *Je partirai* de bonne heure. *Je resterai* à l'école toute la journée. Le soir, *je rentrerai* chez moi, et *je travaillerai* à mon bureau. Puis, *j'écouterai* de la musique, et *je regarderai* les nouvelles à la télévision.

2. Le futur irrégulier

Un petit nombre de verbes a un futur irrégulier. Ce futur est formé sur une racine différente de l'infinitif. Les verbes les plus communs qui ont un futur irrégulier sont:

aller	j'	**irai**	falloir	il	**faudra**	tenir*	je	**tiendrai**
avoir	j'	**aurai**	pouvoir	je	**pourrai**	venir**	je	**viendrai**
être	je	**serai**	recevoir	je	**recevrai**	voir	je	**verrai**
faire	je	**ferai**	savoir	je	**saurai**	vouloir	je	**voudrai**

Un jour, je ferai un voyage. J'irai en Europe, je verrai tout ce qui est célèbre. Il faudra que je fasse des économies parce que je ne pense pas que je serai riche. Je pense que je saurai voyager. Je tiendrai à* rencontrer les gens de chaque pays, et je sais que je pourrai converser avec ceux qui parlent français. J'aurai beaucoup de plaisir de ce voyage.**

B Le futur antérieur

Il exprime une action future, mais qui est terminée avant une autre action ou une date future:

Aurez-vous fini **vos études dans deux ans?**
Venez à huit heures: ***Nous aurons dîné.***
Hélas! ***Je serai*** **déjà** ***parti*** **quand vous arriverez en Californie.**
Je vous répondrai dès que ***j'aurai reçu*** **votre lettre.**

Il est formé sur le futur de l'auxiliaire *être* ou *avoir* et le participe passé du verbe.

Exemples de conjugaison du futur antérieur

Verbes avec *avoir* — FINIR			Verbes avec *être* — PARTIR		
j'	**aurai**	**fini**	je	**serai**	**parti(e)**
tu	**auras**	**fini**	tu	**seras**	**parti(e)**
elle/il	**aura**	**fini**	elle/il	**sera**	**parti(e)**
nous	**aurons**	**fini**	nous	**serons**	**parti(e)s**
vous	**aurez**	**fini**	vous	**serez**	**parti(e)(s)**
elles/ils	**auront**	**fini**	elles/ils	**seront**	**parti(e)s**

*et les composés de *tenir: retenir, maintenir, soutenir,* etc.
**et les composés de *venir: devenir, revenir, survenir,* etc.
***tenir à (+ un infinitif):** *to be anxious to;* (+ un nom): *to be fond of*
Le directeur *tient* à vous parler.
Les enfants *tiennent* à leurs vieux ours en peluche *(teddy bears).*

Le futur antérieur est souvent employé en conjonction avec les termes: *quand* et *lorsque* (qui a le même sens que *quand*), *dès que* et *aussitôt que* (as soon as).

> ***Dès que nous aurons fini* cette leçon, nous en commencerons une autre.**
> ***Lorsque Guillaume aura conquis* l'Angleterre, il changera de nom!**
> ***Aussitôt que Pathelin aura gagné*, il demandera son argent.**

C Construction de la phrase avec le futur ou le futur antérieur

1. On emploie le futur ou le futur antérieur après *quand* (et après *lorsque, dès que, aussitôt que*) dans une phrase au futur*.

> **Dès que *vous aurez* cette situation *(job)*, *vous gagnerez* bien votre vie.**
> ***Nous serons* à l'aéroport quand *vous arriverez*.**
> **Vous êtes en retard. La classe *aura* sûrement *commencé* quand *vous entrerez*.**

2. On n'emploie pas le futur après *si* au sens de *if*.

> ***Si je fais* des économies, j'aurai de l'argent.**
> **Vous aurez des amis *si vous êtes* loyal et génereux.**
> **Le film aura commencé *si vous arrivez* en retard.**

Remarquez: Dans certains cas, le mot *si* peut avoir un autre sens que *if*:

> **a) Je ne sais pas *si je partirai* ou *si je resterai*.**

Dans ce cas, *si* a le sens de *whether* et il peut être suivi du futur.

> **b) *Si on* n'*étudie* pas, on ne réussit pas.**

Dans ce cas, *si* a le sens de *quand*, ou *chaque fois que* (whenever) et il n'y a pas de futur après *si* parce qu'on exprime une situation généralement vraie:

> ***Si on aime* rester chez soi, on est casanier.**
> ***Si je vais* en bateau, j'ai le mal de mer.**

Le bon roi Henri IV voulait que paysans soient assez prospères pour mettre «une poule au pot» tous les dimanches.

---

*This is quite logical, since the meaning of the sentence is future. But have you noticed that in English we do not use the future after *when* and *as soon as*? For instance, the three examples shown above would be, in English:

> **As soon as *you have* this job, you'll earn a good living.**
> **We'll be at the airport when *you arrive*.**
> **You are late. The class will surely have begun when *you walk in*.**

5.2 *Le conditionnel*

A La formation du conditionnel

Le conditionnel ressemble au futur. En fait, c'est le futur, mais avec les terminaisons de l'imparfait: *-ais, -ais, -ait, -ions, -iez, -aient.*

1. Le conditionnel régulier

Les verbes qui ont un futur régulier ont un conditionnel régulier.

Exemples de conjugaison du conditionnel des verbes réguliers

	ARRIVER	RÉUSSIR	VENDRE
j(e)	**arriver ais**	**réussir ais**	**vendr ais**
tu	**arriver ais**	**réussir ais**	**vendr ais**
il	**arriver ait**	**réussir ait**	**vendr ait**
nous	**arriver ions**	**réussir ions**	**vendr ions**
vous	**arriver iez**	**réussir iez**	**vendr iez**
ils	**arriver aient**	**réussir aient**	**vendr aient**

2. Le conditionnel des verbes qui ont un futur irrégulier

aller	j'	**irais**	recevoir	je	**recevrais**
avoir	j'	**aurais**	savoir	je	**saurais**
être	je	**serais**	tenir	je	**tiendrais**
faire	je	**ferais**	venir	je	**viendrais**
falloir	il	**faudrait**	voir	je	**verrais**
pouvoir	je	**pourrais**	vouloir	je	**voudrais**

B La formation du conditionnel passé

Le conditionnel passé est composé de l'auxiliaire *être* ou *avoir* au conditionnel, et du participe passé du verbe.

Exemples de conjugaison du conditionnel passé

Verbes avec *avoir*	FINIR		Verbes avec *être*	PARTIR	
j'	**aurais**	**fini**	je	**serais**	**parti(e)**
tu	**aurais**	**fini**	tu	**serais**	**parti(e)**
elle/il	**aurait**	**fini**	elle/il	**serait**	**parti(e)**
nous	**aurions**	**fini**	nous	**serions**	**parti(e)s**
vous	**auriez**	**fini**	vous	**seriez**	**parti(e)(s)**
elles/ils	**auraient**	**fini**	elles/ils	**seraient**	**parti(e)s**

C Les usages du conditionnel et la construction de la phrase avec le conditionnel, présent et passé

1. Avec *si* et le passé:

> *Si vous faisiez* des économies, *vous pourriez* faire un voyage.
> *Je viendrais* vous voir souvent *si j'avais* le temps.
> Je ne sais pas ce que *je ferais, si j'avais gagné* un million.

2. Après *quand / lorsque* et *dès que / aussitôt que:*

> Napoléon espérait établir une paix durable *dès qu'il aurait conquis* l'Europe.
> Il a promis de vous téléphoner *quand il arriverait.*
> Mes parents m'ont dit qu'*aussitôt que j'aurais fini* le lycée, j'irais à l'université.

Remarquez: La même règle s'applique ici que pour le futur après *quand / lorsque, dès que / aussitôt que.* (Voir, page 139.)

> Aussitôt que j'aurai compris le conditionnel, je vous l'expliquerai.

3. Comme seul verbe de la phrase (avec *si* probablement impliqué, mais pas exprimé):

> *Pourriez-vous* me rendre un service? (Si je vous le demandais...)
> *Seriez-vous* content de la revoir? (Si elle revenait...)
> *Aimeriez-vous* sortir avec moi? (Si je vous invitais...)

Château d'Azay-le-Rideau. Construit par et pour une jeune dame, c'était, disait-elle, «la résidence d'une dame». Voyez comme il se reflète dans l'eau calme de la rivière.

RÉCAPITULATION: *Les propositions avec* si

La condition	Le résultat	
si + présent	futur/impératif	**Si vous le *voyez,* vous ne le *reconnaîtrez* pas.** **Si tu *veux* grossir, *mange* tous ces gâteaux!**
si + imparfait	conditionnel présent	**Si j'*étais* riche, j'*achèterais* un bateau.**
si + plus-que-parfait	conditionnel passé ou conditionnel présent	**Si mon copain *avait visité* Paris, il *serait allé* au Musée d'Orsay.** **Je ne sais pas ce que je *ferais* si j'*avais gagné* un million.**

Remarquez: Ce n'est pas le verbe directement après *si* qui est au conditionnel. C'est l'autre verbe.

le relais du roy

Guingamp, en Bretagne. L'Hôtel Le Relais du Roy commémore les visites royales par ce vitrail moderne.

4. Le conditionnel, présent et passé, exprime la rumeur, l'opinion, les faits non vérifiés.

   On dit que certains produits chimiques *causeraient* le cancer.
   D'après les astronomes, il y *aurait* probablement des habitants sur les autres planètes.
   Les adolescents d'aujourd'hui *seraient* différents de leurs parents quand ils avaient le même âge, d'après la presse.

5.3 Le verbe *devoir*, ses différents temps et ses différents sens

A Conjugaisons du verbe *devoir*

Présent		Passé composé			Imparfait	
je	**dois**	j'	**ai**	**dû**	je	**devais**
tu	**dois**	tu	**as**	**dû**	tu	**devais**
il	**doit**	il	**a**	**dû**	il	**devait**
nous	**devons**	nous	**avons**	**dû**	nous	**devions**
vous	**devez**	vous	**avez**	**dû**	vous	**deviez**
ils	**doivent**	ils	**ont**	**dû**	ils	**devaient**

Futur		Conditionnel		Conditionnel passé		
je	**devrai**	je	**devrais**	j'	**aurais**	**dû**
tu	**devras**	tu	**devrais**	tu	**aurais**	**dû**
il	**devra**	il	**devrait**	il	**aurait**	**dû**
nous	**devrons**	nous	**devrions**	nous	**aurions**	**dû**
vous	**devrez**	vous	**devriez**	vous	**auriez**	**dû**
ils	**devront**	ils	**devraient**	ils	**auraient**	**dû**

B Les différents sens de *devoir*

1. Le verbe *devoir* peut s'employer seul, comme verbe principal. Il a alors le sens de *to owe*:

   Beaucoup de gens doivent de l'argent à une banque.
   Je vous dois une invitation à dîner, n'est-ce pas?
   Qu'est-ce que je vous dois?

2. Le verbe *devoir* s'emploie fréquemment comme auxiliaire avec un autre verbe. Dans ce cas, il a le sens de *must* (au sens de *probably*), *to be supposed to* ou *expected to*, et *should/ought to*. Le temps du verbe détermine son sens.

Emplois et sens du verbe *devoir*

	Au présent/À l'imparfait	
must	**Il *doit* faire froid en Alaska!**	*It must be cold in Alaska!*
	Je pensais qu'il *devait* toujours faire beau en Californie.	*I thought it must always be nice weather in California.*
is supposed to/	***Luc doit* téléphoner à Caroline cette semaine.**	*Luc is supposed to call Caroline this week.*
was supposed to	**Il *devait* lui téléphoner la semaine dernière.**	*He was supposed to call her last week.*
	Au futur	
will be expected to/will have to	**Dans cette classe, les étudiants *devront* parler français. Ils *devront* rire quand le professeur fait une plaisanterie.**	*In this class the students will be expected to speak French. They will be expected to laugh when the teacher tells a joke.*
	Au passé composé	
must have (probably)	**Quand tu es en retard, je pense toujours que tu *as dû* avoir un accident.**	*Whenever you're late, I always think you must have had an accident.*
	Je ne trouve pas mes papiers! J'*ai dû* les oublier dans l'autobus!	*I can't find my papers! I must have left them on the bus.*
	Au conditionnel/Au conditionnel passé	
should (ought to)	**Je *devrais* étudier davantage.**	*I should (ought to) study more.*
should have (ought to have)	**J'*aurais dû* écrire cette lettre il y a un mois!**	*I should have (ought to have) written this letter a month ago!*

3. Comparaison de *devoir* et de *il faut*

Vous venez de voir les différents sens de *devoir.* Vous savez déjà que *il faut (il a fallu, il faudra, il faudrait)* n'a qu'un seul sens: *to have to.*

> *Il faut* que je fasse des économies parce que je dois faire un voyage.
> *(I have to save money, because I am supposed to go on a trip.)*
> *Il a fallu* que je reste chez moi, parce que je devais préparer un rapport.
> *(I had to stay home because I was supposed to prepare a report.)*

Remarquez: Use *il faut* and its different tenses whenever you want to express "have to." But be careful of the negation: *il ne faut pas* does not mean "doesn't" / "don't have to." It means only "must not:" *Il ne faut pas que vous fassiez de fautes.* ("You mustn't make any mistakes.") To express "doesn't" / "don't have to," use *ne pas être obligé de: Je ne suis pas obligé d'être à l'heure.* ("I don't have to be on time.")

Château de Cheverny. Un magnifique bouquet de lupins décore la salle à manger.

Application

Le futur

A Je ferai un voyage. Chaque personne de la classe lit la phrase et demande à une autre de lui dire cette phrase au futur.

Je pars le premier juillet.
Je partirai le premier juillet.

1. Le jour du départ, mes parents me disent au revoir.
2. Ma grand-mère me donne de l'argent supplémentaire.
3. Je le remercie et je l'embrasse.
4. Tu viens avec moi et nous allons à l'aéroport.
5. Nous sommes à l'heure et nous enregistrons mes bagages.
6. Nous pouvons déjeuner avant l'heure de l'avion.
7. Il faut écouter le haut-parleur.
8. En montant dans l'avion, je tiens mon billet à la main.
9. L'hôtesse offre des boissons.
10. Quand j'arrive, mes cousins sont à l'aéroport.
11. Aussitôt qu'ils me voient, ils crient: «Hé, salut!»
12. Dès que je suis chez mon oncle, je téléphone à mes parents.
13. Quand mes cousins et moi, nous visitons Paris, nous rions beaucoup.
14. Lorsque je rentre aux États-Unis, je rapporte des souvenirs pour tout le monde.

A
1. diront
2. donnera
3. remercierai, embrasserai
4. viendras, irons
5. serons, enregistrerons
6. pourrons
7. faudra
8. tiendrai
9. offrira
10. arriverai, seront
11. verront, crieront
12. serai, téléphonerai
13. visiterons, rirons
14. rentrerai, rapporterai

Le futur antérieur

B Ce sera arrivé avant. Qu'est-ce qui aura déjà eu lieu? Répondez d'après les indications.

Quand vous partirez en voyage? (prendre mon billet)
Quand je partirai en voyage, j'aurai déjà pris mon billet.

1. Quand le week-end arrivera? (finir mes classes)
2. Quand nous serons en deux mille vingt (2.020)? (le monde/changer beaucoup)
3. Quand vous rencontrerez l'homme ou la femme de votre vie? (chercher longtemps)
4. Quand le berger retrouvera ses moutons? (gagner son procès)
5. Lorsque Jehan le Fou rendra son jugement? (examiner la situation)
6. Lorsque mes copains gagneront le match de foot? (en perdre plusieurs)
7. Quand je terminerai mes études (passer des années à l'école)
8. Le jour où tu verras ce film? (moi je/le voir).

B 1. Quand le week-end arrivera, j'aurai déjà fini mes classes.
2. Quand nous serons en deux mille vingt, le monde aura déjà beaucoup changé.
3. Quand je rencontrerai l'homme (la femme) de ma vie, j'aurai déjà cherché longtemps.
4. Quand le berger retrouvera ses moutons, il aura déjà gagné son procès.
5. Lorsque Jehan le Fou rendra son jugement, il aura déjà examiné la situation.
6. Lorsque mes copains gagneront le match de foot, ils en auront déjà perdu plusieurs.
7. Quand je terminerai mes études, j'aurai déjà passé des années à l'école.
8. Le jour où tu verras ce film, moi je l'aurai déjà vu.

Le futur, le futur antérieur et votre imagination

C À vous de répondre. Répondez en usant de votre imagination.

1. Nommez deux endroits où vous irez après cette classe.
2. Nommez deux choses que vous ferez ce soir. Demain? Nommez deux choses que vous ne ferez pas.
3. Nommez deux choses que votre père, ou votre mère, ou vos frères et sœurs fera/feront ce soir. Ne fera/feront pas?
4. Qu'est-ce qu'on verra ce soir à la télévision?
5. Nommez deux choses que vous aurez déjà faites avant huit heures du soir. Deux choses que vous n'aurez pas faites?
6. Nommez deux choses que nous ferons dans la prochaine classe. Deux choses que nous ne ferons pas? Deux choses que nous aurons faites avant la fin de l'année scolaire?

C Answers will vary.

Le conditionnel

D Que ferais-tu? Complétez la phrase avec le conditionnel.

Si on te donnait la réponse... (répondre correctement)
Si on te donnait la réponse, tu répondrais correctement.

1. Si la classe commençait à huit heures... (finir à neuf heures)
2. Si tu avais de l'argent... (pouvoir acheter une voiture)
3. Si nous allions à Paris... (voir la Tour Eiffel)
4. Si le berger parlait normalement... (aller en prison)
5. Si nous dépensions tout notre argent... (ne pas être riche)
6. Si vous lisiez ce poème dix fois... (pouvoir le reciter)
7. Si les navigateurs étaient casaniers... (ne pas faire le tour du monde)
8. Si Tristan n'aimait pas Yseut... (retourner en Irlande)

D 1. Si la classe commençait à huit heures, elle finirait à neuf heures.
2. Si tu avais de l'argent, tu pourrais acheter une voiture.
3. Si nous allions à Paris, nous verrions la Tour Eiffel.
4. Si le berger parlait normalement, il irait en prison.
5. Si nous dépensions tout notre argent, nous ne serions pas riches.
6. Si vous lisiez ce poème dix fois, vous pourriez le réciter.
7. Si les navigateurs étaient casaniers, ils ne feraient pas le tour du monde.
8. Si Tristan n'aimait pas Yseut, il retournerait en Irlande.

Le conditionnel passé

E **Si seulement...** Complétez la phrase avec le conditionnel passé.

Si j'étais parti(e) à cinq heures... (arriver à six heures)
Si j'étais parti(e) à cinq heures je serais arrivé(e) à six heures.

1. Si j'avais écouté ma mère... (prendre un imperméable)
2. Si tu avais fait des économies... (acheter des fleurs à ta tante)
3. Si Pathelin avait payé le drapier... (lui donner neuf francs)
4. Si j'avais su... (commencer le français plus tôt)
5. Si j'avais su que mon grand-père était si âgé... (aller le voir plus souvent)
6. Si nous avions pensé que tout le monde était élégant dans cette classe... (mettre notre jean[s] neuf)
7. Si on m'avait dit que le film serait si mauvais... (ne pas venir)
8. Si vous aviez commandé des escargots... (les manger)

E 1. Si j'avais écouté ma mère, j'aurais pris un imperméable.
2. Si tu avais fait des économies, tu aurais acheté des fleurs à ta tante.
3. Si Pathelin avait payé le drapier, il lui aurait donné neuf francs.
4. Si j'avais su, j'aurais commencé le français plus tôt.
5. Si j'avais su que mon grand-père était si âgé, je serais allé(e) le voir plus souvent.
6. Si nous avions pensé que tout le monde était élégant dans cette classe, nous aurions mis notre jean(s) neuf.
7. Si on m'avait dit que le film serait si mauvais, je ne serais pas venu(e).
8. Si vous aviez commandé des escargots, vous les auriez mangés.

Le conditionnel, le conditionnel passé et votre imagination

F **Ce que je ferais.** Chaque personne de la classe pose la question à une autre personne qui répond avec au moins *un* (et de préférence *plusieurs*) verbe(s).

Qu'est-ce que vous feriez... si vous gagniez un million?
Je réfléchirais avant de le dépenser. Je demanderais des conseils à mes parents.

1. Qu'est-ce que vous feriez (diriez, répondriez, etc.)... si on vous accusait d'avoir copié votre examen?
2. ... si je vous invitais à faire un voyage en France?
3. ... si vous rencontriez un garçon ou une fille merveilleux(-se)?
4. ... si vous vouliez devenir acteur ou actrice?
5. ... si vous vouliez être un père ou une mère parfait(-e)?
6. ... si votre ville désirait mettre votre statue sur la place publique?

F Answers will vary.

G **Ce que j'aurais fait.** Chaque personne de la classe pose la question à une autre personne qui répond avec au moins *un* (et de préférence *plusieurs*) verbe(s).

1. Qu'est-ce que vous auriez dit (fait, répondu, etc.)... si vous aviez perdu votre sac (ou votre portefeuille) ce matin?
2. ... si vous aviez enfermé la clé de votre maison quand vous êtes sorti(e)?
3. ... si vous étiez resté(e) au lit ce matin?
4. ... si on vous avait dit qu'il allait neiger aujourd'hui?
5. ... si vous aviez été à la place de Jehan le Fou?
6. ... si Ronsard vous avait donné les conseils qu'il donne à Cassandre?

G Answers will vary.

Les usages du verbe *devoir*

H **Sens différents.** Complétez les phrases suivantes par le verbe *devoir* à ses différents sens *(je dois, j'ai dû, je devais, je devrai, je devrais, j'aurais dû).*

Je... *(am supposed to)* être à la maison pour dîner.
Je dois être à la maison pour dîner.

1. Tu ___ *(must)* obéir à tes parents.
2. Il ___ *(is supposed to)* pleuvoir ce soir.
3. Nous ___ *(should)* être plus gentils avec nos petits frères.
4. Vous ___ *(must have been)* être un très beau bébé!
5. J'ai oublié! Je ___ *(was supposed to)* passer au marché avant de rentrer.
6. Dans ma famille, les enfants ___ *(are supposed to)* préparer leur petit déjeuner.
7. Quand vous travaillerez dans un bureau, ___-vous *(will you have to)* porter une cravate?
8. Je ne vois pas ma bicyclette. Quelqu'un ___ *(must have)* la voler.
9. Dans cette classe, les élèves ___ *(will be expected to)* rire aux plaisanteries du professeur.
10. Pathelin ___ *(ought to have)* payer le drapier.
11. Guillemette ___ *(shouldn't have)* tromper les gens.
12. Le berger ___ *(is supposed to)* garder les moutons, et il ___ *(is not supposed to)* les manger.

H 1. dois 2. doit 3. devrions 4. avez dû 5. devais 6. doivent 7. devrez 8. a dû 9. devront 10. aurait dû 11. n'aurait pas dû 12. doit, ne doit pas

I Answers will vary.

I **Le verbe *devoir* et vous.** Chaque personne de la classe pose la question à une autre personne qui répond avec imagination.

Qu'est-ce que vous devez faire aujourd'hui?
Je dois aller à mes classes, et je dois rentrer dîner à la maison.

1. Qu'est-ce que vous deviez faire hier soir? L'avez-vous fait? Pourquoi?
2. Qu'est-ce que vous devriez faire tous les jours (mais que vous ne faites pas)?
3. Qu'est-ce que vous auriez dû faire dans le passé (que vous n'avez pas fait)?
4. Qu'est-ce que les gens devraient toujours faire?
5. Qu'est-ce que nous ne devrions pas faire dans cette classe?

La grammaire en direct

Je voudrais bien... Faites un dessin (ou une peinture, ou un collage, etc.) qui représente quelque chose ou quelqu'un qui figure dans vos rêves d'avenir. Expliquez pourquoi vous aimeriez posséder cet objet ou compter cette personne dans votre vie.

L'ART DE LA RENAISSANCE

La Renaissance a d'abord commencé en Italie, pendant les années 1400, qu'on appelle le *Quattrocento*. Les rois de France (Charles VIII, Louis XII et François Ier) qui sont allés faire des guerres en Italie ont rapporté les nouvelles idées artistiques en France, où la Renaissance a commencé vers 1515.

L'art de la Renaissance se distingue de celui du Moyen-Âge en ce qu'il n'est pas essentiellement religieux. Au contraire, il célèbre la joie de vivre. Au lieu de cathédrales, la Renaissance construit les magnifiques châteaux de la Loire, (voir pages 120, 121, 123 et 141). C'est aussi le moment de la construction du château de Fontainebleau où beaucoup d'artistes italiens ont travaillé. Leurs œuvres forment l'inspiration de l'École de Fontainebleau.

Au lieu de personnages religieux, comme les saints et la Vierge Marie, on représente maintenant la beauté de la forme humaine, et la France a deux grands sculpteurs pendant cette période: Jean Goujon (*La Fontaine des Innocents,* à Paris) et Germain Pilon (*Les Trois Grâces*).

Les six tapisseries de *La Dame à la Licorne*[1] représentent une transition entre la fin du Moyen-Âge et la Renaissance. Les tapisseries servaient à couvrir et à décorer les murs de pierre souvent froids et humides des châteaux. On appelle ces tapisseries des *mille-fleurs* parce que le fond

[1] **Licorne** Unicorn

MON SEUL DESIR

La tapisserie de «La Dame à la Licorne» (fin du XVe siècle, transition entre le Moyen-Âge et la Renaissance). C'est une des six tapisseries qui représentent les cinq sens et l'amour. Le lion symbolise la force et la licorne la pureté.

représente des fleurs et des petits animaux. Tissées[2] en l'honneur du mariage de Claude Le Viste, chacune illustre un des cinq sens: la vue, l'ouïe[3], l'odorat, le toucher, le goût, et la sixième, l'amour. Le lion symbolise la puissance de la famille Le Viste et la licorne, la pureté de la jeune fille. (La licorne était toujours un symbole de pureté.)

Le roi François Ier admirait l'artiste Léonard de Vinci. En Italie, il a acheté son tableau, *La Joconde* (qu'on appelle *Mona Lisa* en Amérique parce que c'est le portrait de Mona Lisa del Giocondo). Ce tableau décorait la chambre du roi, et il est toujours en France, où on peut l'admirer au Louvre. François Ier a aussi ramené Léonard de Vinci (il est mort en France), et ce dernier est probablement le premier architecte du château de Chambord (voir page 121).

L'artiste Benvenuto Cellini était, comme Léonard de Vinci, un Italien très admiré des Français. Il a passé une grande partie de sa carrière en France et a produit de merveilleux objets ciselés[4] d'or, d'argent ou de bronze doré. Un bel exemple est cette salière[5] qui décorait la table de François Ier.

L'urbanisme a commencé à se développer, et, si vous allez en France, visitez la place des Vosges, magnifque symétrie de brique rose et de pierre qui date de la fin du XVIe siècle. Commencez-vous à voir pourquoi la France est si riche de ses *trésors du temps*?

[2] **Tissées** Woven
[3] **ouïe** hearing
[4] **ciselés** chiseled, carved
[5] **salière** saltcellar

«La Joconde», appelée aussi «la Mona Lisa» de Léonard de Vinci. Peinte en Italie vers 1507, mais achetée par François Ier et apportée en France où elle est toujours restée, c'est sans doute le tableau le plus célèbre de la Renaissance.

Salière de Bevenuto Cellini. L'artiste Cellini, un Italien, a passé une grande partie de sa carrière à la cour de François Ier. Admirez la perfection des personnages et de la composition.

Discussion

1. Comparez l'art du Moyen-Âge avec celui de la Renaissance.
2. Que savez-vous sur les tapisseries de *La Dame à la Licorne?*
3. Quelle est l'origine de *La Joconde* et pourquoi porte-t-elle un autre nom en Amérique?
4. Nommez deux artistes italiens qui ont travaillé en France pendant la Renaissance et deux grands sculpteurs français de cette période.

Sixième Étape

Le roi Louis XIV visite la manufacture des Gobelins.

Un peu d'histoire

Le dix-septième siècle: Le Grand Siècle ou l'Âge classique

A la mort d'Henri IV (1610), c'est son fils qui lui succède et prend le nom de Louis XIII. Mais c'est un enfant de neuf ans, alors, en réalité c'est le premier ministre, le cardinal de Richelieu, une grande figure de l'histoire de France, qui va guider la politique du pays.

Le soleil est l'emblème de Louis XIV, le Roi-Soleil.

Richelieu (1585–1642)

Maigre, grand, le regard[1] froid, ses contemporains l'ont comparé à «une lame[2] de couteau». Richelieu a des idées précises sur la monarchie et considère que le roi doit avoir un pouvoir absolu sur le pays et sur ses habitants. Il va travailler pour rendre ce pouvoir possible.

Pour cela, il va mener de front[3] trois combats:

Contre les nobles: Certains de ces nobles sont aussi puissants que le roi, et Richelieu a peur de leur indépendance et de leur arrogance qui menace l'autorité royale.

La mode est aux duels. Il suffit[4] d'une provocation minime (une insulte, réelle ou imaginaire), et un duel est indispensable. C'est un combat à l'épée entre deux gentilshommes. De nombreux seigneurs[5] sont ainsi tués. Richelieu interdit le duel. Naturellement, les seigneurs n'obéissent pas. Alors, chaque fois que l'excellente police de Richelieu découvre un duel, les coupables sont sévèrement punis, souvent exécutés. Surtout, leurs châteaux et leur fortune sont confisqués au profit du roi. C'est une discipline profitable au trésor[6] royal.

Contre les protestants: Richelieu n'approuve pas la liberté donnée aux protestants par le Bon Roi Henri (Édit de Nantes, 1598). Beaucoup de protestants sont riches, puissants; ils représentent donc une menace au pouvoir du roi. Alors, Richelieu leur fait la guerre, confisque les villes que le roi Henri leur avait données (le port de La Rochelle, en particulier), et confisque leur fortune chaque fois que c'est possible.

Contre la Maison d'Autriche: La Maison d'Autriche est un empire qui comprend[7] l'Autriche, l'Espagne, les Pays-Bas. Elle entoure[8] la France et représente une menace pour elle. Richelieu lui déclare la guerre (1635)

[1] **regard** glance, gaze
[2] **lame** blade
[3] **mener de front** simultaneously engage in
[4] **Il suffit (de)** All it takes (is)
[5] **seigneurs** nobles, lords
[6] **trésor** treasury, finances
[7] **comprend** includes
[8] **entoure** surrounds

Chronologie

1610
Mort d'Henri IV. Louis XIII, enfant, devient roi.

1624
Richelieu (1585-1642) guide le pays à la place du jeune Louis XIII.

1635
Fondation de l'Académie française

1642
Mort de Richelieu

Le cardinal de Richelieu.

Did You Know?
La dot de l'infante n'a jamais été payée et Louis XIV cherchait une compensation territoriale au moment de la mort de son beau-père.

Note
For more information on the Académie française, please refer to the Teacher's Manual.

et conquiert la province de Roussillon, avec la ville de Perpignan au pied des Pyrénées. Plus tard, le jeune roi Louis XIV épousera la fille du roi d'Espagne, Marie-Thérèse, dans l'espoir de cimenter une alliance.

Richelieu réforme aussi les finances du royaume. Quand Louis XIII meurt, laissant à son tour un enfant pour lui succéder, le petit Louis XIV trouve une situation stable et la possibilité d'établir un pouvoir absolu. À la mort de Richelieu, le cardinal Mazarin, qui lui succède, travaillera dans le même sens pour le jeune roi.

Le mariage de Louis XIV avec l'infante[9] Marie-Thérèse ne réussit pas à former une alliance durable et la France sera bientôt engagée dans la guerre de la Succession d'Espagne.

L'Académie française (fondée en 1635, dure encore de nos jours)

Le début du dix-septième siècle voit grandir le goût des lettres, des belles manières, du mot juste[10]. On se réunit[11] entre amis pour parler de poésie, de littérature, de philosophie. C'est ainsi qu'un groupe de messieurs se réunit chaque semaine chez un Parisien nommé Valentin Conrart.

Richelieu entend parler de ces réunions. Il n'aime pas beaucoup les groupes qu'il ne peut pas contrôler. Mais c'est un excellent diplomate. Il invite ces messieurs à se constituer en un groupe officiel sous son patronage, et à siéger[12] dans le palais du Louvre, résidence du roi. On ne sait pas si ces messieurs étaient très enchantés, au début, mais une invitation de Richelieu ne se refusait pas, et voilà la prestigieuse Académie française fondée. Elle se compose de quarante membres, et elle existe toujours. Elle siège régulièrement à Paris, non pas au Louvre, qui est maintenant un des musées nationaux de la France, mais juste en face, de l'autre côté de la Seine, à l'Institut. Ses membres sont élus et choisis parmi les écrivains, les poètes, les hommes et les femmes de lettres.

C'est l'Académie française qui est chargée de[13] conserver la pureté de la langue française et qui maintient son dictionnaire officiel. C'est sans doute pourquoi le vocabulaire français est aujourd'hui limité à environ 200.000 mots, tandis que l'anglais, qui n'a pas d'Académie pour le contrôler, en a plus de 600.000. L'Académie décide de ce qui est français et de ce qui ne l'est pas. La pureté de la langue est, et reste, pour les Français, une valeur* culturelle importante.

[9] **infante** infanta, daughter of a Spanish or Portuguese monarch
[10] **mot juste** exact, right word
[11] **se réunit** meets
[12] **siéger** sit, have its headquarters
[13] **chargée de** responsible for

***une valeur:** When a cultural group (the Americans, for instance, or the French) considers that something is of value and must be preserved, (public education, health, law and order, etc.), the government then develops *institutions* to maintain it. For instance, public schools and universities maintain the value of education; hospitals maintain public health; the police maintain law and order. To the French, purity of the language is *une valeur*, so the Académie française is the institution that watches over it.

1643
Mort de Louis XIII. Louis XIV, enfant, devient roi. Mazarin, son ministre, dirige le pays.

1680
Fin de la construction du château de Versailles

1661
Mort de Mazarin.
Début du règne personnel de Louis XIV (1638-1715).

Louis XIV, le Roi-Soleil (1638–1715)

À la mort du ministre Mazarin (1661), Louis, qui a maintenant 23 ans, assume le pouvoir réel. Tout est en place pour lui donner le pouvoir absolu. «L'état, c'est moi», aurait-il dit alors. Il va gouverner sans premier ministre, acceptant les conseils de son cabinet, mais prenant personnellement toutes les décisions. Les ordonnances[14] de Louis XIV se terminent par la phrase: «Car tel est notre bon plaisir».

Le roi Louis XIV en grand costume.

Le palais de Versailles (terminé vers 1680)

Les rois de France vivaient au Louvre, vieille forteresse, reste[15] des anciennes fortifications de Paris, et beaucoup de seigneurs avaient de plus beaux châteaux que le roi.

Pour plusieurs raisons, Louis XIV décide de construire un palais à Versailles, à quinze kilomètres de Paris.

D'abord, il s'isolera de Paris, où le peuple est toujours prêt à se révolter contre l'autorité. Ensuite, dans cet immense palais, il va pouvoir inviter les seigneurs à venir résider près de lui, à la cour, dans une atmosphère de luxe et d'élégance* impossible à imaginer aujourd'hui. Il faut vivre à la cour pour être à la mode, et les courtisans se ruinent[16] en costumes, bijoux, dentelles[17] pour faire figure[18] à la cour. Pendant ce temps, leurs domaines sont négligés, et ils perdent le pouvoir qui leur restait. Au lieu d'être un défi[19] au pouvoir du roi, ils deviennent des «domestiques[20] élégants», dont le plus grand souci[21] est d'obtenir des places d'honneur dans les cérémonies de l'étiquette du roi. Par exemple, la cérémonie du lever du roi demande la présence d'un grand nombre de nobles qui passent la chemise du roi de mains en mains, avant que le plus important d'entre eux la présente au roi. Il y a ceux qui présentent les gants au roi, ou son épée, ou son chapeau. Toute la journée, des cérémonies de ce genre, réglées[22] par l'étiquette, occupent les grands nobles de France.

Versailles, qui coûte très cher, n'est pas une folie[23], mais une manœuvre bien calculée de la part du roi.

Louis XIV donne des fêtes somptueuses dans le palais et dans les jardins, et sur le Grand Canal du parc. On donne des ballets, où le roi joue souvent un rôle principal, et des pièces de théâtre. Le roi encourage les écrivains, et

[14] **ordonnances** orders
[15] **reste** the remains
[16] **se ruinent** spend a fortune
[17] **dentelles** lace
[18] **faire figure** cut a figure, look good
[19] **défi** challenge
[20] **domestiques** servants
[21] **souci** concern, worry
[22] **réglées** governed, regulated
[23] **folie** folly, extravagance

***de luxe et d'élégance,** oui, mais pas de confort. Versailles, entouré d'un parc avec d'extraordinaires fontaines, n'avait pas l'eau courante *(running water)*! Pas de chauffage central *(central heating)*, seulement des cheminées, et on avait froid en hiver. Aussi, les magnifiques cérémonies de la cour demandaient que l'on reste debout des heures, et étaient extrêmement fatigantes.

La somptueuse chambre de Louis XIV a une tapisserie de soie et d'or.

sous son règne, la France connaîtra son Grand Siècle, ou Âge classique, sa plus grande période artistique. Les tragédies de Corneille et de Racine, les comédies de Molière sont souvent jouées devant le roi et sa cour, et elles constituent aujourd'hui une partie du trésor littéraire de la France.

On peut visiter Versailles aujourd'hui, immense et récemment restauré. Promenez-vous dans le parc, admirez le jeu[24] des fontaines. Vous remarquerez, en particulier, la chambre de Louis XIV, avec sa tapisserie de soie et d'or, qui contient huit kilos d'or massif.

Trop de guerres, hélas!

Versailles coûte cher, mais rien ne coûte aussi cher à un pays que la guerre. Et Louis XIV, pour agrandir son territoire et sa gloire, fait constamment la guerre aux autres pays d'Europe. Il a pourtant un excellent ministre, Colbert, qui développe le commerce et les manufactures[25]. Colbert pense que ce ne sont pas les victoires militaires qui enrichissent un pays, mais la paix et le commerce.

Malheureusement, un autre ministre, Louvois, ministre de la Guerre, voit dans la guerre le meilleur moyen de gloire et d'expansion. Les guerres conseillées et dirigées par Louvois vident le trésor royal.

Par une des injustices de l'histoire, c'est Louvois qui obtient du roi la disgrâce de son rival, Colbert.

Pendant le règne de Louis XIV, beaucoup de territoires sont gagnés et perdus. En somme totale, à sa mort, le pays est revenu à ses limites territoriales du début du règne.

Note
For more information on Louis XIV, the palace and gardens of Versailles, please refer to the Teacher's Manual.

Did You Know?
Le goût classique, c'est la clarté, la précision, la capacité d'exprimer les sentiments les plus subtils.

Note
For information about *la préciosité*, please refer to the Teacher's Manual.

Les salons du dix-septième siècle

Pendant cette période, où le goût est à l'élégance et aux manières raffinées, à la poésie, au théâtre et aux belles-lettres, certaines dames annoncent que leur salon est ouvert, disons chaque mercredi, de quatre à sept heures, pour leurs amis. Elles reçoivent[26] souvent allongées[27] sur leur lit de repos (c'était la mode, à l'époque), et on discute de poésie, littérature et philosophie. On critique le théâtre de Corneille, de Racine, de Molière. Il y a, en particulier, de grandes disputes au sujet de *Le Cid* de Corneille.

C'est dans ces salons-chambres que se forme le goût du dix-septième siècle, le *goût classique*. Par exemple, il y a le salon de la marquise de Rambouillet, «la chambre bleue». Ses amis appellent la marquise «l'incomparable Arthénice», un anagramme de son nom, Catherine, qui n'était pas considéré assez raffiné pour une personne aussi intellectuelle.

[24] **jeu** play
[25] **manufactures** factories
[26] **reçoivent** entertain, play hostess
[27] **allongées** lying down, reclining

C'est beau, les mots!

A Le mot approprié. Complétez les phrases suivantes par le mot approprié.

1. La partie du couteau qui coupe, c'est la ___ .
2. Louis XIV régnait sans contrôle. Il avait le ___ absolu. Aux États-Unis, le ___ du président est limité par la Constitution.
3. Une ___ est une arme de métal, employée dans un duel.
4. Ce verbe signifie *défendre*. Par exemple, il est ___ de conduire trop vite.
5. Aux États-Unis, le gouvernement ___ à Washington.
6. Les nobles, ou ___ , habitaient des châteaux et aimaient les duels.
7. À Versailles, le roi et ses ___ vivaient dans le luxe, sinon le confort.
8. Si vous avez un bracelet, une bague, une chaîne avec un pendentif, ce sont des ___ .
9. On fait souvent des rideaux *(curtains)* avec la ___ , qui laisse passer la lumière.
10. Vos parents ont parfois des ___ , parce que leurs enfants ne sont pas parfaits.
11. Si vous buvez tout le contenu d'un verre, vous le ___ .
12. Vous êtes debout dans la rue, ou assis(e) sur une chaise, ou ___ sur votre lit.

A 1. lame
2. pouvoir, pouvoir
3. épée
4. interdit
5. siège
6. seigneurs
7. courtisans
8. bijoux
9. dentelle
10. soucis
11. videz
12. allongé(e)

B Le contraire. Quel est le contraire des mots dans la liste de gauche?

Une personne propose chacun de ces termes à une autre qui trouve son contraire dans la liste de droite.

1. perdre	a. appauvrir
2. la guerre	b. économiser
3. l'anarchie	c. la misère
4. sévèrement	d. gagner
5. réel	e. l'autorité
6. vivre	f. vulgaire
7. le luxe	g. mourir
8. dépenser	h. gentiment
9. raffiné	i. imaginaire
10. enrichir	j. la paix

B 1. d
2. j
3. e
4. h
5. i
6. g
7. c
8. b
9. f
10. a

Votre réponse, s'il vous plaît

C Vrai ou faux? Si c'est faux, quelle est la phrase correcte?

1. Henri IV a succédé à Louis XIII.
2. Richelieu approuvait l'autorité royale.
3. Il recommandait les duels.
4. Louis XIV avait un pouvoir constitutionnel.
5. L'Académie française existe de nos jours.
6. Louis XIV a fait beaucoup de guerres.

C 1. Faux. Louis XIII a succédé à Henri IV.
2. Vrai.
3. Faux. Il interdisait les duels.
4. Faux. Il avait un pouvoir absolu.
5. Vrai.
6. Vrai.

D For answers to Ex. D, please refer to the Teacher's Manual.

D Parlons du texte. Répondez aux questions.

1. Quels étaient les trois combats de Richelieu? Et quel était son but?
2. Qu'est-ce qu'un *duel*? Pourquoi Richelieu les a-t-il interdits?
3. Pourquoi Richelieu redoutait-il *(feared)* les protestants?
4. Qui Louis XIV a-t-il épousé? Par amour ou pour une autre raison?
5. Comment l'Académie française a-t-elle commencé?
6. Quel est son but? Pourquoi?
7. Quand Louis va-t-il prendre le pouvoir réel? Par quelle formule indique-t-il, sur ses ordonnances, son pouvoir absolu?
8. Où habitaient les rois avant Versailles?
9. Pourquoi Louis a-t-il construit Versailles?
10. Cherchait-il seulement le luxe ou avait-il un but politique? Lequel?
11. Comment la noblesse perd-elle son pouvoir?
12. Est-ce que la vie à Versailles était très confortable? Pourquoi?
13. Est-ce que le roi favorisait les écrivains? Donnez des exemples.
14. Qui était Colbert? Et Louvois? Comment leur rivalité a-t-elle fini?
15. Est-ce que Louis XIV a fait beaucoup de guerres? Quel était le résultat final de son action militaire?
16. Qu'est-ce qu'on appelle les *salons* du dix-septième siècle? De quoi y parlait-on?

E Analyse et opinion. Répondez aux questions.

1. **Le pouvoir absolu.** Quels sont les avantages et les inconvénients, pour un pays, du pouvoir absolu?
2. **La guerre coûte cher.** «Rien ne coûte aussi cher à un pays que la guerre.» Comment mesure-t-on les pertes causées par la guerre? (Elles ne sont pas seulement financières!)
3. **C'est une erreur?** À votre avis, était-ce une erreur de construire un palais comme Versailles? Donnez vos arguments pour et contre et votre conclusion.

Exprimez-vous

1. **Vivre à Versailles?** C'est une discussion. La classe se divise en deux groupes, *pour* et *contre*. Chaque groupe propose ses arguments sur le sujet: *Auriez-vous aimé vivre à Versailles? Pourquoi?*

2. **Une belle résidence dans votre région.** Allez visiter une belle résidence dans votre région. Qui l'a construite? Pourquoi et quand? Comparez-la à Versailles.

Promenade dans les jardins de Versailles.

Vie et littérature

Les grands auteurs du dix-septième siècle écrivent dans tous les genres. Mais on admire en particulier le théâtre de cette période.

Le théâtre au dix-septième siècle

C'est l'âge du théâtre classique. Encouragés par le Roi-Soleil, les grands auteurs de ce siècle écrivent des pièces, souvent jouées devant la cour et dans les jardins de Versailles.

Les grands auteurs de théâtre

Il y a trois grands noms: Le premier, c'est Corneille; un peu plus tard dans le siècle, Racine, et enfin, Molière.

Corneille et Racine écrivent des tragédies. La tragédie met en scène des personnages nobles souvent pris dans l'histoire ancienne et même la Bible.

Molière écrit des comédies qui mettent en scène des gens ordinaires, des bourgeois de cette période.

Un théâtre en vers

Une pièce de théâtre classique est en cinq actes. Elle est généralement en vers. Ces vers ont 12 syllabes et s'appellent des *alexandrins*. Par exemple:

1 2 3 4 5 6 7 8 9 10 11 12
Nous / so / mmes / tous / mor / tels // et / cha / cun / est / pour / soi.

1 2 3 4 5 6 7 8 9 10 11 12
Lors / que / j'é / tais / aux / champs // n'a- / t-il / point / fait / de / plu / ie*
*(*syllabe muette)*

Quand la dernière syllabe se termine par un *e* muet, elle ne compte pas. C'est une syllabe muette.

L'alexandrin est souvent coupé en plusieurs répliques:

1 2 3
Fort / bel / le.

4 5 6
Le / beau / jour! //

7 8
Fort / beau! /

9 10 11 12
Que / lle / nou / vel / le*
*(*syllabe muette)*

La césure: C'est une coupure, au milieu de l'alexandrin, après la sixième syllabe. Elle marque une brève pause de respiration et contribue au rythme du vers: 6 syllabes // 6 syllabes.

La rime: Les alexandrins du théâtre classique riment deux par deux:

Le / mon / de /, chè / re A / gnès // est / u / ne é / tran / ge / cho / se.

Vo / yez / la / mé / di / san // ce et / co / mme / cha / cun / cau / se.

La règle des trois unités du théâtre classique

Les pièces du théâtre classique se conforment à la règle des trois unités:

1. *unité de temps:* L'action se passe en un seul jour.
2. *unité de lieu:* L'action se passe en un seul endroit, un seul décor.
3. *unité d'action:* Il n'y a qu'une seule «action», pas d'action secondaire.

Pre-reading
Voilà la situation: Agnès a seize ans et Arnolphe, son gardien, a 42 ans et désire l'épouser. Il en a le droit d'après la loi au XVIIe siècle. Que feriez-vous à la place d'Agnès pour épouser, au lieu d'Arnolphe, celui que vous aimez? (Vous sauver? [*run away*] Mentir? Quoi d'autre?)

L'École des femmes

Molière (1622–1673)

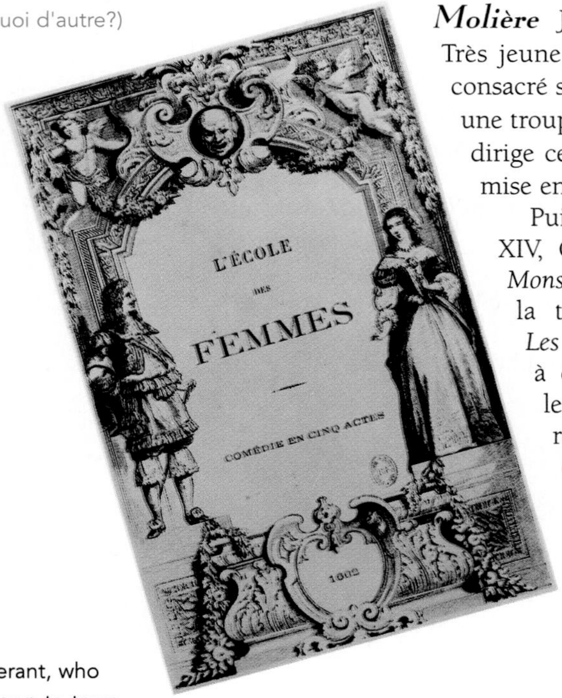
L'ÉCOLE
DES
FEMMES
COMÉDIE EN CINQ ACTES
1662

Molière Jean-Baptiste Poquelin est né à Paris en 1622. Très jeune, il a pris le nom de théâtre de Molière et a consacré sa vie au théâtre. Il s'est joint à l'*Illustre Théâtre,* une troupe d'acteurs ambulants[1]. Pendant quinze ans, il dirige cette troupe, écrit les pièces qu'elle joue, fait la mise en scène[2] et joue les rôles principaux.

Puis, la troupe rentre à Paris. Le frère de Louis XIV, Gaston d'Orléans, qu'on appelle simplement *Monsieur* (titre donné au frère du roi), prend la troupe sous sa protection et elle devient *Les Comédiens de Monsieur**. Molière continue à écrire des pièces, diriger le théâtre et jouer les rôles principaux. Il joue souvent devant le roi et sa cour, dans un des châteaux royaux, ou dans le parc de Versailles (le palais lui-même était encore en construction).

[1] **ambulants** itinerant, who move from town to town
[2] **fait la mise en scène** directs

*At that time, it was the "chic" thing for an important person to protect, and in some ways, to "own" a theater group. One could compare the practice to owning a baseball or a football team today.

Les principales pièces de Molière sont *L'École des femmes, L'École des maris, Tartuffe, L'Avare, Le Bourgeois gentilhomme, Les Femmes savantes* et *Le Misanthrope.* Elles font partie des trésors du théâtre mondial.

La dernière pièce de Molière, c'est *Le Malade imaginaire.* Il avait écrit cette pièce, parce que, très malade de la tuberculose, il toussait beaucoup, et chaque fois qu'il toussait, l'auditoire[3] riait: C'était un malade *«imaginaire»*! Mais, pendant la quatrième représentation, le rideau est tombé à la fin du premier acte et ne s'est pas relevé... Molière était mort sur la scène. Il avait cinquante et un ans.

Les personnages de Molière Ce sont des gens réels, pas des stéréotypes. Et nous reconnaissons leurs émotions, leurs ridicules et leurs faiblesses. Les sentiments humains n'ont pas changé, et c'est pourquoi nous rions aujourd'hui, comme on riait au temps de Molière.

«L'École des femmes» Arnolphe a plus de quarante ans. Quand Agnès avait quatre ans, il l'a prise dans sa maison (c'était une orpheline), est devenu son gardien et l'a fait élever dans un couvent. Maintenant, elle a seize ans, et il a l'intention de l'épouser. Arnolphe a bien préparé son affaire[4]: En Agnès, il a une jeune fille complètement naïve et innocente, et c'est exactment la femme qu'il veut, car il a peur d'être un mari trompé[5].

Quand la scène commence, Arnolphe rentre de la campagne, où il a passé quelques jours dans ses fermes. Il interroge Agnès pour savoir ce qui s'est passé en son absence. Agnès est-elle vraiment complètement naïve? Lisez la scène.

ACTE II, SCÈNE 5

ARNOLPHE: La promenade est belle.

AGNÈS: Fort[6] belle.

ARNOLPHE: Le beau jour!

AGNÈS: Fort beau!

ARNOLPHE: Quelle nouvelle?

AGNÈS: Le petit chat est mort.

ARNOLPHE: C'est dommage; mais quoi?
Nous sommes tous mortels, et chacun est pour soi.
Lorsque j'étais aux champs, n'a-t-il point fait de pluie?

AGNÈS: Non.

ARNOLPHE: Vous ennuyiez-vous?

AGNÈS: Jamais je ne m'ennuie.

ARNOLPHE: Qu'avez-vous fait encor[7] ces neuf ou dix jours-ci?
AGNÈS: Six chemises, je pense, et six coiffes[8] aussi.

[3] **auditoire** audience
[4] **bien préparé son affaire** cleverly set it up
[5] **trompé** cheated on
[6] **fort** quite
[7] **encor** else
[8] **coiffes** caps

ARNOLPHE: *(après un moment)*
Le monde, chère Agnès, est une étrange chose.
Voyez la médisance[9], et comme chacun cause[10]!
Quelques voisins m'ont dit qu'un jeune homme inconnu
Était en mon absence à la maison venu
Mais j'ai voulu gager[11] que c'était faussement...

AGNÈS: Mon Dieu, ne gagez pas, vous perdriez vraiment.

ARNOLPHE: Quoi? C'est la vérité qu'un homme...

AGNÈS: Chose sûre.
Il n'a presque bougé[12] de chez nous, je vous jure.

ARNOLPHE: Mais il me semble, Agnès, si ma mémoire est bonne,
Que j'avais défendu[13] que vous vissiez[14] personne.

AGNÈS: Oui, mais, quand je l'ai vu, vous ignorez[15] pourquoi,
Et vous en auriez fait, sans doute, autant que moi.

ARNOLPHE: Peut-être. Mais enfin, contez-moi cette histoire.

AGNÈS: Elle est fort étonnante et difficile à croire.
J'étais sur le balcon à travailler au frais[16],
Lorsque je vis passer, sous les arbres d'auprès[17]
Un jeune homme bien fait[18], qui, rencontrant ma vue[19],
D'une humble révérence[20] aussitôt me salue;
Moi, pour ne point manquer à la civilité[21],
Je fis la révérence aussi de mon côté.
Il passe, vient, repasse, et toujours de plus belle[22]
Me fait à chaque fois révérence nouvelle.
Et moi, qui tous ces tours fixement regardais,
Nouvelle révérence aussitôt lui rendais;
Tant que[23], si sur ce point[24], la nuit n'était venue,
Toujours, comme cela, je me serais tenue[25],
Ne voulant point céder[26], ni recevoir l'ennui[27]
Qu'il me pût estimer moins civile que lui.

ARNOLPHE: Fort bien.

AGNÈS: Le lendemain, étant sur notre porte,
Une vieille m'aborde[28] en parlant de la sorte[29]:
«Dieu ne vous a point faite une belle personne
Afin de mal user des choses qu'il vous donne,
Et vous devez savoir que vous avez blessé
Un cœur qui, de s'en plaindre, est aujourd'hui forcé.»

ARNOLPHE: *(à part)* Ah, suppôt[30] de Satan, exécrable damnée[31]!

AGNÈS: «Et s'il faut, poursuivit[32] la vieille charitable,
Que votre cruauté lui refuse un secours[33],
C'est un homme à porter en terre[34] dans deux jours.»
«Mon Dieu, j'en aurais, dis-je, une douleur bien grande.
Mais, pour le secourir, qu'est-ce qu'il me demande?»
«Mon enfant, me dit-elle, il ne veut obtenir

[9] **médisance** gossip
[10] **cause** talks
[11] **gager** bet
[12] **presque bougé** hardly moved
[13] **défendu** forbade
[14] **que vous vissiez** you to see
[15] **ignorez** don't know
[16] **frais** where it was cool
[17] **d'auprès** nearby
[18] **bien fait** handsome
[19] **vue** eyes
[20] **révérence** bow
[21] **manquer à la civilité** be impolite (lack good manners)
[22] **de plus belle** more and more
[23] **tant que** to such an extent that
[24] **sur ce point** at that moment
[25] **me serais tenue** I would have stayed
[26] **céder** give up
[27] **ennui** blame
[28] **m'aborde** comes up to me
[29] **de la sorte** in this way
[30] **suppôt** henchman, helper
[31] **exécrable damnée** hateful damned woman
[32] **poursuivit** went on
[33] **secours** assistance
[34] **à porter en terre** who'll have to be buried

Que la joie de vous voir et vous entretenir.»
«Volontiers[35], lui dis-je, et, puisqu'il est ainsi,
Il peut, tant qu'il voudra, me venir voir ici.»

ARNOLPHE: *(à part)* Ah! sorcière maudite[36], empoisonneuse[37] d'âmes,
Puisse l'enfer payer tes charitables trames[38]!

AGNÈS: Qu'avez-vous? Vous grondez[39], ce me semble, un petit[40].
Est-ce que c'est mal fait, ce que je vous ai dit?

ARNOLPHE: Non. Mais de cette vue[41] apprenez-moi les suites[42].
Et comment ce jeune homme a passé ses visites.

AGNÈS: Hélas, si vous saviez comme il était ravi[43],
Comme il perdit son mal[44] aussitôt qu'il me vit,
Le présent qu'il m'a fait d'une belle cassette[45],
L'argent qu'il a donné à Alain et Georgette*,
Vous l'aimeriez sans doute, et diriez comme nous.

ARNOLPHE: Oui, mais que faisait-il étant seul avec vous?

AGNÈS: Il jurait qu'il m'aimait d'une amour sans seconde[46],
Et me disait les mots les plus gentils du monde,
Des choses que jamais rien ne peut égaler.

ARNOLPHE: Outre[47] tous ces discours, toutes ces gentillesses[48],
Ne vous faisait-il point aussi quelques caresses?

AGNÈS: Oh tant[49]! Il me prenait et les mains et les bras,
Et de me les baiser**, il n'était jamais las.

ARNOLPHE: Ne vous a-t-il point pris, Agnès, quelqu'autre chose?

AGNÈS: Eh! Il m'a...

ARNOLPHE: Quoi?

AGNÈS: Pris...

ARNOLPHE: Euh!

AGNÈS: Le...

ARNOLPHE: Plaît-il[50]?

AGNÈS: Je n'ose,
Et vous vous fâcheriez peut-être contre moi.

ARNOLPHE: Non.

AGNÈS: Mais si.

ARNOLPHE: Mon Dieu, non.

AGNÈS: Jurez donc votre foi[51].

*Alain and Georgette are the household servants of Arnolphe. They've been bribed by Horace, the young man in love with Agnes.

****baiser:** You use this verb only in expressions like *baiser la main,* "to kiss someone's hand." Today, we say, for instance: "He kissed her": *Il l'a embrassée.* Use *embrasser* when you mean "to kiss." (It does *not* mean "to embrace," only "to kiss.")

Agnès est-elle complètement naïve? Pas exactement...

[35] **Volontiers** Gladly
[36] **maudite** accursed
[37] **empoisonneuse** poisoner
[38] **Puisse... trames** May you go to hell for your charitable intriguing (plots)
[39] **grondez** are muttering
[40] **un petit** a bit
[41] **vue** meeting
[42] **suites** what came next
[43] **ravi** delighted
[44] **mal** illness
[45] **cassette** (jewel) box
[46] **une amour sans seconde** a love second to none (*Amour* could be feminine in Molière's time. Today, *amour* is masculine.)
[47] **outre** aside from
[48] **gentillesses** sweet nothings, niceties
[49] **tant** so many
[50] **Plaît-il?** I beg your pardon?
[51] **Jurez donc votre foi** Swear to God

Arnolphe: Ma foi, soit[52].

Agnès: Il m'a pris... Vous serez en colère.

Arnolphe: Non.

Agnès: Si.

Arnolphe: Non, non, non, non! Diantre[53]! Que de mystère!
Qu'est-ce qu'il vous a pris?

Agnès: Il...

Arnolphe: *(à part)* Je souffre en damné.

Agnès: Il m'a pris le ruban[54] que vous m'aviez donné.
À vous dire le vrai, je n'ai pu m'en défendre[55].

Arnolphe: (*soulagé*[56]) Passe pour le ruban[57]. Mais je voulais apprendre
S'il ne vous a rien fait que vous baiser les bras.

Agnès: Comment? Est-ce qu'on fait d'autres choses?

Arnolphe: Non pas.
Mais, pour guérir[58] du mal qu'il dit qui le possède,
N'a-t-il point exigé de vous quelque remède?

Agnès: Non. Vous pouvez juger, s'il en eût demandé,
Que pour le secourir, j'aurais tout accordé[59].

Arnolphe: Mais enfin, apprenez qu'accepter des cassettes,
Et de ces beaux blondins[60] écouter les sornettes[61],
Que se laisser par eux, à force de langueur[62],
Baiser ainsi les mains et chatouiller[63] le cœur,
Est un péché mortel des plus gros qu'il se fasse.

Agnès: Un péché, dites-vous! Et la raison, de grâce[64]?
C'est une chose, hélas, si plaisante et si douce,
J'admire quelle joie on goûte à tout cela,
Et je ne savais point encor ces choses-là!

Arnolphe: Mais il faut les goûter en toute honnêteté
Et qu'en se mariant, le crime en soit ôté.

Agnès: N'est-ce plus un péché lorsque l'on se marie?

Arnolphe: Non.

Agnès: Mariez-moi[65] donc promptement, je vous prie*.

Arnolphe: Oh, je ne doute point que l'hymen[66] ne vous plaise.

Agnès: Et si cela se fait, je vous caresserai**!

Arnolphe: Hé! La chose sera, de ma part, réciproque.

Agnès: Je ne reconnais point, pour moi, quand on se moque.
Parlez-vous tout de bon[67]?

---

*Agnès thinks Arnolphe will decide she can marry Horace. He, of course, is only thinking of marrying her himself.

****Je vous caresserai:** Agnès means that she'll show her pleasure and gratitude by affectionate gestures: throwing her arms around his neck, kissing him on the cheek. Naturally Arnolphe, who sees himself as the groom, pictures it differently.

[52] **soit** all right
[53] **Diantre** By Jove!
[54] **ruban** ribbon
[55] **je n'ai pu m'en défendre** I couldn't help it
[56] **soulagé** relieved
[57] **Passe pour le ruban** Never mind about the ribbon
[58] **guérir** to cure
[59] **accordé** granted
[60] **blondins** fair youths
[61] **sornettes** foolish talk
[62] **à force de langueur** so softened up, talked into it
[63] **chatouiller** tickle
[64] **de grâce** I beg you
[65] **Mariez-moi** Marry me off
[66] **hymen** marriage
[67] **tout de bon** seriously

ARNOLPHE: Oui, vous pourrez le voir.

AGNÈS: Nous serons mariés?

ARNOLPHE: Oui.

AGNÈS: Mais quand?

ARNOLPHE: Dès ce soir.

AGNÈS: Hélas, que je vous ai grande obligation!
Et qu'avec lui j'aurais de satisfaction!

ARNOLPHE: Avec qui?

AGNÈS: Avec... lui.

ARNOLPHE: Lui? Il n'est pas de mon compte[68].
À choisir un mari, vous êtes un peu prompte.
C'est un autre* en un mot, que je vous tiens tout prêt,
Et quant à ce monsieur, je prétends[69], s'il vous plaît,
Qu'avec lui, désormais, vous rompiez tout commerce[70]
Lui jetant, s'il heurte[71], un grès** par la fenêtre.
M'entendez-vous, Agnès? Moi, caché dans un coin,
De votre procédé[72], je serai le témoin[73].

AGNÈS: Las! Il est si bien fait. Je n'aurai pas le cœur...

ARNOLPHE: Montez là-haut.

AGNÈS: Mais quoi? Voulez-vous...

ARNOLPHE: C'est assez.
Je suis maître, je parle: Allez, obéissez***.

Abrégé et adapté

[68] **Il n'est pas de mon compte** That doesn't suit me.
[69] **prétends** intend
[70] **commerce** relations
[71] **s'il heurte** should he knock
[72] **procédé** actions
[73] **témoin** witness

Des personnages du théâtre de Molière au XVIIe siècle.

***un autre:** Of course, we know who that "other" is.

****un grès:** "a rock." Agnès *does* obey, and throws a rock at Horace, while Arnolphe is watching her. But we find out she'd wrapped a note around it, inviting Horace to climb the balcony to meet her in her room.

***Agnès obeys... for the time being. And remember, this is a comedy not a tragedy, so it has a happy ending. Agnès will marry Horace in the end and all will be well, with Arnolphe thoroughly shamed and embarrassed.

C'est beau, les mots!

A Le mot approprié. Complétez les phrases suivantes par le mot approprié.

A 1. médisance
2. bougé
3. voisins
4. frais
5. secours
6. sorcière
7. gentillesses
8. baise, embrassez
9. fâche
10. colère
11. guérir

1. Si quelqu'un dit du mal de vous, c'est de la ___ .
2. Vous êtes resté toute la journée à la maison, alors vous dites: «Je n'ai pas ___ de la maison».
3. Les gens qui habitent près de chez vous sont vos ___ .
4. Il ne fait pas chaud, il ne fait pas froid, le temps est entre les deux. Il fait ___ .
5. Quand vous êtes en danger, vous criez: «Au ___ !»
6. On a brûlé Jeanne d'Arc comme ___ .
7. Quelqu'un vous fait un cadeau, des compliments, vous invite à dîner. Ce sont des ___ .
8. Un monsieur ___ la main d'une dame, mais vous ___ *(kiss)* vos parents et vos amies.
9. Luc n'a pas étudié. Il est souvent en retard. Alors un jour, le professeur perd patience et il se ___ .
10. Si on est furieux, on est en ___ .
11. Quand vous êtes malade, vous prenez des médicaments pour ___ , c'est-à-dire pour terminer la maladie.

B Jouez le mot. Par un geste ou une attitude, montrez que vous comprenez le sens des verbes suivants:

B **Teaching Tip:** For *Jouez le mot* see **Teaching Tip** in *Première étape*, page 4.

Note
For additional vocabulary practice, please refer to the Teacher's Manual.

s'ennuyer	**baiser la main**
bouger	**embrasser**
saluer	**jurer**
faire la révérence	**jeter un «grès» par la fenêtre**
se cacher	

Votre réponse, s'il vous plaît

C Vrai ou faux? Si c'est faux, quelle est la phrase correcte?

C 1. Vrai.
2. Faux. Elle aime Horace.
3. Vrai.
4. Vrai.
5. Vrai.

1. Arnolphe a déjà appris les visites d'Horace quand il parle à Agnès.
2. Agnès aime Arnolphe.
3. Arnolphe a l'intention d'épouser Agnès.
4. Agnès hésite à tout raconter à Arnolphe.
5. Arnolphe est jaloux d'Horace.

D Parlons du texte. Répondez aux questions.

D For answers to Ex. D, please refer to the Teacher's Manual.

1. Au début de la scène, qu'est-ce que nous apprenons: Arnolphe revient-il d'un petit voyage? Combien de temps était-il parti?
2. Quelle est la première nouvelle qu'Agnès lui donne?
3. Est-ce qu'Agnès s'ennuyait pendant l'absence d'Arnolphe? Est-ce qu'elle a travaillé? Qu'est-ce qu'elle a fait?
4. Où passait-elle son temps pour travailler? Qui est passé?

5. Qu'est-ce qu'*il* a fait? Et qu'est-ce qu'*elle* a fait? Pourquoi?
6. Qu'est-ce que cette «vieille» a dit à Agnès? Alors, qu'est-ce qu'Agnès a fait?
7. Pourquoi Arnolphe est-il furieux? Comment le montre-t-il?
8. Quelles étaient les intentions d'Arnolphe: épouser Agnès lui-même ou la donner en mariage à un autre?
9. Est-ce qu'Agnès a compris les intentions d'Arnolphe? Qu'est-ce qu'elle a compris?
10. Comment Arnolphe résoud-il la scène quand il comprend qu'Agnès voudrait épouser Horace?

E Analyse et opinion. Répondez aux questions.

1. **Le caractère d'Agnès et le caractère d'Arnolphe.** Quels adjectifs emploieriez-vous pour qualifier Agnès, et pourquoi: simple? naïve? stupide? rusée? raisonnable? obéissante? ingénue? Et pour qualifier Arnolphe: ridicule? jaloux? autoritaire? intransigeant? gentil? sensible (*sensitive*)? cruel? généreux? Pourquoi?
2. **L'attitude d'Agnès et celle d'Arnolphe.** Approuvez-vous l'attitude d'Agnès ou celle d'Arnolphe? Pourquoi? Feriez-vous la même chose à leurs places respectives? Expliquez.

Additional Topic
La différence d'âge. Épouseriez-vous quelqu'un de beaucoup plus âgé(e) que vous? Pourquoi? Est-ce que la différence d'âge est importante, à votre avis? Y a-t-il une différence d'âge idéale?

Exprimez-vous

Le mariage. Au temps de Molière, les parents (ou le gardien) choisissaient le mari ou la femme de leurs enfants. Les enfants étaient obligés d'obéir. Y avait-il des avantages et des inconvénients à ce système? Aujourd'hui, qui choisit le mari ou la femme qui partagera votre vie? Est-ce un meilleur système? Pourquoi?

À votre avis, quelles sont les conditions du mariage idéal et est-ce que l'opinion des parents a une importance? (Leur expérience de la vie, peut-être? Leur affection qui désire le meilleur pour vous?)

Représentation d'une comédie de Molière au XVIIe siècle.

Pre-reading
Vous êtes responsable de l'organisation d'une fête à votre école. Tout va mal et le soir de la fête est un désastre. Quelle est votre réaction?

Madame de Sévigné (comme sa fille, Madame de Grignan) était considérée une beauté de son temps.

Lettre à sa fille sur la mort de Vatel

Madame de Sévigné (1626–1696)

Madame de Sévigné Madame de Sévigné est une marquise, une dame de la société aristocratique, qui va souvent à la cour de Versailles. Elle aime, d'un amour maternel passionné, sa fille qui vit avec son mari en Provence, et elle lui écrit des lettres fréquentes qui sont de petits chefs d'œuvre d'esprit[1], et de l'art de raconter.

Ce sont ces lettres, qui circulent dans toute la bonne société de son temps, qui ont rendu Madame de Sévigné célèbre. On les lit toujours avec le même plaisir.

Vatel Le roi Louis XIV est allé, avec toute sa cour—plus de huit cents personnes—passer quelques jours chez son cousin, le prince de Condé, au château de Chantilly.

Une visite de cette sorte est une énorme responsabilité pour l'hôte, qui désire que tout soit parfait pour le roi et son entourage. La pression[2] sur le personnel[3] est terrible, et vous allez voir comment Vatel, le chef de cuisine, pousse le sens de ses responsabilités jusqu'à la mort.

Vatel est resté célèbre, non seulement comme un homme remarquable, mais comme un exemple de la responsabilité professionnelle poussée à l'extrême.

Paris, 26 avril 1671

C'est dimanche, et cette lettre ne partira que mercredi. Mais ce n'est pas vraiment une lettre, c'est le récit que je vous ai promis des circonstances exactes de la mort de Vatel. Je vous ai écrit vendredi qu'il s'était tué. Voilà l'affaire en détail.

Le roi arriva jeudi soir au château de Chantilly. La chasse[4], les lanternes, le clair de lune[5], le pique-nique dans un endroit couvert de jonquilles[6], tout fut parfait. Tard, le soir, au souper, comme il y avait plus de tables que prévu[7], il n'y eut pas tout à fait assez de rôti pour tout le monde. Vatel, le chef de cuisine, était consterné[8]. Il dit plusieurs fois: «Je suis perdu. Mon honneur est perdu!» Il dit à Monsieur de Gourville*: «La tête me tourne[9], je n'ai pas dormi depuis douze nuits. Et maintenant, cette horrible chose!» Monsieur de Gourville lui répéta que le dîner était splendide, que le rôti n'avait pas manqué à la table du Roi, mais seulement à la vingt-cinquième petite table... Vatel ne voulait rien entendre.

Tard dans la nuit, le feu d'artifice ne réussit pas. Il fut couvert d'un nuage. Et pourtant il coûtait seize mille francs**! Vatel, qui ne dormit pas, était debout à quatre heures le lendemain, et trouva tout endormi dans les cuisines. Il rencontre un jeune garçon qui apportait seulement deux paniers[10] de poisson. «Est-ce tout?» demanda Vatel. «Oui, Monsieur.» Le pauvre garçon ne savait pas que Vatel avait commandé du poisson à tous les ports de mer. Vatel attend un moment, de plus en plus affolé[11]. Enfin, quand il ne voit pas arriver d'autre poisson, il va trouver Monsieur de Gourville, et lui dit: «Je ne survivrai pas à ce déshonneur!» Gourville se moque de lui.

[1] **esprit** wit
[2] **pression** pressure
[3] **personnel** household staff
[4] **chasse** hunting
[5] **clair de lune** moonlight
[6] **jonquilles** daffodils
[7] **prévu** expected
[8] **consterné** appalled
[9] **La tête me tourne** I'm dizzy
[10] **paniers** baskets
[11] **affolé** frantic

***Monsieur de Gourville:** one of the supervisors of the château's household staff.
****seize mille francs:** Today, that would be about $3,000. But in that time of gold francs, it was an enormous sum! Perhaps something like $300,000 or more.

Alors, Vatel monte dans sa chambre, met son épée contre la porte et se la passe à travers le cœur. À la troisième fois, il tombe mort.

Le poisson, pendant ce temps, arrive de tous côtés. On cherche Vatel pour le distribuer. On va à sa chambre, on enfonce[12] la porte, on le trouve mort, couché dans son sang. Le Roi, les Princes, tout le monde fut bien triste, on dit qu'il avait trop le sens de l'honneur, trop de courage, et le désir de trop de perfection.

Adapté de Lettres

[12] **enfonce** break in

Le château de Chantilly, scène de la réception du roi et de la mort de Vatel.

C'est beau, les mots!

A **Le mot approprié.** Complétez les phrases suivantes par le mot approprié.

1. Quand la lune brille, c'est un ___ .
2. Les ___ sont parmi les premières fleurs du printemps.
3. Pour célébrer une occasion importante, on tire un ___ qui illumine le ciel.
4. Dans un ___ , on met des fruits, des légumes, des denrées alimentaires *(foodstuffs)*.
5. Marseille est un important ___ sur la Méditerranée.
6. Pauvre Vatel! Il était ___ quand il a vu qu'il n'y avait pas de poisson!
7. La porte est fermée, on n'a pas la clé, et il faut absolument entrer; alors on ___ la porte.

A 1. clair de lune
2. jonquilles
3. feu d'artifice
4. panier
5. port de mer
6. affolé
7. enfonce

Note
For additional vocabulary practice, please refer to the Teacher's Manual.

B **Jouez le mot.** Par un geste ou une attitude, montrez que vous comprenez le sens des termes suivants:

Le tête me tourne.	**tomber mort**
Je suis affolé(e).	**enfoncer la porte**
endormi(e)	**bien triste**

B **Teaching Tip:** For *Jouez le mot*, see **Teaching Tip** in *Première étape*, page 4.

Votre réponse, s'il vous plaît

C Vrai ou faux? Si c'est faux, quelle est la phrase correcte?

1. Louis XIV va à Chantilly en hiver.
2. Le dîner était servi à de nombreuses tables.
3. Vatel a oublié de commander le poisson.
4. La cour de Louis XIV, c'était une douzaine de personnes.
5. Vatel se suicide parce qu'il pense avoir perdu l'honneur.

C 1. Faux. Louis XIV va à Chantilly au printemps.
2. Vrai.
3. Faux. Il a commandé le poisson à tous les ports de mer.
4. Faux. La cour de Louis XIV, c'était plus de 800 personnes.
5. Vrai.

D Parlons du texte. Répondez aux questions.

1. Pourquoi Madame de Sévigné est-elle célèbre?
2. À qui écrit-elle cette lettre?
3. Chez qui le roi va-t-il avec sa cour? Pourquoi est-ce une pression terrible sur le personnel?
4. Quel temps faisait-il pendant le pique-nique?
5. Plus tard dans la nuit, est-ce que le temps a changé? Comment? Était-ce terrible pour les organisateurs? Pourquoi?
6. Pourquoi Vatel pense-t-il qu'il n'y a pas assez de poisson?
7. Pourquoi Vatel s'est-il suicidé? Et comment? Quelles étaient les réactions du roi et des princes?

D For answers to Ex. D, please refer to the Teacher's Manual.

E Analyse et opinion. Répondez à la question.

Si vous aviez un employé comme Vatel. Aimeriez-vous avoir un employé comme Vatel? Pourquoi?

Exprimez-vous

La responsabilité. Pensez à un épisode de votre vie où vous étiez responsable de quelque chose (Garder votre petit frère? Préparer un repas? Rentrer à une certaine heure? Faire un certain travail?). L'avez-vous fait? Pas fait? Quelles étaient les conséquences? Étiez-vous satisfait(e) de vous-même?

LE DINE DV ROY A L'HOTEL DE VILLE DE PARIS

Un banquet offert au roi à l'Hôtel de Ville (City Hall) *de Paris.* Le roi et les princes gardent leur chapeau. Les autres messieurs sont nu-tête. L'inscription indique que c'est en 1688, une année bissextile *(leap year).*

Perfectionnez votre grammaire

Le subjonctif

Le subjonctif est un *mode**. C'est le mode que prend le verbe quand il est précédé de certaines expressions subjectives.

Une magnifique saucière (sauce dish) *de l'époque de Louis XIV.*

6.1 *Les formes du subjonctif*

A Les neuf subjonctifs irréguliers

Il y a neuf verbes qui ont un subjonctif irrégulier. Ce sont:

être	**que je sois**	faire	**que je fasse**	savoir	**que je sache**
avoir	**que j'aie**	falloir	**qu'il faille**	valoir	**qu'il vaille**
aller	**que j'aille**	pouvoir	**que je puisse**	vouloir	**que je veuille**

B La conjugaison des neuf verbes au subjonctif irrégulier

	ÊTRE	AVOIR	ALLER	VOULOIR
que	je **sois**	j' **aie**	j' **aille**	je **veuille**
que	tu **sois**	tu **aies**	tu **ailles**	tu **veuilles**
qu'	il **soit**	il **ait**	il **aille**	il **veuille**
que	nous **soyons**	nous **ayons**	nous **all**ions**	nous **voul**ions**
que	vous **soyez**	vous **ayez**	vous **all**iez**	vous **voul**iez**
qu'	ils **soient**	ils **aient**	ils **aillent**	ils **veuillent**

	FAIRE	POUVOIR	SAVOIR	FALLOIR
que	je **fasse**	je **puisse**	je **sache**	qu' il **faille**
que	tu **fasses**	tu **puisses**	tu **saches**	**VALOIR**
qu'	il **fasse**	il **puisse**	il **sache**	
que	nous **fassions**	nous **puissions**	nous **sachions**	qu' il **vaille**
que	vous **fassiez**	vous **puissiez**	vous **sachiez**	(surtout employé dans
qu'	ils **fassent**	ils **puissent**	ils **sachent**	l'expression: *il vaut mieux.*)

*Les modes sont: l'indicatif, le conditionnel, l'impératif, le subjonctif. Chaque mode a ses *temps:* présent, passé et futur pour certains.

**Remarquez l'irrégularité de la racine pour la forme *nous* et *vous* des verbes *aller* et *vouloir* qui correspond à celle du présent de l'indicatif.

6.2 Le subjonctif régulier

A Les terminaisons du subjonctif

Tous les verbes, à l'exception de *être* et *avoir,* ont les mêmes terminaisons au subjonctif:

LES TERMINAISONS DU SUBJONCTIF

que je	....	**-e**	que nous	....	**-ions***
que tu	....	**-es**	que vous	....	**-iez***
qu'il	....	**-e**	qu'ils	....	**-ent**

B La racine du subjonctif

Tous les verbes, à l'exception des neuf que nous avons vus, forment leur subjonctif sur la troisième personne du pluriel du présent de l'indicatif.

VERBES RÉGULIERS

regarder	ils	**regard**~~ent~~	que	je regard**e**
réfléchir	ils	**réfléchiss**~~ent~~	que	je réfléchiss**e**
attendre	ils	**attend**~~ent~~	que	j'attend**e**

VERBES IRRÉGULIERS

boire	ils	**boiv**~~ent~~	que	je boiv**e**
devoir	ils	**doiv**~~ent~~	que	je doiv**e**
dire	ils	**dis**~~ent~~	que	je dis**e**
écrire	ils	**écriv**~~ent~~	que	j'écriv**e**
mettre	ils	**mett**~~ent~~	que	je mett**e**
prendre	ils	**prenn**~~ent~~	que	je prenn**e**
tenir	ils	**tienn**~~ent~~	que	je tienn**e**
venir	ils	**vienn**~~ent~~	que	je vienn**e**

C La conjugaison des verbes réguliers des trois groupes

	REGARDER		RÉFLÉCHIR		ATTENDRE	
que	je	**regarde**	je	**réfléchisse**	j'	**attende**
que	tu	**regardes**	tu	**réfléchisses**	tu	**attendes**
qu'	il	**regarde**	il	**réfléchisse**	il	**attende**
que	nous	**regardions**	nous	**réfléchissions**	nous	**attendions**
que	vous	**regardiez**	vous	**réfléchissiez**	vous	**attendiez**
qu'	ils	**regardent**	ils	**réfléchissent**	ils	**attendent**

*La forme *nous* et *vous* de tous les verbes au subjonctif, à l'exception de sept des neuf verbes irréguliers que nous avons déjà étudiés, est la même que pour l'imparfait. (La forme *nous* et *vous* de *aller* et *vouloir* est aussi la même que pour l'imparfait.)

D La conjugaison des verbes irréguliers avec changement de racine

	BOIRE		DEVOIR		PRENDRE		TENIR		VENIR
que	je	**boive**	je	**doive**	je	**prenne**	je	**tienne**	je	**vienne**
que	tu	**boives**	tu	**doives**	tu	**prennes**	tu	**tiennes**	tu	**viennes**
qu'	il	**boive**	il	**doive**	il	**prenne**	il	**tienne**	il	**vienne**
que	nous	**buv**ions*	nous	**dev**ions*	nous	**pren**ions*	nous	**ten**ions*	nous	**ven**ions*
que	vous	**buv**iez*	vous	**dev**iez*	vous	**pren**iez*	vous	**ten**iez*	vous	**ven**iez*
qu'	ils	**boivent**	ils	**doivent**	ils	**prennent**	ils	**tiennent**	ils	**viennent**

E La conjugaison des verbes irréguliers sans changement de racine

		DIRE		ÉCRIRE		METTRE
que	je	**dise**	j'	**écrive**	je	**mette**
que	tu	**dises**	tu	**écrives**	tu	**mettes**
qu'	il	**dise**	il	**écrive**	il	**mette**
que	nous	**disions**	nous	**écrivions**	nous	**mettions**
que	vous	**disiez**	vous	**écriviez**	vous	**mettiez**
qu'	ils	**disent**	ils	**écrivent**	ils	**mettent**

6.3 Remarques générales sur le subjonctif

A Verbes qui ont un *i* dans la racine, comme *rire, étudier, oublier*

Pour ces verbes, il y a deux *i* aux formes *nous* et *vous* du subjonctif et de l'imparfait.

Exemple: **OUBLIER**

PRÉSENT		IMPARFAIT		SUBJONCTIF		
j'	**oublie**	j'	**oubliais**	que	j'	**oublie**
tu	**oublies**	tu	**oubliais**	que	tu	**oublies**
il	**oublie**	il	**oubliait**	qu'	il	**oublie**
nous	**oublions**	nous	**oubl**ii**ons**	que	nous	**oubl**ii**ons**
vous	**oubliez**	vous	**oubl**ii**ez**	que	vous	**oubl**ii**ez**
ils	**oublient**	ils	**oubliaient**	qu'	ils	**oublient**

***Remarquez** que ces verbes ont une irrégularité pour la forme *nous* et *vous* qui correspond à celle qu'ils ont au présent de l'indicatif.

B Verbes qui ont un *y* pour leur forme *nous* et *vous*

Pour ces verbes, il y a un *y* et un *i* pour les formes *nous* et *vous*, à l'imparfait et au subjonctif.

Exemple: **CROIRE**

Présent		Imparfait		Subjonctif		
je	**crois**	je	**croyais**	que	je	**croie**
tu	**crois**	tu	**croyais**	que	tu	**croies**
il	**croit**	il	**croyait**	qu'	il	**croie**
nous	**croyons**	nous	**croyions**	que	nous	**croyions**
vous	**croyez**	vous	**croyiez**	que	vous	**croyiez**
ils	**croient**	ils	**croyaient**	qu'	ils	**croient**

6.4 *Le passé du subjonctif (ou subjonctif parfait)*

Le français contemporain n'emploie, en général, qu'un seul temps passé du subjonctif*. C'est le passé du subjonctif, ou subjonctif parfait.

Le passé du subjonctif est l'équivalent, pour le subjonctif, du passé composé pour l'indicatif.

A La formation et conjugaison du passé du subjonctif

On forme le passé du subjonctif (comme le passé composé) avec l'auxiliaire *avoir* ou *être* (verbes de mouvement, verbes pronominaux et verbes à la voix passive**) au subjonctif présent, et le participe passé du verbe.

Verbes avec *avoir:* **VISITER**			Verbes avec *être:* **PARTIR**		
que j'	**aie**	**visité**	que je	**sois**	**parti(e)**
que tu	**aies**	**visité**	que tu	**sois**	**parti(e)**
qu' il	**ait**	**visité**	qu' elle/il	**soit**	**parti(e)**
que nous	**ayons**	**visité**	que nous	**soyons**	**parti(e)s**
que vous	**ayez**	**visité**	que vous	**soyez**	**parti(e)(s)**
qu' ils	**aient**	**visité**	qu' elles/ils	**soient**	**parti(e)s**

B Les usages du passé du subjonctif

Le passé du subjonctif s'emploie pour indiquer une action antérieure à l'action exprimée par le verbe principal:

VERBE PRINCIPAL AU PRÉSENT: **Il ne me *semble* pas *que vous ayez compris.***

*There are, in fact, four tenses of the subjunctive, but the other two tenses, *imparfait* and *plus-que-parfait du subjonctif* are today strictly literary tenses.

**For reflexive verbs *(verbes pronominaux)* see page 207 and for passive voice verbs *(le passif des verbes)* see pages 333–335.

VERBE PRINCIPAL AU PASSÉ COMPOSÉ: **Nous *avons été* ravis *que vous ayez pu* venir.**

VERBE PRINCIPAL À L'IMPARFAIT: **Beaucoup de gens ne *croyaient* pas *que l'assassin* du président *ait agi* seul.**

6.5 Les usages du subjonctif

A On emploie le subjonctif après certaines expressions subjectives de sentiment personnel (émotion, volonté, désir), et nécessité, doute ou possibilité, quand il y a un changement de sujet:

1. Après *il faut que*

CHANGEMENT DE SUJET	PAS DE CHANGEMENT DE SUJET
Il faut que *je sois* à l'heure.	**Il faut *être* à l'heure.**
Il ne faut pas que *vous fassiez* de fautes.	**Il ne faut pas *faire* de fautes.**

2. Après un adjectif ou un nom qui exprime un sentiment personnel

CHANGEMENT DE SUJET	PAS DE CHANGEMENT DE SUJET
Je suis enchanté que *vous soyez* ici.	**Je suis enchanté d'*être* ici.**

Voilà certains adjectifs et noms qui expriment des sentiments personnels et qui demandent un subjonctif, ou l'infinitif avec *de:*

ADJECTIFS			NOMS
Quelqu'un est:			Quelqu'un a:
enchanté	**triste**	**étonné**	**envie**
content	**désolé**	**surpris**	**hâte**
heureux	**navré** *(sorry)*	**embarrassé**	**besoin**
ravi	**ému** *(moved)*	**enthousiasmé**	**peur**
fier	**gêné** *(embarrassed, awkward)*	**flatté**	**honte**

3. Après un verbe qui exprime un sentiment personnel

Certains verbes comme *aimer, vouloir, préférer, souhaiter, désirer, déplorer, regretter* demandent un subjonctif s'il y a un changement de sujet.

Le parc de Versailles offre une merveilleuse promenade aujourd'hui.

CHANGEMENT DE SUJET	PAS DE CHANGEMENT DE SUJET
Vos parents n'aiment pas que *vous sortiez* pendant la semaine.	**Vous n'aimez pas *sortir* pendant la semaine.**
Mon père préfère que *j'étudie* le soir.	**Je préfère *étudier* le soir.**

4. Après une expression de doute ou possibilité

CHANGEMENT DE SUJET	PAS DE CHANGEMENT DE SUJET
Il est possible que *vous alliez* dans la lune.	**Il est possible d'*aller* dans la lune.**
Je ne doute pas que *vous puissiez* faire ce voyage.	**Moi, je doute de *pouvoir* la faire.**

Voilà des expressions de doute ou possibilité qui demandent un subjonctif quand il y a changement de sujet:

ADJECTIFS	VERBES ET EXPRESSIONS VERBALES
il est: **possible, impossible, douteux, incertain, vraisemblable, invraisemblable**	**il se peut que (= il est possible que)** **douter**
il n'est pas certain, il n'est pas sûr	

Remarquez: Il n'y a pas de subjonctif après *sûr* et *certain* (à l'affirmatif) parce qu'il n'y a pas de doute:

Il est certain que la Terre est ronde.

B Le subjonctif après certaines locutions conjonctives

On emploie le subjonctif après certaines locutions conjonctives quand il y a changement de sujet.

CHANGEMENT DE SUJET	PAS DE CHANGEMENT DE SUJET
Voilà de la monnaie *pour que tu achètes* le journal.	**J'ai de la monnaie *pour acheter* le journal.**
Conduisez lentement *de peur qu'il y ait* des fous sur la route.	**Conduisez lentement *de peur d'avoir* un accident.**

Voilà les locutions les plus employées qui demandent un subjonctif quand il y a changement de sujet.

pour que, afin que, de sorte que	*(so that)*
bien que, quoique	*(although)*
de peur que*	*(for fear that)*
avant que*	*(before)*
à moins que*	*(unless)*
jusqu'à ce que	*(until)*
sans que	*(without)*

Ne courez pas *de peur que* vous *ne* tombiez.
(Don't run because you might fall.)

Remarquez: Toutes les locutions conjonctives ne demandent pas le subjonctif. Vous connaissez déjà celles-ci: *parce que, depuis que, après que* et *pendant que.*

Je suis très content *parce que vous êtes* mon ami.

Comment explique-t-on cette différence? Les locutions qui demandent un subjonctif expriment une idée de but inaccompli *(unfulfilled goal or aim)*. Il est question de quelque chose de futur, de probable, à faire ou à accomplir. Mais elles n'expriment pas quelque chose de factuel comme les locutions qui demandent un indicatif.

C Le subjonctif après les pronoms relatifs *qui que* (who-ever), *quoi que* (whatever) et *où que* (wherever)

***Qui que vous soyez,* il faut obéir aux lois de votre pays.**
***Quoi que nous fassions,* nous sommes toujours en retard.**
***Où que j'aille,* je rencontre des gens que je connais.**

Il existe aussi deux autres expressions, qui sont moins employées et qu'on cite souvent comme exemples des subtilités de l'orthographe française:

***Quelque* belle qu'elle *soit,* la beauté ne suffit pas dans la vie.**
(However beautiful she may be...)

Dans cette expression, *quelque* est invariable et suivi d'un adjectif.

***Quelle que soit* la vérité sur l'assassinat du président, on ne la saura sans doute jamais.**
(Whatever the truth may be...)

Dans cette expression, *quel que* est suivi d'un nom et s'accorde avec ce nom.

L'Hôtel (private residence) *Carnavalet était la maison de Madame de Sévigné à Paris.* (Aujourd'hui, c'est le musée du Vieux Paris.)

*On emploie quelquefois *ne* (appelé *ne* pléonastique) après ces conjonctions pour indiquer une vague idée de négation. Mais il n'est jamais obligatoire.

D Le subjonctif est facultatif (employez-le ou ne l'employez pas, comme vous préférez) après le superlatif (*le plus grand, le meilleur,* etc.) et *premier, dernier, seul* et *unique.*

On tend à l'employer quand il y a une idée de doute:

AVEC IDÉE DE DOUTE	SANS IDÉE DE DOUTE
New York est peut-être *la plus grande ville que je connaisse.*	**New York est sûrement *la plus grande ville que je connais.*** (Je n'ai pas beaucoup voyagé…)

E N'employez pas le subjonctif après *penser, croire, espérer, trouver, il paraît* et *il me semble* à la forme affirmative.

Il est possible, mais pas indispensable, d'employer le subjonctif pour la négation de ces verbes:

AFFIRMATIF	INTERROGATIF	NÉGATIF
Je crois que cette histoire *est* vraie.	**Croyez-vous que cette histoire *soit/est* vraie?**	**Je ne crois pas que cette histoire *soit/est* vraie.**
Je pense que le français *est* difficile.	**Pensez-vous que le français *soit/est* difficile?**	**Je ne pense pas que le français *soit/est* difficile.**
Il me semble que le temps *va* vite!	**Vous semble-t-il que le temps *aille/va* vite?**	**Il ne me semble pas que le temps *aille/va* vite.**

Remarquez: Le subjonctif est impossible après ces verbes à la forme affirmative: *Je crois que vous avez compris.*

La reine Marie-Thérèse et ses dames dans leur carrosse. Le roi les accompagne sur son cheval blanc.

Récapitulation des usages du subjonctif

Subjonctif (Changement de sujet)

1. Après *il faut*
Il faut ***que je fasse*** mon lit.

2. Après les expressions:
d'émotion: Je suis ravi(e) ***que vous soyez*** ici.
de volonté: Je veux ***que vous partiez.***
de possibilité: Il est possible ***que je fasse*** un voyage.
de doute: Je doute ***que vous alliez*** dans la lune.

3. Après certaines locutions conjonctives:
jusqu'à ce que
Restez ***jusqu'à ce que*** je vous ***dise*** de partir.

pour que, afin que, de sorte que
Vous travaillez ***pour que*** votre avenir ***soit*** meilleur. (ou: ***afin que,*** ou: ***de sorte que***)
de peur que
Votez, ***de peur que*** les autres (ne) ***votent*** pour vous.
à moins que
À moins que vous (n')***arriviez*** avant six heures, je partirai sans vous.
bien que, quoique
Bien que je ***sois*** gentil avec vous, et ***quoique*** je vous ***dise*** des choses gentilles, vous êtes désagréable avec moi.

4. Après **qui que, quoi que, où que**
Qui que vous ***soyez, quoi que*** vous ***fassiez, où que*** vous ***alliez,*** n'oubliez pas vos responsabilités.

Infinitif (Pas de changement de sujet)

1. Après *il faut*
Il faut ***faire*** son lit.

2. Après les expressions:
d'émotion: Je suis ravi(e) d'***être*** ici.
de volonté: Je veux ***partir.***
de possibilité: Il est possible de ***faire*** le tour du monde en 26 h.
de doute: Je doute d'***aller*** dans la lune.

3. Après les prépositions:
jusqu'à
Restez *jusqu'à* l'heure de votre départ. (pas de verbe)
pour, afin de
Vous travaillez *pour (afin d')* assurer votre avenir.

de peur de
Votez, ***de peur d'être*** gouverné par le vote des autres.
à moins de
À moins d'arriver à l'heure, on ne trouve plus de place.
Pas d'équivalent

(4.) *Pas de construction parallèle sans le subjonctif.*

Subjonctif possible, mais pas nécessaire (facultatif)

Subjonctif (possible)

Après le superlatif et après les termes de restriction comme *premier, dernier, seul, unique, rien, personne, ne... que* et propositions négatives (quand il y a un doute).

Il *n*'y a peut-être *que* vous qui me *compreniez.*
Tu es *le meilleur* type que je *connaisse,* je crois.
Vous *ne* connaissez *personne* qui *comprenne* le russe?

Après les verbes *penser, croire, espérer, trouver, il me semble* et *il paraît* à la forme interrogative et négative.

Crois-tu que *ce soit/c'est* vrai?
Je ne crois pas que *ce soit/c'est* vrai.
Trouvez-vous que *ce soit/c'est* vraisemblable?
Je ne trouve pas que *ce soit/c'est* vraisemblable.
Espérez-vous qu'il *vienne/viendra?**

Indicatif (certain)

Quand il n'y a pas de doute après le superlatif, *premier, dernier, seul, unique, rien, personne, ne... que* et les propositions négatives (quand il n'y a pas de doute).

Il *n*'y a sûrement *que* vous qui me *comprenez.*
Je suis sûr que tu es *le meilleur* type que je *connais.*
Je *ne* connais absolument *personne* qui *comprend* le russe.

Quand les verbes *penser, croire, espérer, trouver, il me semble* et *il paraît* sont à la forme affirmative.

Je crois que *c'est* vrai.

Je trouve que *c'est* vraisemblable.

Oui, nous espérons qu'il *viendra.*

---

*Il n'y a pas de subjonctif futur en français.

Application

Il faut et le subjonctif

A **Il faut...** Mettez les phrases suivantes au subjonctif après *il faut.*

Nous restons chez nous.
Il faut que nous restions chez nous.

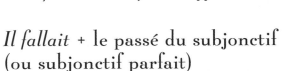

Le bassin d'Apollon dans le parc de Versailles.

1. Je réfléchis longtemps.
2. Tu prends l'autobus.
3. Luc va en ville.
4. Les gens font attention dans la rue.
5. Nous sommes à l'heure.
6. Vous avez de la patience!
7. Mes parents savent où je suis.
8. Mon copain peut me comprendre.
9. Votre sœur est plus gentille que vous!
10. Caroline met son imperméable.
11. Nous buvons une tasse de café.
12. Vous riez quand la classe est drôle.
13. Je te dis qui j'ai vu ce matin.
14. Tu vois ce programme à la télé.
15. Nous courons à la prochaine classe.
16. Il y a un meilleur système d'apprendre le subjonctif!

A 1. Il faut que je réfléchisse...
2. ... que tu prennes...
3. ... que Luc aille...
4. ... que les gens fassent...
5. ... que nous soyons...
6. ... que vous ayez...
7. ... que mes parents sachent...
8. ... que mon copain puisse...
9. ... que votre sœur soit...
10. ... que Caroline mette...
11. ... que nous buvions...
12. ... que vous riiez...
13. ... que je te dise...
14. ... que tu voies...
15. ... que nous courions...
16. ... qu'il y ait...

Il fallait + le passé du subjonctif (ou subjonctif parfait)

B **Il fallait que je...** Qu'est-ce qu'il fallait que vous ayez fait *avant* de venir à l'école?

téléphoner à un copain
Il fallait que j'aie téléphoné à un copain.

1. embrasser ma mère
2. dire au revoir à mon père
3. habiller mon petit frère
4. réviser mes leçons
5. préparer mon sandwich de midi
6. mettre ma chambre en ordre
7. prendre mes affaires
8. sortir de la maison
9. aller chez mon copain
10. l'attendre un moment
11. monter dans sa voiture
12. faire cinq kilomètres

B 1. Il fallait que j'aie embrassé...
2. ... que j'aie dit...
3. ... que j'aie habillé...
4. ... que j'aie révisé...
5. ... que j'aie préparé...
6. ... que j'aie mis...
7. ... que j'aie pris...
8. ... que je sois sorti(e)...
9. ... que je sois allé(e)...
10. ... que je l'aie attendu...
11. ... que je sois monté(e)...
12. ... que j'aie fait...

C **Il fallait que nous...** Qu'est-ce qu'il fallait que vous ayez fait *avant* de commencer cette classe?

étudier le français pendant plusieurs années
Il fallait que nous ayons étudié le français pendant plusieurs années.

1. apprendre à parler français
2. obtenir une bonne note dans les classes précédentes
3. ne pas oublier ce que nous avons appris
4. comprendre la grammaire élémentaire

Mais il n'etait pas nécessaire que nous:

5. aller en France
6. traverser l'Atlantique
7. monter dans un avion d'Air France
8. apporter des fleurs au professeur tous les jours

C 1. Il fallait que nous ayons appris...
2. ... que nous ayons obtenu...
3. ... que nous n'ayons pas oublié...
4. ... que nous ayons compris...
5. Mais il n'était pas nécessaire que nous soyons allé(e)s...
6. ... que nous ayons traversé...
7. ... que nous soyons monté(e)s...
8. ... que nous ayons apporté...

Subjonctif ou infinitif?

D **Lequel choisir?** Avec les deux phrases qui vous sont proposées, faites-en une seule. Employez le subjonctif quand il est nécessaire et l'infinitif dans les autres cas.

Louis XIV aime / On l'appelle le Roi-Soleil.
Louis XIV aime qu'on l'appelle le Roi-Soleil.

1. Louis XIV

   Il veut / Les seigneurs résident à Versailles.
   Il a peur / Le peuple de Paris fait une révolution.
   Il aime / Il organise des fêtes dans le parc de Versailles.

2. *L'École des femmes*

   Arnolphe est furieux / Horace vient à la maison en son absence.
   Agnès adore / Horace lui fait la cour *(courts her)*.
   Horace déteste l'idée / Arnolphe peut épouser Agnès.
   La vieille femme veut convaincre Agnès / Horace est amoureux d'elle.
   Nous, les lecteurs, sommes contents / Agnès et Horace font un mariage d'amour.

3. Vatel (Mme de Sévigné)

   Il est consterné / Il n'y a pas suffisamment de rôti.
   Il est terrifié / Il perd sa bonne réputation.
   Il préfère / Il meurt.
   Nous, les lecteurs, nous regrettons / Il a un sens si développé de ses responsabilités.

D For answers to Ex. D, please refer to the Teacher's Manual.

La statue de Madame de Sévigné au château de Grignan, en Provence (résidence de sa fille bien-aimée) où elle est morte.

L'arrivée d'un cortège au château de Versailles. Louis XIV a ajouté beaucoup de constructions élégantes, agrandi et embelli les jardins.

Le subjonctif après les locutions conjonctives

E À moins que... Transformez les deux phrases qui vous sont proposées en une seule.

Je vous aime. / Vous n'êtes pas gentil avec moi. (bien que)
Je vous aime bien que vous ne soyez pas gentil avec moi.

E For answers to Ex. E, please refer to the Teacher's Manual.

1. Ce monsieur apporte des fleurs à sa femme. / Elle est contente. (pour)
2. Je relis ce que j'écris. / Je fais des fautes. (de peur)
3. Vous arriverez en retard. / Nous partons plus tôt. (à moins)
4. Quelquefois, mes parents se disputent. / Ma mère commence à rire. (jusqu'à)
5. Nous voulons arriver. / Vous êtes parti. (avant)
6. Téléphone-moi ce soir. / Je te téléphone le premier. (à moins)
7. Nous dormons bien la veille. / Nous sommes en forme pour l'examen. (afin)
8. On nous explique les problèmes. / Nous les comprenons. (pour)
9. La comédie présente des personnages drôles. / Nous rions beaucoup. (afin)

Le subjonctif après *penser, croire, espérer, trouver* et *il me semble*

F Subjonctif ou indicatif? Complétez chaque phrase avec le verbe indiqué au subjonctif ou à l'indicatif, selon le cas. (Attention! Quand y a-t-il et quand n'y a-t-il pas de subjonctif après ces verbes?)

Je trouve que vous ___ charmant. (être)
Je trouve que vous êtes charmant.

1. Pensez-vous que tous les problèmes ___ une solution? (avoir)
2. Il me semble que nous ___ beaucoup. (étudier)
3. Je ne trouve pas que le français ___ compliqué. (être)
4. Croyez-vous que les guerres ___ être bonnes? (pouvoir)
5. Vous semble-t-il que Louis XIV ___ raison de construire Versailles? (avoir)
6. Beaucoup de gens pensent que les autres ne ___ pas la situation. (comprendre)
7. Nous trouvons que cette classe n' (ne) ___ pas difficile. (être)
8. Moi, je trouve que je ___ parfait. Mais il me semble que les autres ___ souvent des erreurs. (être, faire)

F 1. Pensez-vous que tous les problèmes aient une solution?
2. Il me semble que nous étudions beaucoup.
3. Je ne trouve pas que le français soit compliqué.
4. Croyez-vous que les guerres puissent être bonnes?
5. Vous semble-t-il que Louis XIV a eu raison de construire Versailles?
6. Beaucoup de gens pensent que les autres ne comprennent pas la situation.
7. Nous trouvons que cette classe n'est pas difficile.
8. Moi, je trouve que je suis parfait. Mais il me semble que les autres font souvent des erreurs.

G Avec imagination. Complétez les phrases suivantes avec imagination. Employez un subjonctif, un indicatif ou un infinitif suivant le cas.

Luc est content que...
Luc est content que Caroline lui téléphone souvent.

1. Ma mère est ravie que ___ .
2. C'est la première fois que ___ .
3. Voudriez-vous que ___ ?
4. Je ne crois pas que ___ .
5. Avez-vous envie de ___ ?
6. Nous regrettons que ___ .
7. Il faut absolument que ___ .
8. Caroline est la plus jolie fille que ___ .
9. As-tu peur de ___ ?
10. Luc a hâte de ___ .
11. Nous sommes heureux de ___ .
12. Nous sommes fiers que ___ .

G Answers will vary.

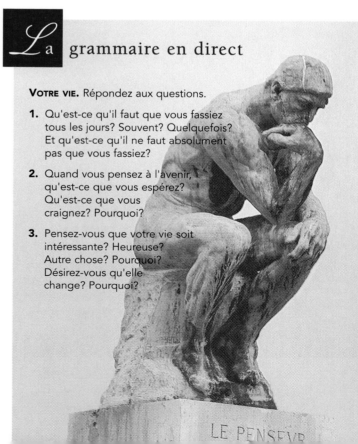

La grammaire en direct

Votre vie. Répondez aux questions.

1. Qu'est-ce qu'il faut que vous fassiez tous les jours? Souvent? Quelquefois? Et qu'est-ce qu'il ne faut absolument pas que vous fassiez?
2. Quand vous pensez à l'avenir, qu'est-ce que vous espérez? Qu'est-ce que vous craignez? Pourquoi?
3. Pensez-vous que votre vie soit intéressante? Heureuse? Autre chose? Pourquoi? Désirez-vous qu'elle change? Pourquoi?

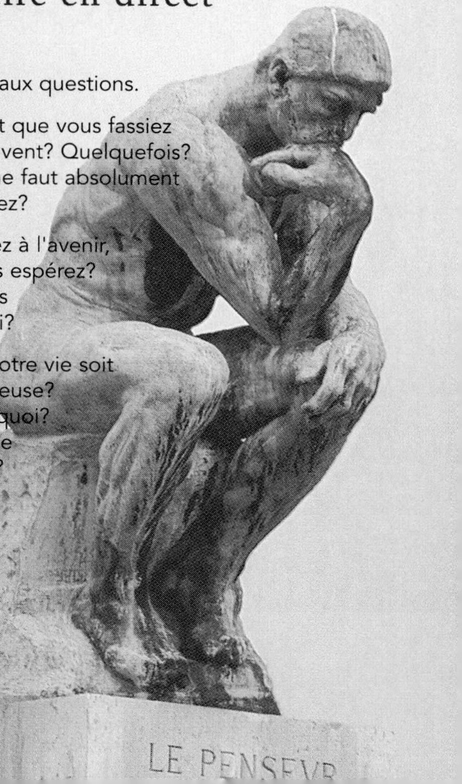

L'art du dix-septième siècle

L'architecture et la peinture C'est l'art du Grand Siècle, l'âge du Roi-Soleil. C'est celui qui a produit l'immense palais de Versailles (voir page 180), ses peintures héroïques, ses meubles richement décorés et ses jardins.

Il n'est pas étonnant que de grands artistes du siècle aient travaillé à Versailles. L'architecte du palais était Mansart. Il a transformé le «petit» château de Louis XIII en un palais pour Louis XIV. C'est aussi Mansart qui a dessiné et construit l'élégante place Vendôme à Paris. La décoration de Versailles était dirigée par Le Brun, protégé de Colbert et premier peintre du roi. C'est lui qui a peint les grandes scènes de victoire des salons royaux. Enfin, Le Nôtre est le paysagiste qui a conçu les jardins et le parc de Versailles. C'est lui qui a créé le style des jardins «à la française», avec leurs vastes perspectives géométriques, leurs fontaines et leur peuple de statues.

Un grand portraitiste est Philippe de Champaigne (voir son portrait de Richelieu, page 152), remarquable par sa palette frappante de rouges, noirs et blancs. Nous avons beaucoup de ses portraits, entre autres ceux de Louis XIII et Mazarin.

Parmi les peintres qui illustrent ce siècle, retenons Claude Le Lorrain, qui peint de vastes tableaux, souvent tirés de l'antiquité ou de la mythologie. *Ulysse remet Chryséis à son père* prend pour prétexte une scène de l'antiquité légendaire et nous montre un majestueux paysage marin, entouré de nobles colonnes et baigné d'une lumière dorée.

«Ulysse remet Chryséis à son père», par Claude Le Lorrain. Le peintre prend cette scène de *L'Iliade* comme prétexte à ce majestueux paysage marin entouré de nobles colonnes. Remarquez la lumière dorée qui baigne l'atmosphère.

Georges de la Tour était l'élève du peintre italien Caravaggio (en français on dit Le Caravage), maître des effets de lumière dramatiques. Comme son maître, La Tour se caractérise par ses scènes d'ombre où une seule source de lumière fait apparaître les personnages comme scultpés. Dans sa *Nativité,* la bougie, cachée par la main de la femme de droite, est cette source.

On peut aussi nommer Nicolas Poussin, un Français, mais qui passe la plus grande partie de sa carrière à Rome, et dont *Les Bergers d'Arcadie* sont célèbres. Et n'oublions pas les frères Le Nain, trois frères qui présentent des scènes réalistes de la vie des paysans, chose rare au dix-septième siècle.

Les meubles Il est intéressant de noter que les salles à manger n'existaient pas encore: À Versailles, on dressait[1] une table sur des tréteaux[2] pour les repas du roi. Il n'y avait donc pas de meubles de salle à manger. Par contre, il fallait meubler les magnifiques salons et il nous reste des fauteuils, des cabinets, des bureaux et tables de bureau, des commodes à tiroirs[3], tous extrêmement riches et ornés.

L'ébéniste[4] le plus admiré de ce siècle est Boulle. Les meubles signés Boulle sont caractérisés par leur luxueuse marqueterie[5] de bois rares, d'écaille[6], d'argent ou de pierres semi-précieuses. Ils sont souvent ornés de sculptures de bronze doré. Visitez des musées et vous y verrez en plus grand détail l'art de chaque époque, ses peintures, ses sculptures, ses objets d'art et son mobilier[7].

1 **dressait** set up, mounted
2 **tréteaux** trestles
3 **commodes à tiroirs** chests of drawers
4 **ébéniste** cabinet maker
5 **marqueterie** inlaid work
6 **écaille** tortoise shell
7 **mobilier** furnishings, furniture

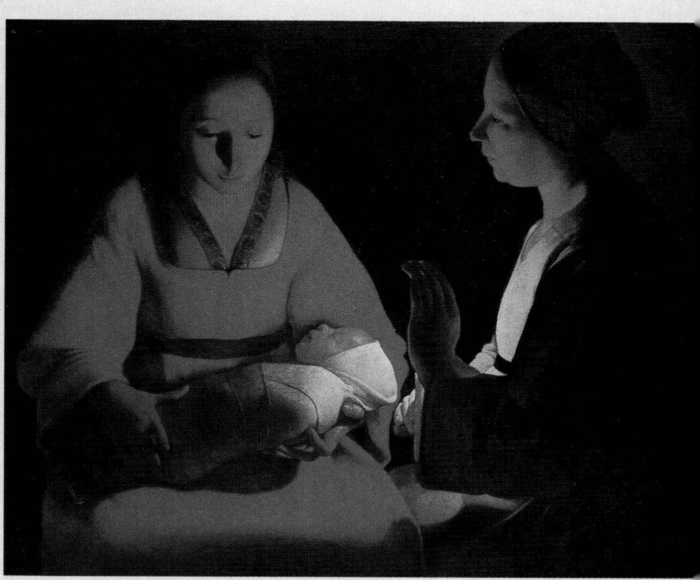

«La Nativité», par Georges de La Tour. La seule source de lumière, une bougie à demi-cachée, illumine dramatiquement l'enfant Jésus et sculpte les personnages.

Discussion

1. Quels sont les artistes qui ont contribué à la construction du palais de Versailles? Quel rôle a joué chacun?
2. Décrivez le tableau de Claude Le Lorrain, *Ulysse remet Chryséis à son père.* Aimez-vous cet art, et pourquoi?
3. Qu'est-ce qui vous frappe dans le tableau *La Nativité* de Georges de La Tour? Quelles sont vos impressions devant ce tableau?
4. Que savez-vous sur les meubles du XVIIe siècle?

Une commode de Boulle. Examinez la marqueterie de bois rares et d'écaille et les bronzes dorés qui ornent ce meuble pour avoir une idée de l'art de Boulle, le grand ébéniste du XVIIe siècle.

Septième Étape

«Le déjeuner d'huîtres»: Une scène du XVIIIème siècle.

Un peu d'histoire

Le dix-huitième siècle

Lancret, peintre du XVIIIe siècle, est célèbre pour ses scènes sentimentales.

Le règne de Louis XIV est trop long. Les dernières années de sa vie sont difficiles: Les finances royales sont épuisées[1] par les guerres et le peuple est écrasé[2] sous les impôts[3]. Les nobles qui, au début, aimaient tant Versailles, sont fatigués de l'étiquette rigide imposée par le vieux roi. Louis a la tristesse de voir mourir son fils et son petit-fils. Quand il meurt lui-même, en 1715, à l'âge de 77 ans, il reste seulement son arrière-petit-fils[4], un enfant de cinq ans, qui devient roi sous le nom de Louis XV*. (Au même âge que Louis XIV lui-même en 1643).

La Régence (1715–1723)

Il est évident qu'un enfant de cinq ans ne peut pas prendre la responsabilité du gouvernement et a besoin d'un régent. C'est son oncle, le duc d'Orléans, qui va assurer la régence. Le duc d'Orléans aime surtout les plaisirs. Le Palais-Royal, où il habite—ancienne[5] résidence de Richelieu—et qui existe de nos jours, est le rendez-vous d'une petite cour scandaleuse qui pense surtout à s'amuser.

Les nobles, qui détestent maintenant leurs appartements sans confort de Versailles, se précipitent[6] à Paris où ils se font construire de très belles maisons qu'on appelle des hôtels particuliers**. Il existe encore aujourd'hui une quantité de ces hôtels particuliers, comme l'hôtel Biron où est le Musée Rodin, ou le Palais de l'Élysée, qui était l'hôtel de Mme de Pompadour, et sert aujourd'hui de résidence officielle au Président de la République française.

La Régence est une période de luxe et d'élégance exquise pour les gens riches, mais pour les pauvres gens, la misère[7] augmente, les impôts sont trop lourds et la vie est chère. Le régent doit trouver le moyen de financer les dépenses du gouvernement.

***Louis XV:** There were, in fact, three little princes, three brothers who became ill from the same measles epidemic that carried off their parents. The two older ones died. Only the youngest, hidden from the doctors by his nurse, Madame de Ventadour, survived, to reign as Louis XV. (Medical treatment, at the time, involved bleeding and purging with strong laxatives. This lowered body temperature, but patients, especially children, often went into shock caused by dehydration, and died. Chances of surviving childhood diseases were much better without such treatment.)

****un hôtel particulier:** not a hotel in the modern sense of the word. It is rather a sort of miniature château, complete with a courtyard for carriages, stables, service buildings, a park and a garden, built within a town.

1 **épuisées** depleted, used up
2 **écrasé** crushed, overwhelmed
3 **impôts** taxes
4 **arrière-petit-fils** great-grandson
5 **ancienne** former
6 **se précipitent** rush
7 **misère** poverty

CHRONOLOGIE

1715
Mort de Louis XIV. Louis XV, âgé de cinq ans, devient roi.

1715–1723
La Régence: Le duc d'Orléans assure la régence pendant la minorité de Louis XV.

1716
Le système de Law

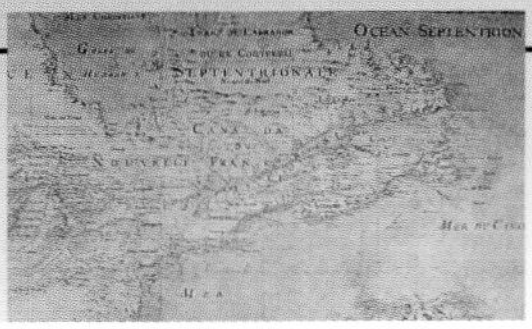

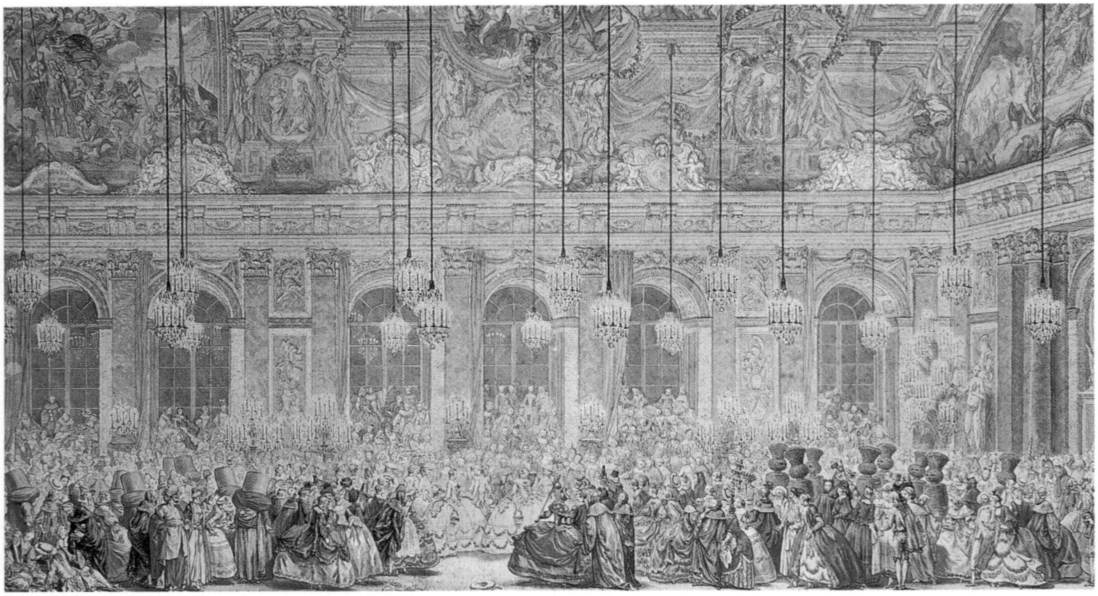

Un bal costumé sous Louis XV.

Did You Know?
La Compagnie du Mississippi: Au début, on employait l'argent pour payer des intérêts fabuleux aux investisseurs, augmentant naturellement leur enthousiasme. C'est ainsi que des centaines de personnes ont fait des fortunes avant la panique générale.

La Compagnie du Mississippi (1720) et le système de Law

Le trésor royal est vide. L'État ne peut plus payer ses dettes. Alors, le régent a recours à[8] un financier anglais, Law, qui a une idée originale pour trouver de l'argent.

La France a récemment (1699) établi une colonie en Amérique. C'est la Louisiane, nommée en l'honneur du roi Louis XIV. Sa capitale, la Nouvelle-Orléans, est nommée en l'honneur du régent, le duc d'Orléans. Les limites de ce territoire couvrent approximativement dix états du Midwest d'aujourd'hui, c'est-à-dire la rive ouest du Mississippi jusqu'aux Grands Lacs. Law fonde la Compagnie du Mississippi et met en vente[9] des actions[10] au public*. Cette Compagnie doit exploiter les richesses du Nouveau Monde au profit des actionnaires[11]. La publicité[12] montre des montagnes de pierres précieuses, des colons[13] assis sous des palmiers, entourés de trésors et de fruits exotiques! Les actions ont un immense succès. Les bureaux de vente sont dans une petite rue, la rue Quincampoix (elle existe toujours). Les gens se précipitent en si grand nombre qu'il y a des morts, écrasés par la foule, pressée d'échanger son argent contre les précieuses actions.

[8] **a recours à** resorts to, has recourse to
[9] **met en vente** sells, puts up for sale
[10] **actions** stocks, shares
[11] **actionnaires** shareholders
[12] **publicité** advertising
[13] **colons** colonists

*Law was actually selling stock in America. There is no doubt that, if the intention of the company had been honest, the purchase of stock based on the development and future growth of America would have been a splendid investment.

1720
La Compagnie du Mississippi fait faillite.

1723–1774
Règne personnel de Louis XV

1754–1764
Madame de Pompadour favorite

Hélas, l'argent ainsi rassemblé n'est pas envoyé en Amérique pour servir au développement de la vallée du Mississippi. Il reste en France, où il sert à payer les dettes les plus pressantes du gouvernement.

Après quelque temps, le public, qui soupçonne[14] une fraude, demande le remboursement des actions. C'est encore une terrible panique qui se développe. La même foule se précipite aux bureaux de la Compagnie pour essayer de récupérer son argent. Dans une scène semblable à[15] celle de l'achat des actions, il y a de nouveau des morts dans la rue Quincampoix, écrasés par la foule en panique.

Mais il n'y a pas assez d'argent pour rembourser, et avec la faillite[16] du système de Law, la confiance du peuple français dans son gouvernement est perdue. Pendant tout le reste du dix-huitième siècle, le gouvernement va manquer[17] d'argent.

Louis XV le Bien-Aimé

C'est ainsi que les Français, pleins d'enthousiasme, appellent leur jeune roi, car ils espèrent qu'il va tout changer et rendre leur vie meilleure. Hélas, c'est une erreur! Louis était un enfant gâté[18]. Adulte, il est paresseux, pense surtout à ses distractions[19], et bâille[20] ostensiblement[21] aux réunions[22] du Conseil Royal. Il a hérité du pouvoir absolu de Louis XIV, est isolé du peuple à Versailles. Il ne connaît pas la situation à Paris et dans les provinces.

Il adore la construction. Plusieurs des grands salons de Versailles seront transformés en petits appartements, intimes et confortables. Il fait bâtir le Petit Trianon, dans le parc de Versailles. Le style des meubles[23] Louis XV, avec ses proportions exquises et ses lignes courbes[24], reste aujourd'hui le style le plus prisé[25] des amateurs d'antiquités[26].

Louis XV en grand costume royal.

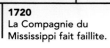

14 **soupçonne** suspects
15 **semblable à** similar to, like
16 **faillite** bankruptcy, failure
17 **manquer** lack
18 **gâté** spoiled
19 **distractions** amusements, recreation
20 **bâille** yawns
21 **ostensiblement** openly, obviously
22 **réunions** meetings
23 **meubles** furniture
24 **lignes courbes** curving lines
25 **prisé** prized, highly valued
26 **amateurs d'antiquités** antique collectors

Madame de Pompadour, favorite de Louis XV, a favorisé les philosophes.

Did You Know?
L'Église détestait Madame de Pompadour parce qu'elle vivait avec Louis XV sans être mariée avec lui et aussi parce qu'elle avait une grande influence sur lui et qu'elle était en faveur des idées libérales, opposées à celles de l'Église.
Après la mort de Madame de Pompadour, la favorite sera Madame du Barry que Marie-Antoinette déteste et qui sera chassée de Versailles à la mort de Louis XV.

Madame de Pompadour

Née Jeanne Poisson, c'est une bourgeoise, pas une aristocrate. Mais elle est très jolie, intelligente et charmante. Le roi remarque[27] sa beauté et lui donne le titre de marquise de Pompadour. Pendant vingt ans, elle vivra à Versailles comme favorite du roi dont elle partage les goûts pour la construction et la décoration. Elle collectionne des multitudes d'objets d'art, soutient et encourage les artistes et les écrivains.

*Les nouvelles idées: l'*Encyclopédie *(1751)*

Après l'autorité totale du temps de Louis XIV, l'indifférence du roi cause une période de liberté, et surtout de liberté des idées. À certaines questions, on propose des réponses impossibles sous Louis XIV. Par exemple, sous Louis XIV, la réponse à la question: «Qu'est-ce que le roi?» aurait été: «Le roi est le représentant de Dieu sur la terre». Maintenant, la réponse tend à dire: «Le roi est un despote[28]. C'est un homme comme les autres, mais qui profite de sa situation pour exploiter le peuple». Paroles excitantes quand on les entend pour la première fois, mais dangereuses pour l'ordre établi. Les penseurs du dix-huitième siècle s'appellent des philosophes, mais ils s'intéressent à tous

[27] **remarque** notices, takes note of
[28] **despote** despot, tyrant

les sujets, pas seulement à la philosophie. À «Qu'est-ce que l'Église?», les philosophes répondent: «Un système d'oppression». «Et le peuple? Est-ce le serviteur[29] obéissant du roi et de l'Église?» «Non! disent les philosophes, c'est le contraire. Le roi devrait être le serviteur du peuple.»

Un groupe de ces philosophes, Diderot, d'Alembert et Condorcet, publient en 1751 l'*Encyclopédie*. Ce gros dictionnaire donne une définition de chaque mot, chaque idée. Il y a des pages très bien illustrées sur les sciences, les arts, l'industrie.

Mais parmi les mots dont l'*Encyclopédie* propose une définition, il y a *roi, peuple, église, dieu, loi,* etc. Ces définitions sont celles que vous avez vues ou que vous imaginez. L'Église, furieuse, demande au roi l'interdiction[30] du livre.

Madame de Pompadour, qui n'est pas religieuse, et qui n'aime pas beaucoup l'Église (un sentiment réciproque) encourage les Encyclopédistes. Le roi? Paresseux, il n'a pas lu l'*Encyclopédie*. Sous la pression de l'Église, il finit par l'interdire. Naturellement, cette interdiction rend le livre encore plus populaire.

Comme vous le savez, il est facile d'interdire un livre, mais comment interdit-on une pensée? Une idée?

Une page de l'«Encyclopédie» qui illustre l'agriculture.

La marche des idées

Les auteurs de l'*Encyclopédie* ne sont pas seuls. Une idée prévalente, au dix-huitième siècle, c'est que «Tout est pour le mieux dans le meilleur des mondes possibles*». Remarquez bien le mot *possibles*. La phrase veut dire que tout n'est pas parfait, mais qu'il est impossible de rendre le monde meilleur. Voltaire attaque cette idée avec humour mais férocité dans *Candide* et proteste de toutes les façons possibles contre le pouvoir arbitraire du roi et de l'Église.

Remarquez que dans la phrase de Leibnitz, le mot-clé est *possibles*. Il ne dit pas que tout est pour le mieux; seulement que tout est pour le mieux *dans le domaine du possible*.

Rousseau étudie les causes de l'inégalité entre les hommes et propose un système par lequel chaque personne vote pour participer au gouvernement, puis accepte la volonté de la majorité. Idée complètement nouvelle, c'est la démocratie! Et comme il faut éduquer les hommes pour en faire des citoyens responsables, il écrit *Émile, ou de l'Éducation*. Il y propose un système d'éducation des enfants: développer leur jugement et leur sens des responsabilités au lieu de leur faire apprendre par cœur des choses qu'ils ne comprennent pas. L'éducation américaine, aujourd'hui, est basée dans une large mesure sur les idées de Rousseau.

Il est clair que des changements profonds dans le gouvernement sont nécessaires et que la vieille autorité, acceptée sous Louis XIV, est maintenant obsolète. Mais à toutes les suggestions le roi répond: «Après moi, le déluge!**»

C'est donc une situation bien difficile qu'il laisse à son successeur quand il meurt en 1774, après un autre trop long règne.

[29] **serviteur** servant
[30] **interdiction** banning

---

*This well-known phrase from the German philosopher Leibnitz tended to keep people, if not happy, at least resigned to their condition and the state of things around them since it indicated that any change would have to be for the worse. The moment "All is for the best in the best of all possible worlds" was questioned, it opened the floodgates to any number of questions about, for instance, the absolute power of the king, or the distribution of taxes, paid exclusively by the common people. (Nobles and clergy paid no taxes.)

**Meaning that anything, the deluge, for instance, could come after him; he didn't care, as long as things lasted as long as he did. Like Louis XIV's remark *"L'État, c'est moi,"* it may or may not have been actually uttered, but it does reflect fairly accurately Louis XV's attitude.

C'est beau, les mots!

A 1. petit-fils, petite-fille, arrière-petit-fils, arrière-petite-fille
2. précipitez
3. dette
4. actions
5. écrasez
6. foule
7. gâté
8. distractions
9. chefs
10. meubles
11. lois, interdit

A **Le mot approprié.** Complétez les phrases suivantes par le mot approprié.

1. Quand la fille de Monsieur Durand a un enfant, c'est le ___ ou la ___ de M. Durand. Quand cet enfant grandit et a des enfants, ce sont l' ___ et l' ___ de M. Durand.
2. Votre petit ami doit téléphoner ce soir. Alors vous vous ___ quand le téléphone sonne.
3. Si on emprunte de l'argent, c'est une ___ qu'il faut rembourser.
4. Une compagnie vend des ___ dont la valeur varie en Bourse *(Stock Market)*.
5. Si vous marchez sur un insecte, vous ___ ce pauvre insecte.
6. À un concert donné par un groupe célèbre, il y a toujours une ___ de spectateurs.
7. Un enfant qui est insupportable, sans discipline, est probablement un enfant ___ .
8. La télé, le cinéma, les sports, les soirées avec des amis, ce sont vos ___ .
9. Un président, un roi sont des ___ d'état.
10. Les tables, les lits, les chaises sont des ___ .
11. Les bons citoyens obéissent aux ___ de leur pays. Il est ___ de faire quelque chose de contraire à la loi.

B **Teaching Tip:** For *Jouez le mot*, see **Teaching Tip** in *Première étape*, p. 4.

B **Jouez le mot.** Par un geste ou une attitude, montrez que vous comprenez le sens des termes suivants:

bâiller	**paresseux**
se précipiter (vers la fenêtre)	**la tristesse**

Une réunion imaginaire de tous les philosophes: Voltaire, Rousseau, Condorcet, Diderot, d'Alembert etc.

Votre réponse, s'il vous plaît

C Vrai ou faux? Si c'est faux, quelle est la phrase correcte?

1. La Nouvelle-Orléans est nommée en l'honneur de Jeanne d'Arc qui a délivré la ville d'Orléans.
2. Les limites de la Louisiane sont les mêmes aujourd'hui qu'au dix-huitième siècle.
3. Il y a des pierres précieuses dans la vallée du Mississippi.
4. Madame de Pompadour est l'amie des artistes et des écrivains.
5. Les philosophes s'intéressent à d'autres sujets que la philosophie.

D Parlons du texte. Répondez aux questions.

1. Pourquoi le règne de Louis XIV est-il trop long?
2. Qui lui succède? Pourquoi? Quel âge a-t-il?
3. Qui est le régent? Que savez-vous de son caractère?
4. Qu'est-ce qui caractérise la période de la Régence? Quel est le problème fondamental?
5. Qu'est-ce que la Louisiane au dix-huitième siècle? Est-elle différente aujourd'hui?
6. Qui appelle Law? Que fait ce dernier?
7. Que doit faire la Compagnie du Mississippi? Est-ce que sa publicité reflète la vérité? Pourquoi?
8. Quelle est la réaction du public à l'offre d'achat?
9. Comment finit la Compagnie du Mississippi? Quelles sont les conséquences nationales?
10. Pourquoi la rue Quincampoix est-elle célèbre?
11. Pourquoi le peuple appelle-t-il Louis XV «le Bien-Aimé»? Mais est-ce que ces sentiments changent? Pourquoi?
12. Quels goûts le roi et Madame de Pompadour ont-ils en commun?
13. Comment commence la marche des idées?
14. Qu'est-ce que l'*Encyclopédie?* Qui sont ses auteurs? Pourquoi est-elle dangereuse pour le roi?
15. Est-ce que l'Église est pour ou contre l'*Encyclopédie?* Pourquoi? Et Madame de Pompadour? Pourquoi?
16. Est-ce que Voltaire est d'accord que «Tout est pour le mieux dans le meilleur des mondes possibles»? Comment montre-t-il son opinion?
17. Quel est le système politique proposé par Rousseau? Pourquoi est-il nouveau?

C 1. Faux. La Nouvelle-Orléans est nommée en l'honneur du régent, le duc d'Orléans.
2. Faux. Au dix-huitième siècle, les limites de la Louisiane couvrent approximativement dix états du Midwest d'aujourd'hui.
3. Faux. Il n'y a pas de pierres précieuses.
4. Vrai.
5. Vrai.

D For answers to Ex. D, please refer to the Teacher's Manual.

E Analyse et opinion. Répondez aux questions.

1. **La Compagnie du Mississippi, une fraude du gouvernement.** À votre avis, est-ce que le gouvernement dit toujours la vérité aux gens? Pourquoi? Et les politiciens? Faut-il avoir une confiance absolue en eux? Pourquoi?
2. **Des définitions dangereuses.** Pourquoi les nouvelles définitions des mots *roi* et *Église* sont-elles dangereuses pour l'ordre établi? Quelles sont les conséquences possibles?

Exprimez-vous

1. **Apprendre par cœur ou ne pas apprendre par cœur?** Avez-vous appris par cœur des choses que vous ne compreniez pas? (Des prières? L'hymne national? *The Pledge of Allegiance?* Autre chose?) Pensez-vous qu'il est mauvais d'apprendre par cœur? Bon? Est-il important d'apprendre seulement ce qu'on peut comprendre? Ou, au contraire, d'apprendre quand on est très jeune et comprendre plus tard? Pourquoi?

2. **La publicité et la vérité.** Est-ce que le but de la publicité est d'informer le public? Ou autre chose? La publicité reflète-t-elle toujours la vérité sur un produit? Trouvez un exemple, pris dans la publicité, qui illustre votre opinion.

RUE
QUINQUEMPOIX
en l'année 1720

La rue Quincampoix (orthographe correcte), siège de la Compagnie du Mississippi. La foule se pressait pour acheter ces fabuleuses actions.

Vie et littérature

Les grands écrivains du dix-huitième siècle sont ceux qui critiquent le système établi par Louis XIV. Le monde a changé, mais le gouvernement reste celui de pouvoir absolu. Des changements sont nécessaires, mais Louis XV s'oppose à toute réforme.

Les grandes figures du siècle sont Voltaire et Rousseau. Voltaire, né en 1694, a dix-huit ans de plus que Rousseau. Sa critique est une satire: il ridiculise l'idée que «Tout est pour le mieux dans le meilleur des mondes possibles» en montrant les injustices, le vice, la brutalité, l'intolérance religieuse et même les désastres naturels, comme les tremblements de terre[1]. Rousseau est tout le contraire: il propose des remèdes à cette situation qui dure depuis trop longtemps, et la solution qu'il propose ressemble beaucoup à notre démocratie.

«Voltaire», par Houdon. (Houdon était célèbre pour ses bustes.)

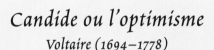

Candide ou l'optimisme

Voltaire (1694–1778)

L'auteur François-Marie Arouet prend le nom de plume *Voltaire* (un anagramme basé, peut-être, sur les lettres AROVET Le Jeune où les lettres U et V, I et J sont interchangeables). Il hérite une fortune de son père et essaie de s'identifier aux jeunes aristocrates de son âge. Il commence par écrire un poème sarcastique sur le régent, le duc d'Orléans, qui le fait enfermer à la Bastille*.

Après une querelle avec un jeune aristocrate de son âge, il est forcé de quitter la France. Il passe deux ans en Angleterre où il est surpris de trouver la tolérance religieuse (il admire beaucoup les Quakers) et un gouvernement plus démocratique. Toute sa vie, Voltaire écrira des pièces, des poèmes et des contes qui attaquent souvent le système politique de la France, et toute sa vie, il sera obligé d'échapper[2] aux menaces d'arrestation. Il achète un petit château à Ferney, sur la frontière entre la France et la Suisse. Quand il meurt, en 1778, c'est déjà presque la fin du siècle, et ses idées sont acceptées.

L'œuvre *Candide ou l'optimisme* est un conte qui a eu un énorme succès. C'est l'histoire d'un jeune homme innocent, qui croit que tout est pour le mieux et découvre le contraire.

Pre-reading

Candide est un jeune homme naïf et plein de bonne volonté qui devient victime d'horribles aventures. Mais Voltaire raconte ces aventures comme si elles étaient tout à fait normales. C'est de l'ironie. Pouvez-vous raconter quelque chose d'horrible comme si c'était normal? (Par exemple: Les journaux parlent de centaines de morts dans une guerre civile, mais c'est beaucoup mieux que la semaine dernière: il y en avait des milliers! Alors tout le monde est très content, etc.)

Il y avait en *Westphalie*, dans le château de monsieur le baron de *Thunder-ten-tronckh,* un jeune garçon à qui la nature avait donné le visage le plus agréable, qui annonçait son âme. Il avait le jugement assez droit[3], avec l'esprit le plus simple. C'est pour cette raison qu'on le nommait Candide.**

[1] **tremblements de terre** earthquakes

[2] **échapper** escape

[3] **jugement assez droit** pretty good sense, sound judgment

***la Bastille:** a fortress in Paris that served as a personal prison to the kings (see *Huitième étape,* page 220).

****Westphalie:** a German province. Among the people Voltaire alienated in the course of his life—and there were many—was the King of Prussia, who'd been his protector, but who had a falling out with him over some sarcastic letters Voltaire had written, making fun of him and his court. So, perhaps instead of Westphalia, we might read Prussia, and the name of the baron is intended as a caricature of German names.

Monsieur le baron était un des plus puissants seigneurs de la Westphalie, car son château avait une porte et des fenêtres. Madame la baronne, qui pesait[4] environ trois cent cinquante livres[5], s'attirait par là une grande considération[6], et faisait les honneurs de la maison avec une dignité qui la rendait encore plus respectable. Sa fille Cunégonde, âgée de dix-sept ans, était fraîche et appétissante[7]. Le précepteur[8] *Pangloss** savait tout et Candide écoutait ses leçons avec la bonne foi de son âge et de son caractère.

Pangloss* enseignait la *métaphysico-théologo-cosmolo-nigologie***. Il prouvait que, dans ce meilleur des mondes possibles, le château de monsieur le baron était le plus beau des châteaux et madame, la meilleure des baronnes possibles.

«Il est démontré[9], disait-il, que les choses ne peuvent pas être autrement; car tout étant fait dans un but, tout est nécessairement pour le meilleur but. Remarquez bien que les nez sont faits pour porter des lunettes; aussi avons-nous des lunettes. Les pierres ont été formées pour en faire des châteaux; aussi monsieur le baron a un très beau château. Ceux qui ont dit que tout est bien ont dit une sottise[10]: il fallait dire que tout est au mieux.»

Candide écoutait attentivement, et croyait innocemment, et il trouvait mademoiselle Cunégonde extrêmement belle.

Un jour, il la rencontra dans le parc et elle rougit. Candide rougit aussi. Elle dit bonjour, et Candide lui parla sans savoir ce qu'il disait. Le lendemain, après le dîner, Cunégonde et Candide se trouvèrent seuls derrière un paravent[11]. Cunégonde laissa tomber son mouchoir, Candide le ramassa. Elle lui prit innocemment la main, le jeune homme baisa innocemment la main de la jeune fille. Leurs bouches se rencontrèrent...

Monsieur le baron passa auprès du paravent et voyant cela, chassa Candide du château à grands coups de pieds dans le derrière. Cunégonde s'évanouit[12]. Elle fut souffletée[13] par madame la baronne dès qu'elle fut revenue à elle. Et tout fut consterné[14] dans le plus beau des châteaux possibles...

[Chassé du château, Candide a faim et froid et se trouve forcé de s'enrôler dans une armée. Il continue à aimer Cunégonde, mais pour le moment dans le «meilleur des mondes», c'est une terrible bataille entre l'armée bulgare et l'armée abare (deux noms imaginés par Voltaire car la Bulgarie n'existait pas encore).]

Rien n'est si beau que deux armées prêtes pour la bataille. Les trompettes, les tambours[15], les canons formaient une harmonie telle qu'il n'y en eut jamais en enfer. Les canons renversèrent[16] d'abord à peu près six mille hommes de chaque côté; ensuite la mousqueterie ôta[17] du meilleur des mondes environ neuf mille coquins[18] qui en infectaient la surface. La baïonnette fut aussi la raison suffisante de la mort de quelques milliers d'hommes. Candide, qui tremblait comme un philosophe, se cacha du mieux qu'il put pendant cette boucherie[19] héroïque.

[4] **pesait** weighed
[5] **livres** pounds
[6] **s'attirait... considération** was highly respected
[7] **appétissante** alluring
[8] **précepteur** tutor
[9] **démontré** demonstrated, proved
[10] **sottise** foolish thing, nonsense
[11] **paravent** screen
[12] **s'évanouit** fainted
[13] **souffletée** slapped
[14] **consterné** in a state of confusion
[15] **tambours** drums
[16] **renversèrent** knocked over
[17] **ôta** removed, did away with
[18] **coquins** rascals
[19] **boucherie** slaughter

***Pangloss:** means, more or less, in Greek "Knows it all."
****A jab at Leibnitz, and made-up words, of course. *Nigology* might come from *nigaud*, a fool. A good translation of the name of the science taught by Pangloss might be "Tomfoolology."

Pendant que les deux rois célébraient chacun de son côté la victoire* et remerciaient Dieu, il arriva à un village voisin. Tout était en cendres[20]. Ici des hommes criblés de coups[21] regardaient mourir leurs femmes qui tenaient des enfants ensanglantés[22]. Là, d'autres, à demi brûlés, demandaient la mort. Des cervelles[23] étaient répandues[24] sur la terre à côté de bras et de jambes coupés.

Candide s'enfuit[25] et finit par arriver en Hollande, à demi mort de faim et de fatigue. Mais, ayant entendu dire que tout le monde était riche et chrétien dans ce pays, il n'hésita pas à demander l'aumône[26] à plusieurs graves personnages. Ils lui répondirent que, s'il continuait à faire ce métier[27], on l'enfermerait[28] dans une maison de correction[29] pour lui apprendre à vivre...

[Candide rencontre enfin un homme charitable. C'est Jacques, un Anabaptiste**. Les Anabaptistes étaient persécutés en Europe à ce moment. Il est pauvre, mais il a pitié de Candide et l'aide autant qu'il peut. Par hasard, Candide rencontre Pangloss, malade et désespéré. Le château du baron a été détruit et la famille torturée et tuée. Mais il est possible que Cunégonde ait survécu. Alors, Jacques, Pangloss et Candide partent pour Lisbonne, au Portugal, à la recherche de Cunégonde.]

Soudain, une terrible tempête commença. Les voiles étaient déchirées[30], les mâts[31] brisés, le bateau secoué[32] comme une coquille de noix[33]. Jacques, qui était sur le pont, aidait à la manœuvre. Un marin[34] furieux le frappa rudement, et il tomba sur le pont. Mais le coup jeta le marin à l'eau, où il resta, accroché[35] à un morceau de mât brisé. Le bon Jacques alla à son secours[36], l'aida à remonter, et de l'effort qu'il fit il fut à son tour précipité[37] à la mer, sous les yeux du marin qui le regarda périr, sans faire un geste pour l'aider. Candide approche, voit son ami à l'eau, et veut se jeter après lui à la mer. Pangloss l'arrête et lui explique que la mer a été formée précisément pour que cet homme s'y noie[38]. Tandis qu'il parle, le vaisseau[39] coule[40], tout le monde est noyé, sauf Pangloss, Candide et le marin brutal qui avait noyé Jacques. Chacun trouve un morceau de planche[41] et arrive jusqu'au rivage[42].

À peine sont-ils arrivés dans la ville, pleurant la mort de leur ami Jacques, qu'ils sentent la terre trembler sous leurs pieds***.

Le tremblement de terre de Lisbonne, le 1er novembre 1775.

[20] **en cendres** in ashes
[21] **criblés de coups** riddled with shot
[22] **ensanglantés** bloody
[23] **cervelles** brains
[24] **répandues** strewn
[25] **s'enfuit** fled
[26] **demander l'aumône** beg
[27] **métier** job, trade
[28] **on l'enfermerait** they would lock him up
[29] **maison de correction** prison
[30] **déchirées** torn
[31] **mâts** masts
[32] **secoué** shaken
[33] **coquille de noix** nutshell
[34] **marin** sailor
[35] **accroché** hanging onto
[36] **alla à son secours** went to his aid
[37] **précipité** thrown
[38] **pour que... s'y noie** so that this man might drown
[39] **vaisseau** ship, vessel
[40] **coule** sinks
[41] **planche** board, plank
[42] **rivage** shore

*Just about the time Voltaire was writing *Candide,* Prussians and Austrians fought the battle of Zorndorr, and both kings claimed victory (1758).

un Anabaptiste: The Anabaptists are a Protestant sect that had, at the time, the reputation of refusing baptism. The truth is, they do not refuse it, only prefer to postpone it until a person is older.

***This is the historic and disastrous Lisbon earthquake of November 1, 1755, about which Voltaire wrote his famous *Poème sur le tremblement de terre de Lisbonne.* That quake shook not only Lisbon but opinion in France: Lisbon was one of the most pious cities of Europe; the quake should have spared it. Instead, it killed thousands of faithful, buried under the ruins of the cathedral, while others, carousing in riverside dives, were spared. It was hard to see the hand of God, and even harder to feel that all was for the best, etc...

La mer monta dans le port, et arracha les bateaux qui étaient à l'ancre[43]. Des flammes et des cendres couvrirent les rues et les places publiques. Les maisons s'écroulèrent[44]. Trente mille habitants furent écrasés sous les ruines. Le marin disait: «Par Dieu, il y aura quelque chose à voler ici». Pangloss se demandait: «Quelle peut bien être la raison—car il y a certainement une bonne raison—de ce phénomène?»

Voltaire finit sa vie respecté de tous.

[Après des aventures terribles au Portugal et en Espagne, Pangloss et Candide arrivent en Angleterre, juste à temps pour assister à un étrange spectacle.]

Une multitude de gens couvrait le rivage et regardait attentivement un assez gros homme qui était à genoux, les yeux bandés[45], sur le pont d'un des bateaux de la flotte. Quatre soldats, placés devant cet homme, lui tirèrent chacun trois balles[46] dans la tête le plus calmement du monde, et tout le monde retourna à la maison entièrement satisfait*. «Qu'est-ce donc que tout cela?» demanda Candide. «C'est, lui dit-on, parce qu'il n'a pas fait tuer assez de gens. Il a combattu contre un amiral français, mais il n'était pas assez près de lui.» Candide s'exclama: «Mais l'amiral français était aussi loin de l'amiral anglais que celui-ci était de l'autre!» Les gens lui répondirent: «Cela est incontestable, mais dans ce pays, il est bon de tuer de temps en temps un amiral pour encourager les autres».

[Candide apprend que Cunégonde, qu'il aime toujours, a été vendue comme esclave en Turquie. Arrivés là, après de nombreuses années, ils trouvent que tout le monde parle de l'exécution, après torture, de nombreux membres du gouvernement.
Ils trouvent aussi Cunégonde. Mais hélas, elle est devenue vieille et très laide[47]. C'est la fin de l'amour de Candide...]

Ils rencontrèrent un bon vieillard assis devant sa porte. Ils lui demandèrent le nom des officiels qu'on venait d'exécuter. «Je n'en sais rien, répondit le vieillard, j'ignore l'aventure dont vous me parlez. Je ne connais le nom d'aucun personnage officiel. Mais je sais que ceux qui participent aux affaires publiques finissent souvent mal. Moi, je vis modestement, et je cultive mon jardin.»

[Encouragés par cet exemple, Candide, Cunégonde et Pangloss commencent à cultiver un petit jardin et à vivre simplement et paisiblement.]

Le petit groupe commença à exercer ses talents. Cunégonde était, à la vérité, bien laide, mais elle devint une excellente pâtissière. Pangloss disait quelquefois à Candide: «Tous les événements sont enchaînés[48] dans le meilleur des mondes possibles. Car enfin, si vous n'aviez pas été chassé du beau château à coups de pied dans le derrière pour l'amour de Mademoiselle Cunégonde, si vous n'aviez pas eu toutes ces horribles aventures, vous ne seriez pas ici à manger des fruits confits[49] et des pistaches».

«Ceci est bien dit, répondit Candide, mais il faut cultiver notre jardin.»

Abrégé et adapté

[43] **à l'ancre** anchored
[44] **s'écroulèrent** collapsed
[45] **bandés** blindfolded
[46] **tirèrent... balles** each shot three bullets
[47] **laide** ugly
[48] **enchaînés** linked together, connected to each other
[49] **confits** candied

*Candide has just witnessed the execution of Admiral Byng, who, having been defeated by a French admiral, was unjustly condemned and executed in 1757. In real life, Voltaire had personally tried—and failed—to save him.

C'est beau, les mots!

A Le mot approprié. Complétez les phrases suivantes par le mot approprié.

1. Le mouvement des plaques tectoniques de la terre provoque les ___ (souvent dans le bassin du Pacifique).
2. Quand vous achetez des fruits, par exemple, vous les ___ pour savoir le poids.
3. Le ___ est un instrument à percussion employé dans les orchestres militaires.
4. Le cerveau *(mind, brain)* produit la pensée. Mais la ___ est le nom de l'organe gris.
5. Quand on est charitable, on donne une ___ aux gens qui en ont besoin.
6. Une occupation régulière, qui demande une préparation, c'est un ___ (plombier, électricien, mécanicien, boulanger, etc.).
7. Avant les moteurs, les bateaux avançaient grâce au vent dans leurs ___ .
8. Un œuf est dans une ___ fragile.
9. Attention! Si vous ne savez pas nager, vous risquez de vous ___ dans la mer.
10. Le paquebot *Titanic* a ___ après avoir heurté un iceberg.
11. Une ___ est employée pour fixer *(hold, anchor)* un bateau dans le port.
12. Le ___ ou la ___ fait des gâteaux.
13. À Noël, on fait un gâteau spécial, plein de fruits ___ .

A 1. tremblements de terre
2. pesez
3. tambour
4. cervelle
5. aumône
6. métier
7. voiles
8. coquille
9. noyer
10. coulé
11. ancre
12. pâtissier, pâtissière
13. confits

B Jouez le mot. Par un geste ou une attitude, montrez que vous comprenez le sens des termes suivants:

s'évanouir **s'accrocher** **être à genoux**
souffleter **un coup de pied**

B **Teaching Tip:** For *Jouez le mot*, see **Teaching Tip** in *Première étape*, p. 4.

Additional Practice
Qualifiez les personnages. À quel(s) personnage(s) de Candide appliqueriez-vous un ou plusieurs des adjectifs suivants?
bon (bonne), brutal(e), laid(e), frais (fraîche), pédant(e), puissant(e), gros (grosse), grave, généreux (-se), simple, victorieux (-se), exécuté(e), voleur (-se), charitable, raisonnable, noble, persécuté(e)
(For answers, please refer to the Teacher's Manual.)

Votre réponse, s'il vous plaît

C Vrai ou faux? Si c'est faux, quelle est la phrase correcte?

1. Le baron serait très heureux de voir Candide épouser sa fille.
2. Voltaire n'a jamais eu de problèmes avec les autorités.
3. Tout n'est pas pour le mieux dans le meilleur des mondes possibles.
4. La guerre est cruelle et n'a pas de sens.
5. Jacques l'Anabaptiste est un homme bon et charitable.

C 1. Faux. Le baron serait furieux de voir Candide épouser sa fille.
2. Voltaire a eu beaucoup de problèmes avec les autorités.
3. Vrai.
4. Vrai.
5. Vrai.

D For answers to Ex. D, please refer to the Teacher's Manual.

D Parlons du texte. Répondez aux questions.

1. Quel est le but général des philosophes au dix-huitième siècle?
2. Qui est Candide? Où habite-t-il? Pourquoi est-il obligé de quitter le château?
3. Que fait-il après avoir quitté le château?
4. Quelle est son expérience dans l'armée? Comment Voltaire décrit-il la bataille?
5. Est-ce que les villages et leurs habitants souffrent aussi de la guerre? Expliquez.
6. Où va Candide après cette bataille? Dans quel état est-il? Qu'est-ce qu'il espère? Pourquoi?
7. Est-ce qu'il reçoit ce dont il a besoin? Expliquez.
8. Qui est charitable envers Candide? Pourquoi cette charité est-elle remarquable?
9. Sans lire le texte, décrivez la tempête avant d'arriver à Lisbonne.
10. Comment Jacques l'Anabaptiste est-il noyé? Est-ce juste?
11. Dès l'arrivée de Candide et Pangloss à Lisbonne, un terrible événement a lieu. Qu'est-ce que c'est? Sans lire le texte, décrivez les effets de ce désastre.
12. Quel spectacle nos amis voient-ils à leur arrivée en Angleterre? Expliquez-en les raisons.
13. Pourquoi vont-ils en Turquie? Trouvent-ils enfin Cunégonde? A-t-elle changé? Expliquez.
14. Est-ce que la rencontre avec le «bon vieillard» est importante? Qu'est-ce que nos amis apprennent?
15. Est-ce que Candide a changé? Et Pangloss? Quelle est la conclusion finale?

E Analyse et opinion. Répondez aux questions.

1. **«Il faut cultiver notre jardin», dit Candide à la fin**. S'agit-il seulement du petit jardin où il cultive fruits et légumes? Ou d'un autre jardin, d'une autre nature? Expliquez.
2. **La justice.** Est-ce que Candide rencontre beaucoup de justice au cours de ses aventures? Ou le contraire? Qu'est-ce que cela indique sur le monde de Voltaire? Et sur les intentions de Voltaire en écrivant *Candide?*
3. **La morale de l'histoire.** Quelle est la morale de *Candide*? Êtes-vous d'accord? Expliquez.

Exprimez-vous

Le monde de Candide et le monde où vous vivez. Candide rencontre la cruauté de la guerre, l'intolérance, les désastres naturels, la méchanceté humaine. Est-ce que les choses sont différentes aujourd'hui? Donnez des exemples pris dans la vie contemporaine qui montrent que les choses sont différentes aujourd'hui ou, au contraire, qu'elles n'ont pas changé.

Les Confessions

Jean-Jacques Rousseau (1712–1778)

Pre-reading
Le comte dit: «La conscience du coupable vengerait assez l'innocent». Expliquez. Êtes-vous d'accord? Pouvez-vous donner des exemples pris dans votre expérience?

L'auteur Jean-Jacques Rousseau est un personnage complexe. Né à Genève, en Suisse, et orphelin très jeune, un soir il trouve les portes de la ville fermées* et ne peut pas rentrer chez lui. Alors il part, et vit une vie de vagabondage, faisant beaucoup de métiers. Il est musicien, écrit un opéra. À Paris, pour essayer de faire jouer son opéra, il rencontre les Encyclopédistes. En 1761, il publie la *Nouvelle Héloïse,* un roman sentimental qui a un énorme succès. L'année suivante, c'est le *Contrat Social,* un livre très avant-garde, qui propose un système de gouvernement démocratique, et *Émile, ou de l'éducation,* un traité qui définit une éducation moderne, propre à développer l'intelligence et la responsabilité des citoyens qui, d'après le *Contrat Social,* doivent participer au gouvernement. *Émile* est brûlé par ordre du Parlement de Paris parce qu'il ne demande pas d'instruction religieuse. Rousseau, brouillé lui-même avec[1] tous ses anciens amis, écrit *Les Confessions* pour raconter son enfance et justifier sa vie. Rousseau est à la fois un romantique, un sentimental et un précurseur politique.

Rousseau aimait la campagne.

Le ruban volé Dans ce passage, Rousseau évoque ses souvenirs de jeunesse, et avec une grande franchise[2], il raconte cet épisode. Parmi ses nombreux métiers, le jeune Jean-Jacques a travaillé comme serviteur chez une comtesse. Un jour, il vole un ruban**. Confronté avec ce vol, il accuse la cuisinière Marion.

Le ruban volé

On décida qu'il fallait savoir lequel de nous deux disait la vérité. On appela Marion. Toute la famille et tous les domestiques[3] étaient là. Elle arrive. On lui montre le ruban que j'avais volé. Je le regarde en face et je l'accuse du vol, et de m'avoir donné le ruban. Elle est stupéfaite, ne dit rien d'abord, et me jette un regard qui aurait désarmé les démons, mais auquel mon cœur barbare résiste. Elle nie[4], enfin, avec assurance, mais sans colère[5], et me demande de ne pas déshonorer une fille honnête qui n'a jamais fait de mal à personne. Moi, avec une impudence infernale, je confirme ma déclaration, et je lui maintiens en face qu'elle m'a donné le ruban. La pauvre fille se met à[6] pleurer et me dit: «Ah, Rousseau, vous me rendez bien malheureuse! Mais je ne voudrais pas être à votre place». Voilà tout.

Elle continue à se défendre avec fermeté et simplicité, mais sans la moindre[7] invective contre moi. Cette modération, comparée à mon attitude décidée, lui fit tort[8]. Personne ne pouvait imaginer d'un côté une audace aussi diabolique, et de l'autre une douceur aussi angélique. On nous renvoya[9] tous les deux. Et le comte se contenta de dire que la conscience du coupable vengerait assez l'innocent.

Il avait raison. Sa prédiction ne cesse[10] pas un seul jour de s'accomplir.

Adapté de Livre II

1 **brouillé avec** on bad terms with
2 **franchise** frankness
3 **domestiques** servants
4 **nie** denies
5 **colère** anger
6 **se met à** begins
7 **moindre** least
8 **lui fit tort** worked against her
9 **renvoya** fired, sent away
10 **cesse** cease, stop

*Cities were still surrounded by a wall. People entered through gates, which in Geneva, a strait-laced city, were locked at a certain time every night.

****un ruban:*** Remember the *ruban* Arnolphe had given Agnès, and that she allowed Horace to take from her as a love token? In an age when manufactured objects were rare, ribbons were a small luxury, expensive and desirable.

C'est beau, les mots!

A 1. voler
2. tort
3. douceur
4. renvoyer
5. en face
6. cesse

A **Le mot approprié.** Complétez les phrases suivantes par le mot approprié.

1. Prendre ce qui appartient à une autre personne, c'est ___ .
2. Pierre n'est pas un mauvais garçon. Mais il est en retard, pas préparé. Il dispute les instructions du professeur. Son attitude lui fait du ___ .
3. La ___ est la qualité des personnes aimables, gentilles, conciliantes.
4. Il faut un cas d'indiscipline extrême pour ___ un élève d'une école.
5. La maison opposée à votre maison est ___ de chez vous.
6. Il pleut depuis une semaine! On voudrait bien que la pluie ___ .

B **Jouez la scène du *Ruban volé*.** Jouez cette scène, en imaginant un dialogue supplémentaire pour les deux personnes qui prennent le rôle de Marion et de Jean-Jacques. Le comte et la comtesse posent des questions et le reste du groupe (famille et serviteurs) fait des remarques et exprime son opinion sur l'innocence ou la culpabilité de Marion et de Jean-Jacques.

Votre réponse, s'il vous plaît

C 1. Faux. Rousseau a volé le ruban.
2. Faux. Il n'hésite pas à l'accuser.
3. Faux. Elle ne l'accuse pas.
4. Faux. Elle n'est pas jalouse de lui.
5. Vrai.

D For answers to Ex. D, please refer to the Teacher's Manual.

C **Vrai ou faux?** Si c'est faux, quelle est la phrase correcte?

1. Marion a volé le ruban.
2. Rousseau hésite à accuser Marion.
3. Marion accuse Rousseau à son tour.
4. Marion est jalouse de Rousseau.
5. Rousseau est bien puni par sa conscience.

D **Parlons du texte.** Répondez aux questions.

1. Est-ce que le vol de ce ruban est considéré comme une affaire grave? Pourquoi?
2. Qui est convoqué à la confrontation? Pourquoi pensez-vous que le comte et la comtesse réunissent tout ce monde?
3. Comment Jean-Jacques accuse-t-il Marion? Et comment se défend-elle?
4. Est-ce que Marion est en colère contre Jean-Jacques? Quelle est son attitude?
5. Quelle est la décision du comte? Et quelle est sa conclusion?
6. D'après Rousseau, avait-il raison? Pourquoi?

E Analyse et opinion. Répondez aux questions.

1. **Innocence et culpabilité**. Êtes-vous bon psychologue? Est-ce que l'attitude de Jean-Jacques et de Marion vous permet de reconnaître qui est innocent et qui est coupable? Pourquoi?
2. **Dans le doute, renvoyer les deux?** Que pensez-vous de la décision du comte qui, dans le doute, décide de renvoyer les deux domestiques? Feriez-vous de même à sa place? Pourquoi?

Exprimez-vous

Vous et votre conscience. Avec beaucoup de courage, Rousseau raconte cet épisode qui n'est pas à son honneur. Mais le raconter est une belle action. Avez-vous, dans votre expérience, un petit épisode dont vous n'êtes pas très fier? Où votre conscience vous tourmente? Racontez-le, ce sera une compensation! (Par exemple, avez-vous blâmé quelqu'un d'autre: le chien, votre petit frère quand vous avez cassé un vase? Avez-vous un peu triché *[cheated]* dans un devoir ou un examen? Avez-vous menti pour échapper à une punition, etc.?)

La tombe de Rousseau, à Ermenonville, près de Paris.
Il repose dans l'Île des Peupliers au milieu d'un lac.

Perfectionnez votre grammaire

Les verbes pronominaux

7.1 Les quatre classes de verbes pronominaux

Il y a quatre classes de verbes pronominaux:

1. PUREMENT RÉFLÉCHIS: **Je me lève.**
2. RÉCIPROQUES: **Nous nous aimons.**
3. À SENS IDIOMATIQUE: **Ce climat? On s'y fait.** *(You get used to it.)*
4. À SENS PASSIF: **Cette musique s'entend partout.**

Commençons cette leçon par quelques conversations.

A Les verbes purement réfléchis

1. Vos activités

Je me réveille **de bonne heure et** ***je me lève.*** **À quelle heure vous levez-vous?**

Je ne me lève pas tout de suite parce que je déteste me lever de bonne heure.

Je me dépêche, **et** ***je me mets en route*** **à sept heures.**

Moi, je ne me mets pas en route avant* sept heures et demie.

Je m'arrête **pour acheter mon petit déjeuner. Et vous?**

Moi, ***je me prépare*** **mon petit déjeuner à la maison.**

Quand j'ai une voiture, ***je me gare*** **dans le parking.**

Mes copains et moi, nous nous garons dans la rue. Beaucoup de gens s'y garent.

Je m'assieds **en classe. Vous asseyez-vous aussi?**

Bien sûr. Nous nous y asseyons. Le professeur ne s'assied pas toujours, lui.

On se met au travail. **Aimez-vous vous mettre au travail?**

Je n'aime pas m'y mettre. Mais après un moment, ***je m'y habitue.***

À midi, nous mangeons un sandwich. Mais le soir, ***je me mets à table*** **avec ma famille à sept heures.**

Moi aussi. Mais je ne me mets pas à table avec ma famille, parce que je travaille dans un magasin. Mes parents se mettent à table sans moi.

Après le dîner, ***je me repose,*** **et puis** ***je me couche*** **et** ***je m'endors.***

Moi, je m'endors dès que je me couche. Et si je me réveille pendant la nuit, ***je me rendors*** **très vite.**

***pas avant:** *not until.* Remarquez qu'en français on ne dit pas *jusqu'à*. Par exemple: «I don't wake up until eight» devient *Je ne me réveille pas avant huit heures.*

2. Votre toilette

Chaque matin *je me lave:* je prends un bain ou une douche. Vous lavez-vous aussi?

Bien sûr! Mais nous nous lavons surtout le soir avant de nous coucher.

Je me brosse les dents, les cheveux. Les femmes *se maquillent,* les hommes *se rasent.*

Caroline ne se maquille pas. Elle se met juste un peu de rouge à lèvres. Luc dit qu'il va *se laisser pousser* la moustache.

Combien de temps vous faut-il pour *vous habiller?*

Il me faut dix minutes pour m'habiller le matin et trois pour *me déshabiller* le soir.

3. Vos pensées et vos émotions

Moi, le matin, *je me demande* si ce sera une bonne journée.

Nous, nous nous demandons quel temps il va faire.

Quand je vois un ciel bleu, *je me dis* qu'il va faire beau. Qu'est-ce qu'on se dit quand on voit un ciel gris?

On se dit qu'il va pleuvoir.

Je m'ennuie quand je n'ai rien d'intéressant à faire. Quand vous ennuyez-vous?

Nous nous ennuyons dans les classes monotones, avec des professeurs ennuyeux (mais il n'y en a pas cette année, Dieu merci.)

Mes copains et moi, *nous nous amusons* bien le samedi soir. Quand vous amusez-vous?

On s'amuse souvent dans la classe de français parce que le professeur est sympa et drôle.

Attention, le professeur va *se mettre en colère.* Il *se fâche* si on dit qu'il est drôle!

Il se fâche quand *nous nous moquons de* lui, mais nous nous moquons gentiment.

Est-ce que *je me trompe* quand je dis que vous n'étudiez pas assez?

Vous vous trompez complètement.

Est-ce que *vous vous trompez de** livre quand vous apportez votre livre de maths en classe de français?

Bien sûr. Je me trompe quelquefois de livre et j'apporte le mauvais livre en classe.

Quand vos parents ne savent pas où vous êtes, *ils s'inquiètent.* Quand vous inquiétez-vous?

Je m'inquiète quand j'ai oublié de téléphoner à la maison et il est minuit.

Quand est-ce qu'*on s'affole?*

Ma mère s'affole quand elle n'a pas de nouvelles de mon frère qui a une profession très dangereuse. Il est cascadeur *(stuntman).*

---

*Remarquez l'autre sens de *se tromper* quand il est suivi de *de:* "to take (make, choose, etc.) the wrong ... (+ noun)."

B Les verbes pronominaux réciproques

Voilà un jeune homme et une jeune fille. *Ils se rencontrent.* Comment se rencontrent-ils?

Ils se rencontrent à une soirée. *Ils se parlent, ils se plaisent,* ils décident de *se revoir.*

Exactement. Alors *ils se donnent rendez-vous.* Quelle est la suite?

Eh bien, ils se plaisent de plus en plus. *Ils se retrouvent* presque tous les jours.

Est-ce qu'*ils s'aiment?*

Oh, *ils s'adorent.* Ils décident de *se fiancer* et de *se marier.*

Alors ils se marient. Est-ce qu'*ils s'entendent* bien?

Non. *Ils se disputent,* ils *se querellent,* ils ne veulent plus se parler.

Mon Dieu! C'est tragique. Est-ce qu'ils divorcent*?

Eh bien, non. Ils *se réconcilient* parce qu'ils s'aiment encore.

C Les verbes pronominaux à sens idiomatique

On *s'habitue* à tout, c'est-à-dire qu'*on se fait* à tout. Par exemple, chaque année, *vous vous faites* à un nouveau programme *(curriculum, courses). Vous vous y faites. Vous y faites-vous* cette année?

Oui, je m'y fais très bien. Nous nous faisons aux nouveaux professeurs, aux nouvelles idées. Mais ce climat! Je ne m'y fais pas.

Ne vous en faites pas! (Don't worry!) Ce n'est pas toujours comme ça. Cette année est exceptionnelle.

Bon. Alors, je ne m'en fais pas.

Quoi? Vous cherchez tous les mots dans le dictionnaire, sans essayer de comprendre la phrase d'abord? *Vous vous y prenez mal. (You're going about it the wrong way.)*

Comment faut-il s'y prendre, alors?

Il faut lire la phrase et ne chercher que les mots que l'on ne ne comprend absolument pas. Voilà. Il ne faut pas *vous en prendre à (take it out on)* moi si vous passez trop de temps à étudier!

Merci de cette explication. Alors, si je perds mon temps, je ne peux m'en prendre qu'à moi-même.

Je me rends compte (c'est-à-dire: *je réalise, je m'aperçois*) que vous avez beaucoup de bon sens!

Nous nous rendons compte que vous êtes plus intelligent que nous ne pensions. Nous nous faisons à vous, peut-être!

Vous vous conduisez (conduct yourself, behave) avec maturité et tout le monde est fier de vous. *Vous conduisez-vous* toujours comme ça?

Eh bien, non, pas toujours. Quelquefois, je me conduis comme un enfant.

Je me rappelle que quand j'avais votre âge, je me conduisais souvent aussi comme un enfant. Je *m'en souviens* très bien. *Vous souvenez-vous* de votre enfance?

Je me la rappelle (ou: Je m'en souviens.) Je me rappelle mes parents et les autres enfants. Je me souviens de beaucoup de détails.

***divorcer:** on divorce. Ce n'est pas un verbe pronominal, et il n'y a pas d'objet direct.

Je crois qu'on peut *se passer de* (do without) beaucoup de choses, mais qu'on ne peut pas *se passer de* souvenirs... *De* quoi *vous passez-vous* très bien?

Je me passe de luxe. Mais dans cette ville, on ne peut pas se passer de voiture. Je me passe souvent de petit déjeuner. Je m'en passe chaque fois que je suis en retard le matin.

Je pars (ou: *je m'en vais*) à la fin de l'année. *Vous en allez-vous* aussi?

Oui, je m'en vais en vacances en Europe. Je m'en vais en juillet.

D Les verbes pronominaux à sens passif

Quelles sont *les chansons qui s'entendent* le plus en ce moment?

Ce sont les chansons de ce chanteur qui est si célèbre.

Je suppose que *ses CD se trouvent* partout?

Ils se trouvent partout, et ils *se vendent* par milliers.

Pourtant, il n'a pas de voix, et *ce qui s'entend* surtout, ce sont les effets audio-électroniques.

Vous avez raison. Mais tous les jeunes les achètent parce que c'est la mode, *ça se fait.* C'est dans le vent.

C'est dans le vent! Est-ce une expression usuelle?

Oui. *Ça se dit* au sens de *It's in.*

C'est vous qui êtes dans le vent! *Ça se voit.* Et *ça se comprend.* Vous êtes jeune et à la mode.

Ça s'explique parce que je travaille dans un magasin de vidéo, j'étudie le français et je voyage.

7.2 *Les verbes pronominaux: définition et conjugaison au présent*

A La définition des verbes pronominaux

Les verbes ci-dessus sont des verbes pronominaux, c'est-à-dire que leur sujet et leur objet est la même personne.

L'objet du verbe pronominal est indiqué par les pronoms: *me, te, se, nous, vous, se.*

B La conjugaison des verbes pronominaux

Affirmatif *Exemple:* **s'arrêter**		Interrogatif		Négatif		
je m'	**arrête**	**Est-ce que**	**je m'arrête*?**	**je ne m'**	**arrête**	**pas**
tu t'	**arrêtes**		**t'arrêtes-tu?**	**tu ne t'**	**arrêtes**	**pas**
il s'	**arrête**		**s'arrête-t-il?**	**il ne s'**	**arrête**	**pas**
nous nous	**arrêtons**		**nous arrêtons-nous?**	**nous ne nous**	**arrêtons**	**pas**
vous vous	**arrêtez**		**vous arrêtez-vous?**	**vous ne vous**	**arrêtez**	**pas**
ils s'	**arrêtent**		**s'arrêtent-ils?**	**ils ne s'**	**arrêtent**	**pas**

*On emploie généralement la forme *est-ce que* pour la première personne et il est possible de l'employer pour toutes les autres personnes.

C L'impératif du verbe pronominal

AFFIRMATIF	NÉGATIF
Arrête-toi	**Ne t'arrête pas**
Arrêtons-nous	**Ne nous arrêtons pas**
Arrêtez-vous	**Ne vous arrêtez pas**

Remarquez: L'impératif n'emploie pas le sujet du verbe. Dans le cas du verbe pronominal, c'est le pronom objet qui est employé.

7.3 La construction de la phrase avec un verbe pronominal

Ce que vous savez déjà sur la construction de la phrase s'applique dans le cas de la phrase pronominale.

A La phrase avec deux verbes ensemble

1. Les verbes qui ne demandent pas de préposition devant un infinitif, comme *aimer, espérer, aller,* etc. (Voir la liste de ces verbes, *Deuxième étape,* page 44.)

   ***Aimez-vous vous lever* de bonne heure? Non, et *je n'aime pas me coucher* de bonne heure.**

2. Les verbes qui demandent la préposition *à* ou *de,* comme *oublier de, décider de, finir de, inviter à, réussir à, commencer à* (voir la liste de ces verbes, *Deuxième étape,* page 45), *commencer par* et *finir par.*

   Je décide* souvent *de me lever* de bonne heure, mais *je ne réussis pas* toujours *à me réveiller.

B Le pronom change suivant la personne

Se + verbe *(se lever, s'arrêter, se réveiller, etc.)* est la forme impersonnelle générale de l'infinitif*. Le pronom change avec la personne.

J'aime *me* réveiller tôt.	**Nous aimons *nous* réveiller tôt.**
Tu aimes *te* réveiller tôt.	**Vous aimez *vous* réveiller tôt.**
Il/elle/on aime *se* réveiller tôt.	**Ils/elles aiment *se* réveiller tôt.**

Aix-en-Provence est riche en architecture du XVIIIe siècle comme cette superbe porte.

7.4 Les temps des verbes pronominaux

Les temps des verbes pronominaux et leurs conjugaisons sont les mêmes que pour les autres verbes. Mais les temps composés, par exemple le passé composé, sont formés avec le verbe auxiliaire *être.*

*C'est aussi la forme de la troisième personne, singulier et pluriel.

A La conjugaison du passé composé des verbes pronominaux

Affirmatif		Négatif	
je me suis	**levé(e)**	**je ne me suis pas**	**levé(e)**
tu t'es	**levé(e)**	**tu ne t'es pas**	**levé(e)**
il/elle/on s'est	**levé(e)**	**il/elle/on ne s'est pas**	**levé(e)**
nous nous sommes	**levé(e)s**	**nous ne nous sommes pas**	**levé(e)s**
vous vous êtes	**levé(e)(s)**	**vous ne vous êtes pas**	**levé(e)(s)**
ils/elles se sont	**levé(e)s**	**ils/elles ne se sont pas**	**levé(e)s**

Interrogatif
(*Deux formes possibles**)

Avec est-ce que		*Avec l'inversion*	
Est-ce que je me suis	**levé(e)?**	**Me suis-je**	**levé(e)?**
Est-ce que tu t'es	**levé(e)?**	**T'es-tu**	**levé(e)?**
Est-ce qu'il/elle/on s'est	**levé(e)?**	**S'est-il/elle/on**	**levé(e)?**
Est-ce que nous nous sommes	**levé(e)s?**	**Nous sommes-nous**	**levé(e)s?**
Est-ce que vous vous êtes	**levé(e)(s)?**	**Vous êtes-vous**	**levé(e)(s)?**
Est-ce qu'ils/elles se sont	**levé(e)s?**	**Se sont-ils/elles**	**levé(e)s?**

B Formulation de la question avec un verbe pronominal

1. Avec *est-ce que*

Terme interrogatif	*est-ce que*	Phrase dans son ordre normal
Où	**est-ce que**	**vous vous reposez le mieux?**
Quand	**est-ce que**	**vous vous êtes rencontrés?**
Comment	**est-ce que**	**Lise et Jacques se sont revus?**

2. Avec l'inversion

Terme interrogatif	Sujet	Phrase dans l'ordre interrogatif
Comment	**Jacques**	**s'habille-t-il pour le voyage?**
Pourquoi	**Paul et Marc**	**vous êtes-vous mis en colère?**
Avec qui	**Lise**	**se mariera-t-elle?**

*Quand emploie-t-on *est-ce que* et quand emploie-t-on l'inversion? Il n'y a pas de règle absolue, mais en général on emploie *est-ce que* dans la conversation et l'inversion est plus souvent employée dans la langue écrite.

C L'accord du participe passé

1. Avec le complément d'objet direct

Lise s'est réveillé*e*.	**Ces dames se sont réveillé*es*.**
Jacques s'est réveillé.	**Ces messieurs se sont réveillé*s*.**

Le participe passé du verbe pronominal s'accorde avec le complément d'objet direct, qui est le pronom *me, te, se, nous, vous, se.*

2. Avec le complément d'objet indirect

Lise et Philippe se sont parlé à la terrasse d'un café.
Ils se plaisaient, ils se sont plu davantage quand ils se sont revus.

Le pronom d'objet *me, te, se, nous, vous, se* n'est pas toujours un complément d'objet direct. Il est parfois indirect. Dans ce cas, le participe passé reste invariable.

On parle *à* quelqu'un: Ils se sont parlé.
mais: **On regarde quelqu'un: Ils se sont regardés.**

On demande *à* quelqu'un: Ils se sont demandé.
On plaît *à* quelqu'un: Ils se sont plu.

3. Avec deux compléments d'objet (direct et indirect)

Je me suis maquillé*e* très légèrement.
Je me suis maquillé les yeux.

Dans la phrase *Je me suis maquillée,* le participe passé s'accorde avec le pronom objet *me,* qui est un complément d'objet direct.

Mais vous savez qu'un verbe ne peut pas avoir deux compléments d'objet direct. Donc, dans la phrase: *Je me suis maquillé les yeux,* le complément d'objet direct est *les yeux,* et *me* n'est plus le complément direct. C'est maintenant un complément indirect.

J'ai maquillé quoi? Les yeux.	**(direct)**
À qui? À moi *(me)*.	**(indirect)**

Remarquez: Cette règle semble compliquée, mais c'est en réalité la même règle que vous employez pour les verbes conjugués avec *avoir.*

J'ai lavé *la voiture*.	**Lise s'est lavé *les mains*.**
Voilà *la voiture que* j'ai lavée.	***Lise* s'est lavée.**

D L'usage des temps et des modes des verbes pronominaux

Cet usage ne présente pas de problèmes: Il est le même que pour les autres verbes. Par exemple:

1. Imparfait et passé composé

Je me reposais depuis une heure quand _je me suis dit_ qu'il était temps de m'en aller.
Ce jeune couple s'entendait bien. Mais un jour, _il s'est moqué_ d'elle et _elle s'est mise_ en colère.

2. Futur et conditionnel

Si mes parents sont d'accord, Marc et moi _nous nous marierons_ en septembre.
Si mon frère n'écrivait pas régulièrement, _ma mère s'affolerait._

3. Subjonctif

Bien que _je m'endorme_ tôt, je me réveille tard.
Je suis heureux que _vous vous entendiez_ si bien.

Les règles qui gouvernent l'usage des temps et des modes des verbes s'appliquent exactement de la même façon dans le cas des verbes pronominaux.

Le Pavillon Vendôme, Aix-en-Provence. Ce pavillon symétrique et élégant ouvre sur un jardin «à la française».

7.5 *Récapitulation des quatre classes de verbes pronominaux*

Vous avez vu ces quatre classes et un grand nombre de verbes pronominaux de ces classes dans cette leçon, pages 202–205. Résumons ces groupes:

A Verbes purement réfléchis

Je me repose.	**Ils s'installent.**
Tu t'endors.	**Vous vous êtes assis.**

Dans ces verbes, l'action est réfléchie sur le sujet.

B Verbes pronominaux réciproques

Ils se rencontrent.	**Vous vous êtes donné rendez-vous*.** *(You made a date [with each other].)*
Nous nous aimons.	**Elles se sont disputées.**

Dans ces verbes, l'action est réciproque entre le sujet et l'objet.

***Vous vous êtes donné rendez-vous.** Vous avez donné rendez-vous. À qui? Le second *vous* est un objet indirect. C'est pourquoi il n'y a pas l'accord du participe passé.

C Verbes pronominaux à sens idiomatique

1. Verbes qui changent de sens quand ils sont employés réflexivement et avec un pronom indéfini

Vous vous y prenez mal. *(You are going about it the wrong way.)*
Ne vous en prenez pas aux autres. *(Don't take it out on the others.)*

Certains verbes communément employés, comme *prendre, faire* changent de sens quand ils sont employés réflexivement et avec un pronom indéfini comme *y* ou *en* sans antécédent exprimé.

2. Verbes qui changent de sens quand ils sont employés réflexivement

Nous entendons le téléphone sonner.	**Nous nous entendons bien.**

Certains verbes changent de sens quand ils sont employés réflexivement. Par exemple, *entendre* (to hear) prend le sens de «to get along» quand il est réfléchi. C'est le cas, par exemple, de:

conduire *(to drive)*	et	**se conduire** *(to behave)*
apercevoir *(to glimpse)*	et	**s'apercevoir** *(to realize)*
aller *(to go)*	et	**s'en aller** *(to go away)*
rappeler *(to remind)*	et	**se rappeler** *(to remember)*

Le Pavillon l'Enfant, Aix-en-Provence. Le XVIIIe siècle aime les constructions symétriques et de dimensions modestes.

D Verbes pronominaux à sens passif

***Ce morceau de musique se joue* au piano.**
***Les nouvelles se savent* vite aujourd'hui.**
Vous êtes fatigué? *Ça se voit.*

Le verbe pronominal, employé à la troisième personne, peut exprimer un sens passif. On peut aussi employer la construction impersonnelle *on* pour exprimer la même idée:

***On joue* ce morceau au piano.**
***On sait* vite les nouvelles aujourd'hui.**
Vous êtes fatigué? *On* le *voit.*

Le *faire* causatif

On appelle *faire causatif* le verbe *faire* employé avec un autre verbe à l'infinitif. Dans ce cas, le verbe *faire* indique que le sujet cause l'action mais ne la fait pas lui-même. Il y a deux usages principaux de cette construction: avec *faire* et avec *se faire.*

7.6 faire + *verbe à l'infinitif (concerne une chose)*

Quelques exemples en conversation:

A À la station-service

Vous faites mettre de l'essence (= vous faites le plein). Quand avez-vous fait mettre de l'essence? — **J'en ai fait mettre hier aussi.**

Faites-vous mettre de l'huile dans le moteur, et de l'eau dans le radiateur? — **Je ne fais pas mettre d'eau parce que la Volkswagen n'a pas de radiateur.**

Faites-vous souvent réparer votre voiture? — **Non, généralement je la répare moi-même.**

Faites-vous laver votre voiture? — **Non, je la lave toujours moi-même.**

B À la maison, au jardin

Vous faites la cuisine. *Vous faites cuire* les légumes, *vous faites griller* ou *rôtir* la viande. Pour préparer du café, *vous faites bouillir* de l'eau. Qu'est-ce que vous préparez pour le dîner? — **Je fais bouillir des haricots verts. Je fais griller un bifteck et je fais frire des pommes de terre pour avoir des frites. Comme dessert, je fais cuire une compote de fruits. Les fruits cuisent vite.**

Quel beau jardin! *Vous faites pousser* (= vous cultivez) des fleurs en quantité. — **Oui, nous faisons pousser des fleurs et des légumes. Les roses en particulier poussent bien.**

L'action concerne *une chose* autre que le sujet. Vous **faites mettre** de l'essence dans le réservoir. Mais si vous le faites vous-même, vous **mettez** de l'essence.

***Vous faites cuire* le dîner.**	mais: ***Le dîner cuit.***
***Vous faites pousser* des fleurs.**	mais: ***Les fleurs poussent.***

Dans le cas des verbes comme *cuire* et *pousser* qui sont intransitifs, c'est-à-dire qui n'ont pas de complément d'objet direct, vous ne pouvez pas dire: *Je cuis le dîner.* Le verbe *faire* permet l'introduction de l'objet direct.

7.7 se faire + *verbe à l'infinitif (l'action concerne le sujet)*

A Chez le coiffeur pour dames et messieurs

Vous *faites-vous laver* la tête chez le coiffeur? — **Je ne me fais pas laver la tête chez le coiffeur, je me la lave moi-même.**

Vous faites-vous couper les cheveux?

Oui, je me fais couper les cheveux.

Moi, *je me fais faire* une mise en plis après le shampooing. Et vous?

Moi, je me fais faire un brushing parce que je préfère le naturel.

Vous faites-vous décolorer (bleach) les cheveux? *Teindre (dye)* les cheveux? *Vous faites-vous faire* des permanentes?

Je ne me fais rien faire de tout ça.

B Chez le médecin, chez le dentiste

Vous ne vous sentez pas bien, alors vous allez chez le médecin. *Vous vous faites examiner. Vous vous faites faire* des analyses. Le médecin décide que vous avez besoin de piqûres. Alors, *vous vous faites faire* des piqûres deux fois par semaine.

Vous faites-vous soigner par un médecin, en ce moment?

Non, mais je me fais soigner les dents chez le dentiste. Je me fais faire des rayons X. Et une fois (horreur!) *je me suis fait arracher* une dent.

Se faire + faire (ou un autre verbe infinitif) indique que l'action est faite par quelqu'un d'autre, pour le sujet.

Application

Détail d'une porte du XVIIIe à Aix-en-Provence.

Les verbes pronominaux

A À l'affirmatif. Donnez une réponse rapide.

Vous endormez-vous devant la télé?
Oui, je m'endors (quelquefois) devant la télé.

1. Vous ennuyez-vous quelquefois?
2. Vous parlez-vous quand vous êtes seul(e)?
3. Vous habillez-vous vite?
4. Vous peignez-vous devant un miroir?
5. Votre père se rase-t-il?
6. Vous installez-vous dans un appartement?
7. Caroline se coupe-t-elle les cheveux?
8. Nous amusons-nous dans cette classe?
9. Les gens se disputent-ils sans raison?
10. Te mets-tu quelquefois en colère?

A 1. Oui, je m'ennuie quelquefois.
2. Oui, je me parle quand je suis seul(e).
3. Oui, je m'habille vite.
4. Oui, je me peigne devant un miroir.
5. Oui, mon père se rase.
6. Oui, je m'installe dans un appartement.
7. Oui, Caroline se coupe les cheveux.
8. Oui, nous nous amusons dans cette classe.
9. Oui, les gens se disputent sans raison.
10. Oui, je me mets quelquefois en colère.

B Au négatif. Donnez une réponse rapide.

Vous moquez-vous de moi?
Non, je ne me moque pas de vous.

1. Vous inquiétez-vous souvent?
2. S'arrête-t-on pour un feu vert?
3. Votre famille se lève-t-elle à quatre heures du matin?
4. Votre grand-mère s'affole-t-elle facilement?
5. Te trompes-tu souvent de réponse?
6. Luc se laisse-t-il pousser la barbe?
7. Nous reposons-nous le lundi?
8. Vous arrêtez-vous en route quand vous venez à l'école?
9. Le chien et le chat s'aiment-ils?
10. Vous inquiétez-vous quand vous êtes bien préparé(e)?

C À l'interrogatif. Formulez la question probable.

Nous ne nous parlons pas. (Pourquoi?)
Pourquoi ne vous parlez-vous pas?

1. Je m'habille en trois minutes quand je suis pressé. (Quand?)
2. Je ne me mets pas à table avec ma famille. (Pourquoi?)
3. Vous vous donnez rendez-vous. (Où?)
4. Luc et Caroline se disputent souvent. (Pourquoi?)
5. Ces dames ne se parlent plus. (Depuis quand?)
6. Ma cousine se marie. (À quelle date?)
7. Annick s'endort en écoutant la radio.(Comment?)
8. Je m'inquiète toujours! (Pourquoi?)

D Le verbe approprié. Complétez la phrase par un des verbes pronominaux réfléchis de la liste suivante:

s'endormir	**se déshabiller**	**se transformer**
s'exclamer	**se taire** *(to be quiet)*	**se retrouver**
s'habiller		

«Je suis furieuse!» ___ Françoise avec émotion.
«Je suis furieuse!»* s'exclame *Françoise avec émotion.

1. Le matin, vous mettez vos vêtements: Vous ___ . Le soir, vous les ôtez: Vous ___ .
2. Je suis fatigué, ma tête tombe, j'ai sommeil: Je ___ .
3. Quand le professeur se fâche, nous cessons de parler. Nous ___ .
4. «Quelle belle voiture!» ___ Caroline quand elle voit la bagnole *(car)* neuve de Luc.
5. Candide et Cunégonde ___ à la fin du livre.
6. Le monde ___ très vite. Chaque année apporte des changements.

B
1. Non, je ne m'inquiète pas souvent (jamais).
2. Non, on ne s'arrête pas pour un feu vert.
3. Non, ma famille ne se lève pas à quatre heures du matin.
4. Non, ma grand-mère ne s'affole pas facilement.
5. Non, je ne me trompe pas souvent (jamais) de réponse.
6. Non, Luc ne se laisse pas pousser la barbe.
7. Non, nous ne nous reposons pas le lundi.
8. Non, je ne m'arrête pas en route quand je viens à l'école.
9. Non, le chien et le chat ne s'aiment pas.
10. Non, je ne m'inquiète pas quand je suis bien préparé(e).

C
1. Quand vous habillez-vous en trois minutes?
2. Pourquoi ne vous mettez-vous pas à table avec votre famille?
3. Où vous donnez-vous rendez-vous?
4. Pourquoi Luc et Caroline se disputent-ils souvent?
5. Depuis quand ces dames ne se parlent-elles plus?
6. À quelle date votre cousine se marie-t-elle?
7. Comment Annick s'endort-elle?
8. Pourquoi t'inquiètes-tu toujours?

D
1. vous habillez; vous déshabillez
2. m'endors
3. nous taisons
4. s'exclame
5. se retrouvent
6. se transforme

Les verbes pronominaux à sens idiomatique

E 1. se passer de
2. vous y prenez
3. ne vous rendez pas compte
4. s'en aller
5. en prendre
6. me souviens des (me rappelle les)
7. s'en fait
8. se conduisent
9. s'y font

E On s'y fait. Complétez la phrase par un des verbes pronominaux à sens idiomatique de la liste suivante:

s'y faire	**s'en prendre**	**se rappeler (se souvenir de)**
s'en faire	**se rendre compte**	**se passer**
s'y prendre	**se conduire**	**s'en aller**

1. Mon père voyage beaucoup. Il ne peut pas ___ de voiture.
2. Vous ne cassez pas les œufs pour faire une omelette? Vous ___ mal!
3. Vous ne vous affolez pas? Vous ___ de la gravité de la situation.
4. L'agent de police a dit à Luc de partir, de ___ et de ne pas faire l'idiot une autre fois.
5. Tu as dépensé tout ton argent? Il ne faut pas me blâmer, il ne faut pas t' ___ à moi.
6. J'ai de bons souvenirs d'enfance. Je ___ vacances passées chez ma grand-mère.
7. Mon copain Marc est très calme. Il ne s'inquiète de rien, il ne se préoccupe de rien. Ah, il ne ___ pas dans la vie!
8. Votre mère dit-elle souvent: «Mes enfants sont parfaits, ils ___ comme des anges»?
9. Les Français qui arrivent en Amérique détestent la cuisine. Mais ils ___ très vite et ils finissent par l'aimer beaucoup.

Les verbes pronominaux à sens passif

F Dites-le d'une autre façon. Quel est l'équivalent de cette phrase, exprimée avec un verbe pronominal à sens passif?

En France, on mange le fromage avec la salade.
En France, le fromage se mange avec la salade.

F 1. Le français se parle...
2. Les croissants s'achètent...
3. Notre maison se voit...
4. Un bon film se joue...
5. ... «Bon après-midi» ne se dit pas.
6. Les fleurs fraîches se mettent...
7. Les maisons de vacances se louent...
8. ..., le pain se mange...
9. La confiture d'abricots se fait...
10. La musique de Mozart se joue...

1. Le français est parlé dans plus de vingt pays d'Afrique.
2. On achète les croissants à la boulangerie.
3. On voit notre maison sur la route du stade.
4. On joue un bon film ce soir à la télé.
5. En français, on ne dit pas «bon après-midi».
6. On met les fleurs fraîches dans un vase avec de l'eau.
7. Les maisons de vacances sont louées à la semaine.
8. En France, on mange du pain à tous les repas.
9. La confiture d'abricots est faite en été.
10. On joue la musique de Mozart au piano.

G Ça se fait. Répondez avec une des expressions suivantes, ou sa forme négative, pour exprimer une opinion générale.

ça se fait **ça se vend** **ça se voit** **ça s'entend**
ça se comprend **ça se dit** **ça se sait**

J'ai perdu dix kilos.
***Ça se voit, vous êtes mince.* (ou: *Ça ne se voit pas, vous êtes le/la même.*)**

1. Pourquoi ne vous rasez-vous pas la tête?
2. Pourquoi les jeunes portent-ils des jeans?
3. Sait-on que les hommes politiques ne sont pas sincères?
4. Le professeur parle anglais, mais il est né en France.
5. Je n'ai pas dormi hier soir et je suis très fatigué.
6. Pourquoi voit-on tant d'objets horribles dans les magasins?
7. Cette dame est ta mère? Elle a cinquante ans? Impossible!
8. Pourquoi Marc dit-il toujours «D'ac» quand il est d'accord?
9. Oh, excusez-moi, je suis comme le barde d'Astérix: Je chante faux.
10. Les jeunes préfèrent souvent aller danser plutôt que d'étudier. Est-ce extraordinaire?

G 1. Ça ne se fait pas.
2. Ça se fait.
3. Ça se sait.
4. Ça s'entend. (Ça se voit.)
5. Ça se voit.
6. Ça se vend.
7. Ça ne se voit pas.
8. Ça se dit.
9. Ça s'entend.
10. Ça se comprend.

CAFÉ PROCOPE
PROCOPIO DEI COLTELLI
IL FUT FRÉQUENTÉ PAR
LES ENCYCLOPÉDISTES

Le Café Procope, à Paris, date du XVIIIe siècle, et c'est le plus ancien café de la ville.

Les temps des verbes pronominaux

H L'accord du participe passé. Faites l'accord si c'est nécessaire. (Attention: il y a des verbes qui ne sont pas pronominaux.)

Caroline s'est dirigé_ (*headed*) vers le stade.
Caroline s'est dirigée vers le stade.

1. Caroline s'est levé_ et elle s'est demandé_ où elle avait laissé_ son parapluie. Elle s'est rappelé_ qu'elle l'avait oublié_ au stade samedi.
2. Mon père et ma mère se sont rencontré_ quand ils sont allé_ entendre une conférence à l'université. Ils se sont parlé_, ils se sont revu_, ils se sont marié_ et ils se sont toujours bien entendu_ depuis.
3. «Ma mère s'est moqué_ de moi. Je ne me suis pas fâché_, dit Françoise. Je me suis dit_ qu'elle ne s'était pas rendu_ compte que j'étais à la dernière mode.»
4. Quand mon amie Laure est arrivé_ en France, elle s'est dit_ que tout était bien différent. Mais elle s'est vite fait_ à la cuisine et aux gens, et quand elle a revu_ son pays, elle s'est demandé_ si c'était elle qui avait changé_ ou les États-Unis qui s'étaient transformé_ en son absence.

H 1. e, —, —, e, —
2. s, s, —, s, s, s
3. e, e, —, e
4. e, —, e, —, —, —, s

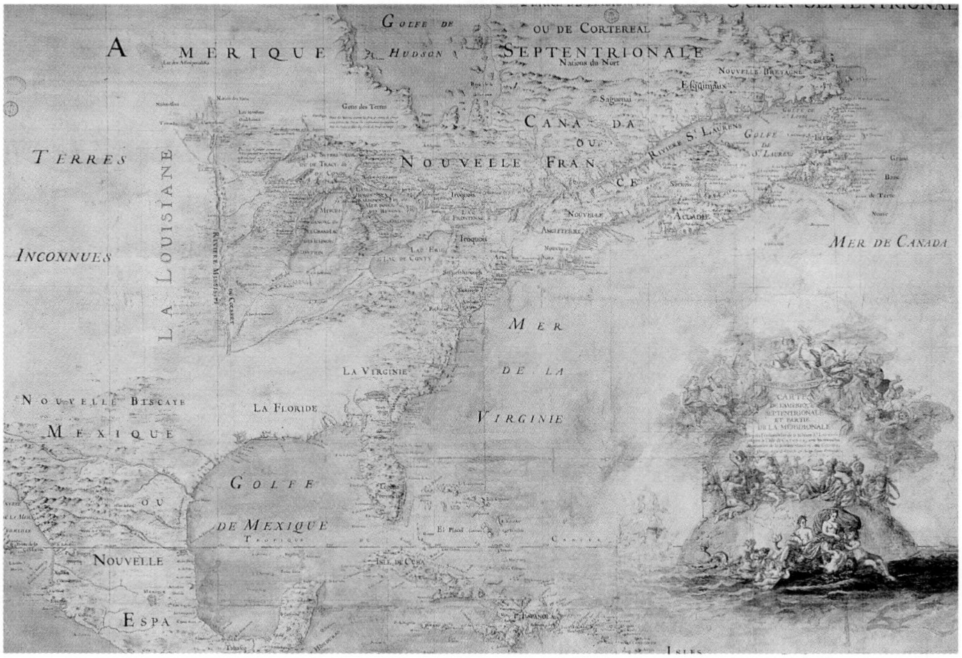
A M E R I Q U E
GOLFE DE HUDSON
OU DE CORTEREAL
SEPTENTRIONALE
Nations du Nord
Esquimaux
NOUVELLE BRETAGNE
CANADA
OU
NOUVELLE FRANCE
RIVIERE S. LAURENS
GOLFE DE S. LAURENS
TERRES
INCONNUES
LA LOUISIANE
Iroquois
ACADIE
MER DE CANADA
MER
DE LA
VIRGINIE
LA VIRGINIE
LA FLORIDE
NOUVELLE BISCAYE
MEXIQUE
OU
NOUVELLE
ESPA
GOLFE
DE MEXIQUE
ISLE DE CUBA

L'Amérique au XVIIIe siècle.

I For answers to Ex. I, please refer to the Teacher's Manual.

I Au passé. Mettez les passages suivants au passé (imparfait et passé composé). (Attention: tous les verbes ne sont pas pronominaux.)

1. Le régent *se demande* comment remplir le Trésor Public. Il *se dit* que le meilleur moyen *c'est* de s'adresser à un célèbre financier anglais, qui *s'appelle* Law.

   Quand Law *s'installe* à Paris et *se met* à organiser un système d'actions sur la Louisiane, le peuple *s'enthousiasme.* Les gens *se précipitent* rue Quincampoix, et les actions *se vendent* par milliers. Le public *se dispute* ces actions. La demande, au commencement, *est* si grande que les actions *se revendent* à haut prix, et certains speculateurs *s'enrichissent.* Mais quand la panique *se développe,* tout le monde *se presse* de nouveau rue Quincampoix. De pauvres gens *se trouvent* écrasés par la foule. Mais l'argent *manque.* Alors, les bureaux de vente *se ferment.* Le peuple *se met* en colère. Une faillite *se déclare* et c'est ainsi que la confiance dans le gouvernement *se perd.*

2. Candide et Cunégonde *s'aiment.* Mais le père de Cunégonde ne *se résigne* pas à ce mariage, car Candide ne *se place* pas parmi l'aristocratie locale. Alors, Candide *s'en va.* Il *s'enrôle* dans une armée, *se bat* dans une bataille, et *s'échappe.* En mer, son ami Jacques *se noie,* et Candide *se trouve* à Lisbonne au moment du grand tremblement de terre. Mais il ne *se console* pas de l'absence de Cunégonde. Hélas, quand les amoureux *se retrouvent,* elle *est* vieille et laide. Mais Candide *se dit* qu'il *faut* accepter sa destinée et *se met* à cultiver son jardin.

Le *faire* causatif

J ***Faire* + un verbe infinitif.** Par qui faites-vous faire les choses suivantes? Choisissez un mot de la liste ci-dessous.

J For answers to Ex. J, please refer to the Teacher's Manual.

un tailleur *(tailor)*
la station-service
une couturière
un plombier
un photographe
un déménageur *(mover)*
un traiteur *(caterer)*
un peintre en bâtiment *(house painter)*
un cordonnier *(shoemaker)*
un livreur *(delivery person)*

mettre de l'air dans les pneus
Je fais mettre de l'air dans les pneus par la station-service.

mettre de l'essence dans le réservoir / réparer mes chaussures / peindre la maison / réparer le robinet / livrer un énorme paquet / raccourcir *(shorten)* des jeans / transporter des meubles / préparer un repas de mariage / faire une robe spéciale / faire mon portrait

K **Bon appétit!** Comment faites-vous cuire les plats suivants? Choisissez un mot de la liste ci-dessous.

K For answers to Ex. K, please refer to the Teacher's Manual.

L For answers to Ex. L, please refer to the Teacher's Manual.

bouillir *(boil)*
frire
rôtir
griller
cuire au four *(bake)*

un gâteau au chocolat
Je fais cuire au four un gâteau au chocolat.

des œufs durs / des frites / une soupe de légumes / une grillade / un poulet / un gâteau / une tarte aux abricots / un bifteck / un rôti / une sauce tomate

L ***Se faire* + un verbe infinitif.** Par qui faites-vous faire les choses suivantes? Choisissez un mot de la liste ci-dessous.

le professeur
le chirurgien
l'infirmière
le professeur de piano
un laboratoire médical
le coiffeur
le psychiatre
le dentiste
le médecin

donner des explications
Je me fais donner des explications par le professeur.

couper les cheveux / faire une analyse de sang / faire des piqûres / faire une opération chirurgicale / psychanalyser / expliquer la leçon / soigner les dents / donner une ordonnance pour les médicaments / donner des leçons de piano

La grammaire en direct

UNE RENCONTRE. Racontez une rencontre importante où deux personnes se sont rencontrées. Ce sont peut-être vos parents. C'est peut-être une rencontre importante dans *votre* vie. Employez beaucoup de verbes pronominaux.

se rencontrer / se plaire / se revoir / s'aimer / se séparer / se marier / s'entendre / ne pas se disputer, etc...

L'Art du dix-huitième siècle

L'art du XVIIe siècle était grandiose, celui du XVIIIe est intime. Le luxe continue, mais il se raffine et se simplifie. Tous les arts sont richement représentés au XVIIIe siècle.

«L'embarquement pour Cythère» de Watteau. C'est une scène idéalisée et imaginaire: Un groupe s'embarque pour l'île de Cythère, résidence de Vénus, déesse de l'Amour.

L'architecture On est fatigué des immenses palais comme Versailles et on admire surtout les nouveaux bâtiments de dimensions plus modestes, à la façade symétrique (voir Pavillon Vendôme, page 209, et Pavillon L'Enfant, page 210, ainsi que le Petit Trianon, page 188). À Versailles, Louis XV transforme plusieurs des salons en «petits appartements», plus confortables et agréables à vivre.

La peinture En général la peinture tend vers une représentation idéalisée et sentimentale. Watteau peint des scènes de plaisir, comme *L'embarquement pour Cythère* dans une nature tendre et vague. Son élève Lancret propose des scènes touchantes comme *La leçon de musique* (voir page 185). Fragonard représente souvent des scènes galantes et amoureuses comme *Le baiser à la dérobée* (stolen).

«Le baiser à la dérobée» de Fragonard. Une de ces scènes charmantes et sentimentales qui caractérisent la peinture du XVIIIe siècle.

Le cabinet de travail de Louis XV. Remarquez, au centre, son magnifique bureau en bois rares, orné de bronze doré.

Discussion

1. **L'architecture.** Comparez l'architecture du XVIIe siècle avec celle du XVIIIe.
2. **La peinture.** Qu'est-ce qui caractérise la peinture du XVIIIe siècle?
3. **Les styles Louis XV et Louis XVI.** Qu'est-ce qui différencie le style Louis XV du style Louis XVI?

Les meubles De tous les objets précieux que ce siècle nous a laissés, les meubles sont peut-être les plus admirés. Les pièces intimes des nouveaux châteaux et pavillons appellent[1] un mobilier[2] à leur échelle[3]. Les lourds meubles, excessivement ornés du style Louis XIV (comme ceux de Boulle, voir page 83), qui meublaient Versailles, sont remplacés par ceux du style Louis XV, plus légers, mais encore extrêmement raffinés et reconnaissables à leurs lignes courbes. Les favorites successives de Louis XV, Madame de Pompadour et Madame du Barry, toutes les deux femmes de goût, ont une grande influence sur le développement de ce style.

Sous le règne de Louis XVI et Marie-Antoinette qui va suivre (voir *Huitième étape,* page 220), le retour à la nature est à la mode. Les jardins «à la française», aux longues perspectives géométriques, sont remplacés par des jardins «à l'anglaise» aux allées sinueuses, avec des grottes et des temples à l'Amour (voir page 247). Le style évolue donc vers plus de simplicité.

En décoration, les couleurs pastel, surtout le «gris Trianon», pâle et légèrement bleuté[4], sont à la mode. Les meubles sont légers, caractérisés par leurs lignes droites. On emploie des matériaux précieux, comme les bois rares et la nacre[5]. Les cabinets sont souvent décorés de plaques[6] de porcelaine de la Manufacture royale de Sèvres. On peut dire que l'art du meuble atteint une véritable apogée au XVIIIe siècle.

Bureau en nacre fait pour Marie-Antoinette. Ce bureau est un exemple des lignes droites et du raffinement extrême des meubles de cette période.

[1] **appellent** call for
[2] **mobilier** furniture
[3] **à leur échelle** on the same scale
[4] **bleuté** bluish
[5] **nacre** mother-of-pearl
[6] **plaques** sheets

HUITIÈME ÉTAPE

La prise de la Bastille (14 juillet 1789).

Un peu d'histoire

Descente vers la terrible Révolution

Le dix-huitième siècle avait commencé sur une note d'espoir, mais il finit par une phase plus dramatique que tout ce que peuvent imaginer les auteurs de fiction. Avant la fin du siècle, un roi et une reine de France seront morts sur la guillotine, et une révolution violente et sanglante aura balayé[1] tous les systèmes ancestraux de la France.

Portrait du futur Louis XVI à 15 ans.

Louis XVI (1754-1793) et Marie-Antoinette (1755-1793)

Portrait de Marie-Antoinette à 14 ans.

Quand Louis XV meurt (1774), le peuple ne l'appelle plus «le Bien-Aimé». Au contraire: On est obligé de transporter son corps la nuit pour aller l'enterrer à Saint-Denis, tombeau traditionnel des rois. On a peur d'une émeute[2] de la foule parisienne qui a faim, et qui maintenant déteste le roi, ses dépenses et ses favorites.

Le successeur de Louis XV, c'est son petit-fils, Louis XVI. Il a 20 ans quand son grand-père meurt, et il est marié avec Marie-Antoinette d'Autriche, qui a 19 ans. «Mon Dieu, protégez-nous, nous régnons trop jeunes!» s'écrie-t-elle quand elle apprend la mort de Louis XV.

La situation dont hérite Louis XVI serait difficile pour un administrateur énergique et capable. Pour ce gros jeune homme, honnête et de bonne volonté, mais sans expérience et sans grande capacité, elle est impossible.

La misère monte à Paris, tandis qu'à Versailles la vie continue. L'étiquette rigide de Louis XIV a fait place à une plus grande liberté. Il y a des bals[3], des fêtes, un luxe sans limites. Les robes et les bijoux de la reine coûtent à eux seuls une fortune. Quelques conseillers du roi essaient de proposer des réformes, mais la reine, qui a une grande influence sur le roi, s'y oppose. Au milieu de la colère montante du peuple, Versailles est comme une île enchantée, séparée du reste du pays. Le roi va à la chasse, travaille dans son atelier[4] où il fait des serrures[5] pour s'amuser, et la reine danse, joue aux cartes où elle perd négligemment des sommes fantastiques.

[1] **balayé** swept away
[2] **émeute** riot
[3] **bals** balls, formal dances
[4] **atelier** workshop
[5] **serrures** locks

1759
La France perd le Canada.

QUEBEC

1774
Mort de Louis XV
Début du règne
de Louis XVI

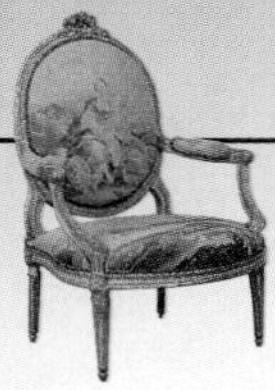

CHRONOLOGIE

Le Salon de musique du Petit Trianon. Les meubles Louis XVI sont caractérisés par leurs lignes droites.

Comme la Cour l'ennuie, elle passe de plus en plus de temps dans le Petit Trianon du parc de Versailles. C'est une sorte de maison privée où elle reste pendant des semaines avec ses meilleurs amis, sans s'occuper[6] de ses responsabilités au palais.

Quand la mode, sous l'influence des idées de Rousseau, demande un retour à la nature, elle va dans sa Ferme de Trianon, une ferme en miniature qu'elle a fait construire. Là, accompagnée de ses amies, elle joue à la fermière[7], et coupe la laine de ses moutons avec des ciseaux[8] d'or, complètement inconsciente de la réalité de la vie des paysans.

Le style Louis XVI comparé au style Louis XV

Le goût de Marie-Antoinette pour les couleurs pastel et une décoration plus simple que celle de la période de Louis XV crée le style Louis XVI (on devrait dire: le style Marie-Antoinette). Les lignes sont droites[9] au lieu de courbes, la décoration plus pure et plus gracieuse. Les styles Louis XV et Louis XVI représentent les sommets du style de meubles français (voir *Plaisir des yeux,* pages 218–219).

La France aide les États-Unis d'Amérique dans leur Guerre d'Indépendance

En 1759, la France a perdu sa colonie de Nouvelle-France, ou le Canada. Il faut dire que l'opinion publique ne s'intéresse pas beaucoup à cette colonie et ne comprend pas l'importance de cette perte. Voltaire, par exemple, écrit: «Quand la maison du maître brûle, qui se préoccupe de sauver l'étable[10]?» Il dit aussi que le Canada n'est pas autre chose que «quelques arpents[11] de neige».

Mais le résultat c'est que l'Angleterre, ennemie traditionnelle de la France au dix-huitième siècle, a maintenant une position très forte en Amérique.

Aussi, quand les colonies anglaises d'Amérique se séparent et forment la République des États-Unis, Louis XVI est prêt à les aider, malgré sa mauvaise situation financière. Il est heureux de voir ainsi diminuer la puissance de l'Angleterre dans le Nouveau Monde.

Les jeunes États-Unis envoient des représentants remarquables à Versailles: Thomas Jefferson passe plusieurs années en France, et c'est lui qui a dit: «Tout homme a deux pays, le sien[12] et puis la France». Benjamin Franklin, sans perruque[13], dans un simple costume marron, représente la simplicité mise en vogue par Rousseau. (Franklin a beaucoup de succès auprès des dames[14], pourtant[15] il a plus de 70 ans!)

[6] **s'occuper** concerning herself with
[7] **fermière** farm wife
[8] **ciseaux** scissors
[9] **droites** straight
[10] **étable** stable
[11] **arpents** acres
[12] **le sien** his own
[13] **perruque** wig
[14] **auprès des dames** with the ladies
[15] **pourtant** yet

1789
Réunion des États généraux
Prise de la Bastille

1783
Traité de Versailles reconnaît l'indépendance des États-Unis.

La flotte française prend une part importante aux combats navals contre l'Angleterre et une armée de volontaires français participe aux batailles, comme celle de Yorktown. La Fayette, parti à l'âge de dix-neuf ans et devenu aide-de-camp de George Washington, reste le plus célèbre des volontaires.

Le traité final d'indépendance des États-Unis sera signé à Versailles. C'est le Traité de Versailles (1783).

Louis XVI en grand costume royal.

L'affaire du Collier[16] de la reine

Ce n'est probablement pas une affaire politique de première importance, mais elle montre l'attitude du peuple envers[17] Marie-Antoinette. C'est une affaire mystérieuse, et on ne saura probablement jamais toute la vérité.

Un jour, le bijoutier de la reine, Boehmer, lui propose un collier de diamants. Ce n'est pas un bijou ordinaire, c'est une pièce unique, composée d'une quantité de pierres énormes et qui vaut une fortune (près de deux millions de livres). La reine refuse de l'acheter. Trop cher, dit-elle. Et puis la mode est passée de ces bijoux extravagants. Quelque temps après, le bijoutier reçoit la visite du cardinal de Rohan (qui est amoureux de la reine, mais que la reine déteste). Le cardinal donne trente mille livres et promet de payer le reste dans quelques semaines. La reine veut le collier, dit-il, et l'a chargé de l'achat. Le cardinal remet le collier à une certaine Madame de La Motte, qui prétend être l'intermédiaire entre la reine et le cardinal. À partir de[18] ce moment, le collier disparaît. Il est probable, dans notre perspective, que toute l'affaire a été arrangée par Mme de La Motte, que le cardinal est naïf et dupe, et que la reine est innocente.

Le fabuleux collier tout en énormes diamants.

[16] **collier** necklace
[17] **envers** towards
[18] **À partir de** From... on

Mme de La Motte a simplement brisé le collier et fait vendre les diamants séparément en Angleterre. Elle est arrêtée et condamnée comme voleuse. Mais elle s'échappe, et, réfugiée en Angleterre, écrit de violentes attaques contre la reine.

À l'époque, l'innocence de la reine n'est pas claire, et l'opinion publique, qui est contre sa frivolité et ses dépenses exagérées, accepte l'idée qu'elle est la maîtresse[19] du cardinal, qu'elle a reçu le collier mais qu'elle nie le fait[20] pour ne pas le payer.

L'affaire du Collier est désastreuse pour la réputation de la reine, et ne fait rien pour augmenter la confiance du peuple dans son gouvernement.

La réunion des États généraux (5 mai 1789)

La maladie chronique du Trésor royal continue: Il est vide. Les conseillers du roi, et en particulier le financier Necker, conseillent de faire une réunion des États généraux.

Qu'est-ce que les États généraux?

Ce sont des représentants de la population de la France. Il y a trois *états,* ou ordres: la noblesse, qui est composée d'aristocrates; le clergé, composé de membres de l'Église; et le Troisième, ou Tiers-État, composé de représentants du peuple. Malheureusement, ce n'est pas une représentation très démocratique: Il y a un peu plus du double de députés pour le Tiers-État que pour la noblesse et le clergé réunis[21], quand, en réalité, le Tiers-État représente 90 pour cent de la population.

Quand réunit-on les États généraux?

Pas souvent, et pas régulièrement. La dernière fois était en 1614. En principe, ils doivent donner des conseils au roi quand la situation (surtout la situation financière) est vraiment sérieuse.

Gravure satirique: Le peuple est accablé d'impôts. Cette pauvre paysanne porte une religieuse et une aristocrate.

Qu'est-ce que le roi veut obtenir des États généraux?

C'est très simple: Il veut obtenir leur support pour instituer de nouveaux impôts.

[19] **maîtresse** mistress
[20] **nie le fait** denies the fact
[21] **réunis** together

Est-ce que les États généraux comprennent cela?

Pas du tout, et surtout pas le Tiers-État. La noblesse et le clergé ne paient pas d'impôts, tous les impôts sont à la charge du Tiers-État. Mais quand on apprend, dans les provinces, que le roi convoque les États généraux, le peuple est plein d'espoir. Chaque ville prépare ses cahiers de doléances où on écrit soigneusement les sujets de mécontentement[22], les plaintes[23] des habitants. Dans leur naïveté, les bons citoyens pensent probablement que le roi va passer ses nuits à lire leurs plaintes et à chercher des remèdes!

Gravure satirique: Ce paysan porte un membre du clergé et un aristocrate.

Qu'est-ce qui se passe?

Chaque ville choisit ses représentants, et un grand nombre des députés du Tiers-État sont de jeunes avocats, pleins des idées nouvelles de Rousseau sur l'égalité et la liberté. Ils arrivent à Versailles dans leur plus beau costume, pleins d'espoir. Ils croient qu'ils vont parler au roi, lui expliquer la misère de son peuple et que tout va changer. En réalité, quand ils arrivent, ils sont traités avec une indifférence méprisante[24] par les autres ordres et par les représentants du roi. Quand on leur rappelle qu'ils représentent «seulement» le peuple, un de ces députés, Mirabeau, s'écrie: «Qu'est-ce que le peuple? Rien. Qu'est-ce qu'il veut être? Tout».

Comment les députés vont-ils voter?

La première question est celle du vote: va-t-on voter par *ordre*, ou par *député?* Si on vote par ordre, il y aura toujours deux votes (la noblesse et le clergé) contre un (le Tiers-État). Si, d'autre part, on vote par député, comme les députés du Tiers-État sont un peu plus nombreux que les deux autres réunis, ils sont sûrs de gagner.

Comme le clergé et la noblesse refusent le vote par député, le Tiers-État occupe une grande salle (le Jeu de paume, où on joue un jeu qui est l'ancêtre du tennis d'aujourd'hui) et s'y barricade. Les députés annoncent que, comme représentants du peuple, ils ont formé une Assemblée nationale qui va donner une constitution à la France (Serment du Jeu de paume, 20 juin 1789).

Art Connection
Voir «Le Serment du Jeu de paume» de David, *Plaisir des yeux,* page 252.

Le 14 juillet 1789: Prise de la Bastille

Les événements se précipitent: Les conseillers du roi rassemblent des troupes autour de Paris pour disperser, si c'est nécessaire, les députés de l'Assemblée nationale. Paris, qui a faim, et où de folles rumeurs circulent, croit que le roi veut attaquer la ville. Les Parisiens décident de se défendre et ils cherchent des armes. Aux Invalides* il y a des canons! Les canons saisis[25], on cherche maintenant des munitions. À la Bastille, dit quelqu'un, il y a des munitions. Brandissant[26] des armes improvisées et traînant[27] ses canons, la populace se dirige vers la Bastille.

[22] **mécontentement** discontent
[23] **plaintes** grievances
[24] **méprisante** contemptuous
[25] **saisis** having been seized, grabbed
[26] **Brandissant** Brandishing, waving
[27] **traînant** dragging

***Les Invalides:** construits par Louis XIV pour les vétérans de ses guerres. Il y avait là des canons pris à l'ennemi.

La prise de la Bastille signale le commencement de la Révolution.

Qu'est-ce que la Bastille?

C'est une vieille forteresse, reste des fortifications de Paris. C'est la prison personnelle du roi, où il a le droit d'enfermer, sans jugement[28], et pour aussi longtemps qu'il le désire, n'importe quel[29] prisonnier. Louis XIV employait beaucoup la Bastille—surtout pour ceux qui osaient critiquer son autorité absolue. Mais sous le faible Louis XV et le patient Louis XVI, le roi n'exerce plus beaucoup ce privilège. En 1789, la Bastille ne contient que quelques prisonniers, six ou sept, qui sont des aristocrates que le roi a enfermés lui-même pour les protéger de la justice civile. L'un a volé les bijoux de sa mère, un autre a empoisonné sa femme. Il est probable qu'ils ont bien plus peur de la justice civile que de la prison royale, où ils ont leurs domestiques et une grande liberté.

Le peuple ne sait pas cela, et croit que la Bastille est pleine de victimes du roi.

Qu'est-ce qui se passe?

La situation est assez confuse, on ne sait pas si un garde de la Bastille ou un membre de la populace a tiré[30] le premier, mais une bataille commence. Dans la mêlée[31], M. de Launay, gouverneur de la Bastille, et son assistant sont tués. On leur coupe la tête qu'on porte au bout d'une pique[32]. Plusieurs gardes suisses* de la garnison de la Bastille sont aussi tués. (Les quelques prisonniers sont libérés contre leur gré[33].)

Ce soir-là, quand Louis XVI rentre de la chasse, il entend les nouvelles du jour: «Quoi?» dit-il, «C'est une révolte?» Et un de ses conseillers lui répond tristement: «Non, Sire, c'est une révolution».

Louis ne prend aucune mesure pour rechercher[34] et faire punir les coupables des assassinats de la journée. Il accepte le fait accompli. Énorme erreur: Le peuple sait qu'il peut faire ce qu'il voudra, le roi est trop faible pour contrôler ses actions.

La Révolution française a commencé. Personne ne sait où elle va, ses chefs pas plus que les autres. La France s'engage dans cinq années qui vont bouleverser[35] les coutumes et les institutions de quinze siècles. C'est la fin de l'Ancien Régime, le commencement des temps modernes. Mais le soir du 14 juillet 1789, personne ne sait ce que l'avenir réserve.

[28] **jugement** trial
[29] **n'importe quel** any
[30] **tiré** fired a shot
[31] **mêlée** confusion, free-for-all
[32] **pique** pike, lance
[33] **contre leur gré** against their will
[34] **rechercher** track down, search for
[35] **bouleverser** overturn, upset

***suisses:** voir note, page 234.

C'est beau, les mots!

A Le mot approprié. Complétez les phrases suivantes par le mot approprié.

1. Quand le peuple (ou un certain groupe) proteste violemment, et la police ne peut pas le contrôler, il y a une ___ où on brûle et on pille.
2. On va dans un ___ pour danser.
3. Si vous faites quelque chose sans intérêt, sans y faire attention, vous le faites ___ .
4. On coupe le tissu avec des ___ pour faire des vêtements.
5. Les ___ travaillaient la terre et vivaient misérablement.
6. Un ___ est un bijou que l'on porte autour du cou.
7. Le contraire d'affirmer, c'est ___ .
8. Un criminel s'est échappé. La police le ___ .
9. Un peintre (ou un artisan) travaille dans un ___ .

A 1. émeute
2. bal
3. négligemment
4. ciseaux
5. paysans
6. collier
7. nier
8. recherche
9. atelier

B Jouez le mot. Par un geste ou une attitude, montrez que vous comprenez le sens des termes suivants:

balayer
jouer aux cartes
briser (un crayon, par exemple)
une clé dans une serrure
couper (avec des ciseaux)
une perruque
la guillotine

B **Teaching Tip:** For *Jouez le mot*, see **Teaching Tip** in *Première étape*, page 4.

Votre réponse, s'il vous plaît

C Vrai ou faux? Si c'est faux, quelle est la phrase correcte?

1. Les funérailles de Louis XV sont magnifiques.
2. Louis XVI est plein de bonne volonté mais manque de compétence.
3. Thomas Jefferson avait 70 ans quand il était en France.
4. Marie-Antoinette avait mauvaise réputation, mais elle est probablement innocente dans l'affaire du Collier.
5. Les réunions des États généraux sont régulières, comme celles du Sénat et de la Chambre américaine.
6. Les trois ordres (ou états) paient les mêmes impôts.
7. Louis XVI n'a pas compris l'importance de la prise de la Bastille.

C 1. Faux. On est obligé de transporter son corps la nuit pour aller l'enterrer à Saint-Denis parce qu'on a peur d'une émeute de la foule parisienne.
2. Vrai.
3. Faux. Benjamin Franklin avait 70 ans quand il était en France.
4. Vrai.
5. Faux. Les réunions des États généraux ne sont pas régulières. La dernière fois qu'ils se sont réunis était en 1614.
6. Faux. La noblesse et le clergé ne paient pas d'impôts. Tous les impôts sont à la charge du Tiers-État.
7. Vrai.

D Parlons du texte. Répondez aux questions.

D For answers to Ex. D, please refer to the Teacher's Manual.

1. Quels étaient les sentiments du peuple à la mort de Louis XV? Pourquoi?
2. Qui a remplacé Louis XV sur le trône? Comment était le nouveau roi? La nouvelle reine?
3. Pourquoi la situation était-elle très difficile pour le jeune roi? Qui avait une grande influence sur lui? Cette personne était-elle très responsable?
4. Où se trouve Versailles par rapport à Paris? Et quelle était la différence entre Versailles et Paris?
5. Que faisaient le roi et la reine pendant que Paris avait faim? Lequel des deux le peuple blâmait-il le plus? Pourquoi?
6. Pourquoi Louis XVI a-t-il aidé les États-Unis dans leur Guerre d'Indépendance?
7. Quels étaient les principaux représentants des États-Unis à Versailles? Que savez-vous sur eux?
8. Racontez brièvement ce qu'on appelle *l'affaire du Collier.*
9. Qu'est-ce que les États généraux? Pourquoi avait-on besoin de les réunir?
10. Est-ce que les États généraux étaient d'accord avec le roi sur le but de leur réunion? Pourquoi?
11. Qu'est-ce qu'on appelle *cahiers de doléances?*
12. Comment voulait voter le Tiers-État? Pourquoi? Et comment voulaient voter les autres ordres? Pourquoi? Qui a gagné?
13. Pourquoi appelle-t-on le 14 juillet *Bastille Day* en anglais? Racontez ce qui s'est passé.
14. Comment a fini cette journée historique? Est-ce que Louis XVI a compris son importance? Quelle est sa grande erreur?

E Analyse et opinion. Répondez aux questions.

E 2. **La prise de la Bastille.** Par exemple, le *V* pour *Victoire,* le symbole de la paix, le ruban jaune qui célèbre un grand retour, etc. Le symbole national, c'est l'aigle, le drapeau étoilé est un autre symbole. Les drapeaux sont des symboles.

Il y a aussi des images comme celle des soldats plantant le drapeau à Iwo-Jima; celle de Martin Luther King à la tête d'une marche en faveur des droits civiques, etc.

1. **Les impôts.** Qui payait, et qui ne payait pas d'impôts? Que pensez-vous de cette situation? Est-ce que le système des impôts est plus juste aujourd'hui? Pourquoi?
2. **La prise de la Bastille.** La Bastille était-elle une réalité de l'oppression, ou un symbole? Expliquez. Y a-t-il aujourd'hui certains symboles qui fixent l'imagination populaire?

Exprimez-vous

C'est le 14 juillet 1789. Vous habitez Paris. Vous entendez un grand bruit dans la rue. «À la Bastille! Allons chercher des munitions! Allons libérer les victimes de l'oppression!» Votre voisin est déjà dans la rue, il crie: «Allez, viens avec nous, on va bien s'amuser!» Qu'est-ce que vous faites? Racontez ce qui suit votre décision.

Vie et littérature

Voyages en France
Arthur Young (1741-1820)

Pre-reading
Si vous faites un voyage, vous observez des scènes, des paysages et des gens différents de ceux qui vous sont familiers. Tirez-vous des conclusions de vos observations? (Ce pays est riche? pauvre? industriel? agricole?) Donnez des exemples personnels.

Les observations d'Arthur Young Pendant que le roi, la reine et la cour de Versailles vivent dans le luxe et les plaisirs, les paysans, eux, vivent dans une misère qui est difficile à imaginer. Le célèbre voyageur anglais Arthur Young nous a laissé une description de ce qu'il a vu dans le sud de la France.

Misère dans la campagne de France sous Louis XVI

10 juin 1787

Traversé Peyrac, et j'ai vu beaucoup de mendiants[1]. Dans tout le pays, les filles et les enfants ne portent ni chaussures, ni bas[2]. Les laboureurs, à leur travail, n'ont ni sabots[3], ni chaussettes. C'est une misère qui montre la vraie situation en France aujourd'hui, car la prospérité d'un pays repose sur sa circulation[4] et sa consommation, et une large consommation par un grand nombre de gens a plus de conséquences que celle faite par quelques riches. Les paysans français n'ont aucun objet fait de laine ou de cuir, et c'est un très mauvais signe. Cela me rappelle la pauvreté que j'ai vue en Irlande.

30 juin 1789

Ce monsieur me raconta des choses horribles! Il y a des familles entières dans la détresse[5] la plus complète. Ceux qui travaillent n'ont qu'un salaire insuffisant pour se nourrir[6], et beaucoup sont sans travail. Personne n'est autorisé à acheter plus de deux sacs de blé[7]. Pour qui a du sens commun, il est clair que ces réglementations ont une tendance directe à rendre la situation plus mauvaise encore, mais on ne peut pas raisonner avec un gouvernement qui a des idées fixées de cette façon immobile. Le jour du marché, j'ai vu le blé vendu ainsi, avec un détachement de soldats au milieu de la place pour empêcher[8] toute violence. Mais le peuple se dispute avec les boulangers, dont les prix sont exorbitants. Des injures[9] on passe aux coups[10], et c'est l'émeute, et les gens se sauvent[11] avec du pain ou du blé sans payer. C'est arrivé dans beaucoup d'endroits. La conséquence, c'est que ni les cultivateurs, ni les boulangers ne veulent plus rien apporter dans les villes, jusqu'au moment où la famine commence, et quand cela arrive, les prix montent si énormément que des troupes sont constamment nécessaires pour donner un peu de sécurité aux gens qui approvisionnent le marché. Cette situation ne peut plus durer.

Adapté

Un voyageur en France à l'époque d'Arthur Young.

[1] **mendiants** beggars
[2] **bas** stockings
[3] **sabots** wooden shoes (of the type worn by peasants)
[4] **circulation** movement of goods
[5] **détresse** financial straits or difficulties, distress
[6] **se nourrir** to eat
[7] **blé** wheat
[8] **empêcher** prevent
[9] **injures** insults
[10] **coups** blows
[11] **se sauvent** run away

Did You Know?
La récolte de blé de 1788 et de 1789 était mauvaise à cause de pluies désastreuses. De sorte que la condition de beaucoup de pauvres gens était désespérée quand l'été 1789 est arrivé.

Tandis que le pain était rare et hors de prix, le vin était abondant et bon marché, ce qui rendait la situation encore plus explosive.

A 1. mendiant
2. chaussures
3. bas
4. chaussettes
5. cuir
6. détresse
7. coups
8. blé

B 1. le signe
2. le cuir
3. une place
4. la viande
5. des conseillers

C 1. Vrai.
2. Vrai.
3. Faux. Ils n'ont qu'un salaire insuffisant pour se nourrir.
4. Vrai.
5. Vrai.

D For answers to Ex. D, please refer to the Teacher's Manual.

C'est beau, les mots!

A Le mot approprié. Complétez les phrases suivantes par le mot approprié.

1. Un ___ demande de l'argent aux passants dans la rue.
2. Vous portez des ___ pour marcher dans la rue.
3. Pour une femme, les ___ (ou les collants) couvrent toute la jambe.
4. Les ___ couvrent les pieds, mais seulement la partie inférieure de la jambe.
5. Avec la peau des bêtes, on fait des objets en ___ .
6. SOS est le signal qui indique la ___ .
7. Un match de boxe consiste surtout en ___ de poing des deux adversaires.
8. On fait le pain avec le ___ qui est une céréale.

B Pas à sa place. Quel est le mot qui n'est pas à sa place dans les listes suivantes?

1. le signe, la pauvreté, la famine, la détresse
2. une émeute, le cuir, une révolution, la violence
3. une place, une façon, une manière, un moyen
4. le blé, la viande, le maïs, les céréales
5. des troupes, des soldats, un détachement, des conseillers

Votre réponse, s'il vous plaît

C Vrai ou faux? Si c'est faux, quelle est la phrase correcte?

1. Young compare la pauvreté en France à ce qu'il a vu en Irlande.
2. Il est meilleur pour un pays que beaucoup de gens soient raisonnablement prospères plutôt qu'un petit nombre vivant dans le luxe.
3. Les gens qui travaillent ont assez d'argent pour acheter des provisions.
4. La situation est souvent violente à cause des lois sur le blé.
5. Des soldats sont nécessaires pour maintenir l'ordre sur les marchés.

D Parlons du texte. Répondez aux questions.

1. Qui est l'auteur de ce récit?
2. Les deux parties du texte sont-elles écrites au même moment? Voyez-vous une détérioration de la situation?
3. Combien de temps avant la prise de la Bastille Young écrit-il la deuxième partie?
4. Comment Young peut-il voir que les paysans sont misérables?
5. Est-ce que les paysans anglais sont sans doute plus prospères? Et les paysans irlandais?

6. Pourquoi le blé* est-il si important pour les paysans? Est-ce que les Français consomment toujours beaucoup de blé? Pourquoi?
7. Pourquoi n'y avait-il pas assez de blé à acheter? Qui était à blâmer?
8. Qu'est-ce que Young reproche au gouvernement?
9. Voit-il une solution à cette situation?

E Analyse et opinion. Répondez aux questions.

1. **Les règlements du gouvernement.** Sont-ils toujours bons pour la population? Que pensez-vous des règlements contre lesquels Young proteste?
2. **La colère du peuple.** Pouvez-vous justifier la colère du peuple qui entend raconter des histoires fabuleuses sur les dépenses de Versailles? Quelles seraient vos réactions à la place de ces paysans?
3. **Le peuple seul payait des impôts.** Est-ce qu'il participait aux décisions du gouvernement? Expliquez.

Exprimez-vous

Des règlements absurdes. Young critique les règlements absurdes qui rendent la situation en France plus mauvaise encore. Y a-t-il dans votre famille / dans votre école / dans votre ville / dans votre pays des règlements que vous considérez absurdes? Donnez-en un ou deux exemples et expliquez votre point de vue.

Louis XVI distribuant des aumônes à de pauvres paysans pendant le terrible hiver 1788–1789.

---

*Potatoes were cultivated, but not very much, and strictly as animal fodder. The pharmacist Parmentier made efforts to convince people that cooked potatoes were an excellent food, and Louis XVI cooperated, giving a "Potato Ball" where he and his courtiers wore a potato flower in their lapel. The Queen even launched a new hairstyle decorated with potato blossoms. But the people resisted, fearing potatoes were poisonous. (They do contain a very small amount of toxic solanin, which is destroyed in cooking.)

Pre-reading
Pensez-vous que les portraits faits par des artistes représentent toujours la réalité? Pourquoi? Dans le cas d'une personne aussi importante que Marie-Antoinette, pensez-vous que l'artiste l'embellit ou, au contraire, l'enlaidit *(makes uglier)*? Expliquez votre opinion et comparez le portrait à la photographie.

Souvenirs

Mme Vigée-Lebrun (1755–1842)

L'artiste Mme Vigée-Lebrun est née en 1755, la même année que Marie-Antoinette. C'est une artiste de grand talent, qui devient célèbre très jeune et qui sera la portraitiste officielle de Marie-Antoinette. Il y a plusieurs excellents portraits de Marie-Antoinette par Mme Vigée-Lebrun, et ce sont surtout ces portraits qui nous donnent l'image que nous avons gardée de Marie-Antoinette. Dans ses *Souvenirs*, Mme Vigée-Lebrun montre Marie-Antoinette à Versailles. Malgré le ton très favorable de ces souvenirs, vous trouverez certaines références qui vous montrent que la popularité de la reine n'était pas grande.

Marie-Antoinette «à la rose» peinte par Mme Vigée-Lebrun.

Mme Vigée-Lebrun parle de Marie-Antoinette

Marie-Antoinette était grande, admirablement bien faite[1], et c'était la femme de France qui marchait le mieux. Elle portait la tête haute, avec une majesté qui faisait reconnaître la Reine au milieu de toute la cour. À la première séance[2], j'étais timide, mais Sa Majesté me parla avec beaucoup de bienveillance[3]. C'est alors que je fis le portrait qui la représente avec une grande robe de satin à crinoline, et une rose à la main. Ce portrait était destiné à son frère, l'empereur d'Autriche. Dans un autre portrait, la Reine porte une robe nacarat*, et je l'ai placée devant une table, où elle arrange des fleurs dans un vase. Je préférais beaucoup la peindre sans crinoline, et dans une toilette plus simple. Le portrait que je préfère la représente coiffée d'un grand chapeau de paille[4] et dans une robe de mousseline[5] blanche. Quand on a exposé ce tableau au Salon, beaucoup de gens méchants ont dit que la Reine avait fait peindre son portrait en chemise**. Car nous étions en 1786, et la calomnie[6] s'exerçait sur elle. J'ai vu la Reine à la cour, dans la plus grande parure[7], couverte de diamants, et comme un magnifique soleil l'éclairait, elle paraissait vraiment éblouissante[8]. Après, je lui dis comme j'admirais la noblesse de son aspect et de son beau cou élevé. Elle me répondit: «Si je n'étais pas Reine, on dirait que j'ai l'air insolente, n'est-ce pas?» Le dernier portrait que j'ai fait de Sa Majesté est celui qui la montre avec ses enfants. J'avais justement terminé le tableau pour le Salon de 1788. Quand on l'apporta au Salon, on entendit mille remarques défavorables. «Voilà Madame Déficit» disaient les gens, et beaucoup d'autres choses que mes amis me répétaient. Mais je n'avais pas le courage d'aller au Salon moi-même, voir le sort[9] de mon tableau. J'avais si peur de la réaction adverse du public, que j'en avais la fièvre. Je restai dans ma chambre à prier pour la famille royale.

Adapté

[1] **bien faite** shapely
[2] **séance** sitting (for a portrait)
[3] **bienveillance** kindness
[4] **paille** straw
[5] **mousseline** chiffon
[6] **calomnie** slander
[7] **parure** costume, finery
[8] **éblouissante** dazzling
[9] **sort** fate

***nacarat:** a new shade in vogue at the time, sort of a brilliant rose.
****en chemise:** For a woman, at that time, *une chemise* was either an undergarment or a night shirt. In either case, the fact that people chose to think the Queen was wearing *une chemise* for her formal portrait shows her low reputation as a shameless woman (a probably undeserved, but widespread, reputation).

C'est beau, les mots!

A **Le mot approprié.** Complétez les phrases suivantes par le mot approprié.

1. Quand une fille ou une femme est bien proportionnée, d'une silhouette agréable, on dit qu'elle est ___ .
2. Une attitude favorable, gentille envers les autres, reflète votre ___ .
3. Un peintre a besoin d'une palette et de pinceaux pour ___ .
4. La ___ est la tige *(stalk)* du blé, et on en fait des chapeaux.
5. Une soie très légère, transparente, c'est de la ___ .
6. Quand on dit faussement du mal des gens, c'est de la ___ . (Mais si on dit du mal vrai, c'est de la médisance.)
7. Les beaux vêtements, les bijoux, tout ce qui embellit, c'est la ___ .
8. Quand le soleil est ___ , vous avez besoin de lunettes noires pour le regarder.
9. Le ___ joint la tête aux épaules.
10. ___ a le même sens que «précisément».
11. La destinée s'appelle aussi le ___ .
12. Nous ___ à la lampe électrique.

A 1. bien faite
2. bienveillance
3. peindre
4. paille
5. mousseline
6. calomnie
7. parure
8. éblouissant
9. cou
10. Justement
11. sort
12. nous éclairons

Votre réponse, s'il vous plaît

B **Parlons du texte.** Répondez aux questions.

1. Pourquoi Madame Vigée-Lebrun est-elle célèbre? Quel âge avait-elle quand elle peignait le portrait de la jeune reine de vingt ans?
2. Quelle était l'apparence physique de Marie-Antoinette?
3. Décrivez trois portraits de Marie-Antoinette.
4. Comment savez-vous que la popularité de la reine n'était pas grande?
5. Pourquoi le public critiquait-il le portrait en robe de mousseline?

B For answers to Ex. B, please refer to the Teacher's Manual.

C **Analyse et opinion.** Répondez aux questions.

1. **Madame Déficit.** Pourquoi pensez-vous que le public appelait la reine «Madame Déficit»?
2. **Elle ne voulait pas y aller.** Pourquoi pensez-vous que Madame Vigée-Lebrun avait la fièvre et ne voulait pas aller voir son tableau au Salon?
3. **La popularité de la reine.** Qu'est-ce que tout cela vous dit sur la popularité de la famille royale et de son gouvernement? Êtes-vous surpris(e) si une révolution arrive? Pourquoi?

Art Connection
Remarquez le contraste entre la reine Marie-Antoinette dans sa splendeur à Versailles et Marie-Antoinette, les cheveux coupés, les mains attachées derrière le dos, condamnée à mort, conduite à la guillotine. Voir *Neuvième étape*, page 255.

Exprimez-vous

Être ou ne pas être populaire? Est-ce que c'est important pour vous d'avoir beaucoup d'amis? Pourquoi? Pensez-vous que la popularité est désirable ou non? Expliquez votre point de vue.

Pre-reading
Qu'est-ce qui cause une émeute? Cherchez dans les journaux, à la télévision ou dans votre livre d'histoire des exemples d'émeutes. Est-ce que la conduite d'une foule est différente de celle d'un individu isolé? Pourquoi?

«La Prise de la Bastille par un de ses défenseurs»

Louis Deflue

Un officier suisse Le 14 juillet, c'est le jour où le peuple de Paris a pris la Bastille. Cette vieille forteresse était défendue par des troupes de Suisses* au service du roi. Voilà le récit de Louis Deflue, un des officiers suisses. Après la prise de la Bastille, les Suisses sont faits prisonniers et conduits à l'Hôtel de Ville.

Le 14 juillet 1789: Faut-il exécuter ou féliciter cet officier?

Les rues où nous passions, et même les toits étaient pleins de masses de gens qui criaient des insultes dans ma direction. Des épées, des pistolets et des baïonettes étaient constamment pressés contre moi. Je ne savais pas comment j'allais mourir, mais je sentais que mon dernier moment était venu. Ceux qui n'avaient pas d'armes me jetaient des pierres, et les femmes me menaçaient du poing[1]. Déjà deux de mes hommes avaient été assassinés derrière moi, et je ne serais jamais arrivé à l'Hôtel de Ville sans la protection de mes gardes qui forçaient la foule à respecter leur prisonnier.

J'arrivai enfin, au milieu des cris de «Pendez-le[2]!», devant l'Hôtel de Ville, quand on m'apporta une tête au bout d'une pique. C'était celle de M. de Launay, gouverneur de la Bastille. Un peu plus loin, je vis M. de Losme, commandant de la Bastille, couché par terre, baigné[3] de sang. À ma droite, un groupe était occupé à pendre un officier et deux soldats à un lampadaire[4].

Ma situation n'avait l'air guère meilleure, quand on me fit paraître devant un comité qui m'accusa d'avoir résisté pendant la bataille de la Bastille, et d'avoir causé la mort de plusieurs patriotes. Je protestai de mon mieux, disant que j'avais simplement obéi à mes ordres, et qu'il devrait blâmer ceux qui donnaient ces ordres. Puis, voyant que c'était le seul moyen de me sauver, je déclarai mon désir de me joindre aux forces de la Nation. Je ne sais pas si mon discours[5] leur parut sincère, ou s'ils étaient seulement fatigués de tuer, mais ils crièrent: «Bravo, bravo, c'est un brave Suisse!» D'autres apportèrent du vin, et nous bûmes à la santé de Paris et de la Nation. Puis, on me conduisit, avec quelques autres Suisses, jusqu'au Palais-Royal**, pour nous montrer au peuple. C'est là que nous eûmes vraiment de la chance.

[1] **poing** fist
[2] **Pendez-le** Hang him! String him up!
[3] **baigné** bathed
[4] **lampadaire** lamppost
[5] **discours** speech

***des troupes de Suisses:** There were numerous foreign mercenary troops in the service of the King. The Swiss guards were in charge, among other duties, of guarding the Bastille.

****le Palais-Royal:** Remember the residence of the Regent, the Duc d'Orléans? A better businessman for his own affairs than for the nation's, he had most of his palace converted into shops and apartments, and the area built around the gardens became the center of social life at the time of the Revolution.

La foule qui a pris la Bastille se masse devant l'Hôtel de Ville (Paris City Hall).

Un prisonnier de la Bastille, délivré après la bataille, était conduit à travers le jardin, et la foule l'acclamait. On nous prit aussi pour des prisonniers, tout le monde nous admirait et nous entourait. Les gens croyaient voir sur nos mains la marque des chaînes que nous avions portées, et l'erreur générale était si complète qu'un orateur improvisé monta sur une table, nous groupa autour de lui, et expliqua que nous étions des prisonniers innocents, victimes de la tyrannie du roi, et demanda qu'on fasse une quête[6] pour nous. Bientôt, on nous apporta chacun cinq francs, et notre groupe commanda un bon dîner.

Avant la fin de ce dîner, nous étions les amis de tout le monde.

Adapté de la Revue rétrospective

[6] **fasse une quête** take up a collection

C'est beau, les mots!

A Le mot approprié. Complétez les phrases suivantes par le mot approprié.

1. Dans chaque ville de France, il y a un ___ . Ce n'est pas un hôtel pour voyageurs, c'est la maison du gouvernement municipal.
2. Vous préparez un examen, vous étudiez bien, votre conscience vous dit: «Tu as fait ___ », c'est-à-dire aussi bien que possible.
3. Vos amis partent faire du ski. Ils vous invitent: «Veux-tu te ___ à nous?»
4. Les rues des villes sont éclairées par des lumières placées en haut de ___ .
5. Quand on passe un chapeau (ou une boîte) pour demander de l'argent (pour envoyer des fleurs à un copain malade par exemple), c'est une ___ .
6. Un autre terme pour «pas beaucoup», c'est ___ . Par exemple, «Je n'ai ___ le temps d'étudier la musique».

A 1. hôtel de ville
2. de ton mieux
3. joindre
4. lampadaires
5. quête
6. guère

B For answers to Ex. B, please refer to the Teacher's Manual.

B **Les verbes au passé littéraire.** En commençant au début du deuxième paragraphe du texte, cherchez les verbes qui sont au passé littéraire et remplacez-les par un autre temps qui a le même sens.

Votre réponse, s'il vous plaît

C 1. Faux. Il était garde suisse à la Bastille.
2. Vrai.
3. Faux. Monsieur de Launay a été tué.
4. Vrai.
5. Vrai.

C **Vrai ou faux?** Si c'est faux, quelle est la phrase correcte?

1. L'auteur de ce texte était prisonnier à la Bastille.
2. Il était en grand danger d'être tué par les «patriotes».
3. Monsieur de Launay a échappé aux assassins.
4. L'auteur a réussi à convaincre ses accusateurs de son patriotisme.
5. La confusion entre prisonniers et gardes était complète au Palais-Royal.

D For answers to Ex. D, please refer to the Teacher's Manual.

D **Parlons du texte.** Répondez aux questions.

1. Qui est l'auteur de ce texte? Que faisait-il à la Bastille?
2. Qu'est-ce qui lui est arrivé après la prise de la Bastille? Dans quel danger était-il?
3. Comment a-t-il échappé à ce danger? Comment les «patriotes» ont-ils célébré sa conversion?
4. Arrivé au Palais-Royal, il a bénéficié d'une erreur. Laquelle?
5. Quelle était la conclusion de la journée pour ce Suisse?

E **Analyse et opinion.** Répondez aux questions.

1. **La foule pendant une émeute.** Quelle est l'attitude de gens normalement raisonnables? Comment expliquez-vous cette transformation?
2. **Survivre!** Survivre à tout prix était l'attitude de Louis Deflue. Avait-il raison? Pourquoi?
3. **«Amis de tout le monde».** Que pensez-vous de cette conclusion quand vous savez que, quelques heures plus tôt, on pendait tous les Suisses à des lampadaires?
4. **L'indifférence de Louis XVI.** Vous avez une idée de ce qui s'est passé le jour du 14 juillet. Vous savez aussi que Louis XVI n'a puni personne. Que pensez-vous de son attitude?

Exprimez-vous

Louis Deflue le 15 juillet. Imaginez que vous êtes Louis Deflue. Que feriez-vous le lendemain et les jours suivants? Pourquoi?

Une des images macabres de la Révolution: la tête de M. de Launay, gouverneur de la Bastille, portée sur une fourche (pitchfork).

Perfectionnez votre grammaire

L'adjectif

Les armes royales de la France.

8.1 L'adjectif qualificatif

A L'accord de l'adjectif

L'adjectif qualificatif s'accorde en genre et en nombre avec le nom qu'il qualifie. En général, il prend un *e* au féminin et un *s* au pluriel.

SINGULIER	PLURIEL
un grand voyage	**de ou des* grands voyages**
une grande aventure	**de ou des* grandes aventures**
un costume bleu	**des costumes bleus**
une chemise bleue	**des chemises bleues**

Remarquez: On dit *d'autres* quand *autres* est un adjectif.

> **Je voudrais aller dans *d'autres* pays, voir *d'autres* choses.**
> **(Mais quand *autres* est un nom, on dit *les autres*: *L'assiette des autres* un est un roman d'Henri Troyat.)**

B Les formes de l'adjectif

1. S'il se termine par un *e* au masculin (*facile, simple, riche, pauvre, pratique, jeune, rouge, beige*, etc.), il ne change pas au féminin.

MASCULIN	FÉMININ
un costume beige	**une voiture beige**
un exercice facile	**une explication simple**

2. S'il ne se termine pas par un *e* au masculin, il ajoute un *e* au féminin (*français, américain, grand, petit, haut*, etc.)

MASCULIN	FÉMININ
le peuple français	**la culture française**
les gouvernements français	**des idées françaises**

***de ou des?:** The rules of classic grammar require that *des* become *de* before an adjective, except in the case where adjective + noun forms a new noun: *des petits pois, des grands-parents*, for instance. In fact, the French in everyday language disregard this rule and say: *J'ai* des *bons amis* or *Avez-vous* des *bonnes nouvelles?*

3. Un certain nombre d'adjectifs ont une terminaison irrégulière.

SINGULIER	PLURIEL
un vieux monsieur	**de(s) vieux messieurs**
un vi*eil* ami (devant une voyelle)	**de(s) vieux amis**
une vi*eille* amie	**de(s) vi*eilles* amies**

La terminaison de l'adjectif

Adjectifs à terminaison régulière

Singulier		Pluriel	
Masculin	*Féminin*	*Masculin*	*Féminin*
-e facile, pratique beige, rouge	**-e** facile, pratique, beige, rouge	**-s** faciles, pratiques, beiges, rouges	**-s** faciles, pratiques, beiges, rouges
-t, -d, -s, -i, -in, -ain petit, grand, gros, joli, fin, américain	**-e** petite, grande, grosse*, jolie, fine, américaine	**-s** petits, grands, gros, jolis, fins, américains	**-es** petites, grandes, grosses, jolies, fines, américaines
-eux, -oux heureux, curieux, jaloux	**-se** heureuse, curieuse, jalouse	**-eux, oux** heureux, curieux, jaloux	**-euses, ouses** heureuses, curieuses, jalouses
-eau beau, nouveau (bel, nouvel *devant voyelle*)	**-elle** belle, nouvelle	**-eaux** beaux, nouveaux	**-elles** belles, nouvelles
-al spécial, original	**-ale** spéciale, originale	**-aux** spéciaux, originaux	**-ales** spéciales, originales
-er cher, fier, premier, dernier	**-ère** chère, fière, première, dernière	**-ers** chers, fiers, premiers, derniers	**-ères** chères, fières, premières, dernières
-el quel, naturel, exceptionnel	**-elle** quelle, naturelle, exceptionnelle	**-els** quels, naturels, exceptionnels	**-elles** quelles, naturelles, exceptionnelles
-f sportif, attentif, neuf	**-ve** sportive, attentive, neuve	**-fs** sportifs, attentifs, neufs	**-ves** sportives, attentives, neuves
-ien parisien, italien	**-ienne** parisienne, italienne	**-iens** parisiens, italiens	**-iennes** parisiennes, italiennes

Adjectifs à terminaison irrégulière

bon	bonne	bons	bonnes
blanc	blanche	blancs	blanches
fou (fol *devant voyelle*)	folle	fous	folles
grec	grecque	grecs	grecques
vieux (vieil *devant voyelle*)	vieille	vieux	vieilles

***grosse:** Remarquez qu'il y a deux *s* au féminin singulier et au féminin pluriel.

C La place de l'adjectif

Règle générale: L'adjectif est placé *avant le nom s'il indique une opinion, après le nom s'il indique un fait.*

1. Avant le nom

L'adjectif subjectif, c'est-à-dire qui exprime nécessairement une opinion, est placé avant le nom. Les adjectifs considérés comme subjectifs en français sont:

MASCULIN	FÉMININ	MASCULIN	FÉMININ
beau (bel)	**belle**	**jeune**	**jeune**
bon	**bonne**	**joli**	**jolie**
grand	**grande**	**mauvais**	**mauvaise**
gros	**grosse**	**nouveau (nouvel)**	**nouvelle**
haut	**haute**	**petit**	**petite**
		vieux (vieil)	**vieille**

un *bel* homme, une *belle* fille, un *beau* garçon
une *bonne* idée, une *mauvaise* décision
une *haute* montagne, une *jolie* maison
une *vieille* dame, un *vieil* ami
une *grosse* somme, etc...

Il est impossible de faire une faute si vous employez ces adjectifs avant le nom.

2. Après le nom

L'adjectif objectif, c'est-à-dire qui exprime un fait, est placé après le nom. Les adjectifs qui sont généralement après le nom sont:

LES ADJECTIFS DE COULEUR	**des yeux *verts*, des cheveux *blonds*, une mer *bleue***
LES ADJECTIFS DE NATIONALITÉ	**la culture *française*, un problème *européen*, le continent *africain*, un film *américain***
LES ADJECTIFS DE FORME	**une table *ronde*, une pièce *rectangulaire*, un petit jardin *carré***
LES ADJECTIFS DE RELIGION	**une église *catholique*, un temple *protestant*, une synagogue *juive*, une coutume *musulmane***
LA PLUS GRANDE PARTIE DES AUTRES ADJECTIFS	**un produit *artificiel*, des vitamines *naturelles*, une voiture *neuve*, une raison *importante*, une idée *originale***

3. L'emploi de plusieurs adjectifs

Quand un nom est qualifié par plusieurs adjectifs, chaque adjectif a sa place.

> **La Citroën est une voiture.**
> **C'est une *bonne* voiture.**
> **C'est une *bonne* voiture *française contemporaine*.**

4. Applications spécifiques de la règle qui place l'adjectif subjectif avant le nom, et l'adjectif objectif après le nom: Ce millionnaire n'a pas d'amis, pas de famille: c'est un *pauvre homme*.

L'adjectif qui va normalement *après* le nom peut également être placé avant le nom pour exprimer une opinion subjective: Si je dis que c'est «un pauvre homme», j'exprime ma sympathie pour quelqu'un qui est malheureux, mais pas nécessairement «pauvre».

C'est ainsi que la place de beaucoup d'adjectifs peut changer pour cette raison:

un homme *brave*	mais:	**un *brave* homme**
(a brave man)		*(a good man)*
J'ai les mains *sales*.	mais:	**C'est un *sale* type.**
(My hands are dirty.)		*(He is a bad guy.)*

L'adjectif change aussi quelquefois de place pour des raisons poétiques:

la neige *blanche*	mais:	***Blanche* Neige** *(Snow White)*
(the white snow)		

D La place des adjectifs *dernier* et *prochain*

1. Valeur objective

> **La semaine *dernière*, la semaine *prochaine***
> **Le mois *dernier*, le mois *prochain***
> **L'année *dernière*, l'année *prochaine***

Le calendrier est le même pour tous. *La semaine dernière* ou *la semaine prochaine* est la même pour tout le monde.

2. Valeur subjective et limitée

> **la *dernière* fois, la *prochaine* fois**
> **«Salut, ô mon *dernier* matin!» chante Faust.**
> **Repentez-vous à votre *dernière* heure.**
> **Quel sera votre *prochain* voyage?**

Dans ce cas, *prochain/dernier* a une valeur subjective personnelle et limitée à la personne qui parle ou à un certain groupe:

C'est mon *dernier* trimestre dans cette université.
Faites attention la *prochaine* fois.

Attention: Ne dites pas: *le jour dernier.* Dites: *la veille.*

C'était *la veille* de Noël.

Ne dites pas: *le jour prochain.* Dites: *le lendemain.*

Il est arrivé *la veille* de l'examen, et il est reparti *le lendemain.*

E L'adjectif qualifié

une jupe *grise*	mais:	**une jupe *gris foncé***
une écharpe *verte*	mais:	**une écharpe *vert vif***
une voiture *bleue*	mais:	**une voiture *bleu marine***

Quand un adjectif est qualifié, il reste invariable. Les termes les plus employés pour qualifier une couleur sont: *clair, vif, foncé,* mais il y a beaucoup d'autres expressions: *bleu marine, vert sombre, rouge sang, jaune d'or, bleu ciel, rose tendre,* etc.

F Le nom employé comme adjectif

un costume *marron*	**des costumes *marron***
une blouse *orange*	**des blouses *orange***

Marron, orange, turquoise, corail, lavande, émeraude, etc. sont en réalité des noms: un marron *(a chestnut)*, une orange, une turquoise, le corail, une émeraude, la lavande. Quand on dit: «Des costumes marron», c'est l'équivalent de: «Des costumes *couleur de* marron». Le nom employé comme adjectif est invariable.

G L'adjectif employé comme nom

Nous *les jeunes!*
Aimez-vous *le vert?* Préférez-vous *le bleu?*
***Les paresseux* ne font rien.**
Pensez-vous que les gens de quarante ans sont *des vieux?*
Ne parlez-pas à *un inconnu* dans la rue.

En français, il est très généralement possible d'employer l'adjectif, singulier ou pluriel, comme nom.

Le marquis de La Fayette a participé à la Guerre d'Indépendance des États-Unis.

La négation

8.2. Les négations autres que ne... pas

Toutes les négations se composent de:

ne + verbe + deuxième partie de la négation
(*pas, rien, personne, jamais,* etc.)

La négation générale est *ne... pas.* Mais il y a d'autres négations.

A *Ne... point* (not at all) ou *ne... pas du tout*

Voyez-vous une différence? Je *ne* vois *point* de différence.
Je *ne* vois *pas du tout* de différence. (Approximativement le même sens que *ne... pas,* mais un peu plus fort.)

B *Ne... ni... ni* ou *Ni... ni... ne* (neither ... nor)

Aimez-vous les escargots? Non, je *n*'aime *ni* les escargots *ni* les grenouilles.
***Ni* les filles *ni* les garçons *n*'aiment ce CD.**

C'est la négation de *et... et,* de *ou... ou* (et de *soit... soit*).

Sifflez-vous *et* dansez-vous en classe? Non, on *ne* siffle *ni ne* danse en classe.

Quand c'est la négation de plusieurs verbes, on répète *ne* devant chaque verbe.

C *Ne... rien* ou *Rien ne...* (nothing) et *ne... pas grand-chose* (not much) ou *Pas grand-chose ne...*

Faites-vous *quelque chose* ce soir? Non, je *ne* fais *rien.* (*Je ne* fais *pas grand-chose.*)

Rien est la négation de *quelque chose.* Quand la négation n'est pas totale, on emploie *pas grand-chose.*

***Rien n*'intéresse les gens stupides. *Pas grand-chose* n'amuse les enfants gâtés.**

Quand *rien* ou *pas grand-chose* est sujet, la négation est *rien ne* ou *pas grand-chose ne...*

D *Ne... personne* ou *Personne ne...* (nobody) et *ne... pas grand-monde* (not many people) ou *Pas grand-monde ne...*

Connaissez-vous quelqu'un à Paris? Non, je *n*'y connais *personne*. Je *ne* connais *pas grand-monde* en France.

Ne... pas grand-monde est la négation partielle de *personne.*

Remarquez la place de *ne... personne* dans la phrase avec un verbe à un temps composé:

Je *n*'ai rencontré *personne* dans la rue ce matin.

E *Ne... jamais* (never)

Vous *n*'allez *jamais* voir votre grand-mère?
Je n'y vais pas souvent.
J'y vais rarement.
Je n'y vais pas toujours régulièrement.

C'est la négation de *quelquefois, souvent, toujours.* Quand la négation n'est pas absolue, on emploie *pas souvent, pas toujours, rarement.*

F *Ne... plus* (no longer)

Nous *n*'allons *plus* au zoo. Nous *ne* sommes *plus* des enfants.
Il pleut toujours? Non, il *ne* pleut *plus*.

C'est la négation de *encore* et *toujours.*

G *Ne... pas encore* (not yet)

Avez-vous (déjà) fini? Non, je *n*'ai *pas encore* fini.
Le courrier *n*'est *pas encore* arrivé.

C'est la négation de *déjà* qui peut être exprimé ou non.

H *Ne... pas non plus* (not ... either) et *non plus* (neither)

Il ne fait pas froid et il *ne* pleut *pas non plus*.
—Je ne sais pas jouer du violon. Et vous?
—Moi *non plus*.

C'est la négation de *aussi* qui peut être exprimé ou non.

I *Ne... guère* (hardly, scarcely, barely)

Je *ne* mange *guère* de pain. Vous *ne* comprenez *guère* ce que je dis?

C'est la négation de *beaucoup* ou de *bien* qui peut être exprimé ou non.

J *Ne... aucun(e)* ou *Aucun(e)... ne* (no, not any, none)

Il *n*'y a *aucun* étudiant qui sache le russe ici.
***Aucun* de nous *ne* sait la réponse.**

C'est la négation de *un* ou un autre nombre.

K *Ne... nul(le)* ou *Nul(le) ne...* (no one, not any)

Silence. *Nul ne* dit un mot.
Je *ne* vois *nulle* raison de vous refuser ce plaisir.

C'est la négation de *un* ou un autre nombre. Le sens de *nul(le)* est semblable au sens de *aucun(e)*.

L *Ne... nulle part* ou *Nulle part... ne...* (nowhere)

Vas-tu quelque part ce soir? Non, je *ne* vais *nulle part*.
***Nulle part* on *ne* mange mieux qu'en France!**

C'est la négation de *quelque part* (somewhere).

Le Hameau (hamlet) *de la Reine à Versailles.* Marie-Antoinette y venait jouer à la fermière.

RÉCAPITULATION DES NÉGATIONS

FORME AFFIRMATIVE	NÉGATION ABSOLUE	NÉGATION PARTIELLE
	ne... pas (du tout) **ne... point**	
et... et... **ou... ou...** **soit... soit...**	**ne... ni... ni...** **(Ni... ni... ne...)**	
quelque chose	**ne... rien** **(Rien ne...)**	**ne... pas grand-chose** **(Pas grand-chose ne...)**
quelqu'un	**ne... personne** **(Personne ne...)**	**ne... pas grand-monde** **(Pas grand-monde ne...)**
toujours, souvent	**ne... jamais**	**ne... pas toujours** **ne... pas souvent**
encore	**ne... plus**	
déjà	**ne... pas encore**	
aussi	**ne... pas non plus**	
beaucoup, bien	**ne... guère**	
un, deux, etc.	**ne... aucun(e)** **(Aucun[e] ne...)** **ne... nul(le)** **(Nul[le] ne...)**	
quelque part	**ne... nulle part** **(Nulle part... ne...)**	

Remarquez: La forme *ne... que* n'est pas une négation.

Les végétariens *ne* mangent *que* des légumes.

C'est une expression de restriction, de limitation, mais pas de négation:

Avant la Renaissance, les Européens *ne* connaissaient *que* l'Europe.

Remarquez aussi: Dans le français parlé quotidien, *(everyday language)* on omet souvent le *ne: Je sais pas* (prononcé *J'sais pas*). *Je veux pas* (prononcé *J'veux pas*). Par contre, il est littéraire d'omettre le *pas* de la négation des verbes *savoir* et *pouvoir: Je ne puis vous dire, je ne sais quoi.* Mais il est impossible de faire une erreur si vous employez la négation complète.

M *Oui, si* et *non*

Vous aimez la musique? *Oui*.
Vous n'aimez pas la musique? *Si* (je l'aime).
***Non* (je ne l'aime pas).**

La réponse affirmative à une question négative est *si.*

Le participe présent

8.3 Le participe présent et son usage comme gérondif

Le participe présent *(allant, marchant, regardant, etc...)* et le gérondif sont en réalité deux usages de la forme du participe présent.

A La formation du participe présent

racine du verbe à la forme *nous* au présent + *ant*

lire	**nous lisons: *lisant***
écrire	**nous écrivons: *écrivant***
choisir	**nous choisissons: *choisissant***
vouloir	**nous voulons: *voulant***
boire	**nous buvons: *buvant***

Il y a trois participes présents irréguliers:

être: *étant* avoir: *ayant* savoir: *sachant*

B Le gérondif: *tout en* et *en* + le participe présent

Le gérondif a deux sens distincts qui correspondent à l'anglais *while doing something* et *by means of doing something,* ou *through.*

1. *while*

Je ne peux pas écouter la radio *(tout) en lisant*.
***(Tout) en* vous *écoutant*, j'ai pensé à quelque chose.**
C'est un optimiste: il traverse la vie *(tout) en souriant*.
***Tout en ayant* l'air indifférent, le chat attend la souris.**

On peut toujours employer *tout en + le participe présent* pour indiquer une action simultanée. Il est aussi possible de simplement dire *en + participe présent.* La forme *tout en* est plus élégante.

2. *By (means of), through*

C'est *en travaillant* qu'on devient riche.
En parlant, en écoutant, en lisant et en écrivant, on apprend une langue.
Arrêtez la radio *en tournant* le bouton.
Un criminel se dissimule *en changeant* d'identité.

C Le participe présent employé comme adjectif ou comme participe

1. Employé comme adjectif, il s'accorde avec le nom:

Elle attend un Prince *Charmant.* (Mais elle est *charmante!*)
C'est une date *importante.*
Tu lis des livres *intéressants,* et des histoires *intéressantes.*

2. Le participe présent proprement dit est invariable:

Refusant de quitter la salle, les délégués ont déclaré leur intention de rester.
Ne *comprenant* pas mes intentions, votre chien a eu peur.
Ce bruit? Ce sont des avions, *volant* au-dessus de nous, des voitures, *passant* dans la rue, des enfants, *jouant* dans le parc.

Remarquez: Avec *sans,* on emploie l'infinitif: **Il est sorti *sans* parler.**

Le Temple de l'Amour, construit pour Marie-Antoinette dans le parc de Versailles.

Application

L'adjectif qualificatif

A **La place et la forme.** Complétez les phrases suivantes par les adjectifs à la place et à la forme correctes.

Je voudrais avoir un *appartment.* (beau, moderne)
Je voudrais avoir un bel appartement moderne.

1. Je préfère les *examens,* les *questions,* et une *composition.* (oral)
2. Dans ton jardin, il y a un *arbre,* des *roses,* et des *géraniums.* (beau)
3. Marc a un *oncle,* des *tantes* qui habitent une *maison* dans un *village.* (vieux)
4. Au revoir, *monsieur* et *madame.* À bientôt, mes *amis* et *amies.* (cher)
5. Ma mère fait une *cuisine.* En particulier, elle fait un *gâteau,* des *salades* et des *desserts.* (délicieux)
6. La publicité annonce souvent des *produits.* (nouveau, artificiel)
7. Les *émotions* ne changent pas beaucoup. (grand, humain)
8. Les *gens* ont des *idées.* (fou)

B ***Premier*, dernier, prochain.*** Complétez les phrases suivantes par les adjectifs *premier, dernier* et *prochain* à la place et à la forme correctes.

1. C'est la *fois* que ma *classe* est une classe de français. (premier)
2. Noël est dans la *semaine* du *mois* de l'année. (dernier)
3. Pour la *semaine,* préparez le *chapitre.* (prochain)
4. Mon *voyage* en Europe était l'*année.* (dernier)
5. Au revoir! À la *fois*! À l'*année*! (prochain)

C **Une description.** Faites une description de votre personne en employant beaucoup d'adjectifs. Employez aussi les termes *vif, clair, foncé* et employez aussi les noms-adjectifs (*bleu marine, vert olive, vert émeraude,* par exemple). Montrez que vous avez du vocabulaire.

J'ai les yeux *marron clair* et les cheveux *châtain foncé.* Je porte un pullover *bleu vif* et un jean *bleu délavé.* Mes chaussures sont en cuir *marron foncé,* etc.

D **Ce que j'aime.** Ce que vous aimez: gens? repas? musique? amis? livres? couleurs? etc. Employez beaucoup d'adjectifs.

J'aime les gens gentils et amusants, et surtout les beaux garçons (jolies filles), et je déteste les gens ennuyeux. J'aime la bonne cuisine, etc...

A 1. Je préfère les examens oraux, les questions orales, et une composition orale.
2. Dans ton jardin, il y a un bel arbre, de(s) belles roses, et de(s) beaux géraniums.
3. Marc a un vieil oncle, de(s) vieilles tantes qui habitent une vieille maison dans un vieux village.
4. Au revoir, cher monsieur et chère madame. À bientôt, mes chers amis et chères amies.
5. Ma mère fait une cuisine délicieuse. En particulier, elle fait un gâteau délicieux, des salades délicieuses et des desserts délicieux.
6. La publicité annonce souvent de(s) nouveaux produits artificiels.
7. Les grandes émotions humaines ne changent pas beaucoup.
8. Les gens fous ont des idées folles.

B 1. C'est la première fois que ma première classe est une classe de français.
2. Noël est dans la dernière semaine du dernier mois de l'année.
3. Pour la semaine prochaine, préparez le prochain chapitre.
4. Mon dernier voyage en Europe était l'année dernière.
5. Au revoir! À la prochaine fois! À l'année prochaine!

C Answers will vary.

D Answers will vary.

***premier:** Cet adjectif est toujours devant le nom.

La négation

E **Non, non et non!** Demandez une réponse négative à une autre personne de la classe.

Êtes-vous encore un enfant?
Non, je ne suis plus un enfant.

1. Aimez-vous le lapin et la viande de cheval?
2. Riez-vous et chantez-vous tout le temps?
3. Avez-vous déjà fini vos études?
4. Est-ce que quelqu'un ici a peur de moi?
5. Avez-vous quelque chose à me dire?
6. Fait-on beaucoup de cuisine française chez vous?
7. Pensez-vous souvent aux dimensions de l'univers?
8. Sommes-nous encore au dix-neuvième siècle?
9. Savez-vous quelque chose de nouveau?
10. Allez-vous quelque part ce week-end?
11. Je ne sais pas quelle heure il est. Et vous, le savez-vous?

E 1. Non, je n'aime ni le lapin ni la viande de cheval.
2. Non, je ne ris ni ne chante tout le temps.
3. Non, je n'ai pas encore fini mes études.
4. Non, personne ici n'a peur de vous (toi).
5. Non, je n'ai rien à vous (te) dire.
6. Non, on ne fait guère de cuisine française chez moi.
7. Non, je ne pense jamais aux dimensions de l'univers.
8. Non, nous ne sommes plus au dix-neuvième siècle.
9. Non, je ne sais rien de nouveau.
10. Non, je ne vais nulle part ce week-end.
11. Moi non plus.

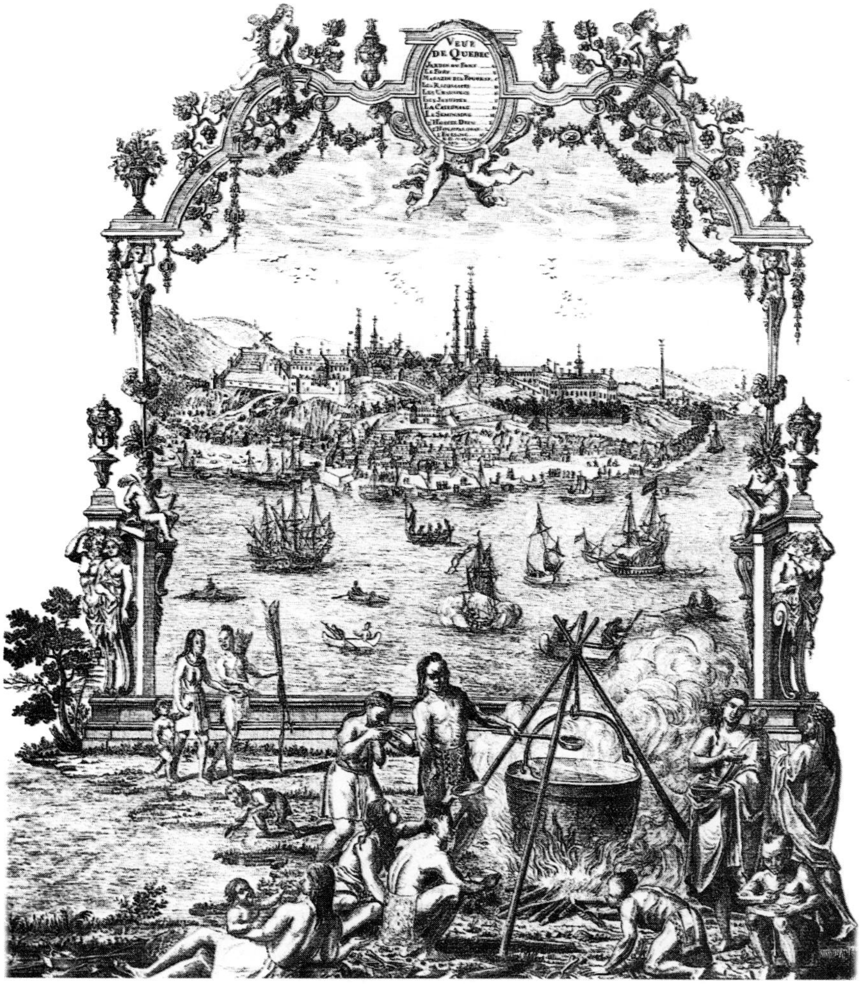
Veue
de Quebec
La Catedrale

Une vue de la ville de Québec sur le fleuve Saint-Laurent, avec des Indiens au premier plan.

F Je n'ai **pas de** chance et **personne ne** m'aime. Mon chien **ne** m'a **pas** regardé quand je suis entré et mon chat **non plus.** (**Ni** mon chien **ni** mon chat **ne** m'a regardé quand je suis rentré.) **Ni** mes voisins de gauche **ni** mes voisins de droite **ne** m'ont dit bonsoir. **Personne ne** m'a téléphoné parce qu'**aucun** de mes amis **ne** pensait à moi. Ma petite amie **ne** me parle **plus,** parce que je **ne** suis **jamais** gentil avec elle. Son numéro de téléphone? Il **n'**est **nulle part** sur mon bureau, parce que **rien n'**est en ordre et que je **ne** trouve **rien.** Je **n'**ai **pas encore** préparé mon travail pour demain. Je **n'**ai **pas encore non plus** écrit à ma grand-mère pour la remercier. **Personne ne** me comprend **ni ne** m'approuve. Ma vie **n'**est **ni** heureuse **ni** agréable ce soir.

G 1. tout en faisant son portrait
2. En voyageant
3. Tout en dansant
4. en aidant
5. En montant sur une table

H 1. On réussit en sachant organiser son temps, en ayant de bonnes notes, en parlant à des gens intelligents et en lisant de bons livres.
2. J'écoute de la musique tout en conduisant la voiture, en parlant au téléphone, en lisant dans mon lit et en étudiant.

F Une soirée désastreuse. Transformez cette soirée en une soirée absolument désastreuse en mettant les termes indiqués au négatif.

J'ai *beaucoup* de chance et *tout le monde* m'aime. Mon chien m'a regardé quand je suis rentré *et* le chat aussi. Mes voisins de gauche *et* mes voisins de droite m'ont dit bonsoir. *Quelqu'un* m'a téléphoné, parce qu'*un* de mes amis pensait à moi. Ma petite amie me parle *encore,* parce que je suis *toujours* gentil avec elle. Son numéro de téléphone? Il est *quelque part* sur mon bureau, parce que *tout* est en ordre et que je trouve *tout.* J'ai *déjà* préparé mon travail pour demain. J'ai *aussi déjà* écrit à ma grand-mère pour la remercier. *Tout le monde* me comprend *et* m'approuve. Ma vie est heureuse *et* agréable ce soir.

Le participe présent

G Le gérondif. Employez le gérondif *(en marchant, en travaillant)* pour indiquer le moyen ou la forme *tout en (tout en parlant)* pour indiquer la simultanéité.

J'écoute la radio ___ . *(while driving)*
J'écoute la radio *tout en conduisant.*

1. Madame Vigée-Lebrun causait *(chatted)* avec la reine ___ . *(while painting* her portrait)*
2. ___ en France, Young a observé la misère des paysans. *(by traveling)*
3. ___ , Marie-Antoinette oubliait ses responsabilités de reine. *(while dancing)*
4. Louis XVI voulait affaiblir les Anglais ___ les États-Unis. *(by helping)*
5. ___ , un orateur groupa les prisonniers libérés autour de lui. *(climbing on a table)*

H *En* ou *tout en?* Répondez aux questions suivantes en utilisant les réponses suggérées. Décidez s'il faut mettre *en* (moyen) ou *tout en* (simultanéité).

1. Comment réussit-on? (savoir organiser son temps, avoir de bonnes notes, parler à des gens intelligents, lire de bons livres)
2. Quand écoutez-vous de la musique? (conduire la voiture, parler au téléphone, lire dans mon lit, étudier)

***to paint her portrait:** *faire son portrait*

3. Comment se fait-on des amis? (être sincère, savoir garder les secrets, réfléchir aux problèmes des autres)
4. Comment fait-on des économies? (ne pas dépenser tout son argent, travailler après l'école, établir un budget, mettre son chèque à la banque)
5. Comment apprend-on les nouvelles? (regarder la télé, acheter le journal, poser des questions)
6. Quand est-ce que votre mère vous parle? (faire la cuisine, habiller ma petite sœur, promener le chien, attendre mon père)

I **L'accord ou pas?** Faites l'accord si c'est un adjectif, ne le faites pas si c'est un participe présent.

Ces aventures sont si amusant_ qu'on rit en les racont_ .
Ces aventures sont si amusant*es* qu'on rit en les racont*ant*.

1. Riant_ et chantant_ ces deux filles marchaient dans une rue glissant_.
2. Les députés, arrivant_ à Paris et s'attendant_ à voir des changements, ont compris que le roi, tout en écoutant_ leurs discours, ne les trouvait pas important_ .
3. Les Princes Charmant_ ? Ils étaient bien intéressant_ dans les contes de fées, mais les filles d'aujourd'hui ne perdent pas leur temps en les cherchant_ .
4. J'ai des choses intéressant_ à vous dire en rentrant_ à la maison.
5. La femme du Président, souriant_ et élégant_ , recevait les invités arrivant_ à la réception de la Maison-Blanche.

La grammaire en direct

Votre portrait. Si vous faisiez faire votre portrait, sachant que c'est l'image qu'on gardera de vous pour toujours, comment voudriez-vous être représenté(e)? À quel âge? Dans quels vêtements? Dans quel décor? Faisant quoi? Comment ne voudriez-vous pas être représenté(e)? Pourquoi? (Employez beaucoup d'adjectifs, de négations et des participes présents.)

3. On se fait des amis en étant sincère, en sachant garder les secrets et en réfléchissant aux problèmes des autres.
4. On fait des économies en ne pas dépensant tout son argent, en travaillant après l'école, en établissant un budget et en mettant son chèque à la banque.
5. On apprend les nouvelles en regardant la télé, en achetant le journal et en posant des questions.
6. Ma mère me parle tout en faisant la cuisine, en habillant ma petite sœur, en promenant le chien et en attendant mon père.

I
1. Riant et chantant, ces deux filles marchaient dans une rue glissante.
2. Les députés, arrivant à Paris et s'attendant à voir des changements, ont compris que le roi, tout en écoutant leurs discours, ne les trouvait pas importants.
3. Les Princes Charmants? Ils étaient bien intéressants dans les contes de fées, mais les filles d'aujourd'hui ne perdent pas leur temps en les cherchant.
4. J'ai des choses intéressantes à vous dire en rentrant à la maison.
5. La femme du Président, souriante et élégante, recevait les invités arrivant à la réception de la Maison-Blanche.

L'Art de la fin de l'Ancien Régime

[1] **maquettes** models
[2] **poitrine** chest

En cette fin du dix-huitième siècle, qui va marquer la mort de l'Ancien Régime, tout l'art raffiné et élégant dont nous avons parlé (voir pages 218-219) ne fait que continuer sous le règne de Louis XVI et Marie-Antoinette.

«Illumination du belvédère du Petit Trianon» de Châtelet. Une des extravagances de Marie-Antoinette, c'était ce belvédère à Trianon. Sa construction, celle des rochers, des fontaines et du lac qui l'entouraient, avaient coûté une fortune. Hélas, pendant des fêtes comme celles-ci, le pays avait faim et la Révolution se préparait.

Vous n'avez pas oublié les constructions faites pour la reine à Trianon (parc de Versailles). Une des dernières et des plus coûteuses était le belvédère du Petit Trianon, entouré de rochers, de grottes et d'un lac artificiel. Marie-Antoinette avait exigé quatorze maquettes[1] avant d'être satisfaite! Vous le voyez ici illuminé pour une extravagante fête en l'honneur du frère de la reine.

Vous connaissez déjà Madame Vigée-Lebrun (voir page 232). Cette jeune femme est une portraitiste de grand talent, déjà célèbre à vingt ans, qui nous a laissé de ravissants portraits de Marie-Antoinette et de ses enfants.

C'est aussi le début de la carrière de Jacques Louis David, un peintre qui dominera la peinture française de 1785 à sa mort en 1825. Il va illustrer les principaux épisodes de la Révolution. Un des premiers en date, c'est *Le Serment du Jeu de paume,* qui montre le moment où les députés du Tiers-État (et quelques membres du clergé) jurent de ne pas se séparer sans donner une constitution à la France. À droite, on reconnaît Mirabeau en costume noir et Robespierre les mains sur la poitrine[2].

«Le Serment du Jeu de paume» de David. Comme le roi avait fermé leur salle de délibérations, les délégués du Tiers-État se sont réunis dans cette salle *(an indoor tennis court).* Là, ils ont juré de ne pas se séparer sans donner une constitution à la France (20 juin 1789).

Un dessin satirique. Beaucoup de dessins de ce genre circulaient pendant cette période, tous critiquant l'inégalité devant les impôts (voir pages 224-225). Ici, un noble et un membre du clergé écrasent sous un rocher un pauvre membre du Tiers-État. Ce rocher représente les impôts, payés seulement par cette classe de la population.

La colère montante du peuple se manifeste aussi par de nombreux dessins satiriques, des pamphlets contre la reine, et même les assiettes de faïence[3] de Nevers qui offrent une variété de motifs proposant l'union du roi et des États généraux. L'art devient ainsi populaire, et un instrument de propagande politique en faveur de la Révolution qui vient.

[3] **faïence** pottery

Le Roy

Même la vaisselle sert de propagande révolutionnaire! La fabrique de faïence *(pottery factory)* de Nevers a produit des quantités d'assiettes portant, comme celle-ci, une propagande pour les nouvellés idées. Ici, on suggère l'union du roi et des trois états.

DISCUSSION

1. **Marie-Antoinette.** À votre avis, Marie-Antoinette a-t-elle fait une contribution importante à l'art de la fin du dix-huitième siècle? Expliquez.

2. **Le 20 juin 1789.** Qu'est-ce que *Le Serment du Jeu de paume* représente? Quel en est l'artiste? Est-ce une peinture de propagande politique? Pourquoi?

3. **Les dessins satiriques** (voir aussi pages 224-225). Qu'est-ce que ces dessins représentent? Pourquoi étaient-ils populaires? Pensez-vous que le roi Louis XIV les aurait tolérés? Pourquoi?

4. **L'art et la propagande.** Peut-on voir dans les assiettes de Nevers, dans les dessins satiriques, etc. une campagne de propagande? Pour quelles idées? Est-ce une propagande effective? Expliquez.

NEUVIÈME ÉTAPE

Après l'exécution de Louis XVI, le bourreau (executioner) *montre la tête du roi à la foule.*

Un peu d'histoire

Une sanglante Révolution

La Révolution dure cinq ans (1789-1794). Quand elle finira, seize mille personnes auront été guillotinées, et parmi ces victimes il y aura le roi et la reine, aussi bien que les chefs des phases successives de la Révolution, comme Danton et Robespierre. Comme l'a dit Mirabeau: «Il est plus facile de commencer une révolution que de la finir.»

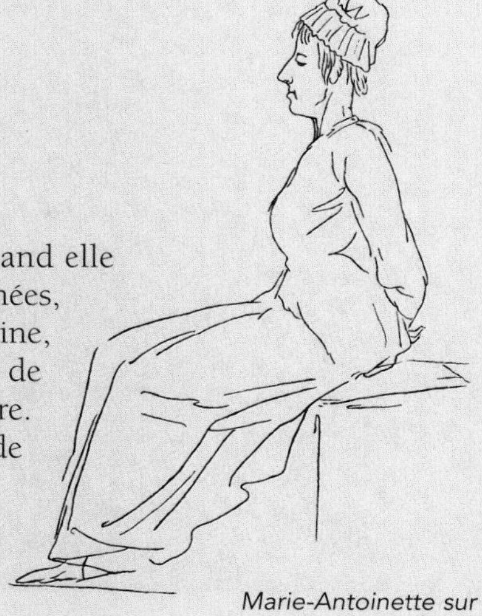

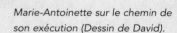

Marie-Antoinette sur le chemin de son exécution (Dessin de David).

Un été brûlant (1789)

Quand le roi ne réagit pas à la prise de la Bastille* et aux meurtres[1] qui l'accompagnent, le peuple prend conscience de[2] son pouvoir et va l'exercer.

La Grande Peur

Dans les provinces, les paysans, enhardis[3], attaquent les châteaux pour saisir les anciens documents, les chartes[4] qui énumèrent les droits du seigneur sur eux. Dans bien des cas, le château est pillé et brûlé, le seigneur et sa famille massacrés. C'est la Grande Peur, un courant de violence qui balaie le pays. Beaucoup d'aristocrates, terrifiés, partent et émigrent vers l'Allemagne, l'Autriche et la Russie.

L'abolition des privilèges (nuit du 4 août 1789)

Effrayés[5], et pour essayer de sauver ce qui peut être sauvé, les trois ordres votent l'abolition des privilèges. Tous paieront désormais les mêmes impôts. Belle décision, reçue avec enthousiasme, mais il reste à mettre en place les systèmes de perception[6].

Did You Know?
Mirabeau (le comte de Mirabeau) était aristocrate de naissance. Mais à cause de sa mauvaise conduite et de sa vie dissolue sa famille l'avait renié et il avait été élu député du Tiers-État pour Aix-en-Provence (où la rue principale, le Cours Mirabeau, rappelle son nom). Il est considéré comme un des principaux orateurs de la Révolution.

[1] **meurtres** murders
[2] **prend conscience de** become aware of
[3] **enhardis** emboldened
[4] **chartes** charters
[5] **Effrayés** Frightened, alarmed
[6] **perception** collection of taxes

*The king and queen had the excuse of being profoundly affected by the death of their oldest son who'd died at 7, just after the Estates General convened.

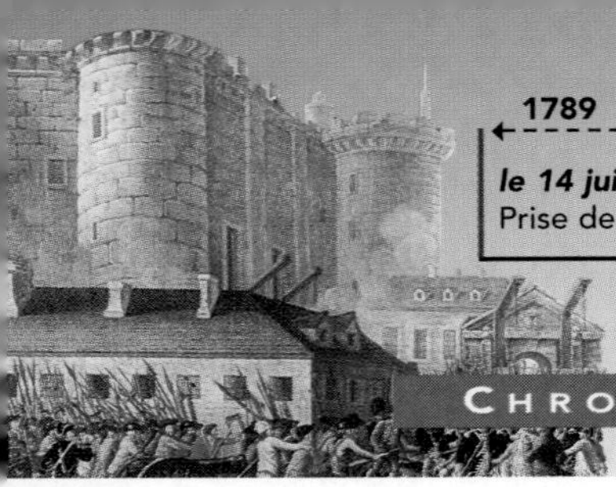

CHRONOLOGIE

1789

le 14 juillet Prise de la Bastille

Été La Grande Peur

le 4 août Abolition des privilèges

le 6 octobre Le roi est ramené de force à Paris.

1790 Constitution et monarchie constitutionnelle

Le roi est ramené de force à Paris (6 octobre 1789)

Une foule de Parisiens, menés par des femmes, marche sur Versailles.

Pendant tout cet été de 1789, il y a peu de pain, et il est très cher, à cause des taxes qu'il faut payer pour apporter la farine[7] à Paris. Le peuple a faim, et pense que le roi peut abolir les taxes et lui procurer du pain. Donc, le 6 octobre, une foule de Parisiens, menés[8] par des femmes, se met en marche[9] sur Versailles*.

Arrivé là, un groupe force la porte d'entrée du palais. Quand les gardes de la reine essaient de défendre la porte de ses appartements, ils sont massacrés. La foule hurle[10] que le roi doit venir résider à Paris, sous les yeux du peuple et loin de l'influence de la cour**. La reine montre un grand courage quand la foule hurle: «À mort, l'Autrichienne!» et exige qu'elle paraisse au balcon. Elle paraît, seule, une cible[11] parfaite, et salue le peuple devenu silencieux d'une profonde révérence de cour. On a même entendu alors quelques «Vive la Reine!»

Ce jour-là, dans un long cortège surmonté des têtes des gardes tués au service de la reine, un carrosse[12] emmène la famille royale: Le roi, sa jeune sœur, Madame Élisabeth, la reine et leurs deux enfants, Marie-Thérèse, onze ans, et le petit dauphin, Charles, qui a cinq ans. Le roi fait semblant d'accepter l'idée que son installation à Paris est volontaire, mais en réalité, lui et sa famille sont maintenant prisonniers du peuple de Paris. Ils sont logés aux Tuileries et ne reverront pas Versailles.

La constitution et la monarchie constitutionnelle (1790)

Les émeutes continuent pendant que l'Assemblée prépare une constitution.

Cette constitution, qui propose pour la France une monarchie à pouvoirs limités, semblables à ceux de la monarchie anglaise, est présentée au roi (14 juillet 1790). Sans conviction, et parce qu'il n'a pas d'autre alternative, il jure de la respecter.

[7] **farine** flour
[8] **menés** led
[9] **se met en marche** starts out
[10] **hurle** yells, hollers
[11] **cible** target
[12] **carrosse** coach, carriage

*It was discovered later that the mob was actually mostly composed of men disguised as women. Why the disguise? Simply because troops will not shoot women as readily as men. A few women were there though, and Louis XVI agreed to meet with three of them. He assured them that Versailles held no reserve of bread and gave them all that was available.

**It is at that moment that Marie-Antoinette is supposed to have said: "Qu'est-ce qu'ils veulent?" "Du pain, votre Majesté," one of her ladies answered. So, flippantly, the queen retorted: "Eh bien, s'ils n'ont pas de pain, qu'ils mangent de la brioche!" This remark illustrates the opinion people had of her, but it was in fact, never uttered by the Queen. From that day on, Marie-Antoinette showed great courage and abnegation. But she will always be remembered by the "Let them eat cake!" that she never actually said.

1791
Fuite du roi et son arrestation à Varennes

1792
Guerre avec l'Autriche.
Massacres de Septembre.
La République est proclamée.

1793
Jugement et exécution de Louis XVI et de Marie-Antoinette

1793–1794
La Terreur

1794
Fin de la Terreur et de la Révolution: Exécution de Robespierre

La fuite du roi et son arrestation à Varennes (21 juin 1791)

Le roi, très pieux[13], n'accepte pas, entre autres, la *constitution civile du clergé* qui confisque les propriétés de l'Église au profit du gouvernement et réserve à celui-ci le droit de nommer prêtres et évêques. Lui et la reine sont indignés de l'audace[14] du peuple qui les tient prisonniers. Alors, ils décident de s'échapper et de se joindre aux nombreux émigrés qui quittent la France. Il y a parmi eux les deux frères du roi.

N'oubliez pas que Marie-Antoinette est autrichienne. Son frère est empereur d'Autriche et lui offre son aide. Alors, la famille royale part vers la frontière de Lorraine. (La Lorraine est à cette époque une province autrichienne.) Le roi est déguisé en valet, la reine en dame de compagnie[15], et le dauphin en fille. Mais quand ils s'arrêtent pour changer de chevaux, ils sont reconnus. Un peu plus loin, à Varennes, ils sont arrêtés. On les ramène à Paris, au milieu d'une foule hurlante qui les menace de mort.

C'est à partir de ce moment-là que l'idée d'une République commence à se propager[16].

[13] **pieux** devout, religious
[14] **audace** boldness, audacity
[15] **dame de compagnie** (lady's) companion
[16] **se propager** to spread

Le roi, la reine et la famille royale sont ramenés à Paris au milieu d'une foule hurlante.

Les adieux de Louis XVI à sa famille, la veille de son exécution.

La France en guerre avec l'Autriche. La République est proclamée. (21 septembre 1792)

Les aristocrates émigrés ont formé une armée qui, avec l'armée autrichienne, menace la France d'une invasion et exige que le roi reprenne son trône. Alors la France déclare la guerre à l'Autriche, et se trouve dans une situation presque désespérée: une révolution à l'intérieur et une guerre à l'extérieur. Mais l'armée populaire de la Révolution, après plusieurs défaites, gagne la bataille de Valmy et retourne[17] la situation militaire. Pendant ce temps, Danton, anti-royaliste, est devenu un des chefs politiques.

L'animosité contre le roi monte. Les Tuileries sont attaquées le 10 août par les milices[18] parisiennes qui massacrent tout le personnel et les gardes. Le roi, qui s'échappe de justesse[19], place sa famille et sa personne sous la protection de l'Assemblée.

Les membres de l'Assemblée sont terrifiés par le peuple et votent pour le transfert de la famille royale à la prison du Temple. C'est là que Marie-Antoinette verra, de sa fenêtre, la tête de sa grande amie, la princesse de Lamballe, portée au bout d'une pique pendant les massacres de Septembre.

Le roi est informé de sa déchéance[20] et de la proclamation de la République le 21 septembre 1792.

Jugement et exécution du roi (21 janvier 1793)

Le roi, qui est maintenant un ex-roi, est désormais appelé Citoyen Louis Capet. Pourquoi Capet, quand il appartient à la dynastie des Bourbon?

Le premier roi de France était Hugues Capet, comte de Paris, élu par les barons en 987. (Clovis était roi des *Francs,* pas roi de France.) En donnant à Louis le nom de Capet, les révolutionnaires voulaient montrer qu'il ne tenait pas son trône de Dieu, mais d'une élection.

Il est accusé d'avoir comploté[21], avec la reine, contre le gouvernement révolutionnaire et d'avoir essayé de faire triompher l'ennemi. On ne saura jamais si toutes les accusations sont vraies, mais il est condamné à mort (par une voix de majorité[22]) et guillotiné le 21 janvier 1793.

La Terreur

On appelle *la Terreur* la période qui dure un an et pendant laquelle le gouvernement de la Révolution, qui craint une contre-révolution monarchique, déclare que toute personne accusée est automatiquement coupable. Les preuves[23] ne sont pas nécessaires. Si quelqu'un vous dénonce, disant que vous avez un jour murmuré: «Je regrette[24] le temps du roi... », vous êtes arrêté, jugé, condamné à mort et exécuté sur la guillotine.

[17] **retourne** reverses, turns around
[18] **milices** militias
[19] **de justesse** barely, by the skin of his teeth
[20] **déchéance** downfall
[21] **comploté** plotted
[22] **une voix de majorité** a majority of one (vote)
[23] **preuves** proof
[24] **regrette** miss

Parmi les victimes, il y a Danton, qui a peur maintenant des excès de la Révolution et qui voudrait les freiner[25]. Il est condamné par son ennemi Robespierre qui, lui, veut intensifier la répression contre les Français qui ont des doutes sur la Révolution.

Maximilien Robespierre, l'instigateur de la Terreur.

La guillotine (employée pour la première fois en mai 1792)*

C'est une machine importée d'Allemagne par le docteur Guillotin, qui permet d'exécuter les condamnés rapidement et «sans douleur» en leur coupant la tête. Chaque jour, pendant la Terreur, des charrettes[26] chargées de[27] condamnés arrivent au pied de la guillotine. Il y a toujours (détail révoltant) une foule de curieux qui viennent voir les exécutions, qui crient et applaudissent quand le couteau tombe et la tête roule dans le panier.

L'exécution de Marie-Antoinette (16 octobre 1793)

La Conciergerie, prison de la reine avant son exécution.

Depuis la mort de Louis XVI, sa famille est restée enfermée au Temple. Bientôt, la reine est transférée à la prison de la Conciergerie pour attendre sa mise en jugement[28]. Elle sera condamnée sur de vagues accusations. Comme le roi, elle meurt très courageusement, laissant deux enfants orphelins. Madame Élisabeth, jeune sœur du roi, est guillotinée, elle aussi, quelques mois plus tard.

La fin de la Terreur et de la Révolution: Exécution de Robespierre (9 Thermidor, An II ou 27 juillet 1794)

Pendant toute la Terreur, Robespierre reste maître absolu du gouvernement. Les autres députés sont paralysés par la peur (avec bonne raison: Beaucoup d'entre eux sont condamnés et exécutés sur l'accusation de Robespierre). Mais ses ennemis, et il en a beaucoup, préparent sa chute.

Il est mis en accusation. Tous ses collègues se tournent contre lui et le déclarent hors-la-loi[29]. Il essaie de s'échapper, mais un gendarme le blesse[30]. Il a la mâchoire[31] brisée.

Robespierre passe sa dernière nuit allongé sur une table dans la grande salle de l'Assemblée. Le public défile[32], l'insulte, crache[33] sur lui. Le lendemain, il est conduit à la guillotine et exécuté, avec son frère et vingt et un membres de son parti, aux cris de joie de la foule.

C'est la fin de la Terreur, et c'est aussi la fin de la Révolution active. Mais il sera difficile de revenir à un état normal.

[25] **freiner** to halt
[26] **charrettes** tumbrils, carts
[27] **chargées de** loaded with
[28] **mise en jugement** arraignment
[29] **hors-la-loi** outlaw
[30] **blesse** wounds
[31] **mâchoire** jaw
[32] **défile** files by
[33] **crache** spits

***La guillotine:** remained the means of legal execution in France until the abolition of the death penalty (1982).

La Révolution a renversé les statues des rois.

Les changements apportés par la Révolution

Désormais, en principe, tous les hommes sont égaux devant la loi. Et le gouvernement fait un grand effort pour supprimer toutes les traces du passé royaliste et catholique du pays. Tout ce qui rappelle la royauté est détruit: Statues, châteaux, monuments, et la France perd ainsi une grande partie de son patrimoine artistique. (Versailles échappe de justesse à la destruction, mais tous ses meubles sont vendus.) Les statues des cathédrales sont mutilées, et la rangée[34] des rois d'Israël, à la façade de Notre-Dame de Paris, est détruite parce que les révolutionnaires, peu informés, croient que ce sont les rois de France.

La religion est interdite Complètement d'abord, et puis, plus tard, Robespierre recommande le culte de l'Être Suprême*, une vague divinité, création de Rousseau. Notre-Dame devient Temple de la Raison, puis caserne[35], dépôt de munitions[36]. On y danse aussi.

Le calendrier révolutionnaire Le calendrier traditionnel est supprimé et remplacé par un calendrier perpétuel (le premier jour du mois est le premier jour de la semaine.) Il y a douze mois qui sont divisés en périodes de dix jours. Il y a dix heures dans un jour** (les 5 ou 6 jours restants dans l'année sont des jours «libres»). Les noms des mois sont remplacés par des termes plus poétiques: *Nivôse* est le mois de la neige, *Pluviôse* de la pluie, *Thermidor* la chaleur, *Floréal* celui des fleurs, etc.

Un effort d'égalité totale Dans un effort pour abolir toute distinction entre les Français, la Révolution décide que les termes *monsieur, madame, mademoiselle,* aussi bien que les titres (comte, baron, etc..) sont illégaux. Tout le monde doit s'appeler *citoyen* ou *citoyenne,* et le *vous* de la courtoisie fait place au *tu* égalitaire. (En public, du moins. Il est probable que derrière des portes fermées, on continue à garder les formes traditionnelles de la courtoisie.)

Robespierre était un de ceux qui désiraient le plus férocement abolir religion et formes de politesse. Mais on raconte que, blessé et condamné à mort, allongé sur une table, il aurait dit: «Merci monsieur, que Dieu vous bénisse» à un spectateur qui lui donnait un mouchoir pour essuyer[37] son sang.

Ces innovations, qui attaquent les cordes les plus sensibles[38] de la société, ne durent pas. La religion reprend vite ses droits, le calendrier traditionnel sera restauré après douze ans, et les formes de la conversation sont reprises.

[34] **rangée** row
[35] **caserne** barracks
[36] **dépôt de munitions** ammunition warehouse
[37] **essuyer** wipe off
[38] **sensibles** sensitive

***L'Être Suprême:** *The Supreme Being* represented by an eye and a truncated pyramid. You see it on the back of the American dollar, because the American constitution was partly inspired by Rousseau's ideas. The Founding Fathers were, for the most part, deists and devotees of Rousseau.

**This system would work very well with computers, which function on a decimal system. (Computers divide the hour into 100 minutes and the minute into 100 seconds just as the Revolutionary system did.) It is not impossible that some form of this system will be used in the future.

Les innovations durables de la Révolution

La division de la France en départements Vous avez vu (*Première étape,* page 8) comment la France est divisée à ce moment-là en départements qui remplacent les anciennes provinces. C'est une mesure de la Révolution, qui permet de centraliser la nouvelle nation sur Paris, plutôt que[39] sur les capitales des provinces.

Le système métrique Basé sur des mesures empruntées au monde physique (par exemple, le mètre est le millionième du quart de la circonférence de la Terre), il propose des unités fixes, comme le mètre, la seconde, l'ampère (pour l'électricité), etc. Ce système est aujourd'hui employé dans le monde entier*.

Le drapeau tricolore Le drapeau tricolore remplace les trois fleurs de lis royales. Son origine exacte est confuse mais on dit que La Fayette, désirant réconcilier la royauté et la Révolution, aurait pris trois rubans: un bleu, un rouge et un blanc. Debout, avec le roi, sur le balcon des Tuileries, il aurait d'abord montré au peuple le rouge et le bleu, couleurs de Paris, en criant: «Vive Paris!» Puis il aurait montré le ruban blanc, couleur des rois: «Vive le Roi!» Enfin, il aurait placé le blanc entre le rouge et le bleu et crié: «Vive la Nation!» Après quoi, il aurait formé une cocarde[40] des trois rubans pour l'attacher à son chapeau.

À partir de ce jour-là, tout citoyen, pour montrer son patriotisme, portait la cocarde tricolore et décorait la façade de sa maison des mêmes couleurs.

«La Marseillaise» C'était, à l'origine, le *Chant de guerre pour l'armée du Rhin,* une marche composée par Rouget de Lisle, un officier des armées de la Révolution. Mais c'est un groupe de patriotes, venus de Marseille à Paris, qui l'a fait connaître.

C'est l'hymne national de la France. Les paroles en sont guer rières[41], et il est souvent question de les changer en faveur d'un sentiment plus pacifique.

Dans l'enthousiasme, des volontaires signent leur engagement dans les armées de la Révolution.

[39] **plutôt que** rather than
[40] **cocarde** cockade
[41] **guerrières** warlike, martial

Did You Know?
Des «patriotes» (en réalité des criminels libérés des prisons de droit commun) sont arrivés à Paris venant de Marseille et ont massacré des milliers d'innocents arrêtés sous l'inculpation d'«ennemis de la Révolution». Les «patriotes» marseillais chantaient cette marche en entrant dans Paris, d'où son nouveau titre de *Marseillaise*.

*In the US, Congress voted in 1885 that the metric system would be used in this country and it is, especially in the sciences. But the old English measures (foot, yard, etc.) survive in daily life.

Un tambour de la garde nationale parisienne.

C'est beau, les mots!

A Le mot approprié. Complétez les phrases suivantes par le mot approprié.

1. On fait le pain avec de la ___ , de l'eau et du sel.
2. Les loups *(wolves)* ___ dans les bois.
3. Si vous demandez quelque chose sans accepter une réponse négative, vous l' ___ .
4. Pour apprendre à se servir d'une arme, on tire sur une ___ ronde, avec des cercles concentriques.
5. Une belle voiture, tirée par des chevaux, c'est un ___ .
6. Si deux personnes ___ contre l'État, c'est un crime.
7. Un autre terme pour *avoir peur,* c'est ___ et l'adjectif qui qualifie la personne qui a peur est ___ .
8. Pour ralentir ou arrêter votre voiture, vous ___ .
9. Vous avez deux ___: la ___ supérieure est fixe, la ___ inférieure est mobile.
10. Un ruban, formé en cercle, qu'on porte à son chapeau ou sur ses vêtements, est une ___ .

A 1. farine
2. hurlent
3. exigez
4. cible
5. carrosse
6. complotent
7. craindre / effrayé(e) (ou terrifié[e])
8. freinez
9. mâchoires, mâchoire, mâchoire
10. cocarde

B Des synonymes. Rapprochez les termes qui sont proches par le sens.

1. des impôts	a. un choix
2. l'abolition	b. se sauver
3. mené	c. prendre
4. confisquer	d. des taxes
5. s'échapper	e. la destruction
6. une élection	f. conduit

B 1. d 4. c
2. e 5. b
3. f 6. a

Votre réponse, s'il vous plaît

C Vrai ou faux? Si c'est faux, quelle est la phrase correcte?

1. Il n'y avait pas assez de pain à Paris.
2. Il y avait sept membres dans la famille royale.
3. Louis XVI et Marie-Antoinette étaient heureux de quitter Versailles.
4. Le roi a accepté avec plaisir la constitution.
5. La République est proclamée quand il est évident qu'une monarchie constitutionnelle est impossible.

C 1. Vrai.
2. Faux. Il y avait cinq membres dans la famille royale: le roi, la reine, leur fille Marie-Thérèse, leur fils le Dauphin, et la jeune sœur du roi, Madame Élisabeth.
3. Faux. Ils n'étaient pas heureux de quitter Versailles mais ils ont fait semblant de l'être.
4. Faux. Le roi l'a acceptée mais sans conviction et parce qu'il n'avait pas d'autre alternative.
5. Vrai.

D Parlons du texte. Répondez aux questions.

1. Quand commence, et quand finit, la Révolution?
2. Qu'est-ce qu'on appelle *la Grande Peur*?
3. Qu'est-ce que l'abolition des privilèges?
4. Dans quelles circonstances le roi est-il amené à Paris?
5. Qu'est-ce que la constitution? Le roi l'a-t-il acceptée? Expliquez.

D For answers to Ex. D, please refer to the Teacher's Manual.

6. Pourquoi le roi et sa famille se sont-ils échappés? Qu'est-ce qui est arrivé?
7. Dans quelles circonstances a-t-on mis le roi et sa famille dans la prison du Temple?
8. Pourquoi a-t-on exécuté Louis XVI? Était-ce une décision unanime? Expliquez.
9. Qu'est-ce que la Terreur? Pourquoi y a-t-il une Terreur?
10. Quels sont les changements durables apportés par la Révolution?

E Analyse et opinion. Répondez aux questions.

1. **L'été 89.** À votre avis, qu'est-ce qui a causé les événements de l'été 89?
2. **Le roi et la reine.** Pensez-vous que le roi et la reine se conduisaient très patriotiquement pendant la Révolution? Expliquez.
3. **La Terreur.** Que pensez-vous de la Terreur comme moyen de contrôler l'opinion publique?

Exprimez-vous

1. **S'il y avait une Révolution.** Seriez-vous parmi les révolutionnaires? Faudrait-il changer le calendrier? L'éducation? Les formes de la courtoisie? Autre chose? Aimeriez-vous avoir un roi et une reine? Pourquoi?

   La classe se divise en deux groupes: les *radicaux* et les *conservateurs*. Chaque personne contribue à la position de son groupe.

2. **Le système métrique.** Que savez-vous sur ce système? Quelle est son origine? D'où vient le système employé aux États-Unis? Comparez ces deux systèmes. Quels sont les avantages du système métrique? Ses inconvénients? Quels seront les problèmes si les États-Unis passent complètement au système métrique? Quelle est votre conclusion?

Un groupe de «patriotes» discute des nouvelles idées de «Liberté, Égalité, Fraternité».

Vie et littérature

La littérature proprement dite de cette période consiste surtout en de remarquables documents qui racontent les événements incroyables et rapides de ces cinq ans si pleins de changements et de tragédies.

Pre-reading
Imaginez que vous êtes absent(e) pendant un ou deux ans. Trouvez-vous des changements à votre retour? (Dans votre famille? Vos amis? Votre école?) Imaginez quels peuvent être ces changements.

Histoire de la Révolution par deux amis de la Liberté

Anonyme

À Paris, sous la Terreur Beaucoup de gens, pendant la Révolution, abandonnaient Paris pour aller vivre à la campagne, où les choses étaient plus calmes.

C'est le cas de ce monsieur qui est absent de Paris depuis un an et demi. Mais il a besoin d'argent. Alors, il retourne à Paris où un de ses amis lui doit une somme d'argent considérable. Il va essayer d'obtenir le remboursement.

Hélas, il trouve la ville bien changée... C'est la Terreur, et les Parisiens qui vivent dans la peur de la mort sur la guillotine ont bien changé aussi. Que va-t-il arriver à ce monsieur?

À Paris, sous la Terreur

Déjà, dans la diligence[1] qui m'amenait vers Paris, j'avais entendu raconter des histoires effrayantes: des gens arrêtés dans la rue, mis en prison sans explication, condamnés à mort sans jugement[2], guillotinés le lendemain. Mais rien ne me préparait à ce que j'allais trouver dans la capitale.

Il n'était que huit heures du soir à notre arrivée, mais tout Paris était sombre. Pas de lumières dans les rues: le vide[3] et le silence. Tous les magasins fermés, et personne dans ces rues que j'avais connues si animées[4]. Fort inquiet[5], je me dirigeai[6] vers la maison de mon ami. C'était un homme que je n'avais pas vu depuis un an et demi, mais je savais qu'il était devenu Jacobin (c'est-à-dire révolutionnaire), comme une sorte d'assurance[7], et qu'il pensait probablement plus à sa propre sécurité qu'à la destinée de ses anciens amis.

Quand je frappai[8] à la porte, cela causa une panique dans la maison. C'était l'heure où le gouvernement révolutionnaire faisait les arrestations à domicile[9], et mon ami, tremblant, vint demander: «Qui est là?» Quand il vit que c'était moi, sa terreur redoubla[10]. «Vous êtes suspect, dit-il, absent de Paris depuis plus d'un an! Si on vous trouvait chez moi, je serais perdu!» Je le suppliai[11] de m'aider à trouver un logement pour la nuit, mais il était visiblement terrifié d'être trouvé en ma compagnie.

[1] **diligence** stagecoach
[2] **jugement** trial
[3] **le vide** emptiness, a void
[4] **animées** lively
[5] **Fort inquiet** Very worried, apprehensive
[6] **me dirigeai** headed for
[7] **assurance** insurance
[8] **frappai** knocked
[9] **arrestations à domicile** came to people's homes to arrest them
[10] **redoubla** increased, intensified
[11] **suppliai** begged

Je compris vite que je ne trouverais pas de logement: Tout était fermé, personne n'ouvrait sa porte. Alors, je retournai finalement à la station de la diligence, où l'employé me dit: «Vous n'avez pas le droit d'être à Paris sans visa sur votre passeport. Il faut aller tout de suite au Comité révolutionnaire pour obtenir un visa.» Comme c'était la nuit, et que le bureau du Comité était fermé, il me permit de rester assis sur une chaise dans un coin. Mais on voyait bien qu'il était nerveux de ma présence.

Dès[12] sept heures du matin, je sortis. La vue de la lumière du soleil et des gens qui maintenant passaient dans les rues, calmèrent un peu mes nerfs, et soudain, je fus frappé par un curieux mélange[13] de couleurs. Toutes les portes, et toutes les fenêtres portaient un drapeau tricolore. Quelques patriotes, plus républicains que leurs voisins, ou voulant le paraître, avaient un jour déployé[14] un drapeau. Après cela, tout le monde était obligé de faire la même chose. Il était dangereux de paraître moins patriotique que les autres, et chacun déployait, lui aussi, son drapeau tricolore. On voyait aussi partout des inscriptions: «Unité, Indivisibilité, Liberté, Égalité, Fraternité, ou la mort». Un étranger, arrivant à Paris, pouvait croire, en lisant ces mots «Fraternité, ou la mort» que «la mort» serait pour celui qui refuserait l'hospitalité «fraternelle». Quelle hypocrisie! Et elle me rappelait la phrase de Rousseau: «On ne parle jamais tant de liberté que dans un pays où elle a cessé d'exister.»

Adapté

UNITÉ
ET
INDIVISIBILITÉ
DE LA
RÉPUBLIQUE.
LIBERTÉ,
ÉGALITÉ,
FRATERNITÉ
OU LA MORT

À Paris, sous la Terreur on voyait partout cette inscription.

[12] **Dès** As soon as it was
[13] **mélange** mixture, blend
[14] **avaient... déployé** had unfurled

C'est beau, les mots!

A Le mot approprié. Complétez les phrases suivantes par le mot approprié.

1. Une voiture, traînée par des chevaux, qui emmenait des voyageurs comme un autobus aujourd'hui, était une ___ .
2. On achète les objets dont on a besoin dans les ___ .
3. Si vous n'êtes pas tranquille, pas rassuré(e), vous êtes ___ .
4. Toc, toc, qui ___ à la porte?
5. On prend une ___ pour sa voiture, au cas où on aurait un accident.
6. Si vous demandez instamment *(urgently)*, si vous priez quelqu'un à genoux de faire quelque chose, vous le ___ .

A 1. diligence
2. magasins
3. inquiet (inquiète)
4. frappe
5. assurance
6. suppliez

Votre réponse, s'il vous plaît

B 1. Faux. La Terreur a beaucoup changé la vie à Paris.
2. Faux. Il avait entendu raconter des histoires effrayantes sur la Terreur.
3. Vrai.
4. Vrai.
5. Vrai.

C For answers to Ex. C, please refer to the Teacher's Manual.

B Vrai ou faux? Si c'est faux, quelle est la phrase correcte?

1. La Terreur n'a pas beaucoup changé la vie à Paris.
2. L'auteur n'avait entendu raconter aucune histoire sur la Terreur.
3. Son ami n'était pas content de le voir.
4. Il n'a pas trouvé de logement pour la nuit.
5. Il n'y avait pas de liberté, malgré les inscriptions «Unité, Indivisibilité, Liberté, Égalité, Fraternité».

C Parlons du texte. Répondez aux questions.

1. Comment l'auteur est-il arrivé à Paris? Expliquez.
2. Pourquoi est-il venu?
3. Qu'est-ce qu'il a entendu raconter pendant son voyage?
4. Comment est-il reçu chez son ami?
5. Comment a-t-il passé la nuit?
6. Qu'est-ce qu'il a vu dans les rues le lendemain matin?
7. Qu'est-ce que les gens déployaient?
8. Quel était le sens des inscriptions qu'on voyait partout?
9. Quelle était la conclusion de l'auteur?

D Analyse et opinion. Répondez aux questions.

1. **Tout le monde a peur.** Pourquoi est-ce que tout le monde a peur? Auriez-vous peur dans les mêmes circonstances? Pourquoi?
2. **L'ami de l'auteur.** L'ami de l'auteur lui doit de l'argent. Mais montre-t-il une intention de le rembourser? Avez-vous une explication?
3. **Le drapeau tricolore**. Était-ce purement par patriotisme que les gens mettaient tous ces tricolores dans la rue? Expliquez.
4. **La Révolution.** Analysez l'attitude de l'auteur envers la Révolution.

Des drapeaux tricolores aujourd'hui.

Exprimez-vous

Le danger des excès. C'est au nom de: *Liberté, Égalité, Fraternité* que la Terreur règne. C'est le résultat des excès de la Révolution. Quel serait, par exemple, le résultat d'une discipline exagérée de la part des parents? De la part de l'école? De la ville? Donnez des exemples imaginatifs d'excès. (Par exemple: silence absolu dans l'école, emploi du temps rigide à la maison, et défense d'employer le téléphone, ne pas sortir dans la rue sans un emblème patriotique*, etc.)

*Cet emblème est peut-être un *pin's* (a pin).

Journal de ce qui s'est passé à la tour du Temple pendant la captivité de Louis XVI, roi de France

Jean-Baptiste Cléry (1759–1809)

Pre-reading
Quelqu'un que vous aimez beaucoup va partir pour un long voyage. Comment passerez-vous les dernières heures avant la séparation? Que ferez-vous pour montrer ou cacher vos émotions?

Louis XVI et son valet Ce récit est fait par Cléry, le valet de chambre de Louis XVI, qui est avec lui dans sa prison du Temple. Cléry apprend que le roi est condamné à mort. Malgré sa grande tristesse, il continue à servir le roi avec dévouement pendant ses dernières heures.

La reine, qui est emprisonnée dans une autre partie de la prison du Temple, a obtenu la permission de voir le roi pour la dernière fois.

La Tour du Temple, prison de la famille royale.

Les dernières heures de Louis XVI

À neuf heures du soir, la Reine entra, tenant son fils par la main, accompagnée de sa fille et de Madame Élisabeth, sœur du Roi. Tous se jetèrent dans les bras du Roi, et, pendant plusieurs minutes, on n'entendit que le bruit de leurs sanglots[1]. On voyait la silhouette des gardes derrière la porte vitrée[2]. «Allons dans la salle à manger», dit la Reine. «Non, dit le Roi, je n'ai pas le droit de quitter cette pièce.» La triste scène dura trois quarts d'heure, et à chaque phrase que leur disait le Roi, on voyait les princesses sangloter plus fort.

À dix heures moins le quart, le Roi se leva, et pour calmer les larmes de sa famille, il promit de les voir le lendemain matin avant de partir pour la guillotine. Mais c'était un pieux mensonge[3], je savais qu'il avait déjà décidé que c'était la dernière visite. Ces moments sont trop douloureux[4] pour les vivre deux fois...

Un peu plus tard, je préparai le dîner du Roi. C'était difficile, car il n'avait pas le droit d'avoir une fourchette ou un couteau, seulement une cuillère. Je lui servis du poulet coupé en morceaux, et des légumes. Il mangea de bon appétit, et comme dessert, je lui apportai un biscuit et un petit verre de vin.

Le Roi passa ensuite un moment en prières dans son cabinet, avec son confesseur. Après s'être couché, il me dit: «Cléry, réveillez-moi à cinq heures.» Et il s'endormit profondément.

Juste avant cinq heures, j'allumais le feu quand le Roi se réveilla. Il s'habilla, et je le vis prendre sa montre[5] et la placer sur la cheminée. Puis, il prit la bague d'or qu'il avait au doigt, et la regarda, et la mit dans sa poche*. Il prit ensuite plusieurs de ses objets personnels, ses lunettes, sa tabatière[6], et les plaça aussi sur la cheminée, sous les yeux des gardes.

1 **sanglots** sobs, sobbing
2 **porte vitrée** glass door
3 **un pieux mensonge** a white lie
4 **douloureux** painful
5 **montre** watch
6 **tabatière** snuffbox

*Louis was accompanied to the scaffold by his confessor, an Irish priest named Abbé Edgeworth. He gave him his ring (a wedding ring engraved with Marie-Antoinette's initials) before ascending the steps. The ring later became the possession of his brother (who had emigrated earlier) who passed it on to Marie-Thérèse, the King's daughter.

Après avoir entendu la messe, à genoux dans son cabinet[7], le Roi prit mes mains et me dit: «Cléry, vous m'avez bien servi.» Je fus bouleversé[8] d'émotion: «Ah, Sire, dis-je, je souhaite de pouvoir offrir ma vie à la place de la vôtre!» Il répondit: «Je n'ai point peur de la mort, mais j'ai un désir: restez ici, pour vous occuper de mon fils*. Restez-lui dévoué comme à moi.» Les larmes m'aveuglaient[9]. Je pris la main du Roi et la baisai.

Paris était en armes depuis le petit jour[10]. On entendait les tambours battre partout, le son des chevaux et des canons. Soudain le bruit augmenta. Les portes s'ouvrirent et un officier, accompagné de dix gendarmes, entra. «Vous êtes venus me chercher?» L'officier répondit: «Oui.» Le Roi retourna à son cabinet, prit son testament[11], et demanda à un des gardes de le donner à la Reine. Le garde refusa rudement, avec des mots d'insultes. Alors, le Roi se tourna vers moi: «Pardonnez-moi, Cléry.» Et aux gardes: «Partons», dit-il.

Je restai seul dans la pièce, immobile de douleur. Les tambours et les trompettes annoncèrent que Sa Majesté avait quitté la prison. Une heure plus tard, une salve d'artillerie et les cris de «Vive la Nation, Vive la République!» m'annoncèrent que le Roi, mon maître, n'était plus.

Adapté

[7] **cabinet** small room
[8] **bouleversé** overcome
[9] **aveuglaient** blinded
[10] **petit jour** dawn
[11] **testament** will

C'est beau, les mots!

A **Le mot approprié.** Complétez les phrases suivantes par le mot approprié.

1. Cléry sert le roi avec beaucoup de ___ .
2. Vous apprenez une bonne nouvelle avec joie, une mauvaise avec ___ .
3. Quand vous revoyez quelqu'un que vous aimez beaucoup, vous vous ___ dans ses bras.
4. Quand vous pleurez violemment, vous ___ .
5. Quand on ment, on dit des ___ .
6. On ___ un feu dans la cheminée pour réchauffer l'atmosphère.
7. La ___ est une sensation physique—«J'ai mal à la tête»—ou morale *(émotional)*—«J'ai perdu un ami très cher».
8. Si vous êtes sous l'effet d'une grande émotion, vous êtes ___ .

A 1. dévouement
2. tristesse
3. jetez
4. sanglotez
5. mensonges
6. allume
7. douleur
8. bouleversé(e)

B **Jouez le mot.** Par un geste ou une attitude, montrez que vous comprenez le sens des termes suivants:

prendre la bague que vous avez au doigt	**couper quelque chose en morceaux**
s'endormir profondément	**placer sa montre devant soi**

B **Teaching Tip**
For *Jouez le mot*, see **Teaching Tip** in *Première étape*, page 4.

*Louis XVI's wish was not to be fulfilled. His son, who would have succeeded him as Louis XVII, was soon afterwards taken away from his mother and kept a prisoner in another part of the prison. He may or may not have died there later. A great deal of mystery surrounds the event. In any case, he disappeared and was never found after the Revolution, although many impostors claimed later to be the lost Louis XVII.

Votre réponse, s'il vous plaît

C Vrai ou faux? Si c'est faux, quelle est la phrase correcte?

1. On va exécuter Cléry avec le roi.
2. Le roi a beaucoup de domestiques dans sa prison.
3. Il y a des gardes pendant la dernière visite de la famille.
4. Le roi mange de bon appétit.
5. Il ne peut pas dormir.
6. Cléry assiste à *(attends)* l'exécution.

C 1. Faux. On ne va pas l'exécuter.
2. Faux. Le roi n'a que Cléry, son valet de chambre.
3. Vrai.
4. Vrai.
5. Faux. Il dort profondément.
6. Faux. Cléry reste seul dans la pièce après le départ du roi.

D Parlons du texte. Répondez aux questions.

1. Quels étaient les membres de la famille royale emprisonnés avec le roi?
2. Racontez la dernière visite du roi avec sa famille.
3. Pourquoi le roi n'a-t-il pas le droit d'avoir un couteau et une fourchette pour son dernier repas?
4. Qu'est-ce que le roi a mangé? Comment a-t-il mangé, sans fourchette et couteau?
5. Quelle était l'attitude des gardes envers le roi?
6. Quels objets a-t-il laissés? Où a-t-il mis sa bague d'or?
7. Quelle était l'atmosphère dans Paris ce matin-là?
8. Comment Cléry a-t-il appris que le roi était mort?
9. Est-ce que le désir de Louis XVI de voir Cléry rester avec son jeune fils s'est réalisé? Pourquoi?
10. Comment a-t-on exécuté le roi? Que savez-vous sur ce moyen d'exécution?

D For answers to Ex. D, please refer to the Teacher's Manual.

LA
FAMILLE ROYALE
AU TEMPLE
MODERN COLLECTION
HISTORIQUE & ANECDOTIQUE
ARTHEME FAYARD
EDITEUR

Cléry, valet de chambre de Louis XVI, a laissé un récit émouvant des dernières heures du roi.

E **Analyse et opinion.** Répondez aux questions.

1. **La personnalité de Louis XVI.** D'après ses actions, comment évaluez-vous le caractère et la personnalité du roi? Auriez-vous la même attitude dans les mêmes circonstances? Pourquoi?
2. **Le sentiment qui se dégage de cette scène émouvante.** Quelles émotions éprouvez-vous: Satisfaction (la justice est faite)? Tristesse (c'était un brave homme)? Colère (la mort du roi est injuste)? Autre chose? Expliquez.
3. **Un nouveau roi?** Quand Marie-Antoinette a entendu le canon qui annonçait la mort du roi, elle s'est agenouillée devant son fils de sept ans et l'a salué du titre de «Louis XVII». Pourquoi?

Exprimez-vous

Une scène émouvante. Racontez une scène émouvante de votre vie. C'est peut-être une émotion triste (maladie, accident, mort) ou une émotion heureuse (mariage, ou une autre cérémonie). Étiez-vous bouleversé(e)? Avez-vous pleuré? sangloté? Qu'est-ce que vous avez dit? pensé? fait?

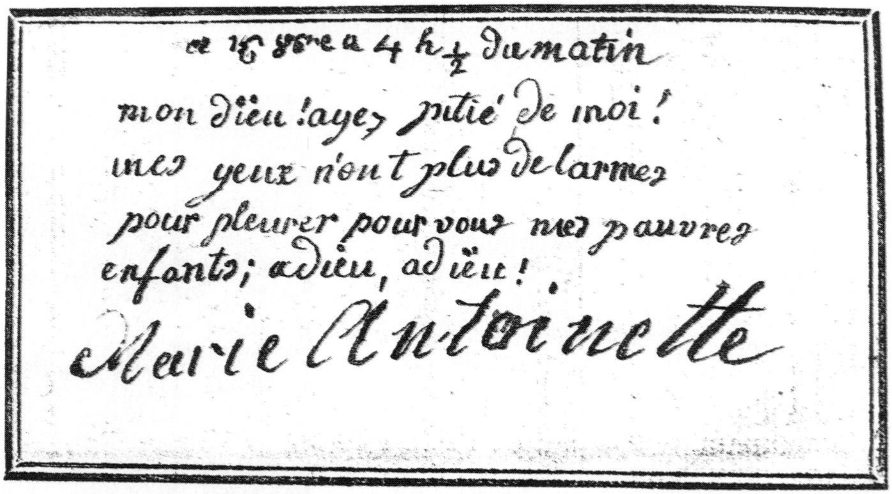
ce 16 8bre a 4 h ½ du matin
mon dieu! ayez pitié de moi!
mes yeux n'ont plus de larmes
pour pleurer pour vous mes pauvres
enfants; adieu, adieu!
Marie Antoinette

Le 16 octobre (1793) à quatre heures et demie du matin. Marie-Antoinette vient d'être condamnée à mort et son exécution est dans quelques heures. Elle écrit une dernière lettre destinée à ses enfants avant de partir pour la guillotine.

Perfectionnez votre grammaire

La guillotine (apportée d'Allemagne par le docteur Guillotin) représentait, disait-on, un mode d'exécution «sans douleur».

Les pronoms

9.1 Le pronom possessif

**Cette voiture? C'est ma voiture. C'est *la mienne*.
Où est *la tienne*?**

Le pronom possessif remplace l'adjectif possessif + le nom de l'objet pc
Comme les autres pronoms en général, il prend le genre (masculin ou fé
et le nombre (singulier ou pluriel) de l'objet qu'il remplace.

(mon)	**le mien**	(notre)	**le nôtre, la nôtre**
(ma)	**la mienne**		
(mes)	**les miens, les miennes**	(nos)	**les nôtres**
(ton)	**le tien**	(votre)	**le vôtre, la vôtre**
(ta)	**la tienne**		
(tes)	**les tiens, les tiennes**	(vos)	**les vôtres**
(son)	**le sien**	(leur)	**le leur, la leur**
(sa)	**la sienne**		
(ses)	**les siens, les siennes**	(leurs)	**les leurs**

**Voilà ma maison et voilà *la vôtre*.
Voilà mes parents et voilà *les vôtres*.
J'habite dans mon appartement et mes parents habitent dans *le leur*.
Le leur est plus grand que *le mien*.**

Voilà deux expressions pour exprimer la possession: *être à, appartenir à*.

**Ce livre *est à* moi. C'est le mien.
Cette voiture m'*appartient*, mais l'autre *appartient à* mes parents.**

Être à a le même sens que *appartenir à*.

9.2 *Les pronoms relatifs*

Les pronoms relatifs servent à joindre un nom ou un pronom qu'ils remplacent à une proposition *(clause)* qui explique ou détermine ce nom ou ce pronom.

A Le pronom relatif *qui* remplace une personne ou une chose. Il peut être:

1. Sujet

C'est une idée *qui* présente beaucoup de possibilités.
Voilà un monsieur *qui* a beaucoup d'argent.

2. Objet de préposition

C'est une personne *pour qui* j'ai beaucoup d'admiration.
Vous êtes quelqu'un *sur qui* on peut compter.

Remarquez: Le pronom indéfini *ce qui* remplace, en bon français, *la chose qui* ou *les choses qui*. Il peut être sujet ou objet.

***Ce qui* semble important un jour est oublié le lendemain.**
Tout *ce qui* brille n'est pas or.
Je comprends *ce qui* vous préoccupe.

B Le pronom relatif *que* remplace une personne ou une chose. Il est seulement objet direct.

Les gens *que* je préfère sont ceux qui sont différents de moi.
Les décisions *que* nous prenons ne sont pas toujours rationnelles.
Elles sont dictées par des émotions *que* nous ne comprenons pas.

Remarquez: *Ce que* remplace *la chose que* ou *les choses que.*

Cet enfant ne sait pas *ce qu*'il veut!
Dites-moi *ce que* vous pensez de cette question.

C Le pronom relatif *quoi (what)* est un pronom d'objet qui remplace une chose indéfinie.

1. *Quoi* est généralement objet d'une préposition.

Merci. Il n'y a pas *de quoi*.
Je sais *à quoi* vous pensez.
Il me faut *de quoi* vivre.

2. Dans certains cas, *quoi* est un objet direct, sans préposition.

Je voudrais quelque chose, mais je ne sais pas *quoi*.
Le charme? C'est un certain je ne sais *quoi*.

Remarquez: *Ce à quoi* exprime *la chose à quoi* ou *les choses à quoi*. C'est un pronom indéfini.

***Ce à quoi* je m'intéresse en ce moment, c'est à bien apprendre le français.**

D Le pronom relatif *dont* *(of which, of whom, whose)*

Dont remplace *de qui* ou *de quoi*. Il s'applique à des choses ou des personnes.

Voilà un gâteau *dont* je voudrais avoir la recette.
Voilà la fille *dont* tout le monde parle.

Remarquez: *Ce dont* remplace *la chose dont* ou *les choses dont*.

Emportez tout *ce dont* vous aurez besoin pour le week-end.
***Ce dont* on parle souvent indique à quoi on pense.**

E Le pronom relatif *où* *(where, when)*

Vous connaissez déjà *où* comme adverbe interrogatif:

***Où* êtes-vous né?**

Mais *où* est aussi un pronom relatif de lieu *(place)* et de **temps.** Il s'applique exclusivement aux choses.

Ma mère habite dans la ville *où* elle est née.
L'année *où* vous êtes né, j'avais déjà vingt ans!

F Les pronoms relatifs composés: *lequel/auquel/duquel* *(which)*

1. Le pronom relatif *lequel* est composé de *le/la/les* et de *quel/quelle/quels/quelles.* Il s'emploie pour les personnes et les choses, et toujours après une préposition.

J'ai une machine à écrire *avec laquelle* j'écris beaucoup.
Philippe est sérieux. C'est un type *sur lequel* on peut compter.

2. Quand la préposition qui précède est à, il y a contraction, et le pronom est *auquel/à laquelle: auxquels/auxquelles.*

Il y a des choses *auxquelles* on n'aime pas penser.
Vous êtes une personne *à laquelle* on peut parler franchement.

3. Quand la préposition qui précède est *de,* il y a contraction et le pronom est *duquel/de laquelle: desquels/desquelles.*

   J'ai de bons amis dans l'appartement *desquels* je passe souvent plusieurs jours.

On n'emploie *duquel,* pronom relatif, que quand il y a une autre préposition: ***dans* l'appartement *desquels*.** Quand il n'y a pas d'autre préposition, on emploie *dont:*

> **C'est un auteur *dont* j'aime beaucoup le style.**
> mais:
> **C'est un auteur pour le style *duquel* j'ai beaucoup d'admiration.**

Remarquez: Il est impossible d'employer *dont* pour formuler une question. (Voir 9.5, page 277.)

Récapitulation des pronoms relatifs

Pronoms relatifs simples

qui (sujet ou objet de préposition, remplace choses et personnes)
que (objet direct, remplace choses et personnes)
quoi (objet direct ou de préposition, remplace les choses)
dont (remplace choses et personnes. Équivalent de *de + qui, de + que, de + quoi*)
où (remplace un lieu ou une expression de temps)

Pronoms relatifs composés

Singulier		Pluriel	
Masculin	*Féminin*	*Masculin*	*Féminin*
lequel	**laquelle**	**lesquels**	**lesquelles**
auquel	**à laquelle**	**auxquels**	**auxquelles**
duquel	**de laquelle**	**desquels**	**desquelles**

9.3 *Les pronoms interrogatifs simples*

A Si la question concerne une personne: *qui?*

> ***Qui* a dit ça? *Qui* a fait ça? *Qui* avez-vous rencontré?**
> **Avec *qui* avez-vous parlé?**
> ***À qui* as-tu téléphoné?**
> **Pour *qui* a-t-il acheté ces fleurs?**

Le pronom interrogatif *qui* est sujet, objet direct, et objet.

Remarquez: Il est aussi possible de formuler la question avec *est-ce que*. Dans ce cas, il n'y a pas d'inversion, et le pronom interrogatif est *qui est-ce qui* pour le sujet, et *qui est-ce que* pour l'objet.

> **_Qui est-ce qui_ a dit ça? _Qui est-ce qui_ a fait ça?**
> **_Qui est-ce que_ vous avez rencontré?**
> **Avec _qui est-ce que_ vous avez parlé?**
> **Pour _qui est-ce qu_'il a acheté ces fleurs?**

Cette forme est longue, et on l'emploie presque exclusivement dans la conversation.

B Si la question concerne une chose.

1. *Qu'est-ce qui...* ? remplace le sujet.

> **_Qu'est-ce qui_ passe dans la rue? C'est un autobus.**

2. *Que* ou *qu'est-ce que* remplace l'objet direct de la phrase.

> **_Que_ voulez-vous?** ou: **_Qu'est-ce que_ vous voulez?**

Remarquez: Les deux formes *que* et *qu'est-ce que* sont employées indifféremment *(it makes no difference which)* en français. Naturellement, avec *qu'est-ce que* il n'y a pas d'inversion.

3. *Quoi* remplace l'objet d'une préposition.

> **À _quoi_ pensez-vous?**
> **Je sais que vous avez besoin de quelque chose. Mais de _quoi?_**
> **Dans _quoi_ voulez-vous que je mette ces roses?**

On emploie aussi *quoi* quand la question consiste en un seul mot:

> **_Quoi?_ Qu'est-ce que vous avez dit?**
> **J'ai enfin compris quelque chose! _Quoi?_**

9.4 *Les pronoms interrogatifs composés:* lequel/auquel/duquel

Vous avez déjà vu les formes de ce pronom comme pronom relatif. Ces formes sont les mêmes pour le pronom interrogatif. Il est formé sur l'adjectif interrogatif *quel/quelle: quels/quelles*.

Un soldat «sans culotte» des armées de la Révolution.
(He is wearing pants instead of a *culotte*, the knee breeches of royal times.)

A *Lequel* *(which one)* **est composé de** *le/la: les* + *quel/quelle: quels/quelles.*

Lequel de vos parents est le plus généreux?
Il y a deux routes. *Laquelle* allez-vous prendre?
Lesquels de vos amis sont les plus gentils?

B *Auquel* *(to, at, on which one)* **est composé de** *au/à la: aux* + *quel/quelle: quels/quelles.*

Cet immeuble a six étages. *Auquel* habitez-vous?
Vous avez parlé à une amie. *À laquelle?*
Auxquels de vos amis et parents faites-vous un cadeau de Noël?
Auxquelles de ces lettres faut-il que je réponde aujourd'hui?

C *Duquel* *(of, from which one)* **est composé de** *du/de la: des* + *quel/quelle: quels/quelles.*

Vous avez besoin d'un de mes livres? *Duquel* avez-vous besoin?
De laquelle de ces glaces avez-vous envie?
Duquel des états des États-Unis venez-vous?

Récapitulation des pronoms interrogatifs

Pronoms interrogatifs simples

Pour exprimer	*une personne*	*une chose*
SUJET	**qui?** (ou: **qui est-ce qui?**)	**qu'est-ce qui?**
OBJET DIRECT	**qui?** (ou: **qui est-ce que?**)	**que?** (ou: **qu'est-ce que?**)
OBJET DE PRÉPOSITION	**qui?** (ou: **qui est-ce que?**)	**quoi?**

Pronoms interrogatifs composés sujets et objets

Singulier		Pluriel	
Masculin	*Féminin*	*Masculin*	*Féminin*
lequel?	**laquelle?**	**lesquels?**	**lesquelles?**
auquel?	**à laquelle?**	**auxquels?**	**auxquelles?**
duquel?	**de laquelle?**	**desquels?**	**desquelles?**

9.5 *Les expressions interrogatives:* à qui? de qui? *(whose)*

Il est impossible d'employer *dont* pour formuler une question. On emploie:

À *qui* est cette voiture? Elle est à moi.

L'expression *à qui* indique la possession.

***De qui* êtes-vous le voisin? Je suis le voisin d'un monsieur célèbre.**

L'expression *de qui* indique le rapport, la relation.

9.6 *Le pronom démonstratif défini:* celui

C'est le pronom qui correspond à l'adjectif démonstratif *ce*.

A Ses formes

LES FORMES DU PRONOM DÉMONSTRATIF DÉFINI: *CELUI*			
MASCULIN	*Singulier*	**ce** monsieur, **cet** ami	**celui**
	Pluriel	**ces** messieurs	**ceux**
FÉMININ	*Singulier*	**cette** dame	**celle**
	Pluriel	**ces** dames	**celles**

Ce monsieur est *celui* que j'ai rencontré l'année dernière.
Cette dame? C'est *celle* que j'ai invitée chez mes parents.
Un auteur original emploie ses idées, pas *celles* des autres.

B Ses usages

1. *celui qui (que)* ou *celui de* (*the one that* or *the one of*)

Ce professeur? C'est *celui que* nous préférons. Nous aimons *ceux qui* sont bien organisés, gentils et justes.
Cette voiture? Ce n'est pas la mienne. C'est *celle de* ma mère.
Je préfère prendre ma voiture, et je n'aime pas prendre *celle des* autres.

Remarquez deux choses importantes: Le pronom *celui* est suivi de *qui, que* ou *de*. Quand il est suivi de *de,* il a souvent le sens d'un possessif.

C'est *celle de* ma mère. *(It's my mother's.)*

Le bonnet phrygien a été adopté comme coiffure révolutionnaire.

2. *celui-ci* ou *celui-là* (*this one* or *that one*)

a. Usage général de *celui-ci, celui-là*

Dans quelle rue habitez-vous? J'habite dans *celle-ci*.
Aimez-vous les gâteaux? Oui, mais je n'aime pas *ceux-ci*.
Je préfère *ceux-là*, ceux qui n'ont pas de crème.

Cette forme de pronom n'est pas suivi de *qui, que* ou *de*.

b. Usage narratif de *celui-ci, celui-là*

Je suis allé à un mariage. La mariée portait une robe ancienne. *Celle-ci* était un cadeau de sa grand-mère.

On emploie *celui-ci (celui-là)* pour éviter de répéter le nom de la personne ou de la chose et pour éviter d'employer *il* et *elle* quand le sujet est en doute. Dans ce cas, *celui-ci* remplace généralement la personne ou l'objet nommés en dernier.

Voilà Jacques et Réjean. *Celui-ci* est folkloriste et *celui-là* est ingénieur.

On emploie aussi *celui-ci* et *celui-là* pour désigner *the latter* et *the former.* (On peut aussi dire: *Le premier est ingénieur et l'autre est folkloriste.*)

9.7 *Le pronom démonstratif indéfini* ceci, cela *ou* ça

Préférez-vous *ceci* ou *cela*? (Préférez-vous *ça* ou *ça*?)
Expliquez-moi *cela*. (Expliquez-moi *ça*.) *Ça* semble compliqué.

Remarquez: Officiellement, le pronom est *ceci* (pour l'objet plus rapproché) *cela* (pour l'objet plus éloigné). Mais les Français n'observent pas toujours la différence et ils disent souvent *cela* dans les deux cas.

En fait, ils écrivent *cela (ceci)* mais dans la conversation, ils disent généralement *ça*. On emploie *ça:*

1. COMME SUJET DU VERBE: ***Ça* commence à huit heures.**
2. COMME OBJET DU VERBE: **Tu comprends *ça*.**
3. COMME OBJET D'UNE PRÉPOSITION: **Tu écris avec *ça*? Tu manges de *ça*?**
4. POUR RENFORCER *c'est:* ***Ça*, c'est beau!**

Remarquez: Vous connaissez déjà l'usage de *c'est: C'est un livre de français, c'est une bonne histoire, c'est facile à faire, etc.*

Quelle est la différence entre *ça* sujet d'un verbe et *c'est?* On emploie *ce* seulement avec le verbe *être*. Avec tous les autres verbes, on emploie *ça*.

***C'est* assez.**	mais:	***Ça* suffit.**
***C'était* très triste.**	mais:	***Ça* finissait mal.**
***Ce sera* fini dans deux heures.**	mais:	***Ça* finira dans deux jours.**
***C'est* arrivé pendant la guerre.**	mais:	***Ça s'est* passé pendant la Révolution.** (parce que le pronom *se* sépare *ça* du verbe.)

Application

Le pronom possessif

A C'est le vôtre. Complétez par un pronom possessif: *le mien, le tien, etc.*

J'ai mes idées et vous avez ___ .
J'ai mes idées et vous avez les vôtres.

1. Moi, j'ai ma clé. As-tu ___ ?
2. Vous avez vos responsabilités, vos parents ont ___ .
3. Mon père a sa voiture et ma mère a besoin de ___ .
4. Le roi avait son point de vue. Le peuple avait ___ .
5. Vous m'avez donné votre adresse. Je vais vous donner ___ .
6. Avez-vous vos affaires? Je ne sais pas où j'ai mis ___ .
7. Ma voiture est dans le parking. Où avez-vous laissé ___ ?
8. Tout le monde a ses opinions. Nous avons ___ , vous avez___ , une autre personne aura ___ et d'autres auront ___.

A 1. la tienne
2. les leurs
3. la sienne
4. le sien
5. la mienne
6. les miennes
7. la vôtre
8. les nôtres, les vôtres, les siennes, les leurs

Une image de propagande de la Révolution. Cette famille est prospère, bien vêtue *(well-dressed)* et elle a du pain en abondance.

Les pronoms relatifs *qui* et *que*

B 1. qui 7. qui
2. qui 8. qu'
3. qu' 9. qui
4. qui 10. qui
5. qui 11. qui
6. qu'

B ***Qui* ou *que*?** Complétez par le pronom approprié.

Dans la diligence __1__ le ramenait à Paris, ce monsieur avait parlé avec des gens __2__ lui avaient raconté des histoires effrayantes.

À l'arrivée, personne dans les rues __3__ il avait connues si animées! Il a frappé à la porte d'un ami __4__ était resté à Paris et __5__ lui devait de l'argent. C'était un homme __6__ il n'avait pas revu depuis un an et demi, et __7__ était devenu révolutionnaire. Notre voyageur a compris que son ami était terrifié.

Les drapeaux __8__ il a vus le lendemain, les inscriptions __9__ décoraient les rues l'ont surpris. Il a compris que les habitants de Paris __10__ déployaient ces signes de patriotisme craignaient que le gouvernement révolutionnaire, __11__ les observait, ne les trouve pas assez patriotiques.

Dont, ce dont, quoi, ce à quoi, ce qui et *ce que*

C 1. ce qui, ce qui, ce que
2. ce qui, ce que
3. ce que, ce dont
4. ce à quoi
5. ce dont, ce qui
6. dont, ce à quoi

C **Les pronoms relatifs.** Complétez par le pronom approprié.

1. Ma grand-mère me dit toujours ___ est bien et ___ est mal. Ce n'est pas toujours ___ j'aime entendre.
2. Quand Louis XVI est revenu de la chasse, on lui a dit ___ était arrivé. Il ne savait pas ___ ces événements signifiaient.
3. Il n'a pas compris ___ le peuple voulait; ___ tout le monde parlait, c'était un changement complet.
4. Marie-Antoinette a bien changé. Pendant son emprisonnement, ___ elle pensait, c'était surtout à l'avenir de ses enfants.
5. Vous partez? Emportez tout ___ vous aurez besoin. N'oubliez pas ___ est nécessaire.
6. Robespierre a fait guillotiner Danton, ___ il avait peur. Il voulait sauver la République, mais ___ il a réussi, c'est à créer la Terreur.

Dont, ce dont, qui, ce qui, que, ce que et *où*

D 1. où 5. qui
2. dont 6. ce que
3. que 7. ce qui
4. qui 8. ce dont

D **Encore des pronoms relatifs.** Complétez par le pronom approprié.

C'est le jour...

1. ___ nous nous sommes rencontrés.
2. ___ nous gardons un si bon souvenir.
3. ___ je n'oublierai jamais.
4. ___ marque notre anniversaire.

Je voudrais savoir...

5. ___ est la personne que vous aimez le mieux.
6. ___ vous désirez pour Noël.
7. ___ vous fait plaisir.
8. ___ vous avez besoin.

Tu veux me donner...

9. ___ est dans ta poche.
10. ___ j'ai envie.
11. ___ tu as acheté à Paris.

L'année dernière, c'est l'année...

12. ___ je suis allé en France.
13. ___ j'ai passée avec toi.
14. ___ mon frère est entré à l'université.

9. ce qui 10. ce dont 11. ce que 12. où 13. que 14. où

Les pronoms relatifs composés: *lequel/auquel/duquel* (ou *dont*) et leurs formes

E C'est lequel? Complétez par un de ces pronoms à la forme correcte.

J'ai une amie ___ je dis tout.
J'ai une amie à laquelle je dis tout.

1. Le soleil est la raison pour ___ on aime la Californie.
2. J'ai des amis sur ___ je peux compter.
3. Étudiez bien les dates ___ vous aurez besoin pour l'examen.
4. Tu as un livre dans ___ on trouve de superbes photos.
5. Luc est souvent avec le copain dans l'appartement ___ il habite.
6. Les problèmes ___ nous pensons souvent sont ceux des jeunes.
7. C'est le stylo avec ___ j'écris le mieux.
8. Caroline et Lise sont des filles ___ on peut dire ses secrets.
9. Il y a des professeurs avec ___ on est très à l'aise, et ___ on peut raconter ses histoires.
10. Quelles voitures? Je ne sais pas ___ tu parles.

E 1. laquelle
2. lesquels (qui)
3. desquelles (dont)
4. lequel
5. duquel
6. auxquels
7. lequel
8. auxquelles
9. lesquels (qui), auxquels (à qui)
10. desquelles

Les pronoms interrogatifs simples: *qui, qu'est-ce qui, qu'est-ce que* ou *quoi*

F Interrogatoire. Complétez les phrases par le pronom approprié.

___ vous dites? Je dis la vérité.
Qu'est-ce que vous dites? Je dis la vérité.

1. ___ vous avez vu? J'ai vu votre maison.
2. ___ avez-vous rencontré? Une dame charmante.
3. ___ vous a parlé? Cette dame m'a parlé.
4. ___ vous avez fait hier soir? Pas grand-chose.
5. À ___ pensez-vous? À une personne très spéciale.
6. À ___ pensez-vous? À mes vacances.
7. De ___ avez-vous besoin? De temps et d'argent.
8. ___ Luc a acheté? Des fleurs pour Caroline.
9. ___ est important dans votre vie? Le bonheur.
10. Vous riez? ___ vous amuse? Sûrement pas cet exercice!

F 1. Qu'est-ce que
2. Qui
3. Qui (est-ce qui)
4. Qu'est-ce que
5. qui
6. quoi
7. quoi
8. Qu'est-ce que
9. Qu'est-ce qui
10. Qu'est-ce qui

G 1. Qui (est-ce qui) a téléphoné pour moi?
2. Avec qui est-ce que tu es sortie? (Avec qui es-tu sortie?)
3. Qu'est-ce que tu as pris?
4. Qui as-tu invité à dîner? (Qui est-ce que tu as invité à dîner?)
5. De quoi avons-nous besoin? (De quoi est-ce que nous avons besoin?)

G **Une note illisible.** Voilà la note que votre sœur a laissée pour vous. Mais elle écrit si mal que vous avez besoin de lui poser des questions.

—*#$%& est venu te voir.
—*Qui est venu me voir?*

1. @#$%& a téléphoné pour toi.
2. Je suis sortie avec %$*#.
3. Excuse-moi, j'ai pris ton @@#$%^&.
4. J'ai invité *&^^%$ à dîner.
5. Nous avons besoin de #$%^, il n'y en a plus!

H **Pose-lui des questions.** Pourquoi Luc est-il si agité? Il ne parle pas clairement. Caroline est obligée de lui poser des questions.

Luc: Je voudrais parler à *bla, bla, bla.*
Caroline: *À qui voudrais-tu parler?*

H 1. Qu'est-ce que tu voudrais? (Que voudrais-tu?)
2. De quoi as-tu absolument besoin? (De quoi est-ce que tu as absolument besoin?)
3. Qu'est-ce qu'il faut que je fasse? (Que faut-il que je fasse?)
4. À qui est-ce qu'il faut que tu parles? (À qui faut-il que tu parles?)

	Luc:	Caroline:
1.	Je voudrais un *bla bla bla...*	___ ?
2.	J'ai absolument besoin d'une *bla bla bla.*	___ ?
3.	Il faut que tu fasses *bla bla bla.*	___ ?
4.	Il faut que je parle à *bla bla bla.*	___ ?

Le pronom interrogatif composé *lequel* et ses formes

I **Essayez de satisfaire ces clients.** Mais d'abord, il faut savoir ce qu'ils veulent! Posez-leur des questions: *Lequel? Laquelle? Pour laquelle?* etc.

Le client: Je voudrais faire un voyage.
L'agent: *Lequel?*

À l'agence de voyages:

I 1. Lequel?
2. Pour laquelle?
3. Dans laquelle?
4. Sur lequel?
5. Lesquelles?

	Le client:	L'agent:
1.	Je voudrais prendre un avion.	___ ?
2.	Pour une destination exotique.	___ ?
3.	Dans une île, peut-être.	___ ?
4.	Sur un autre continent.	___ ?
5.	J'ai des cartes de crédit.	___ ?

Dans un magasin:

La cliente:	**La vendeuse:**
6. Montrez-moi une des robes qui sont dans la vitrine.	___ ?
7. Oh, ces modèles, là-bas, sont ravissants.	___ ?
8. Vous n'avez pas la couleur que je cherche.	___ ?
9. Dans un autre magasin, j'ai vu ce que je veux.	___ ?

6. Laquelle?
7. Lesquels?
8. Laquelle (est-ce que vous cherchez)?
9. Dans lequel?

Au restaurant:

Le client:	**Le serveur:**
10. Je voudrais des hors-d'œuvre.	___ ?
11. Et une bouteille d'eau minérale.	___ ?
12. Et puis une viande.	___ ?
13. Avec des légumes, bien sûr.	___ ?
14. Et une salade avec deux sauces spéciales.	___ ?

10. Lesquels?
11. Laquelle?
12. Laquelle?
13. Avec lesquels?
14. Avec lesquelles?

Les pronoms interrogatifs composés: *lequel/auquel/duquel*

J **Une interview.** Une actrice très célèbre est interviewée par un journaliste. Mais elle est très prudente. Au lieu de répondre aux questions, elle en pose d'autres à son tour: *Auquel? Duquel? Sur lequel? etc.*

Le journaliste: Je travaille *pour un journal.*
L'actrice: *Pour lequel?*

Le journaliste:	**L'actrice:**
1. Nous téléphonons cette semaine *à des célébrités.*	___ ?
2. Notre journal s'adresse *à un certain public.*	___ ?
3. Je désire parler *de vos derniers films.*	___ ?
4. Parlez-moi *de l'homme de votre vie.*	___ ?
5. Voulez-vous donner des conseils *à certaines lectrices?*	___ ?
6. Il y a des femmes qui ont besoin *de vos secrets de beauté.*	___ ?
7. Elles comptent *sur vos révélations* pour embellir leur vie.	___ ?

J 1. Auxquelles?
2. Auquel?
3. Desquels?
4. Duquel?
5. Auxquelles?
6. Desquels?
7. Sur lesquelles?

La Révolution aimait les représentations symboliques, et le peintre David a été appelé «le décorateur de la Révolution». Le Char (float) *de la Prospérité et la Déesse de la Raison remplacent les figures religieuses.*

Le pronom démonstratif défini: *celui*

K 1. Non, c'est celui de mon père.
2. Non, c'est celle de mon frère.
3. Non, ce sont ceux de mon autre frère.
4. Non, c'est celle de ma mère.
5. Non, c'est celle de ma sœur.
6. Non, c'est celle de mon copain.
7. Non, ce sont celles d'un article dans le journal.
8. Non, c'est celui du professeur.
9. Non, ce sont ceux de quelques copains.
10. Pas exactement... c'est celui d'un groupe de collaborateurs.

K **On a toujours besoin des autres.** Répondez à la question en employant *celui, celle,* etc.

—C'est ta moto? (mon frère)
—Non, c'est celle de mon frère.

Voilà Luc, prêt pour une grande soirée:

1. C'est ton smoking *(tuxedo)*? (mon père)
2. C'est ta cravate? (mon frère)
3. Ce sont tes souliers? (mon autre frère)
4. C'est ta carte de crédit? (ma mère)
5. C'est ta voiture? (ma sœur)
6. C'est ta petite amie? (mon copain)

Un travail qui n'est pas très original:

7. Ce sont tes idées? (un article dans le journal)
8. C'est ton ordinateur? (le professeur)
9. Ce sont tes efforts personnels? (quelques copains)
10. C'est ton travail personnel? (pas exactement... un groupe de collaborateurs)

L **Des questions, toujours des questions.** Répondez par *celui-ci, celle-là* (précédé de la préposition si nécessaire).

Fabrice, un jeune Français, nouveau dans votre école: — **Vous:**

1. Quel prof est le plus sympa? ____ .
2. À quelles filles faut-il parler? ____ .
3. De quels livres ai-je besoin? ____ .
4. À quel bureau faut-il aller pour trouver du travail dans l'école? ____ .
5. Quelle voiture est à toi? ____ .

Une dame curieuse: — **Vous:**

6. Dans quel immeuble habitez-vous? ____ .
7. Montrez-moi vos fenêtres. ____ .
8. Oh, les beaux géraniums! Lesquels sont à vous? ____ .
9. Regardez tous ces chats! Y en a-t-il un à vous? ____ .
10. Par quelle porte entrez-vous? ____ .

L 1. Celui-là.
2. À celles-là.
3. De ceux-là.
4. À celui-là.
5. Celle-là.
6. Dans celui-là.
7. Ce sont celles-là.
8. Ceux-là.
9. Celui-là.
10. Par celle-là.

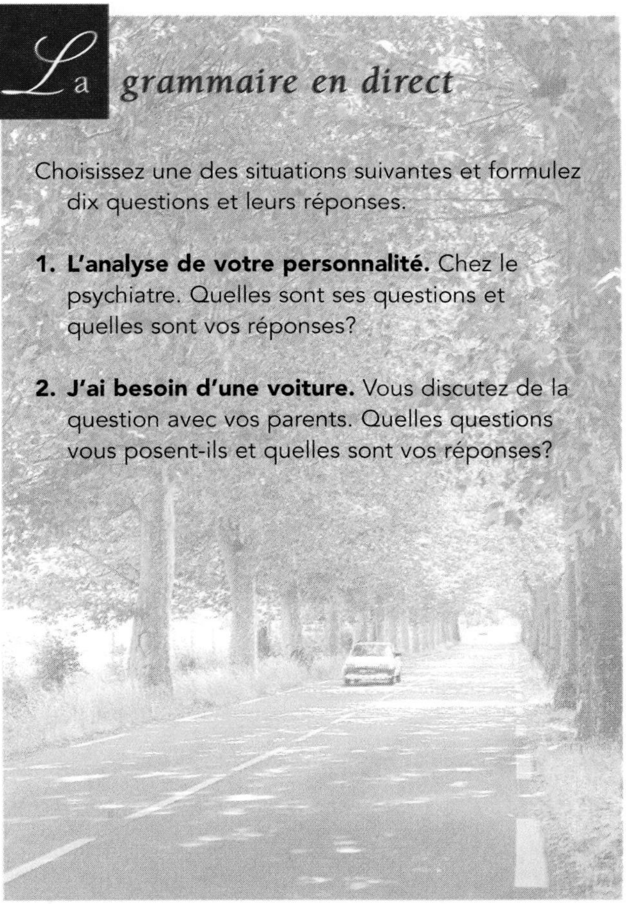

La grammaire en direct

Choisissez une des situations suivantes et formulez dix questions et leurs réponses.

1. **L'analyse de votre personnalité.** Chez le psychiatre. Quelles sont ses questions et quelles sont vos réponses?

2. **J'ai besoin d'une voiture.** Vous discutez de la question avec vos parents. Quelles questions vous posent-ils et quelles sont vos réponses?

Additional Topics

1. **Vous cherchez du travail.** Vous arrivez pour une interview et le directeur du personnel vous pose des questions. Quelles sont ses questions et quelles sont vos réponses?
2. **Vous voulez redécorer votre chambre.** Quelles questions vos parents vous posent-ils et quelles sont vos réponses?

L'Art de la Révolution

Vous avez déjà vu l'importance du peintre David dans la propagande révolutionnaire (voir page 252, *Le Serment du Jeu de paume*). Son nom reste associé aux grandes images que nous avons gardées de la Révolution.

La Rome antique Les Révolutionnaires admiraient la Rome antique et essayaient d'imiter son exemple. Le tableau de David, *Le Serment des Horaces**, montre une scène de l'histoire romaine. Les trois frères Horace jurent, devant leur père, de mourir s'il le faut pour défendre Rome. La fidelité à la patrie (et non pas au roi ou à Dieu) était un thème de la Révolution. Admirez la composition sobre et puissante de ce tableau.

L'Arbre de la Liberté Beaucoup d'images populaires circulaient aussi pour illustrer les nouvelles idées et les propager parmi le peuple. Comme il fallait remplacer les fêtes religieuses par autre chose (voir *Le Char de la Prospérité*, page 284), dans beaucoup de villes et de villages on plantait l'arbre de la Liberté pour commémorer la Révolution. Le maire était là, avec la garde nationale et la chorale. On espérait que ces arbres remplaceraient les emblèmes religieux et deviendraient un objet de vénération publique.

«Le Serment des Horaces» de David. Les trois frères jurent, en présence de leur père, de mourir s'il le faut pour défendre Rome. L'amour de la patrie était un thème cher à la Révolution.

Un important événement de la Révolution *Marat assassiné*, une image inoubliable, est aussi de David. Ce tableau représente un important événement de la Révolution. Marat était un journaliste qui écrivait de violents articles dans son journal, *L'Ami du Peuple*. Il avait fortement contribué à la décision d'exécuter Louis XVI. Une jeune fille royaliste, Charlotte Corday, est venue de Normandie à Paris, a acheté un couteau et a obtenu une entrevue avec Marat. Celui-ci l'a reçue assis dans sa baignoire**. Elle l'a frappé et l'a tué, sachant très bien qu'elle serait exécutée elle-même. En effet, elle est morte sur la guillotine peu de jours après.

**Le Serment des Horaces* was painted a few years before the Revolution, but it is such a clear precursor of coming events and came to represent so well the revolutionary ideals that it is often associated with this period. (David was commissioned to paint the *Serment du Jeu de paume* by leaders who admired this painting.)

****dans sa baignoire:** Marat, afflicted with a skin condition, used to spend long hours soaking in a bath of vinegared water. A board was placed across the tub, and here, his head wrapped in a medicine-soaked turban, draped with towels, he wrote his articles and conferred with associates.

L'Arbre de la Liberté. Pour remplacer les emblèmes religieux, et pour commémorer la Révolution, on plantait dans chaque ville un «arbre de la Liberté».

Ce tableau, rempli de force et d'émotion (peint, dit-on, d'après nature) montrait Marat comme un martyr de ses idées. Pourtant, il est reconnu comme un chef-d'œuvre. Vous voyez que la propagande politique n'est pas incompatible avec la très grande peinture comme celle de David.

«Marat assassiné» de David. Cet inoubliable tableau est une des images les plus puissantes de la Révolution. Charlotte Corday vient de frapper Marat au cœur avec un couteau.

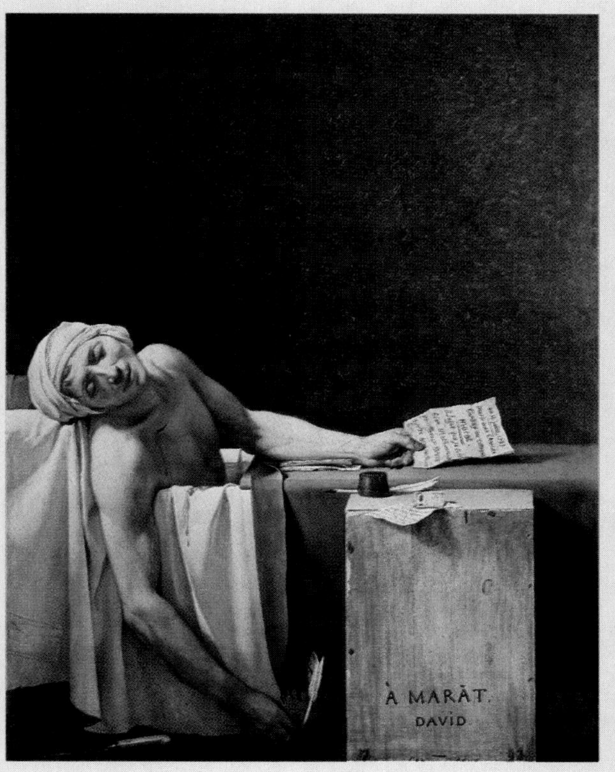
À MARAT.
DAVID

Discussion

1. **Le plus grand peintre.** Qui est le plus grand peintre de la Révolution? Décrivez les tableaux de lui que vous connaissez.
2. **Les arbres de la Liberté.** Pourquoi plantait-on des arbres de la Liberté?
3. ***Marat assassiné.*** Décrivez *Marat assassiné.* Pourquoi ce tableau est-il une puissante image de la Révolution?
4. **La propagande et l'art.** Est-ce que la propagande religieuse ou politique est incompatible avec la qualité de l'art qui la représente? (Pensez à l'art du Moyen-Âge. Est-ce qu'il représentait aussi une propagande? Laquelle?)

Dixième Étape

Napoléon au commencement de sa carrière.

Un peu d'histoire

Napoléon et le début du XIXe siècle

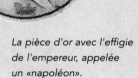

La pièce d'or avec l'effigie de l'empereur, appelée un «napoléon».

L'histoire de Napoléon Bonaparte (1769-1821) est un de ces exemples où la réalité dépasse la fiction. Les circonstances extraordinaires du passage de la Révolution à un retour vers la vie normale favorisent son ascension.

C'était un jeune homme de famille pauvre, petit, maigre, qui parlait mal français. Il était né en 1769 en Corse (une île dans la Méditerranée qui appartenait à l'Italie) juste un an après que la France en ait fait l'acquisition. Comment est-il devenu empereur des Français et conquérant de l'Europe? Comment a-t-il établi un régime dictatorial, au lendemain de la Révolution?

Napoleone Buonaparte (c'était un nom italien. Plus tard, en France, on l'appellera Napoléon Bonaparte) est envoyé, grâce à une bourse[1], à l'école militaire de Brienne quand il a neuf ans. Là, les autres enfants se moquent de son accent. Qui pourrait deviner[2] ce que l'avenir lui réserve?

Jeune officier dans les armées de la Révolution, il se distingue dans la campagne[3] d'Italie, où les habitants de Milan acclament l'armée de la jeune République française. Quand il conduit ses troupes en Égypte (pour couper la route des Indes aux Anglais), il transforme, très habilement[4], dans ses communiqués, ses défaites en victoires. De retour en France, il devient Premier Consul (le Consulat est un des gouvernements qui ont suivi la Révolution), puis Consul à vie. Mais il a d'autres ambitions...

Napoléon Ier, empereur des Français (1804)

Presque exactement mille ans après Charlemagne, devenu empereur en 800 (voir page 54), Napoléon se déclare empereur, ce qui est possible car il a le support de l'armée.

Il oblige le pape à venir à Paris pour le couronner. Là, dans une cérémonie splendide à Notre-Dame, décorée pour la circonstance en temple romain, le petit général corse est couronné Napoléon Ier, et sa femme, Joséphine, une belle créole de la Martinique (aux Antilles), est couronnée impératrice. Au moment où le pape va placer la couronne impériale sur la tête du nouvel empereur, celui-ci la prend et la place lui-même sur sa tête, pour indiquer qu'il ne doit son titre à personne.

[1] **bourse** scholarship
[2] **deviner** guess
[3] **campagne** campaign
[4] **habilement** cleverly, adroitly

CHRONOLOGIE

1804
Napoléon est couronné empereur des Français.

1812
Campagne de Russie et défaite de Napoléon.

«Le sacre de Naopléon Ier, empereur des Français», par David. La scène montre le moment où le nouvel empereur place la couronne sur la tête de Joséphine qui devient impératrice.

Dix ans seulement ont passé depuis la Révolution, dont le but était de débarrasser[5] la France de sa monarchie, et voilà un empereur sur le trône! Il va donner à la France un gouvernement bien plus absolu que celui de Louis XVI.

L'œuvre de Napoléon en France

Napoléon est un excellent administrateur, et il va prendre les mesures qui permettront de moderniser la France, en ce début du dix-neuvième siècle. C'est aussi un excellent psychologue, qui comprend bien la nature humaine. Il a compris que les gens sont fatigués de l'égalité imposée par la République. Il restaure la splendeur de la cour dans son palais des Tuileries, ancienne résidence forcée du roi. Il donne des titres de duc, prince, à ses généraux. Les femmes de ces jeunes généraux, qui, un an plus tôt, étaient blanchisseuses[6] ou marchandes de légumes, sont duchesses et princesses, couvertes de bijoux, en costume richement brodé. On raconte que la mère de Napoléon, regardant passer le cortège impérial, disait avec ferveur: «Pourvu que ça dure!»

Plus importantes, et plus durables, sont les innovations de Napoléon dans d'autres domaines.

[5] **débarrasser** rid
[6] **blanchisseuses** laundresses

1814
Restauration de la monarchie. Début du règne de Louis XVIII.

1815
Les Cent-Jours (retour de Napoléon). Défaite finale de Napoléon à Waterloo. Son exil à Sainte-Hélène.

Le code Napoléon Pour remplacer les lois en usage dans les anciennes provinces, Napoléon fait préparer un Code civil, le Code Napoléon, basé sur le droit romain. Ce code est, de nos jours, le code de la France, avec des changements nécessités par l'évolution de la société (par exemple, l'article 213 qui disait que «la femme doit obéissance à son mari» n'existe plus). Ce code est aussi employé, avec des modifications, en Louisiane, en Belgique et au Mexique.

Les universités et les lycées Il organise le système des universités et crée les lycées. Les lycées sont des écoles secondaires dont le but est de préparer de futurs officiers pour son armée. Depuis, les lycées, qui existent toujours, sont devenus les «high schools» de la France.

Les départements C'est le gouvernement révolutionnaire qui a créé les départements, mais c'est Napoléon qui donnera au système sa pleine application.

La Légion d'honneur Bon psychologue, il crée une décoration qui récompense[7] les services rendus à l'État. Les membres de l'Ordre national de la Légion d'honneur portent un ruban rouge à la boutonnière[8].

Les guerres de Napoléon

Malheureusement, Napoléon qui est arrivé au pouvoir par ses succès militaires, va s'y maintenir par des guerres constantes. Durant les dix années de son règne, il lutte contre toutes les puissances d'Europe et gagne des territoires immenses. Il fait une guerre cruelle en Espagne* et place son frère sur le trône espagnol. Mais l'Angleterre, qui reste l'ennemie invincible de Napoléon, maintient un blocus économique qui affaiblit la France (le Blocus continental).

Le commencement de la fin: La désastreuse campagne de Russie

Napoléon, qui craint une attaque de la Russie, décide d'attaquer le premier. Ses troupes, qu'on appelle la Grande Armée, traversent l'Europe, sans rencontrer de résistance qu'elles ne puissent pas vaincre. Mais la Russie est protégée par son immensité et son hiver glacial, où un froid inhumain rend toute manœuvre militaire impossible.

«Portrait de l'impératrice Joséphine», par Gérard. Joséphine, une créole de la Martinique, était considérée une beauté.

[7] **récompense** rewards
[8] **boutonnière** button-hole

*The term *guerilla* ("little war," in Spanish), meaning a war of popular resistance, originated in the resistance of the Spanish people against the government imposed on them by Napoleon.

Napoléon à la tête de ses troupes.

Mais à mesure que[9] la Grande Armée avance, elle trouve des villages déserts, des villes évacuées. Où est la population? Et où est l'armée russe? Elles restent invisibles.

Enfin, juste au commencement de l'hiver, la Grande Armée arrive devant Moscou, voit les clochers[10] dorés[11] de la ville briller au soleil... Mais Moscou est vide, vide de ses habitants et de ses provisions. Et le lendemain, la ville entière s'enflamme. Les Russes ont emporté toutes les provisions, vidé les maisons. Maintenant, invisibles, ils brûlent la ville. Que peut faire la Grande Armée? Le terrible hiver russe commence. Continuer à marcher vers l'immensité glacée de la Sibérie? C'est le suicide.

Alors, Napoléon donne l'ordre de la retraite, et, poursuivie par les troupes russes qui l'attaquent constamment, sans provisions, à demi-morte de faim et de froid, obligée d'abandonner son équipement, l'armée retourne en France. Ou plutôt, ce qui reste de l'armée y retourne, car la plupart des soldats sont morts dans cette horrible retraite.

Napoléon est vaincu. Son armée est détruite et l'Europe entière est contre lui. Paris est occupé*. Les vainqueurs décident d'exiler l'empereur. Il est envoyé à l'île d'Elbe, pas loin de sa Corse natale. Hélas, il n'y reste pas longtemps.

Louis XVIII, frère de Louis XVI, devient roi (1814)

Les vainqueurs, dans l'espoir d'effacer la Révolution, décident de donner le trône de France au frère de Louis XVI, qui revient alors d'exil. Il s'appelle Louis XVIII, parce que le petit dauphin de la prison du Temple aurait été Louis XVII.

Louis a presque soixante ans, il marche avec difficulté et personne en France ne le connaît. Mais il a l'intelligence d'accepter la situation. Il ne reste pas sur le trône longtemps: Son règne est interrompu par le retour de Napoléon. Ce retour durera cent jours.

[9] **à mesure que** as
[10] **clochers** steeples
[11] **dorés** golden

*From this occupation dates the word *bistro* (or *bistrot*), a little café. The Russian soldiers occupying Paris would often sneak into some little café, asking for a drink and saying: "*Bistro, bistro,*" (in Russian, "quick"). Hopeful café owners took to writing the word on the window thinking it was Russian for "drink."

Les Cent-Jours et Waterloo

La bataille de Waterloo.

À l'île d'Elbe, Napoléon prépare son retour. Quand il débarque, le peuple, qui, un an plus tôt, demandait sa mort, l'acclame et les troupes du nouveau gouvernement se joignent à lui. Pendant que Louis XVIII se sauve de justesse, Napoléon couche dans sa chambre aux Tuileries. Mais ses vieux ennemis l'attendent. Enfin, il est battu à Waterloo en Belgique (1815) et cette fois, c'est la fin de l'aventure napoléonienne.

L'exil, la mort et la légende

Cette fois, les Anglais envoient Napoléon à Sainte-Hélène, petite île isolée au milieu de l'Atlantique. Il lui sera impossible de s'échapper, et c'est là, six ans plus tard, que le tyran, l'ogre (disent les Anglais), le héros (disent les Français), finit ses jours.

Napoléon a laissé la France occupée, battue, après des années de guerres sanglantes où des centaines de milliers d'hommes sont tués... Et pourtant...

Et pourtant, il a donné à la France des années de gloire qu'elle n'oublie pas, et quand vingt ans plus tard, on ramène le corps de Napoléon en France, les Français lui font une réception enthousiaste. L'Arc de Triomphe, commencé sous Napoléon, mais terminé plus tard (1836), commémore ses généraux et ses batailles.

On peut visiter la tombe de Napoléon aux Invalides, à Paris. Un des visiteurs célèbres fut Hitler, qui l'a contemplée peu de temps avant sa propre campagne de Russie, une campagne qui devait finir de façon aussi désastreuse que celle de Napoléon.

Did You Know?
Une légende persistante assure que Napoléon n'est pas mort à Sainte-Hélène mais aux États-Unis, à la Nouvelle-Orléans où des partisans l'avaient caché après l'avoir aidé à s'évader de Sainte-Hélène. On montre même «sa» maison, et aussi «sa» tombe dans un vieux cimetière de la Nouvelle-Orléans. Mais ce n'est probablement rien d'autre qu'une manifestation du refus d'accepter la mort d'un héros (voir Jeanne d'Arc, page 89).

À l'île de Sainte-Hélène. Prisonnier des Anglais, Napoléon finit ses jours dans l'île de Sainte-Hélène au milieu de l'Océan Atlantique.

C'est beau, les mots!

A **Le mot approprié.** Complétez les phrases suivantes par le mot approprié.

1. Vous jetez vos vieux vêtements, vos vieux papiers pour vous en ___ .
2. Le résultat du travail, ce qu'on a accompli, c'est une ___ (par exemple, l' ___ d'un artiste).
3. Une ___ est une femme qui lave le linge.
4. Si vous parlez comme la mère de Napoléon, vous dites, pour exprimer un souhait: « ___ fasse beau demain!»
5. Une ___ sert à boutonner un bouton. Elle sert aussi pour mettre une fleur ou le ruban d'une décoration.
6. Une église est surmontée d'un ___ (dans lequel il y a les cloches).
7. Approximativement mille, c'est un ___ .
8. Si un objet n'est pas d'or, mais couleur d'or, il est ___ .

B **Le féminin.** Quel est le féminin des noms suivants?

1. un empereur	4. un duc
2. un blanchisseur	5. un prince
3. un marchand	6. un roi

Votre réponse, s'il vous plaît

C **Vrai ou faux?** Si c'est faux, quelle est la phrase correcte?

1. Napoléon a gagné des victoires en Égypte.
2. Le pape place la couronne sur la tête de Napoléon.
3. Le Code Napoléon est basé sur le Code anglais.
4. Un lycée est une école militaire aujourd'hui.
5. Après la défaite de Russie, Napoléon gagne la bataille de Waterloo.

Soldats de l'armée de Napoléon. L'empereur considérait que des uniformes splendides contribuaient à impressionner et à terrifier l'ennemi.

A
1. débarrasser
2. œuvre, œuvre
3. blanchisseuse
4. Pourvu qu'il
5. boutonnière
6. clocher
7. millier
8. doré

B
1. une impératrice
2. une blanchisseuse
3. une marchande
4. une duchesse
5. une princesse
6. une reine

C
1. Faux. Dans ses communiqués, Napoléon a habilement déguisé ses défaites en Égypte en victoires.
2. Faux. Napoléon place la couronne lui-même sur sa tête.
3. Faux. Le Code Napoléon est basé sur le droit romain.
4. Faux. Un lycée est une école secondaire *(high school)* aujourd'hui.
5. Faux. Après la défaite de Russie, Napoléon perd la bataille de Waterloo.

D Parlons du texte. Répondez aux questions.

D For answers to Ex. D, please refer to the Teacher's Manual.

1. Napoléon est né en Corse. Où est la Corse? Qu'est-ce que c'est?
2. Comment était Napoléon physiquement?
3. Comment a-t-il commencé ses études? Et sa carrière?
4. Comment est-il devenu empereur? À quelle date? Quel était le seul autre empereur? À quelle date?
5. Quelle est l'œuvre de Napoléon utile pour la France?
6. A-t-il fait la guerre? Expliquez.
7. Quelle est l'origine du terme *guérilla?*
8. Qu'est-ce qu'on appelle *la retraite de Russie?* Quelle sorte de souvenir est-ce dans l'histoire de France?
9. Où les Anglais ont-ils envoyé Napoléon après la défaite de Russie? Y est-il resté? Expliquez.
10. Qui est monté sur le trône après le départ de Napoléon? Comment était-il?
11. Qu'est-ce qu'on appelle *les Cent-Jours?* Comment ont-ils fini?
12. Où Napoléon a-t-il passé les dernières années de sa vie?
13. Qu'est-ce qu'on appelle la *légende de Napoléon?*
14. Qui est venu visiter la tombe de Napoléon? Cette visite a-t-elle une signification?

E Analyse et opinion. Répondez aux questions.

1. **«A Napoleon complex»**. Qu'est-ce qu'on appelle *«a Napoleon complex»?* Est-ce que l'expression est justifiée quand on connaît la personnalité et la carrière de Napoléon?
2. **Une autre dictature.** Pourquoi, à votre avis, la France qui venait de vivre la dictature de la Terreur, a-t-elle accepté une autre dictature avec enthousiasme?
3. **Des titres.** Napoléon a créé des ducs, des princes (c'était ses anciens camarades de l'armée, devenus généraux). Est-ce que l'Amérique aimerait avoir des titres: duc/duchesse, prince/princesse, comte/comtesse, marquis/marquise, baron/baronne? Aimeriez-vous avoir un de ces titres? Pourquoi?

Le tombeau de Napoléon. Il est situé aux Invalides, à Paris. Il existe une célèbre photo de Hitler, venu méditer sur ce tombeau, au moment de sa propre campagne de Russie.

Exprimez-vous

Une destinée extraordinaire. Donnez libre cours *(free rein)* à votre imagination et imaginez, pour vous, la destinée la plus extraordinaire, même si elle semble impossible maintenant. (Inventeur? Voyageur[-se] de l'espace? Milliardaire? Vedette de cinéma? Auteur célèbre? Athlète unique au monde? Beauté fatale? Homme ou femme d'affaires? Autre chose?)

Vie et littérature

Napoléon ne tolérait pas les dissidents, aussi il y a peu d'écrivains pendant son règne pour exprimer des idées nouvelles.

Sa période correspond cependant, en littérature, à ce qu'on appelle le pré-romantisme, c'est-à-dire une manière de penser qui fait une grande place aux émotions, aux états d'âme[1] et aux rapports de l'homme avec la nature.

Les plus grands écrivains pré-romantiques sont Lamartine et Chateaubriand. On associe aussi souvent à cette période le nom de Victor Hugo. Hugo est né en 1802, et il était donc trop jeune pour écrire pendant la période de Napoléon Ier. Mais il a tant écrit, un peu plus tard, *au sujet* de Napoléon, de ses années de gloire—et de défaite—qu'il est impossible de parler de Napoléon sans citer Victor Hugo.

Pre-reading

Vous allez lire un poème qui raconte un retour désastreux. Y a-t-il un retour désastreux dans votre expérience? (Retour à la maison après un accident de voiture? Retour de vacances pour trouver le jardin ou la maison en mauvais état? Retour à pied sous la pluie après un panne d'essence? Etc.)

«Le Retour de Russie»

Victor Hugo (1802–1885)

L'auteur La vie de Victor Hugo traverse le siècle. C'est le plus connu des poètes du dix-neuvième siècle, peut-être même de toute la littérature française, et sa voix est entendue dans tous les domaines: poésie lyrique *(Les Feuilles d'automne, Les Chants du crépuscule, Les Contemplations)*, poésie polémique[2] *(Les Châtiments)*, théâtre *(Ruy Blas, Hernani)*, roman *(Notre-Dame de Paris, Les Misérables)* et poésie épique[3] *(La Légende des siècles)*. Son père était officier dans les armées de Napoléon. Victor Hugo, qui s'est beaucoup mêlé[4] aux affaires politiques de son siècle, admirait Napoléon Ier et a peint la retraite de Russie avec des mots inoubliables.

Victor Hugo est un des grands écrivains romantiques et nous reparlerons de lui dans la prochaine étape.

[1] **états d'âme** moods
[2] **polémique** polemical, relating to a controversy (often political)
[3] **épique** epic, dealing with extraordinary adventures
[4] **s'est beaucoup mêlé** was very involved
[5] **émouvant** moving, touching

«Le Retour de Russie» Dans ce poème émouvant[5], Victor Hugo montre la Grande Armée, vaincue, décimée, revenant de Moscou, pendant le terrible hiver qui restera célèbre. La poésie de Hugo donne à cette retraite toute sa vie tragique.

La Grande Armée, vaincue, revenant de Moscou.

Il neigeait.

On était vaincu par sa conquête.
Pour la première fois, l'Aigle[6] baissait la tête.
Sombres jours! L'empereur revenait lentement
Laissant derrière lui brûler Moscou fumant.
Il neigeait.

L'âpre[7] hiver fondait[8] en avalanche.
Après la plaine blanche, une autre plaine blanche.
On ne connaissait plus les chefs ni le drapeau.
Hier, la Grande Armée, et maintenant, troupeau[9].
On ne distinguait plus les ailes, ni le centre.
Il neigeait.

Des blessés s'abritaient[10] dans le ventre
Des chevaux morts. Au seuil[11] des bivouacs[12] désolés
On voyait des clairons[13] à leur poste gelés,
Restés debout, en selle[14], et muets, blancs de givre[15]
Collant[16] leur bouche en pierre aux trompettes de cuivre.
Boulets[17], mitraille[18], obus[19], mêlés[20] aux flocons[21] blancs
Pleuvaient. Les grenadiers[22], surpris d'être tremblants,
Marchaient, pensifs, la glace à leur moustache grise.
Il neigeait, il neigeait toujours.

La froide bise[23]
Sifflait. Sur le verglas[24], dans des lieux inconnus,
On n'avait pas de pain, et l'on allait pieds nus.
Ce n'était plus des cœurs vivants, des gens de guerre,
C'était un rêve errant[25] dans la brume[26], un mystère,
Une procession d'ombres[27] sous le ciel noir...

Tiré de «L'expiation», Les Châtiments

Le passage de la Bérésina. Harcelée *(harassed)* par les troupes russes, l'armée de Napoléon traverse la rivière de la Bérésina pendant la terrible retraite de Russie. Beaucoup d'hommes et de chevaux sont noyés et des quantités de matériel sont abandonnées.

L'aigle était le symbole de Napoléon. Cet aigle décorait sa maison de l'île d'Elbe.

6 **Aigle** eagle (symbol of Napoleon)
7 **âpre** harsh, raw
8 **fondait** melted
9 **troupeau** herd
10 **s'abritaient** took shelter
11 **au seuil** at the threshold
12 **bivouacs** temporary encampments, usually for the night
13 **clairons** buglers
14 **selle** saddle
15 **givre** frost
16 **Collant** fastening, sticking
17 **Boulets** Cannonballs
18 **mitraille** grapeshot
19 **obus** shells
20 **mêlés** mixed
21 **flocons** flakes
22 **grenadiers** grenadiers (part of Napoleon's elite troops)
23 **bise** north wind
24 **verglas** slippery ice
25 **errant** wandering
26 **brume** mist
27 **ombres** shadows, ghosts

La poésie

L'alexandrin. C'est le vers le plus employé dans la poésie française. C'est un vers de 12 syllabes:

1 2 3 4 5 6 7 8 9 10 11 12
Som/bres/ jours!/ L'em/pe/reur// re/ve/nait/ len/te/ment

Quand la dernière syllabe du vers se termine par un *e* muet, elle ne compte pas:

1 2 3 4 5 6 7 8 9 10 11 12
Pour/ la/ pre/miè/re/ fois,// l'Ai/gle/ bai/ssait/ la/ tê/te*. *(*syllabe muette)*

La césure est une coupure pour la respiration (et pour le sens) qui se trouve après la sixième syllabe, c'est-à-dire au milieu du vers:

1 2 3 4 5 6 7 8 9 10 11 12
Pour/ la/ pre/miè/re/ fois,// l'Ai/gle/ bai/ssait/ la/ tê/te*. *(*syllabe muette)*

Rythmez l'alexandrin. Relisez le poème en marquant les syllabes et les césures. (Dans le huitième vers le mot *Hier* a deux syllabes: *Hi/er.*)

A 1. ventre
2. bivouacs
3. clairon
4. gelé(e)
5. selle
6. cuivre
7. bise
8. verglas
9. ombres
10. brume

B 1. *Answers will vary but may include five of the following:* Il neigeait toujours, l'âpre hiver, avalanche, des clairons à leur poste gelés, blancs de givre, leur bouche de pierre, la glace à leur moustache grise, la froide bise sifflait, le verglas.
2. *Answers will vary but may include three of the following:* Sombres jours, désolés, muets, pensifs, on n'avait pas de pain, l'on allait pieds nus, ce n'était plus des cœurs vivants.
3. *Answers will vary but may include three of the following:* Surpris d'être tremblants, ce n'était plus des cœurs vivants, un rêve errant dans la brume, un mystère, une procession d'ombres, le ciel noir.

C'est beau, les mots!

A Le mot approprié. Complétez les phrases suivantes par le mot approprié.

1. Un autre terme pour l'abdomen, c'est le ___ .
2. Les soldats en campagne forment des ___ pour passer la nuit.
3. Un ___ est un instrument de musique militaire, comme la trompette. C'est aussi le nom du soldat qui joue de cet instrument.
4. Quand vous avez l'impression d'être transformé(e) en glace, vous dites: «Je suis ___ ».
5. Pour monter à cheval, on s'asseoit sur une ___ .
6. Le ___ est un métal jaune dont on fait des instruments de musique, comme des trompettes.
7. La ___ est un vent glacé d'hiver.
8. Le ___ est formé d'eau glacée et il est très glissant.
9. Des silhouettes indistinctes, quand il n'y a pas beaucoup de lumière, ce sont des ___ .
10. Un brouillard gris et opaque, c'est de la ___ .

B Les termes émouvants. Trouvez les termes suivants:

1. Cinq termes qui montrent qu'il fait un froid extrême.
2. Trois termes qui indiquent la souffrance et la faim.
3. Trois termes qui indiquent la peur et la mort.

Votre réponse, s'il vous plaît

C Vrai ou faux? Si c'est faux, quelle est la phrase correcte?

1. La retraite se fait en bon ordre.
2. Il faisait très froid, mais il y avait assez de provisions.
3. Napoléon est vaincu parce qu'il a conquis trop de territoires.
4. Les soldats jouaient des instruments de musique en pierre.

C 1. Faux. La retraite se fait dans le désordre.
2. Faux. Il n'y avait pas assez de provisions. On n'avait pas de pain.
3. Faux. Napoléon est vaincu par l'hiver russe.
4. Faux. Les soldats jouaient des instruments de musique en cuivre.

D Parlons du texte. Répondez aux questions.

1. Combien de syllabes y a-t-il dans chacun de ces vers? Comment s'appellent ces vers?
2. Qui l'aigle représente-t-il?
3. Pourquoi Moscou brûlait-il? (Vous avez vu cela dans *Un peu d'histoire.*)
4. Comment la Grande Armée est-elle transformée?
5. Y avait-il des abris *(shelters)* pour les blessés? Où s'abritaient-ils?
6. Comment étaient les clairons? Morts ou vivants? Dans quelle position étaient-ils? Étaient-ils à cheval?
7. Est-ce que l'ennemi continuait à attaquer ces troupes? Comment le savez-vous?
8. D'après Hugo, ces soldats, sont-ils encore vivants ou à moitié morts? Expliquez.

D For answers to Ex. D, please refer to the Teacher's Manual.

E Analyse et opinion. Répondez aux questions.

1. **Le procédé de Hugo.** Quel procédé Hugo emploie-t-il: L'exclamation? La répétition? Quel est l'effet produit par ce procédé?
2. **Vos émotions.** Quelles sont vos émotions quand vous lisez ce poème? Pourquoi?
3. **La prose ou la poésie?** À votre avis, est-ce que la prose ou la poésie exprime le mieux les émotions profondes? Pourquoi?

Exprimez-vous

1. **Interprétez ce poème devant la classe.** Cinq élèves apprennent chacun une strophe et la récitent devant la classe avec l'émotion appropriée.

2. **La campagne de Russie et la géographie.** Demandez à des élèves de géographie de vous aider à tracer sur une carte murale de l'Europe la route de la campagne de Russie. Comment les soldats voyagaient-ils alors? Estimez la distance aller et retour. Quels sont vos commentaires?

3. **La campagne de Russie et la musique.** Demandez au professeur ou à des élèves des classes de musique de trouver pour vous *l'Ouverture de 1812* de Tchaïkovski. Quelle en est l'historique? Quels sentiments sont exprimés? (Quel canon entend-on? Pourquoi?)

Pre-reading
Est-ce que la soirée (le moment après le dîner) est un moment agréable dans votre famille? Que fait chaque personne? Maintenant, imaginez qu'il n'y a ni chauffage, ni électricité chez vous. La seule chaleur vient du feu, et la seule lumière est celle du feu et d'une bougie. Votre soirée serait-elle différente? Où seriez-vous? Que ferait chaque personne?

Mémoires d'outre-tombe

François-René de Chateaubriand (1768–1848)

L'auteur Chateaubriand a passé son enfance au château de Combourg, en Bretagne. Il voit le commencement de la Révolution, puis voyage en Amérique où il rencontre Washington. Comme sa famille est noble, il est forcé de quitter la France pendant la Révolution et il est blessé dans l'armée des émigrés. En Belgique il entend le canon de la bataille de Waterloo. Il reste chrétien et royaliste et son œuvre annonce la période romantique qui va suivre. Dans *René* et *Atala*, des romans qui se passent an Amérique, il admire les nobles Indiens Natchez. Dans le *Génie du christianisme* il propose la religion chrétienne comme la plus poétique et la plus exaltante. Dans ses *Mémoires d'outre-tombe* (ainsi intitulées parce qu'elles ne devaient être publiées qu'après sa mort), il raconte sa vie et son temps.

Les soirées d'hiver au château de Combourg Dans le passage que vous allez lire, Chateaubriand crée une scène pleine de sombre atmosphère au château de Combourg de son enfance.

Le dîner fini, les soirs d'hiver, ma mère se jetait, en soupirant[1], sur un vieux lit de jour. On mettait devant elle un guéridon[2] avec une bougie[3]. Je m'asseyais près de ma sœur Lucile. Mon père commençait alors une promenade qui ne cessait qu'à l'heure de son coucher. Il était vêtu d'une longue robe de chambre[4], plutôt une espèce de manteau[5] de laine blanc que je n'ai jamais vu qu'à lui. Sa tête à demi-chauve[6] était couverte d'un grand bonnet blanc qui se tenait tout droit. Lorsqu'en se promenant il s'éloignait[7] du foyer[8], la salle était si peu éclairée par une seule bougie qu'on ne le voyait plus. On l'entendait seulement marcher dans les ténèbres[9], puis il revenait lentement vers la lumière et émergeait de l'obscurité comme un spectre, avec sa longue robe blanche, son bonnet blanc et sa longue figure pâle.

[1] **en soupirant** sighing
[2] **guéridon** pedestal table
[3] **bougie** candle
[4] **robe de chambre** dressing gown
[5] **espèce de manteau** a kind of coat
[6] **à demi-chauve** half-bald, balding
[7] **s'éloignait** walked away, strayed
[8] **foyer** fireplace
[9] **ténèbres** shadows

Chateaubriand était un pré-romantique qui aimait la nature sauvage. Il voyait dans le vent des orages une force amie de l'homme, comme le montre ce portrait.

Lucile et moi, nous échangions quelques mots à voix basse quand il était de l'autre côté de la salle, mais nous nous taisions[10] quand il se rapprochait de nous. Il nous disait brusquement[11]: «De quoi parliez-vous?» Saisis de terreur[12], nous ne répondions rien. Le reste de la soirée, l'oreille n'était plus frappée[13] que du bruit mesuré de ses pas, des soupirs de ma mère et du murmure du vent.

Dix heures sonnaient à l'horloge[14] du château. Alors mon père tirait de sa poche sa grosse montre, la remontait[15], et, prenant un candélabre d'argent surmonté d'une grande bougie, il s'en allait dans sa chambre pour se coucher. Lucile et moi, nous nous tenions sur son passage[16]. Nous l'embrassions, en lui souhaitant une bonne nuit. Il nous tendait sa joue[17] sèche et creuse[18], et sans répondre, continuait sa route. Nous entendions les portes se refermer sur lui.

L'enchantement était brisé. Ma mère, ma sœur et moi, transformés en statues par la présence de mon père, retrouvions la vie. Nous parlions, parlions, dans un flot[19] de paroles.

Le château de Combourg, résidence d'enfance de Chateaubriand. Imaginez ce château, par les nuits d'hiver. L'enfant dormait, isolé de tous, en haut d'une de ces tours. On disait qu'il y avait un fantôme dans l'escalier!

Ce torrent de conversation écoulé[20], je reconduisais ma mère et ma sœur à leurs chambres. Avant de me retirer, elles me faisaient regarder sous les lits, dans les cheminées, derrière les portes, visiter les escaliers, les passages et les corridors voisins. Toutes les traditions du château leur revenaient en mémoire. Les gens étaient persuadés qu'un certain comte de Combourg, à jambe de bois, mort depuis trois siècles, apparaissait à certaines époques, et qu'on l'avait rencontré dans le grand escalier. Sa jambe de bois se promenait aussi quelquefois seule, accompagnée d'un chat noir.

Ces récits occupaient tout le temps du coucher de ma mère et de ma sœur. Elles se mettaient au lit mourantes de peur. Moi, je me retirais à l'autre bout du château, dans ma chambre complètement isolée, en haut de la plus haute tour.

L'entêtement[21] de mon père à faire coucher un enfant seul, en haut d'une tour, pouvait avoir quelque inconvénient[22], mais il tourna à mon avantage. Cette manière violente de me traiter me donna le courage d'un homme. Au lieu d'essayer de me convaincre qu'il n'y avait point de fantômes, on me força à les braver. Lorsque mon père me disait, avec un sourire ironique: «Monsieur aurait-il peur?», j'aurais pu coucher avec un fantôme! Lorsque ma mère me disait: «Tout n'arrive que par la permission de Dieu», j'étais mieux rassuré que par tous les arguments de la philosophie.

Adapté de Livre III, chapitre 3

[10] **nous nous taisions** we'd stop talking
[11] **brusquement** suddenly
[12] **Saisis de terreur** Terror-stricken
[13] **l'oreille n'était plus frappée** the ear was only struck
[14] **horloge** clock
[15] **remontait** would wind
[16] **nous tenions sur son passage** would stand as he went by
[17] **joue** cheek
[18] **creuse** hollow
[19] **flot** flood
[20] **écoulé** exhausted
[21] **entêtement** stubborness
[22] **inconvénient** disadvantage

C'est beau, les mots!

A 1. guéridon
2. bougies
3. robe de chambre
4. chauve; demi-chauve
5. foyer
6. spectre, fantôme
7. tait, Taisez-vous
8. horloge
9. torrent
10. entêtement

A Le mot approprié. Complétez les phrases suivantes par le mot approprié.

1. Un ___ est une petite table ronde.
2. Sur votre gâteau d'anniversaire il y a des ___ .
3. À la place des vêtements pour sortir, on porte une ___ confortable à la maison.
4. Quand on a perdu tous ses cheveux, on est ___ . Si on en a perdu la moitié, on est à ___ .
5. L'endroit de la cheminée où on fait le feu s'appelle le ___ .
6. Un ___ est une apparition surnaturelle, et un autre mot pour cette apparition, c'est un ___ peut-être transparent.
7. Quand on ne parle pas, ou qu'on cesse de parler, on se ___ . Si vous parlez trop, le professeur dit: « ___ ».
8. Une ___ sonne l'heure.
9. Un grand ___ d'eau cause une inondation.
10. L' ___ est le défaut des gens qui refusent de changer d'opinion ou de conduite.

B **Teaching Tip**
For *Jouez le mot,* see **Teaching Tip** in *Première étape,* page 4.

B Jouez le mot. Par un geste ou une attitude, montrez que vous comprenez le sens des termes suivants:

soupirer	**tendre sa joue**
remonter une montre*	**regarder sous le lit**

et mimez: **la promenade du comte à la jambe de bois**

Votre réponse, s'il vous plaît

C 1. Faux. Elle se jetait en soupirant sur un vieux lit de jour.
2. Faux. Les soupirs indiquent généralement la tristesse.
3. Vrai.
4. Vrai.
5. Vrai.

C Vrai ou faux? Si c'est faux, quelle est la phrase correcte?

1. La mère du jeune Chateaubriand se couchait aussitôt que le dîner était fini.
2. Les soupirs indiquent généralement la joie.
3. Le seul éclairage était le feu et une bougie.
4. Le père inspirait la crainte plus que l'affection.
5. L'auteur est satisfait des résultats de cette éducation.

D For answers to Ex. D, please refer to the Teacher's Manual.

D Parlons du texte. Répondez aux questions.

1. Quels étaient les membres de la famille, à Combourg?
2. Comment se plaçait chaque personne pour cette charmante soirée?
3. Décrivez le père. À quoi ressemblait-il? Que faisait-il toute la soirée?
4. La pièce était-elle bien éclairée? Quelle impression donnait cette lumière?
5. Est-ce que la conversation était animée? Pourquoi?

*Les montres n'étaient pas électriques, dans ce temps-là.

6. Que faisait le père quand dix heures sonnaient?
7. Comment les enfants souhaitaient-ils une bonne nuit à leur père?
8. Ouf! Le père est parti! Alors qu'est-ce que les autres faisaient?
9. Que faisait le jeune garçon, avant de laisser sa mère et sa sœur dans leurs chambres? Pourquoi?
10. Quelle est une des légendes du château? Dans quel état d'esprit cela mettait-il les dames du château?
11. Où couchait le jeune Chateaubriand?
12. Quel a été, plus tard, le résultat de cette éducation? Quelles qualités a-t-il acquises?

E Analyse et opinion. Répondez aux questions.

1. **Votre impression.** Quelle impression vous donne cette scène? Pourquoi?
2. **Le père.** Que pensez-vous du père de Chateaubriand? Quelle atmosphère apporte-t-il dans la maison? Qu'en pensez-vous?
3. **L'éducation de Chateaubriand.** Enfant, Chateaubriand couchait seul en haut d'une tour isolée... Que pensez-vous des méthodes d'éducation de son père?

Exprimez-vous

1. **Vous et les fantômes.** Avez-vous peur dans l'obscurité? Croyez-vous aux maisons hantées? Aux fantômes? Au mauvais sort *(bad luck spells)*? Auriez-vous peur dans un cimetière la nuit?

   La classe se divise en deux groupes: les *braves* et les *peureux*. Chaque personne contribue des exemples, ou des raisons d'avoir ou de ne pas avoir peur.

2. **Votre vie sans électricité et sans machines.** Depuis le moment où vous vous levez jusqu'à celui de votre coucher, votre vie est affectée par l'électricité et par des machines. Imaginez votre vie sans cela. Chaque personne de la classe contribue à cette discussion.

   (Par exemple: Vous vous levez. Fait-il chaud ou froid dans la maison? Avez-vous de la lumière? De l'eau chaude pour vous laver? Il faut allumer un feu pour préparer le petit déjeuner. Comment allez-vous à l'école?, etc.)

«Le Lac»

Lamartine (1790–1869)

Pre-reading
Dans le poème que vous allez lire, le poète personnifie un lac, des rochers, le temps, la forêt, etc., c'est-à-dire qu'il leur parle comme si c'étaient des personnes.
On personnifie la nature quand on dit «Mother Nature» ou le temps quand on dit «Father Time». Comment personnifie-t-on les ouragans *(hurricanes)*, par exemple? Comment personnifieriez-vous les saisons? Le vent?, etc. Cherchez d'autres exemples de personnification.

L'auteur Alphonse de Lamartine est né d'une famille noble, mais pauvre, et il a passé sa jeunesse dans le domaine de sa famille à la campagne. C'est un vrai poète qui, toute sa vie, écrit des vers, comme les *Méditations poétiques* (1820). Il entre dans la politique et reste royaliste toute sa vie.

Il écrit *Jocelyn*, l'histoire d'un jeune homme partagé entre l'amour et la vie religieuse, *La Vigne et la Maison* qui célèbre la vie à la campagne et le roman *Graziella*, une tendre et touchante histoire d'amour.

Lamartine est un pré-romantique, qui met en vers le lyrisme* présent chez Rousseau, précisé par Chateaubriand.

«Le Lac» Le premier grand amour de Lamartine, c'est une jeune femme qu'il nomme Elvire. Il l'a rencontrée au cours d'un voyage, et il a fait avec elle une promenade en barque[1] sur le lac du Bourget (au pied des Alpes). C'était, pour le jeune homme, une soirée inoubliable. Les deux amoureux ont promis de se revoir au même endroit, l'année suivante. Hélas! la jeune femme, de santé fragile, meurt pendant les mois suivants. Et le poète revient seul s'asseoir sur une pierre au bord du lac. On voit la naissance du romantisme dans le fait que le poète s'adresse au lac comme à une personne, et associe la nature à ses émotions personnelles.

Une promenade en bateau.

O lac! l'année à peine a fini sa carrière[2],
Et près des flots chéris qu'elle devait revoir,
Regarde! Je viens seul m'asseoir sur cette pierre
    Où tu la vis s'asseoir!

Un soir, t'en souvient-il? nous voguions[3] en silence;
On n'entendait au loin, sur l'onde[4] et sous les cieux,
Que le bruit des rameurs[5] qui frappaient en cadence
    Tes flots harmonieux.

Tout à coup[6] des accents[7] inconnus de la terre
Du rivage charmé frappèrent les échos;
Le flot fut attentif, et la voix qui m'est chère
Laissa tomber ces mots:

«O temps, suspends[8] ton vol! et vous, heures propices[9],
    Suspendez votre cours!
Laissez-nous savourer les rapides délices[10]
    Des plus beaux de nos jours!

Aimons donc, aimons donc! de l'heure fugitive,
    Hâtons-nous[11], jouissons[12]!
L'homme n'a point de port, le temps n'a point de rive;
    Il coule[13], et nous passons!»

[1] **barque** rowboat
[2] **carrière** course
[3] **voguions** were sailing, rowing
[4] **onde** waters
[5] **rameurs** rowers, oarsmen
[6] **Tout à coup** Suddenly
[7] **accents** voice, words
[8] **suspends** stop
[9] **propices** favorable
[10] **délices** delights
[11] **Hâtons-nous** Let's hurry
[12] **jouissons** let's enjoy
[13] **coule** flows

***le lyrisme:** l'expression poétique et exaltée de vos sentiments personnels.

O lac! rochers muets! grottes! forêt obscure!
Vous que le temps épargne[14] ou qu'il peut rajeunir,
Gardez de cette nuit, gardez, belle nature,
Au moins le souvenir!

Que le vent qui gémit[15], le roseau[16] qui soupire,
Que les parfums légers de ton air embaumé[17],
Que tout ce qu'on entend, l'on voit ou l'on respire,
Tout dise: «Ils ont aimé!»

Abrégé de Méditations poétiques

[14] **épargne** spares
[15] **gémit** moans
[16] **roseau** reed
[17] **embaumé** fragrant, balmy

C'est beau, les mots!

A Les termes poétiques. Quel est le terme poétique approprié: *embaumé, propice, délices, accents, flots, voguer, onde, cieux?*

1. L'eau d'un lac ou de la mer, ce sont les ___ .
2. Aller en bateau, c'est ___ .
3. Il est poétique d'appeler l'eau en général l'___ .
4. Il est bleu, au-dessus de nos têtes, mais son pluriel est plus poétique. Ce sont les ___ .
5. Des mots parlés, une voix mélodieuse, ce sont des ___ .
6. ___ veut dire *favorable.*
7. Les choses qui nous remplissent de bonheur ou de plaisir, ce sont nos ___ .
8. Ce qui exhale un délicieux parfum est ___ .

A 1. flots
2. voguer
3. onde
4. cieux
5. accents
6. Propice
7. délices
8. embaumé

B Le sens d'une phrase. Quel est le sens des phrases suivantes?

1. «l'année à peine a fini sa carrière»
   a. L'année a apporté de la peine à la carrière du poète.
   b. L'année vient juste de terminer son cours.

2. «près des flots chéris qu'elle devait revoir»
   a. Près de ce lac que nous aimons et où elle devait revenir
   b. Près de cette inondation qu'elle n'a pas vue

3. «des accents inconnus de la terre»
   a. Elle parlait une langue qui n'existe pas.
   b. Sa voix était plus mélodieuse que tout sur terre.

4. «O temps, suspends ton vol»
   a. Elle est en retard pour prendre son avion.
   b. Elle demande au temps de s'arrêter.

5. «Vous que le temps épargne»
   a. Vous qui ne vieillissez pas
   b. Vous ne perdez pas de temps.

B 1. b
2. a
3. b
4. b
5. a

Portrait de Lamartine accompagné de ses chiens.

C 1. Il s'adresse au lac: O lac!/ Regarde!/ **tu** la vis s'asseoir/ **t**'en souvient-il/ **tes** flots harmonieux.

Il s'adresse aux rochers, aux grottes, à la forêt: rochers muets! grottes! forêt obscure!/ **Vous** que le temps épargne ou qu'il peut rajeunir/ **Gardez** de cette nuit, **gardez,** belle nature/ Au moins le souvenir.

Il ne s'adresse pas directement au vent et au roseau mais il les personnifie: Que le vent qui **gémit**/ le roseau qui **soupire.**

D For answers to Ex. D, please refer to the Teacher's Manual.

C La personnification* de la nature. Comment Lamartine s'adresse-t-il au lac? Aux rochers? Aux grottes? À la forêt? Au vent? Au roseau? Trouvez au moins six exemples de cette personnification. (Il y en a davantage.)

Votre réponse, s'il vous plaît

D Parlons du texte. Répondez aux questions.

1. Comment ce poème est-il composé: Combien de vers par strophe? Ont-ils le même nombre de syllabes? Combien de syllabes dans chaque vers?
2. Remarquez-vous un changement quand le poème cite les paroles de la jeune femme? Est-ce que les strophes changent? Expliquez.
3. Examinez les rimes. Comment les vers riment-ils? (Appelez les rimes *a, b, c,* etc.)
4. Où se passe ce poème? À qui le poète parle-t-il?
5. Quel souvenir évoque-t-il? Est-ce un rêve ou la réalité?
6. Qu'est-ce que la jeune femme demande au temps?
7. À qui le poète demande-t-il de garder le souvenir de ce jour passé?
8. Qui doit répéter: «Ils ont aimé!»?

E Analyse et opinion. Répondez aux questions.

1. **Votre impression.** Quelle impression vous laisse ce poème: joie? mélancolie? regret? Pourquoi?
2. **L'homme et le temps.** Le vers «l'homme n'a point de port, le temps n'a point de rive» est devenu célèbre, et il est souvent cité. À qui le poète compare-t-il *l'homme?* Et à quoi compare-t-il *le temps?*
3. **Une vérité éternelle.** Si on cite souvent ce vers, c'est parce qu'il représente une vérité éternelle. Quelle est cette vérité?
4. **La nature et vous.** Est-ce que la nature a une influence sur vous (par exemple, est-ce que le beau ou le mauvais temps change votre humeur? Un beau paysage, opposé à une petite pièce sombre sans fenêtre?, etc.) Pourquoi?
5. **La personnification.** Pourquoi, à votre avis, le poète personnifie-t-il le lac, les rochers, etc? Êtes-vous tenté de personnifier un objet, quelquefois (Votre voiture quand elle ne marche pas bien, par exemple)? Expliquez.

Exprimez-vous

Une perte. Dans votre jeune vie, vous avez probablement déjà connu la mélancolie de *la perte.* C'est peut-être une personne? Un animal? Un objet? Une maison que vous avez quittée?

C'est peut-être la perte de votre enfance? De merveilleuses vacances passées? C'est *votre* vie, parlez-en.

Écrivez en prose, ou si vous préférez, composez un petit poème sur ce sujet.

***personnification:** Consiste à donner des caractères humains à des objets inanimés. C'est une des caractéristiques du mouvement pré-romantique et romantique.

Perfectionnez votre grammaire

Les verbes de communication et d'expression et le discours indirect

10.1 Les verbes de communication et d'expression

A Les verbes de communication

Il vous *dit qu*'il préfère la vérité.
Votre père vous *dit d*'être sincère

Vous avez déjà vu (*Quatrième étape*, page 111) que les verbes de communication comme *dire, demander, répéter, répondre, écrire, téléphoner,* etc. qui indiquent une communication entre deux ou plusieurs personnes ont la même construction.

1. Vous parlez à un ami.

Vous *lui* dites *qu*'il est sympa.
Vous *lui* répétez *que* vous lui écrirez.

INFORMATION

à + le nom de l'autre personne + **que** + information

(à + le nom de l'autre personne) → **lui**

2. Vous parlez à un ami.

Vous *lui* dites *de* ne pas vous oublier.
Vous *lui* demandez *de* vous écrire.
Vous *lui* répétez *de* vous téléphoner.

ORDRE OU REQUÊTE

à + le nom de l'autre personne + **de** + instruction ou ordre

(à + le nom de l'autre personne) → **lui**

Remarquez: Il y a une petite exception. Les verbes *prier* (to ask very politely) et *supplier* (to beg) ont un objet direct:

Vous téléphonez au directeur et vous *le* priez *de* vous donner un rendez-vous. Vous *le* suppliez *de* ne pas oublier.

B Les verbes d'expression

***Je souhaite* que mes amis soient heureux.**
***Vous avez protesté* que tout le monde était contre vous.**

Ces verbes n'ont pas de complément de personne. Ils n'indiquent pas la communication, seulement la manière de dire quelque chose. Voilà un tableau des verbes de communication et d'expression les plus employés:

QUELQUES VERBES UTILES

Communication		**Expression**	
conseiller	**répéter**	**admettre**	**se dire**
crier	**répondre**	**affirmer**	**s'écrier** *(to exclaim, to cry out)*
dire	**souhaiter**	**ajouter**	**s'exclamer**
demander	**suggérer**	**annoncer**	**promettre**
écrire	**télégraphier**	**avouer**	**protester**
murmurer	**téléphoner**	**conclure**	**répliquer**
rappeler		**déclarer**	**riposter** *(to answer back)*
		se demander	**soupirer**
à quelqu'un **de** ou **que**		pas d'objet de personne	

***Vous admettez* que vous avez quelquefois tort.**
Mais *vous affirmez* que les autres ont souvent tort aussi.
Et *vous ajoutez* que vous êtes, de toute façon, le plus intelligent.

Remarquez le verbe *conclure:*

***Vous avez conclu* que personne ne vous appréciait.**
ou:
***Vous avez conclu en disant* que personne ne vous appréciait.**

Il ne faut pas dire: *Vous avez conclu* ***par dire*** *que...*

10.2 *Le discours indirect (ou: comment on parle de ce qu'on a lu ou entendu)*

On emploie *le discours direct* quand on cite *(quotes)* les paroles d'une ou de plusieurs personnes sous forme de citation ou de dialogue. Une pièce de théâtre, le script d'un film sont au discours direct:

> **L'agent de police: «Allez-vous toujours aussi vite?»**
> **L'automobiliste: «Non, quand je sais qu'il y a un agent derrière moi, je vais beaucoup moins vite.»**

On emploie *le discours indirect* quand on raconte ce que ces personnes ont dit sous forme de narration. Par exemple, dans un roman, les conversations sont parfois racontées au discours indirect. Quand vous racontez un film que vous avez vu ou un ouvrage que vous avez lu, ou quand vous racontez une conversation que vous avez eue avec quelqu'un, vous employez ce style:

> **L'agent de police a demandé à l'automobiliste s'il allait toujours aussi vite. Celui-ci a répondu naïvement que, quand il savait qu'il y avait un agent derrière lui, il allait beaucoup moins vite.**

Pour passer du discours direct au discours indirect, certains changements sont nécessaires:

A Changement de temps des verbes

1. Le présent devient imparfait.

> **Luc a dit à Caroline: «*Je t'invite* à une soirée.»**
> **Il lui a dit qu'*il l'invitait* à une soirée.**

2. Le passé composé devient plus-que-parfait.

> **Votre mère: «*J'ai invité* dix personnes à dîner.»**
> **Votre mère a annoncé qu'*elle avait invité* dix personnes à dîner.**

3. Le futur devient conditionnel.

> **Vous, à un copain: «*Je* ne *sortirai* pas avec toi si tu ne changes pas de vêtements.»**
> **Vous avez affirmé à un copain que *vous* ne *sortiriez* pas avec lui s'il ne changeait pas de vêtements.**

4. L'imparfait, le conditionnel et le subjonctif ne changent pas.

> **Votre mère: «*Je savais* bien que tu *pouvais* mettre ta chambre en ordre!»**
> **Votre mère s'est exclamée qu'elle *savait* bien que vous *pouviez* mettre votre chambre en ordre.**

Votre père: «Je t'*achèterais* une voiture si j'étais sûr que tu *serais* prudent.»
Votre père t'a assuré qu'il vous *achèterait* une voiture s'il *était* sûr que vous *seriez* prudent.
Le professeur: «Il faut que nous *finissions* cette leçon demain.»
Le professeur a déclaré qu'il fallait que nous *finissions* cette leçon le lendemain.

RÉCAPITULATION DES CHANGEMENTS DE TEMPS DES VERBES QUAND ON PASSE AU DISCOURS INDIRECT PASSÉ

LE TEMPS DU VERBE		DEVIENT AU DISCOURS INDIRECT PASSÉ:
le présent	→	**imparfait**
le passé composé	→	**plus-que-parfait**
le futur	→	**conditionnel**
(le futur antérieur)	→	**conditionnel passé (parfait)**
l'imparfait	}	**ne changent pas**
le conditionnel	}	**ne changent pas**
(le conditionnel passé [parfait])	}	**ne changent pas**
le subjonctif	}	**ne changent pas**

B Changement des termes qui expriment le temps: *aujourd'hui, hier, demain, il y a, cette semaine (ce mois, cette année)*

La maison natale de Napoléon à Ajaccio, en Corse.

Caroline: «*Hier*, j'ai étudié. *Aujourd'hui* j'ai un examen. *Demain* je me reposerai.»
Caroline a déclaré que *la veille,* elle avait étudié, que *ce jour-là* elle avait un examen mais que *le lendemain* elle se reposerait.

Marc: «Je suis venu habiter cette ville *il y a deux ans.*»
Marc a expliqué qu'il était venu habiter cette ville *deux ans plus tôt.*

Vous: «Quand je suis sorti *ce matin,* il neigeait. Il a neigé toute *cette semaine...*»
Vous avez dit que quand vous étiez sorti *ce matin-là,* il neigeait.
Vous avez ajouté qu'il avait neigé toute *cette semaine-là.*

Récapitulation des changements des termes de temps

Le terme		Devient au discours indirect passé:
aujourd'hui	⟶	**ce jour-là**
demain	⟶	**le lendemain**
hier	⟶	**la veille**
il y a *(ago)*	⟶	**plus tôt (quelques jours, quelques années, quelques heures plus tôt)**
ce matin	⟶	**ce matin-là**
ce soir	⟶	**ce soir-là**
cette année	⟶	**cette année-là**
cet hiver, cet été, etc.	⟶	**cet hiver-là, cet été-là, etc.**

C Comment les questions directes sont transformées en questions indirectes

«*Qu'est-ce qui* est arrivé pendant mon absence?»
Je vous ai demandé *ce qui* était arrivé pendant mon absence.
«*Qu'est-ce que* vous dites?»
Je vous ai demandé *ce que* vous disiez.

Qu'est-ce qui devient *ce qui* et *qu'est-ce que* devient *ce que.*

D Ajoutez les verbes de communication et d'expression nécessaires.

Caroline à sa mère: «Qu'est-ce que je dois faire? Acheter cette robe, ou faire des économies?»
Caroline *a demandé* à sa mère ce qu'elle devait faire. *Elle se demandait* si elle devait acheter cette robe ou faire des économies.

Luc, à l'entraîneur *(coach)*: «Vous avez raison. Je n'ai pas très bien joué.»
Luc *a admis* que l'entraîneur avait raison. Et il *a avoué* qu'il n'avait pas très bien joué.

E Ajoutez des éléments personnels.

Dans un dialogue, les éléments personnels sont indiqués, non seulement par des mots, mais aussi par des exclamations: *Tiens! Jamais! Horreur!,* par la ponctuation: *! ?* ou simplement par le ton sur lequel les mots sont probablement prononcés. Il faut exprimer ces nuances dans le discours indirect, en ajoutant des éléments personnels d'émotion, d'emphase, etc. Par exemple:

L'agent: «Tiens, tiens, tiens! Votre permis de conduire a expiré le mois dernier.»

L'agent s'est exclamé, ***avec une surprise probablement feinte*** (fake, simulated), **que mon permis de conduire avait expiré un mois plus tôt.**

Conclusion: Vous obtenez une narration vivante et personnelle quand vous utilisez des descriptions, des conversations et des conversations racontées dans le discours indirect.

Vous rendez votre discours indirect plus pittoresque, plus animé en employant des verbes de communication et d'expression variés et en ajoutant des éléments personnels qui enrichissent votre prose.

Application

Le discours indirect présent: Les verbes de communication et d'expression

A Communication. Quel verbe exprime mieux la communication désirée? Employez le présent.

conseiller	**informer**	**souhaiter**
crier	**murmurer**	**suggérer**
prier	**rappeler**	**télégraphier**

«Il pleut. Ne sors pas sans ton imperméable.» (moi à toi)
Je te dis qu'il pleut et je te conseille de ne pas sortir sans ton imperméable.

A-C For answers to Ex. A-C, please refer to the Teacher's Manual.

1. «Étudie ce soir. Nous avons un examen demain.» (moi à toi)
2. «Écoute. Il y a un bruit dans la maison.» (une dame à son mari)
3. «Arrive ce soir à l'aéroport. Stop.» (vous à vos parents)
4. «Conduisez plus lentement si vous ne voulez pas aller en prison.» (l'agent de police à l'automobiliste)
5. «Faites une heure d'exercice tous les jours avant le match.» (l'entraîneur à un athlète)
6. «Ayez une longue vie et soyez heureux ensemble.» (un ami à des jeunes mariés)
7. «N'oublie pas d'emporter ta clé.» (La mère de Luc à son fils)
8. «Françoise! Françoise! Traverse la rue et viens me parler!» (vous à Françoise qui est loin)

B **Expression.** Quel verbe exprime mieux *le ton* de ces phrases?

avouer	**protester**	**admettre**
affirmer	**se demander**	**soupirer**
conclure	**s'exclamer**	**annoncer**

«Quelle joie d'être entouré d'amis!» (il)
Il s'exclame que c'est une joie d'être entouré d'amis.

1. «Eh bien, oui. J'ai mangé le reste du gâteau.» (moi)
2. «Ah non! Je n'ai pas laissé la porte ouverte.» (toi)
3. «Je suis absolument certain de savoir la vérité.» (un monsieur très dogmatique)
4. «Je suis toujours malheureuse et malade... » (une dame hypocondriaque)
5. «Je ne suis peut-être pas le centre du monde... » (moi)
6. «Tiens! Quelle surprise de vous rencontrer ici!» (des copains à nous)
7. «Il y a des nouvelles sensationnelles ce soir.» (la radio)
8. «Je termine ma conférence par ces quelques remarques... » (le conférencier)

Le discours indirect passé

C **Le discours indirect passé.** Mettez au discours indirect passé. Employez des verbes comme *dire, demander, s'exclamer, ajouter, affirmer, conclure, etc.*

«Je suis fatigué.» (ce monsieur à nous)
Ce monsieur nous a dit qu'il était fatigué.

1. «Je t'aime et je t'adore.» (le héros du film à l'héroïne)
2. «Où avez-vous passé vos vacances?» (une dame à mes parents)
3. «Je ne savais pas où tu étais!» (votre mère à vous)
4. «Ferons-nous ce voyage pendant le week-end?» (vous à vos parents)
5. «J'ai bien peur que mon fils ne soit malade.» (une dame au docteur)
6. «J'achèterais cette voiture si j'avais assez d'argent.» (Marc à son copain)
7. «J'ai pris des billets et je t'invite à aller au cinéma.» (Lise à Caroline)
8. «Je suis en retard, mais je ne crois pas que ce soit ma faute.» (un élève au professeur)
9. «Il faudra que vous décoriez le gym.» (le professeur de gymnastique à ses élèves)

Le port, dans l'île d'Elbe, où Napoléon s'est embarqué pour son retour en France (les Cent-Jours).

Les funérailles de Napoléon. Quand on a ramené en France le corps de Napoléon (sous le règne de Louis-Philippe) les Français, qui avaient seulement gardé le souvenir des gloires, ont manifesté un immense enthousiasme.

D **Hier ou la veille, demain ou le lendemain?** Mettez au discours indirect passé en employant les expressions de temps appropriées *(aujourd'hui, demain, hier, cette année, etc.).*

Je vous raconte: «Hier, j'ai rencontré Françoise.»
Vous m'avez raconté que vous aviez rencontré Françoise la veille.

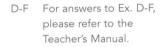

D-F For answers to Ex. D-F, please refer to the Teacher's Manual.

1. Je te demande: «Es-tu libre demain?»
2. Vos parents vous demandent: «Pourquoi n'as-tu pas téléphoné hier?»
3. Un copain me dit: «Aujourd'hui, j'ai dix-huit ans et demain je pars pour la France!»
4. Gargantua s'écrie: «Mon fils est né hier et ma femme est morte ce matin!»
5. Luc explique: «J'étais absent hier et je serai absent demain.»
6. Le directeur nous informe: «Demain, votre classe sera dans une autre salle.»
7. Ma mère dit: «Si tu passes une heure au téléphone ce soir, tu paieras la note quand elle arrivera!»
8. La télé annonce: «Il est possible qu'il pleuve demain, mais on doute qu'il y ait des inondations cette année.»

E **Les verbes et les éléments personnels.** Mettez les phrases suivantes au discours indirect passé. Ajoutez les verbes comme *dire, demander, s'exclamer, ajouter, affirmer, conclure,* etc. et ajoutez aussi des expressions comme *gentiment, avec insistance, avec indignation, avec surprise, avec certitude,* etc.

1. Une dame: «Monsieur l'agent, je crois que vous avez besoin de lunettes! Avez-vous vu un psychiatre, récemment? Je suis sûre que je n'allais pas à plus de trente à l'heure.»

2. Vous, à vos parents: «J'ai vu une voiture formidable et pas chère. Si vous me donnez de l'argent pour l'acheter, je vous promets que j'aurai de très bonnes notes.»
3. Un monsieur, à son adversaire, dans une discussion politique: «Vous avez tort! Vous n'avez pas compris la situation. J'ai bien peur que vous ne soyez stupide et que vous ne sachiez pas pour qui voter!»

F Qu'est-ce que les personnages de vos lectures ont dit?

Exprimez, au discours indirect passé, et avec tous les éléments que vous avez appris (verbes de communication et d'expression, changement de temps, changement des termes comme *aujourd'hui, hier, demain,* etc.) ce qu'ont dit les personnages suivants.

Les soirées d'hiver à Combourg

1. Le père, brusquement, à ses enfants: «De quoi parliez-vous? Qu'est-ce que vous faites?»
2. Lucile à son frère: «Tais-toi. Nous parlerons quand il sera parti.»
3. Une vieille servante: «J'ai vu le comte à la jambe de bois dans l'escalier hier!»
4. La mère à son fils, avec terreur: «Ta sœur et moi n'irons pas dans nos chambres si tu ne viens pas avec nous!»
5. Le jeune garçon à sa mère: «Il n'y a rien. Et je regarderai sous vos lits demain si vous avez peur.»

«Le Lac»

6. Le poète: «Je reviens seul sur cette rive où je suis venu avec elle.»
7. Le poète: «Le temps passe trop vite quand on sait que son amie va mourir.»
8. La jeune femme: «Temps, suspends ton vol.»
9. La jeune femme: «Heures propices, laissez-nous savourer notre amour aujourd'hui.»

La grammaire en direct

RACONTEZ. Racontez en la résumant, une pièce de théâtre (ou un film) que vous avez vue ou, si vous préférez, un livre que vous avez lu. Qu'ont dit les personnages? Racontez les conversations au discours indirect passé.

(Par exemple: J'ai lu une scène d'une comédie de Molière intitulée *L'École des femmes.* Au commencement, Arnolphe a demandé à Agnès ce qu'elle avait fait en son absence. Elle lui a répondu naïvement qu'un jeune homme était venu la voir, etc.)

OPERA
DE PARIS
SAINT FRANÇOIS
D'ASSISE

L'Art sous le règne de Napoléon

BONAPARTE

«Napoléon au Grand Saint-Bernard» de David. Dans un geste magnifique, le jeune général montre à ses troupes la route de l'Italie et de la victoire.

Ce règne est court (1804-1814), si court que Napoléon n'aura pas le temps de terminer ses grandioses projets, comme l'Arc de Triomphe. Pourtant, il reste de ces années le plus modeste *Arc de Triomphe du Carrousel,* surmonté d'une statue qui montre Napoléon en empereur romain. On admire aussi la *Colonne de la Grande Armée,* place Vendôme, décorée d'une spirale faite du bronze de 1.200 canons pris à l'ennemi, qui raconte les victoires de l'empereur.

La peinture Vous avez vu, page 290, *Le Sacre de Napoléon Ier, empereur des Français,* par David. Ce couronnement a eu lieu à Notre-Dame, décorée (par David, naturellement!) en temple romain pour l'occasion.

Après la Révolution, David continue sa brillante carrière, comme un des peintres favoris de l'empereur. *Napoléon au Grand Saint-Bernard* est une représentation héroïque, très idéalisée, du moment où, jeune général, Napoléon traverse les Alpes pour mener son armée vers la victorieuse campagne d'Italie.

Un autre peintre de cette période, c'est Antoine Gros, qu'on appelle le baron Gros. Beaucoup de ses tableaux représentent des batailles de Napoléon, toujours très idéalisées. Ce sont souvent des scènes de la campagne d'Égypte. Cette campagne était plus un triomphe de relations publiques qu'un succès militaire. Pourtant, dans *La Bataille des Pyramides,* on voit un Napoléon victorieux de l'armée d'Égypte, au moment où il prononce son mot célèbre: «Soldats, du haut de ces pyramides, quarante siècles vous contemplent!» Par la composition dramatique de ses scènes, le baron Gros annonce déjà le romantisme.

«La Bataille des Pyramides» du baron Gros. Au centre, Napoléon désigne les Pyramides à ses troupes. Au premier plan, les Égyptiens vaincus demandent pitié. La valeur de progagande d'un tel tableau était considérable.

«L'Arrivée d'une diligence» de Boilly. C'est une petite scène de la vie quotidienne qui représente bien l'atmosphère de cette période.

Malgré les guerres constantes, la vie des gens continue. Le peintre Boilly excelle dans la peinture des moments de la vie quotidienne. *L'Arrivée d'une diligence* montre une charmante scène familière de l'époque.

Le mobilier empire Le style des meubles a évolué depuis le style Louis XV, et il est devenu ce qu'on appelle aujourd'hui *le style empire*. Ce style garde les lignes droites du Louis XVI, mais il est plus lourd. L'acajou[1] est le bois préféré. Les meubles s'ornent de motifs égyptiens* en bronze doré: palmettes[2], sphinx, par exemple. La chambre de l'Impératrice, à la Malmaison (sa résidence privée près de Paris) est un magnifique exemple du style empire.

La chambre de l'Impératrice à la Malmaison (près de Paris) est un bel exemple du style empire.

[1] **acajou** mahogany
[2] **palmettes** palm leaf-shaped decorations

Discussion

1. ***Napoléon au Grand Saint-Bernard.*** Quelle impression avez-vous de ce tableau? Pensez-vous que c'est une représentation réaliste? Pourquoi?
2. ***La Bataille des Pyramides.*** Décrivez ce tableau. Quelle est l'intention du peintre? Expliquez.
3. ***L'Arrivée d'une diligence.*** Comparez cette scène aux deux tableaux précédents. Est-elle plus ou moins réaliste? Expliquez.
4. **Le mobilier.** Comparez les styles Louis XIV, Louis XV, Louis XVI et empire. Quelles sont les caractéristiques de chacun?

***de motifs égyptiens:** Although the Egyptian campaign wasn't a military success, it profoundly influenced opinion and led to the French "discovery" of Egyptian antiquity. The Louvre Palace was transformed into a museum to house objects brought back from that campaign and others. Vivant Denon, an artist who went along to Egypt, executed numerous drawings and was appointed curator of the new museum. The Rosetta Stone, discovered at that time, led to the deciphering of hieroglyphics by Champollion. Egypt and everything Egyptian became the rage for a few years.

ONZIÈME ÉTAPE

Gustave Caillebotte: «Rue de Paris: temps de pluie».

Un peu d'histoire

Un lampadaire très orné sur un pont de Paris.

Le dix-neuvième siècle: Une succession de gouvernements; La machine à vapeur[1] et la lampe à gaz

L'erreur de Napoléon Ier, c'est qu'il n'avait pas compris que, dans le siècle qui commence, et avec le développement de l'industrie qui va suivre, la prospérité d'un pays vient maintenant de l'exploitation de ses ressources, et non pas de ses conquêtes territoriales. Car le dix-neuvième siècle va connaître une révolution plus importante que toutes les autres: C'est la révolution industrielle qui suit l'invention de la machine à vapeur et de la lampe à gaz.

Les moyens de transport, qui n'avaient pas changé depuis le temps des Romains, vont être révolutionnés par les trains et les bateaux à vapeur. L'industrie utilisera la force de la vapeur—là où, jusqu'à présent, il n'y avait que le muscle de l'homme ou de l'animal et la force du vent ou de l'eau. Les villes vont grandir autour des grands centres industriels.

Comment la France fait-elle face à cette ère nouvelle?

Le roi Louis XVIII à son bureau au palais des Tuileries.

La Restauration: Deux frères de Louis XVI
sont rois tour à tour[2], de 1814 à 1830

Eh bien, il faut avouer que la France, après avoir fait une révolution sanglante, exécuté un roi, accepté un empereur, semble fatiguée des nouveautés politiques. Après la défaite de Napoléon Ier, les puissances victorieuses ont imposé un roi. C'est (comme vous l'avez vu dans la dernière Étape), le frère de Louis XVI, Louis XVIII.

[1] **machine à vapeur** steam engine
[2] **tour à tour** in turn

CHRONOLOGIE

1814–1830
Restauration de la monarchie. Les deux frères de Louis XVI règnent sous le nom de Louis XVIII et Charles X.

1814–1815
Début du règne de Louis XVIII. Interruption de ce règne par le retour de Napoléon: Les Cent-Jours.

1815
Défaite finale de Napoléon à Waterloo

1824
Mort de Louis XVIII
Début du règne de Charles X.

1830
Charles X est exilé par la Révolution de Juillet.
Début du règne de Louis-Philippe, roi des Français.

Did You Know?
Les Cent-Jours (20 mars - 22 juin 1815, quatre jours après Waterloo): Quand Napoléon a débarqué sur la côte de la Méditerranée (près de Golfe-Juan), la presse parisienne hurlait: «Mort au tyran!» À mesure qu'il s'approchait de Paris, les manchettes changeaient: «Il faut arrêter l'ex-Empereur!» puis «L'Empereur s'approche!» et enfin: «Sa Majesté entre à Paris». Ce changement était-il dû à la peur? Ou bien la légende napoléonienne avait-elle déjà pris forme?

Louis XVIII (1755–1824), roi de 1814 à 1824

Suivant les Cent-Jours, qui l'ont brièvement chassé des Tuileries, il revient après Waterloo (1815) et reprend son trône. Au début, un de ses ministres dit de lui: «En vingt ans d'exil, il n'a rien appris et rien oublié.» Mais Louis comprend bientôt que les temps ont changé: Il accepte une constitution et il donne, pour la première fois, un budget national à la France. Il meurt en 1824.

Charles X (1757–1836), roi de 1824 à 1830

Son frère Charles X monte sur le trône à son tour. Très conservateur, il essaie de restaurer la monarchie absolue qu'il a connue à Versailles, quand il était jeune, avant la Révolution. Mais les révoltes se multiplient et le voilà forcé par la Révolution de Juillet (1830) de repartir en exil, où il mourra.

Louis-Philippe Ier, roi des Français (1773–1850), roi de 1830 à 1848

Charles est remplacé par un cousin, un descendant du Régent, le duc d'Orléans. C'est Louis-Philippe Ier, le roi bourgeois. Il n'est pas roi *de France,* mais roi *des Français* pour montrer qu'il ne tient pas son trône de la volonté divine, mais du choix des Français. Sans prétention de grandeur, il se promène dans les rues de Paris avec son parapluie, et envoie ses enfants à l'école publique. Surtout, il essaie de garder la paix à tout prix. Mais le parti républicain demande une république, soutenu par un nouveau parti: le parti socialiste, qui veut améliorer la vie des travailleurs aux dépens des avantages de la bourgeoisie. Après dix-huit ans de règne relativement paisible, Louis-Philippe est forcé d'abdiquer et part en exil*.

Louis-Philippe, roi des Français.

La Deuxième République (1848–1851)

La Deuxième République est donc proclamée. C'est en effet la deuxième, la première n'ayant duré que quelques années pendant la Révolution. Une nouvelle constitution est promulguée, et un président élu pour quatre ans.

*Unrest was frequent under the reign of Louis-Philippe. In spite of his desire to maintain peace, the growing liberal movement caused several riots. The reading «La mort de Gavroche», (page 328), from *Les Misérables* deals with an episode during such a riot in 1832. Students and workers, representing the liberal party, raised barricades in the streets of Paris to fend off government troops.

1848
Louis-Philippe est exilé par une révolution. La Deuxième République est proclamée. (Louis-Napoléon est son président.)

1851
Louis-Napoléon proclame le Second Empire. Il devient empereur sous le nom de Napoléon III.

1864–1867
L'aventure du Mexique
Exécution de Maximilien

1870
Guerre entre la France et la Prussie. Défaite de la France. Napoléon III est exilé.

1871
Proclamation de la Troisième République qui dure jusqu'à 1940.

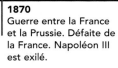

Un autre empereur: Napoléon III (1808–1873), empereur de 1851 à 1870

Mais qui est ce président? C'est le neveu de Napoléon Ier! Il s'appelle le prince Louis-Napoléon Bonaparte. Vous voyez que la légende napoléonienne n'est pas morte! Il gouverne la république pendant trois ans, mais quand il voit la fin de son mandat[3] approcher, il fait—comme son célèbre oncle—un coup d'état, et proclame le Second Empire (1851). Il devient empereur sous le nom de Napoléon III*.

Napoléon III s'intéresse au développement des villes, de Paris en particulier, qui prend sous son règne l'apparence que nous lui connaissons aujourd'hui. Mais sa politique extérieure est déplorable.

L'empereur Napoléon III était le neveu (fils du frère) de Napoléon Ier.

L'impératrice Eugénie était une Espagnole, Eugenia de Montijo, célèbre pour son élégance.

La politique extérieure de Napoléon III: L'aventure du Mexique, la guerre de 1870 et le siège de Paris; Défaite de la France

Un groupe de réfugiés mexicains demande à Napoléon III de nommer un empereur au Mexique, en proie à[4] des troubles depuis son indépendance (1822). Il propose Maximilien, frère de l'empereur d'Autriche, dans l'espoir d'acquérir, pour la France, une situation forte sur le continent américain.

Maximilien débarque à Vera-Cruz, accompagné de troupes françaises. Ces troupes sont battues à Puebla par les forces mexicaines, et c'est ainsi que, par un étrange paradoxe de l'histoire, les Mexicains célèbrent aujourd'hui, comme fête nationale, le *Cinco de Mayo* (5 mai 1864), leur victoire sur des troupes françaises. Mais les Français réussissent, néanmoins[5], à placer Maximilien sur le trône. Il s'efforce de[6] concilier les partis, mais il est vaincu par le sentiment nationaliste, représenté par Juarez. Abandonné par Napoléon, il est fusillé[7] à Queretaro (1867).

[3] **mandat** term of office
[4] **en proie à** which had fallen prey to
[5] **néanmoins** nevertheless
[6] **s'efforce de** makes every effort to
[7] **fusillé** shot

***Napoléon III:** Napoleon I had a son, who became Napoleon II upon his father's death. But he was already in Austria, with his mother, Napoleon's second wife (she was the daughter of Austria's emperor and a niece of Marie-Antoinette), so he never reigned and died at twenty.

Une scène de la guerre de 1870. Les soldats essaient de se protéger derrière un remblai *(embankment)* de chemin de fer.

Beaucoup plus désastreuse pour la France est la guerre de 1870 contre la Prusse. Après plusieurs défaites, Paris est assiégé. Les Parisiens meurent de faim et mangent chiens et chats, rats, les animaux du zoo et même les petits oiseaux dans les arbres. Les Prussiens, établis sur les collines autour de Paris, bombardent la capitale et terrifient les habitants. La guerre se termine par la capitulation de la France, une défaite amère pour l'amour-propre[8] français. Pire, la France perd deux importantes provinces: l'Alsace-Lorraine, avec la grande ville de Strasbourg. Napoléon III est forcé d'abdiquer et part en exil, comme ses deux prédécesseurs et comme son oncle.

Did You Know?
La Commune: C'était en fait, une insurrection socialiste. Enfermés dans Paris, les Communards ont attaqué le gouvernement. Battus, ils ont été exécutés au Père-Lachaise, dans une répression impitoyable.

Parmi les incendies de la Commune, on dit que le feu avait été mis à Notre-Dame, mais que le Communard, sur le point d'être fusillé, se confessa à un prêtre, de sorte que la cathédrale put être sauvée.

La Commune (1871)

La défaite se complique encore d'une terrible insurrection, qu'on appelle la Commune. C'est une révolte de la ville de Paris, où des leaders veulent un gouvernement socialiste, contrairement au gouvernement provisoire qui voudrait rétablir la monarchie. C'est une émeute sanglante, qui dure trois mois (mars–mai 1871) pendant laquelle les Communards incendient nombre de monuments de Paris. Beaucoup sont reconstruits aujourd'hui excepté le palais des Tuileries. Si vous allez à Paris, vous verrez, près de la place de la Concorde, le jardin des Tuileries, où se dressait une aile du palais brûlé par la Commune.

La Troisième République est proclamée. Elle durera jusqu'en 1940.

Enfin, la Commune vaincue, la Troisième République est proclamée, sans grand enthousiasme, et avec l'idée qu'elle ne durera pas plus que celles qui l'ont précédée. Erreur! Elle va durer jusqu'à 1940 (1871–1940).

Mais les Français, hélas, n'oublient pas la guerre de 1870 et il se développe un esprit de revanche[9], un patriotisme mal placé[10] qui ne cessera de demander qu'une autre guerre vienne réparer les injustices de celle-ci. Et l'affreuse guerre de 1914–1918 sera, dans une certaine mesure, causée par cet esprit qui cherche la guerre et non la paix.

[8] **amour-propre** pride
[9] **il se développe un esprit de revanche** a feeling of revenge develops
[10] **mal placé** misplaced

La machine à vapeur: le train

Les wagons des premiers trains ressemblaient aux voitures à cheval.

Jusqu'à présent, seul le cheval servait de moyen de transport. Mais le développement de la machine à vapeur, qui actionne[11] le train, va révolutionner les transports à partir de 1840.

On le regarde au début avec inquiétude[12]: «Un animal de fer, de cuivre et d'acier qui boit de l'eau bouillante[13] et mange du feu», écrit le poète Théophile Gautier, qui pense toujours au cheval. Mais Victor Hugo, d'abord sceptique, change vite d'avis: «C'est un mouvement magnifique!... La rapidité est inouïe[14]. Les fleurs au bord du chemin ne sont plus des fleurs, ce sont de longues raies[15] rouges ou blanches.» Ces premiers trains n'allaient pas très vite. Pourtant, au début, il y avait des gens qui craignaient que cette vitesse ne soit pas tolérée par le corps humain! Mais il faut dire que personne n'avaient rien connu de plus rapide que le cheval.

La géographie verticale. Avant les ascenseurs, il n'y avait pas de quartiers chic. C'était le niveau de l'appartement qui déterminait sa désirabilité. Le premier étage *(2nd floor)* était le plus élégant. Les pauvres artistes et étudiants vivaient sous les toits.

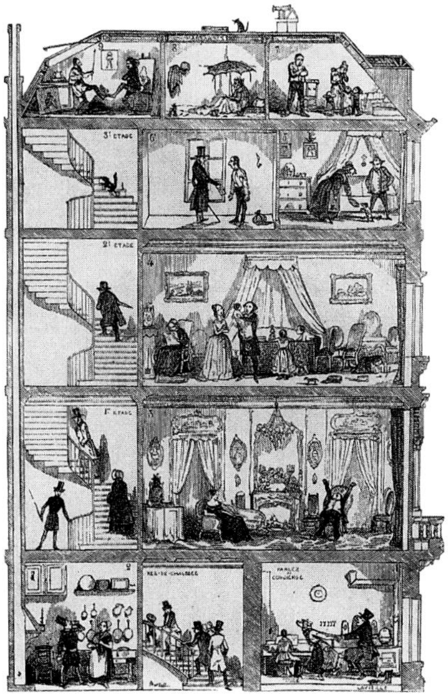

L'industrie et les problèmes sociaux

Grâce à[16] la machine à vapeur, on peut actionner des machines puissantes. Alors des usines sont créées dans les grandes villes ou à proximité des sources de matière première[17].

Elles emploient hommes, femmes, enfants qui travaillent 10, 12, 14 heures par jour dans des conditions horribles. Leur salaire leur permet juste de vivre dans la plus grande misère. On voit des enfants de six ans travailler dans des mines, à moitié morts de faim, de fatigue et de maladie, pour quelques sous[18] par jour. Il n'est pas question d'école pour ces enfants ouvriers.

C'est parce que l'industrie est nouvelle et que les rapports entre patrons[19] et ouvriers ne sont pas encore établis. Les patrons exploitent les ouvriers qui n'ont aucune protection. On comprend les mouvements de révolte commencés sous Louis-Philippe.

Il est clair que des lois sociales et des syndicats[20] ouvriers, qui vont déterminer les droits des ouvriers, sont nécessaires. Ils vont se développer pendant cette deuxième partie du siècle.

L'architecture

Pendant tout ce siècle, on construit beaucoup en France. Quand vous visitez Paris, vous êtes frappé du fait que tant de ses monuments datent du dix-neuvième siècle: L'Arc de Triomphe, commandé par Napoléon Ier mais terminé sous Louis-Philippe, commémore les victoires et les généraux de l'Empire. La Bourse, l'Assemblée Nationale, l'Opéra (par l'architecte Garnier) datent de cette époque. La majestueuse église de la Madeleine s'élève à l'emplacement du cimetière où l'on enterrait les victimes de la guillotine. On construit les égouts[21] (n'oubliez pas la poursuite dans les égoûts, dans *Les Misérables* de Victor Hugo) qu'on peut visiter aujourd'hui en bateau.

[11] **actionne** runs, drives
[12] **inquiétude** uneasiness, anxiety
[13] **bouillante** boiling
[14] **inouïe** extraordinary, incredible
[15] **raies** streaks, stripes
[16] **Grâce à** Thanks to
[17] **matière première** raw materials
[18] **sous** pennies
[19] **patrons** bosses
[20] **syndicats** labor unions
[21] **égouts** sewers

Mais surtout, sous Napoléon III, l'architecte Haussmann transforme la ville en coupant de grandes rues, des «artères» à travers les petites ruelles du vieux Paris. Il y aura ainsi de splendides perspectives, comme celle de la Concorde aux Champs-Élysées. La circulation sera plus facile, et la ville «respire». Les beaux bâtiments qui bordent ces artères, appartements, magasins, sont aussi construits à cette époque.

Les premiers grands magasins s'ouvrent, avec un succès indescriptible. Avant, si vous vouliez des vêtements, il fallait acheter le tissu, trouver un tailleur ou une couturière. Les cordonniers[22] faisaient les chaussures sur mesure. Maintenant, on peut acheter une garde-robe complète en une après-midi et, merveille des merveilles! si on n'est pas satisfait, on peut tout rapporter ou échanger! Le Bon Marché est le premier de ces magasins, suivi par d'autres comme: Les Galeries Lafayette et la Samaritaine, qui existent encore, immenses et offrant un choix qui va du plus simple, aux vêtements de couture.

L'Arc de Triomphe de l'Étoile et la place Charles-de-Gaulle est un parfait exemple des belles perspectives de Paris.

Grand progrès dans les sciences

Les progrès dans les sciences sont trop nombreux pour les énumérer. C'est la période où des savants[23] comme Louis Pasteur (1822–1895) font des découvertes qui vont révolutionner la science et la médecine.

Pasteur, entre autres choses, découvre l'existence des microbes. Avant lui, on pensait que la génération spontanée était possible. Le Hollandais Van Helmont écrivait, au dix-septième siècle: «Si on comprime une chemise sale dans l'ouverture d'un vase contenant du blé, le blé, sous l'influence de l'odeur de la chemise sale, donne naissance à des souris[24], en vingt et un jours environ. Les souris sont adultes, il y a des mâles et des femelles... »

Pasteur affirme que, au contraire, les souris ne naissent que d'autres souris, et que seuls les microbes donnent naissance à d'autres microbes. Son procédé de pasteurisation permet de conserver le lait: Il suffit de chauffer le lait pour tuer les microbes, et de fermer les ouvertures pour que d'autres microbes n'entrent pas.

Parmi les plus importantes découvertes, citons celle du radium par Pierre et Marie Curie (1898).

For more information on Pasteur, please refer to Science Connection in the Teacher's Manual. (Also see Glencoe French 1, *Bienvenue,* pages 426-427.)

La fin du dix-neuvième siècle

Quand le siècle finit, la Troisième République est en place depuis trente ans. La vie est paisible et la prospérité règne. Ce sont les années qu'on appelle en France «la Belle Époque» et que les Américains appellent *The Gay Nineties*. Pour l'Exposition de 1889, on construit la tour Eiffel, cette tour métallique qui domine encore aujourd'hui le ciel de Paris. La vie en France est agréable, et le sens de sécurité du pays ne sera brisé que par le choc brutal de la déclaration de guerre à l'Allemagne en 1914.

[22] **cordonniers** shoemakers
[23] **savants** scientists
[24] **souris** mice

C'est beau, les mots!

A **Le mot approprie.** Complétez les phrases suivantes par le mot approprié.

1. Aujourd'hui, le train, l'avion et la voiture sont nos ___ .
2. Si un criminel admet qu'il est coupable, il ___ son crime.
3. Un ___ est une action qui remplace illégalement un gouvernement par un autre.
4. Exécuter un condamné avec des balles tirées par des fusils, c'est le ___ .
5. Un autre mot pour la vengeance, c'est la ___ .
6. Le ___ est un métal dont le symbole chimique est Fe.
7. Les lames de couteaux sont faites en ___ inoxydable.
8. Le drapeau américain a des étoiles, et des ___ rouges et blanches.
9. On fabrique les machines comme les automobiles dans des ___ .
10. La ___ c'est le produit nécessaire pour fabriquer quelque chose. Par exemple, la laine est la ___ du drap.
11. Les eaux usées d'une ville sont canalisées dans les ___ .
12. On fait réparer ses chaussures chez un ___ .

A 1. moyens de transport
2. avoue
3. coup d'état
4. fusiller
5. revanche
6. fer
7. acier
8. raies
9. usines
10. matière première, matière première
11. égouts
12. cordonnier

B **Comment étaient...?** Choisissez deux ou trois adjectifs pour le dire.

large / sale / fatigué / fusillé / conciliant / sceptique / simple / stupéfait / effrayé / élégant / abandonné / surpris / à demi mort / vaincu / paisible

1. Les gens en voyant les trains de 1840 étaient ___ .
2. Les enfants qui travaillaient dans les mines étaient ___ .
3. L'empereur Maximilien du Mexique était ___ .
4. Le roi Louis-Philippe était ___ .
5. Les artères du Paris de Napoléon III étaient ___ .

B 1. *Answers will vary but may include the following:* stupéfaits, effrayés, surpris, sceptiques
2. sales, fatigués, à demi morts
3. abandonné, fusillé, vaincu
4. conciliant, simple, paisible
5. larges, élégantes

Votre réponse, s'il vous plaît

C **Vrai ou faux?** Si c'est faux, quelle est la phrase correcte?

1. Le gouvernement de la France au dix-neuvième siècle était très stable.
2. Louis XVI était fils unique.
3. Louis-Philippe voulait restaurer l'étiquette de Versailles.
4. Le *Cinco de Mayo* (fête nationale du Mexique) célèbre une victoire mexicaine sur des troupes françaises.
5. Les premiers trains datent de 1840.
6. Paris a été transformé sous le règne de Napoléon III.
7. Les premiers grands magasins n'avaient pas de succès.

C 1. Faux. Le gouvernement de la France au dix-neuvième siècle était très instable.
2. Faux. Louis XVI avait deux frères.
3. Faux. Louis-Philippe était le roi bourgeois qui se promenait dans les rues et qui envoyait ses enfants à l'école publique. (Charles X voulait restaurer l'étiquette de Versailles.)
4. Vrai.
5. Vrai.
6. Vrai.
7. Faux. Ils avaient un succès énorme.

D For answers to Ex. D, please refer to the Teacher's Manual.

La Tour Eiffel, construite en 1889, domine toujours le ciel de Paris. C'est peut-être le monument le mieux connu du monde.

Art Connection

Deux constructions en métal ont étonné les Parisiens lors de l'exposition de 1889: La Grande Roue *(ferris wheel)* et la Tour Eiffel. La Grande Roue a disparu, mais on a décidé de garder la Tour Eiffel. Elle a plus de cent ans, mais les Parisiens ne sont pas encore d'accord: Est-elle laide ou belle? De toute façon, elle fait partie du ciel de Paris.

Gustave Eiffel, son constructeur, a aussi fait, entre autres, la structure de la Statue de la Liberté à New York et le pont de Brooklyn.

D Parlons du texte. Répondez aux questions.

1. Napoléon pensait que la conquête territoriale était nécessaire à la prospérité de la France. Avait-il tort ou raison? Pourquoi?
2. Y avait-il beaucoup de gouvernements au dix-neuvième siècle? Expliquez.
3. Quels sont les rois en France après Napoléon? Pourquoi la France accepte-t-elle le retour des rois?
4. Qui est Napoléon III? Comment est-il devenu empereur?
5. Qu'est-ce qu'on appelle *l'aventure du Mexique?* Comment a-t-elle fini?
6. Comment a fini le règne de Napoléon III?
7. Qu'est-ce qu'on appelle *la Commune?*
8. Quelles étaient les conséquences de la guerre de 1870?
9. Quelles étaient les réactions du public devant les premiers trains? Quel grand écrivain était d'abord sceptique? A-t-il changé d'avis?
10. Quelles sont les autres conséquences du développement de la machine à vapeur?
11. Pourquoi des lois sociales se développent-elles au dix-neuvième siècle?
12. Qui est Haussmann? Qu'est-ce qu'il a fait? Nommez quelques monuments de Paris construits ou transformés pendant cette période.
13. Qui est Louis Pasteur? Qu'est-ce qu'il a découvert?
14. Qu'est-ce que Pierre et Marie Curie ont découvert?
15. Quelle est la situation en France à la fin du dix-neuvième siècle?

E Analyse et opinion. Répondez aux questions.

1. **La situation politique.** Pourquoi, à votre avis, la situation politique en France était-elle instable au dix-neuvième siècle?
2. **Aujourd'hui.** Essayez d'imaginer quelle serait la situation aujourd'hui s'il n'y avait pas de lois sociales? Donnez des exemples concrets.
3. **Votre réaction.** Supposons que vous ne connaissez que le cheval comme moyen de transport. Quelle serait votre réaction devant le premier train: surprise? plaisir? anticipation? ou au contraire: inquiétude? peur? terreur? Pourquoi?

Exprimez-vous

Essayez de protéger les faibles. Vous avez vu un reportage sur des ateliers où des hommes, des femmes et même des enfants travaillent dans des conditions inhumaines. (Ou c'est peut-être un reportage sur des enfants maltraités ou abandonnés.)

Qu'est-ce qu'on peut faire pour changer ces conditions et protéger ceux qui ont besoin de protection? Qu'est-ce que vous pouvez faire, personnellement? Expliquez vos réactions et vos actions.

Vie et littérature

Le dix-neuvième siècle

C'est un siècle de grands mouvements littéraires.

D'abord, c'est le *romantisme,* qui exalte l'homme et ses rapports avec la nature. Victor Hugo (voir page 328), qui domine le siècle par son talent démesuré[1] et sa longue vie, est le chef de l'école romantique avec sa poésie, son théâtre *(Cromwell, Hernani, Ruy Blas)* et ses romans. Dans ses romans, comme *Notre-Dame de Paris* et *Les Misérables,* il décrit la société de son siècle, mais c'est toujours les pauvres et les humbles qu'il admire. Alfred de Vigny (1797–1863) condamne, au contraire des autres romantiques, l'indifférence de la nature et les souffrances du génie. Alfred de Musset (1810–1857) montre le visage, parfois amer, de l'amour.

Puis, en réaction, et parallèlement à la Révolution industrielle, le *naturalisme* se développe, qui propose une description réaliste et non pas idéalisée. Honoré de Balzac (1799–1850) compose une grande fresque[2] de la société de son temps, une société hantée par le pouvoir de l'argent (*La Peau de chagrin, Eugénie Grandet, Le Père Goriot,* 90 romans en tout). Émile Zola (1840–1902) fait aussi une vaste fresque qui montre, de façon poignante et réaliste, la dure vie des paysans et des ouvriers exploités.

Enfin, dans la seconde partie du siècle, un nouveau mouvement se dessine dans la poésie. C'est le *symbolisme.* Charles Baudelaire (1821–1867) cherche les correspondances entre les mots, la musique, les sons et les parfums *(Les Fleurs du mal).* Chez Paul Verlaine (1844–1896) la poésie se rapproche de la musique; dans son «Art poétique» il demande «De la musique avant toute chose» *(Jadis et Naguère, Poèmes saturniens, La Bonne Chanson).* Arthur Rimbaud (1854–1891), l'enfant terrible de la poésie, écrit une poésie pure, sans autre but que de faire partager au lecteur une expérience qui dépasse la réalité accessible aux sens *(«Le Bateau ivre», Une Saison en enfer).*

Baudelaire, Verlaine, Rimbaud sont souvent appelés les *poètes maudits*[3]: Tous les trois meurent assez jeunes et ont des vies tourmentées, comme si leur génie poétique était une malédiction.

[1] **démesuré** enormous
[2] **fresque** epic (literally: "fresco")
[3] **maudits** accursed, damned

«La Gare Saint-Lazare», à Paris, de Claude Monet. Les effets de vapeur et le spectacle encore nouveau des locomotives offrent un sujet au maître de l'Impressionnisme.

Pre-reading
Est-il possible d'être à la fois héroïque, et en même temps irrespectueux de l'autorité? Pouvez-vous trouver des exemples (dans votre expérience personnelle, à la télé, au cinéma ou dans la littérature) où l'héroïsme est en fait un acte joyeux et irréverencieux? À votre avis, est-ce qu'une telle attitude augmente ou diminue l'héroïsme de l'action? Pourquoi?

Les Misérables

Victor Hugo (1802–1885)

Les Misérables C'est un énorme roman (6 volumes) qui peint des personnages du milieu[1] du dix-neuvième siècle et leur vie. Très divers, ils ont cependant une chose en commun: Les hommes politiques, tous les riches, les représentants de l'ordre établi sont, en général, méprisables[2]. Seuls les humbles et les pauvres méritent notre admiration.

La mort de Gavroche La scène que vous allez lire se passe pendant une émeute de 1832, sous le règne de Louis-Philippe. Indignés de l'exploitation des pauvres par les classes riches, des ouvriers, et surtout des étudiants, font une émeute. Ils construisent des barricades*. Le roi appelle la garde nationale, recrutée dans les faubourgs[3].

Juste avant le commencement de la scène, la garde nationale a attaqué la barricade, mais, avec beaucoup de morts, a reculé[4]. Les insurgents sont victorieux pour le moment, mais ils n'ont plus de munitions. Ils ont besoin de cartouches[5].

Gavroche** est un gamin[6] de Paris, douze ans peut-être. Sans parents, sans famille, il vit dans les rues, dans la misère la plus totale. Les insurgés lui ont donné à manger, l'ont adopté et il reste avec eux, un symbole de la cause pour laquelle ils se battent.

La mort de Gavroche

Alors, Gavroche prit un panier, et descendit de la barricade. Il commença à vider dans son panier les gibernes[7] pleines de cartouches des gardes nationaux tués près de la barricade.

—Qu'est-ce que tu fais là? cria un des insurgés.

Gavroche leva le nez[8].

—Citoyen, je remplis mon panier.

—Tu ne vois donc pas les balles tout autour de toi?

Gavroche répondit:

—Eh bien, il pleut. Et alors[9]?

Un autre insurgé cria:

—Rentre!

—Tout à l'heure, dit Gavroche.

Et, en courant, il s'enfonça dans la rue[10].

Une vingtaine de morts gisaient[11] ça et là dans toute la longueur de la rue sur le pavé[12]. Une vingtaine de gibernes pour Gavroche, une provision de cartouches pour la barricade.

[1] **milieu** middle
[2] **méprisables** contemptible
[3] **faubourgs** suburbs
[4] **a reculé** has retreated
[5] **cartouches** cartridges, rounds (of ammunition)
[6] **gamin** child, kid
[7] **gibernes** cartridge pouches, knapsacks
[8] **leva le nez** looked up
[9] **Et alors?** So what?
[10] **s'enfonça dans la rue** turned into the street
[11] **gisaient** lay
[12] **pavé** street

***des barricades:** The streets of Paris were paved with *pavés,* stone blocks, about one-half cubic foot each. In times of insurrection, the insurgents ripped up these *pavés* and piled them up across the streets, topping them with furniture, park benches, etc. From behind these barricades they could take aim at the police and impede their movements. (See the *pavés* in Caillebotte's painting, page 318.)

****Gavroche:** has become so well known a name that it is now a common noun. A street-wise Paris urchin, irreverent and endearing, is called *un gavroche*.

La fumée était comme un brouillard. C'est à peine si, d'un bout[13] à l'autre de la rue, pourtant courte, les combattants pouvaient s'apercevoir[14]. Cet obscurcissement[15], probablement calculé par les chefs des gardes nationaux qui devaient diriger l'assaut de la barricade, fut utile à Gavroche.

Sous ce voile de fumée, grâce à sa petitesse, il pouvait s'avancer assez loin sans être vu. Il vida les sept ou huit premières gibernes sans grand danger.

Il rampait[16], prenait son panier aux dents, glissait d'un mort à l'autre, vidait la giberne. De la barricade, dont il était encore assez près, personne n'osa lui crier de revenir, de peur d'attirer l'attention sur lui. Sur un cadavre, qui était un caporal[17], il trouva un petit sac de poudre. Puis, au moment où il débarrassait de ses cartouches un sergent[18] tombé près du trottoir, une balle frappa le cadavre.

—Fichtre[19]! dit Gavroche. On me tue mes morts, maintenant!

Une deuxième balle fit des étincelles[20] sur le pavé à côté du lui. Une troisième renversa son panier.

Gavroche regarda et vit que cela venait des gardes nationaux. Il se dressa tout droit, debout, les cheveux au vent, les mains sur les hanches[21], l'œil fixé sur les gardes nationaux qui le visaient[22] et tiraient, et il chanta:

On est laid à Nanterre,
C'est la faute à Voltaire,
Et bête à Palaiseau,
C'est la faute à Rousseau.*

Puis, il ramassa son panier, y remit, sans en perdre une seule, les cartouches qui en étaient tombées et avança vers un autre mort. Une balle le manqua[23] de justesse. Gavroche chanta:

Je ne suis pas notaire,
C'est la faute à Voltaire,
Je suis petit oiseau,
*C'est la faute à Rousseau**.*

Une cinquième balle ne réussit qu'à tirer de lui un troisième couplet:

Joie est mon caractère,
C'est la faute à Voltaire,
Misère est mon trousseau,
*C'est la faute à Rousseau***.*

[13] **bout** end
[14] **s'apercevoir** see each other
[15] **obscurcissement** darkening
[16] **rampait** crawled
[17] **caporal** lance corporal
[18] **débarrassait... sergent** removed the cartridges from a sergeant
[19] **Fichtre!** Darn!
[20] **étincelles** sparks
[21] **hanches** hips
[22] **visaient** were aiming
[23] **manqua** missed

«La Liberté guidant le peuple» (aussi appelé «La Liberté aux barricades») de Delacroix. Cette scène illustre bien *La mort de Gavroche* et on peut presque reconnaître l'enfant à côté de la Liberté.

*a nonsensical and sarcastic refrain popular at the time, meant to mock the national guards whose nickname was "the suburbs." Both Nanterre and Palaiseau are suburbs of Paris. Note the reference to Voltaire and Rousseau, both liberal thinkers. Approximate translation: "If they're ugly in Nanterre, / Blame it on Voltaire, / And dumb in Palaiseau, / Blame it on Rousseau."

**Approximate translation: "If a man of law I'm not, / Blame it on Voltaire, / I'm just a little bird, / Blame it on Rousseau."

***"Happy is my disposition, / Blame it on Voltaire, / Poverty my lot, / Blame it on Rousseau."

24 **taquinait** teased
25 **fusillade** rifle fire
26 **moineau** sparrow
27 **se redressait** stood up again
28 **embrasure d'une porte** doorway
29 **ripostait... nez** thumbed his nose back at the rifles
30 **fée** fairy
31 **jeu de cache-cache** game of hide-and-seek
32 **ajustée** aimed
33 **chanceler** stagger
34 **filet** trickle
35 **rayant** streaking
36 **ruisseau** gutter
37 **n'acheva point** didn't finish
38 **tireur** shooter
39 **ne remua plus** no longer moved

Le spectacle était affreux et charmant. Gavroche, fusillé, taquinait[24] la fusillade[25] et il avait l'air de s'amuser beaucoup. C'était le moineau[26] se moquant des chasseurs. Il répondait à chaque balle par un couplet. On le visait et on le manquait toujours. Les gardes nationaux riaient en le visant. Il se couchait, puis se redressait[27], disparaissait dans l'embrasure d'une porte[28], revenait, ripostait aux fusils par des pieds de nez[29] et continuait à piller les gibernes et à voler les cartouches. Toute la barricade tremblait. C'était un étrange gamin-fée[30], qui jouait un terrible jeu de cache-cache[31] avec la mort.

Une balle, pourtant, mieux ajustée[32], frappa l'enfant. On vit Gavroche chanceler[33], puis tomber. Toute la barricade poussa un cri. Mais Gavroche n'était tombé que pour se redresser. Il resta assis, un long filet[34] de sang rayant[35] son visage. Il regarda du côté où la balle était venue et se mit à chanter:

Je suis tombé par terre,
C'est la faute à Voltaire,
Le nez dans le ruisseau[36],
C'est la faute à...

Il n'acheva[37] point. Une seconde balle du même tireur[38] l'arrêta complètement. Cette fois, il tomba la face contre le pavé, et ne remua plus[39]. Cette petite grande âme venait de s'envoler.

Adapté de Livre I, chapitre XV

C'est beau, les mots!

A **Le mot approprié.** Complétez les phrases suivantes par le mot approprié.

1. Les soldats portaient leurs munitions dans un sac à dos, ou une ____ .
2. Le feu produit des flammes, des ____ et de la fumée.
3. Votre pouce *(thumb)* contre le nez, les doigts écartés *(spread out)*? C'est un ____ , un geste très irrespectueux.
4. Dans certaines danses (la hula, par exemple), on remue beaucoup les ____ .
5. Une ____ est un personnage magique dans les contes.
6. Si vous vous moquez de votre petite sœur, si vous la faites pleurer, vous la ____ .
7. Si quelqu'un ne marche pas droit, s'il semble sur le point de tomber, il ____ .
8. Les ____ sont des petits oiseaux gris et marron qui habitent sur les toits et dans les arbres des villes.

Votre réponse, s'il vous plaît

B Vrai ou faux? Si c'est faux, quelle est la phrase correcte?

1. Cet épisode se passe pendant la Révolution de 1789.
2. Les insurgés sont surtout des étudiants.
3. Gavroche est un enfant de la rue.
4. Cette révolte, contre Louis-Philippe, ne réussit pas.
5. Gavroche survit à cet épisode.

B 1. Faux. Il se passe pendant l'émeute de 1832.
2. Vrai.
3. Vrai.
4. Vrai.
5. Faux. Gavroche ne survit pas à cet épisode; il meurt.

C Parlons du texte. Répondez aux questions.

1. Où se passe cette scène? Quelles sont les circonstances?
2. Pourquoi Gavroche va-t-il chercher des cartouches?
3. Comment les trouve-t-il?
4. Qu'est-ce qui le protège, pendant un moment?
5. Comment montre-t-il son impertinence envers les gardes nationaux?
6. Que faisait Gavroche pendant que les gardes nationaux le fusillaient?
7. Gavroche est frappé une première fois. Est-il tué? Expliquez.
8. Comment Gavroche meurt-il?

C For answers to Ex. C, please refer to the Teacher's Manual.

D Analyse et opinion. Répondez aux questions.

1. **Votre impression.** Quelle impression vous laisse cette scène?
2. **Gavroche.** Que pensez-vous du personnage et des actions de Gavroche? Est-ce que vous l'admirez? Pourquoi?
3. **Les gardes nationaux.** Que représentent les gardes nationaux: le peuple ou l'autorité? Expliquez.
4. **Les héros de Hugo.** «Les héros de Victor Hugo sont toujours les pauvres et les opprimés.» Est-ce que cette remarque s'applique dans le texte que vous venez de lire? Expliquez.

Caricature de Victor Hugo. Victor Hugo assis sur la pile de ses livres, domine Paris et ses monuments.

Exprimez-vous

Une action héroïque ou simplement une bonne action. Vous avez sans doute fait—ou vu quelqu'un faire—une action un peu, ou très, héroïque, ou simplement une bonne action dans laquelle on sacrifie son plaisir ou son avantage personnel au profit de quelqu'un d'autre. (Garder vos petits frères et sœurs pour permettre à vos parents de sortir? Faire des courses pour une vieille personne au lieu d'aller au stade ou en ville? etc.) Racontez cette action.

Pre-reading
Est-il possible d'avoir une première impression qui est totalement fausse? (Par exemple, une voiture d'occasion vous semble parfaite à distance. De près, c'est un désastre. Autre exemple: Vous arrivez sur une belle plage. Hélas, après un moment vous réalisez qu'il y a trop de monde et des gens dangereux y rôdent. Autre désastre.) Trouvez d'autres exemples d'erreurs de première impression dans votre expérience ou votre imagination.

Maintenant, lisez le poème, et voyez si ce «dormeur» n'est pas autre chose de beaucoup plus terrible.

«Le Dormeur du val[1]»

Rimbaud (1853–1891)

L'auteur Arthur Rimbaud a composé toute son œuvre avant l'âge de dix-neuf ans. C'est un enfant prodige, qui écrit ses premiers vers quand il a sept ans et gagne, un peu plus tard, un concours[2] prestigieux de vers latins. À dix-sept ans, il écrit à un de ses professeurs une lettre devenue célèbre, *La lettre du voyant*[3] où il expose ses vues: Le vrai poète est un voyant. Il ne tolère pas la discipline imposée par sa mère et se sauve pour aller à Paris. Là, il rencontre Verlaine, poète lui aussi, et vagabonde avec lui en Angleterre, en Belgique. Il écrit *Une Saison en enfer, «Le Bateau ivre»* et de nombreuses poésies d'une inspiration débordante[4].

À dix-neuf ans, il cesse d'écrire. C'est fini. Il passe le reste de sa vie au Moyen-Orient où il travaille pour une compagnie commerciale, conduisant des caravanes de chameaux[5]. Malade, il rentre en France, où il meurt d'un cancer au genou à 37 ans.

«Le Dormeur du val» Rimbaud a dix-sept ans quand, inspiré par les tragédies de la guerre de 1870, et peut-être par des images qu'il en a vues, il écrit ce sonnet.

Examinez le sommeil de ce jeune soldat et voyez de quel sommeil il s'agit.

C'est un trou[6] de verdure[7] où chante une rivière
Accrochant[8] follement aux herbes des haillons[9]
D'argent; où le soleil, de la montagne fière,
Luit[10]: c'est un petit val qui mousse[11] de rayons.

Un soldat jeune, bouche ouverte, tête nue,
Et la nuque[12] baignant dans le frais cresson[13] bleu,
Dort; il est étendu dans l'herbe, sous la nue[14],
Pâle dans son lit vert où la lumière pleut.

Les pieds dans les glaïeuls[15], il dort. Souriant comme
Sourirait un enfant malade, il fait un somme[16]:
Nature, berce-le[17] chaudement: il a froid.

Les parfums ne font pas frissonner[18] sa narine[19];
Il dort dans le soleil, la main sur sa poitrine[20]
Tranquille. Il a deux trous rouges au côté droit.

[1] **val** small valley, hollow
[2] **concours** competition, contest
[3] **voyant** seer (one who sees what's invisible to others)
[4] **débordante** overactive
[5] **chameaux** camels
[6] **trou** hole, hollow
[7] **verdure** greenery
[8] **Accrochant** Hanging
[9] **haillons** rags, shreds
[10] **Luit** Shines
[11] **mousse** bubbles
[12] **nuque** nape (of the neck)
[13] **cresson** watercress
[14] **nue** clouds
[15] **glaïeuls** gladioli (here, yellow aquatic flowers)
[16] **fait un somme** is napping
[17] **berce-le** rock him
[18] **frissonner** quiver
[19] **narine** nostril
[20] **poitrine** chest

Une émouvante statue. Dans le parc d'un château en France, se trouve cette émouvante statue en souvenir du fils de la famille, tué à la guerre de 1870. (C'est la même guerre dont parle Rimbaud.)

La poésie

Le sonnet. Ce poème est un sonnet, une des formes poétiques les plus admirées et les plus difficiles. En 14 lignes (trois strophes de quatre vers et deux strophes de trois vers) le sonnet raconte une histoire, ou peint un tableau. La dernière ligne donne souvent la «clé» du poème.

Les vers sont l'alexandrin de douze syllabes, le vers classique de la poésie française.
Les rimes *du Dormeur du val* riment ainsi:

1ère strophe	2ème strophe	3ème strophe	4ème strophe
a	c	e	g
b	d	e	g
a	c	f	f
b	d		

Examinez quelques vers et comptez les syllabes. Il y a généralement une *césure* ou coupure de respiration au milieu du vers (après la sixième syllabe.) Par exemple:

C'est/ tun/ trou/ de/ ver/du//re où/ chan/té u/ne/ ri/ viè/re

(Vous savez que si la dernière syllabe se termine par un *e* muet, elle ne compte pas).

La césure est après *ver/du//* parce que la dernière syllabe du mot *ver/du/re* se prononce avec le mot suivant: *où.* Trouvez les syllabes des vers suivants.

C'est beau, les mots!

A **Le mot approprié.** Complétez les phrases suivantes par le mot approprié.

1. Des vêtements usés, du tissu déchiré (vos vieux jeans?), ce sont des ___ .
2. Un autre verbe pour le soleil *brille,* c'est le soleil ___ .
3. Une petite vallée, c'est un ___ .
4. La ___ est la partie arrière de la tête, juste au-dessus du cou.
5. Le ___ est une plante qui pousse dans l'eau, qui a des feuilles vert foncé et qu'on mange en salade.
6. Un terme plus poétique pour *les nuages,* c'est la ___ .
7. Les ___ sont une plante aquatique avec des fleurs jaunes qu'on appelle aussi *iris d'eau.*
8. Si vous dormez un moment, l'après-midi par exemple, vous dites: «Je fais un ___ .»
9. Pour aider un enfant à s'endormir, on le ___ (et on lui chante peut-être une berceuse *[lullaby]*).
10. Si vous avez froid ou peur vous ___ .
11. Votre nez a deux ___ , une de chaque côté, pour sentir les odeurs.

A 1. haillons
2. luit
3. val
4. nuque
5. cresson
6. nue
7. glaïeuls
8. somme
9. berce
10. frissonnez
11. narines

B Answers will vary but may include the following: *qui mousse de rayons; la lumière pleut; pâle dans son lit vert, il fait un somme.* Le poète s'adresse aussi à la Nature et lui demande de *bercer* le soldat comme on ferait pour un bébé.

B **Les images.** Voilà un exemple d'*images: La rivière chante.* Elle ne chante pas littéralement, mais elle fait un bruit rythmique qui ressemble à une chanson. *Elle accroche des haillons d'argent aux herbes.* Ce ne sont pas vraiment des haillons. Ce sont des reflets changeants, couleur d'argent sous le soleil, qui brillent dans les herbes au bord de cette rivière, et qui ressemblent à des morceaux de tissu déchiré.

Trouvez d'autres images dans ce sonnet.

Votre réponse, s'il vous plaît

C For answers to Ex. C, please refer to the Teacher's Manual.

C **Parlons du texte.** Répondez aux questions.

1. Où se passe cette scène? Quel temps fait-il?
2. Qui est là? Comment est-il? Que fait-il? Où est-il exactement?
3. Le poète s'adresse à la Nature. Dans quel autre poème avez-vous vu le poète s'adresser à la Nature et la personnifier? Expliquez.
4. Quelle impression avez-vous en lisant ce poème, avant d'arriver à la dernière ligne? Qu'est-ce qui vous donne cette impression?
5. Qu'est-ce que vous apprenez à la dernière ligne? Êtes-vous ému(e)? Pourquoi?
6. Est-ce que ce jeune soldat dort vraiment? Qu'est-ce qui lui est arrivé? Comment le savez-vous?

D **Analyse et opinion.** Répondez aux questions.

1. **Votre émotion.** Quelle est votre émotion principale après avoir lu ce sonnet? Pourquoi?
2. **La «clé».** Qu'est-ce que vous pensez de ce procédé qui donne la «clé» dans la dernière ligne? Pensez-vous que cela ajoute à l'effet d'émotion? Pourquoi?

Exprimez-vous

Vous avez le choix entre ces deux moyens d'expression:

1. **Par cœur.** Apprenez le sonnet par cœur (ou bien deux, ou quatre élèves apprennent chacun(e) une ou plusieurs strophes) et récitez-le devant la classe avec une grande attention au rythme des vers.

2. **Un petit poème.** Écrivez un petit poème, qui reste mystérieux jusqu'à la dernière ligne. C'est cette dernière ligne qui nous révèle la «clé» de votre poème.

Perfectionnez votre grammaire

Le passif/ L'infinitif/ *Quelque chose* + préposition

11.1 *Le passif*

Le passif, ou voix passive, est la forme que prend le verbe quand le sujet *subit* (is subjected to) l'action: Par exemple:

> **Une banque *est cambriolée*** *(is robbed).*
> **Un crime *a été commis.***
> **Le coupable *sera puni.***

Ce sont des phrases passives, car le sujet est passif.

A La formation du passif

Le passif est formé de *être* + le participe passé du verbe.

Exemple: **PUNIR**

	Présent			Passé composé			Imparfait	
je	**suis**	**puni(e)**	j'	**ai été**	**puni(e)**	j'	**étais**	**puni(e)**
tu	**es**	**puni(e)**	tu	**as été**	**puni(e)**	tu	**étais**	**puni(e)**
il/elle	**est**	**puni(e)**	il/elle	**a été**	**puni(e)**	il/elle	**était**	**puni(e)**
nous	**sommes**	**puni(e)s**	nous	**avons été**	**puni(e)s**	nous	**étions**	**puni(e)s**
vous	**êtes**	**puni(e)(s)**	vous	**avez été**	**puni(e)(s)**	vous	**étiez**	**puni(e)(s)**
ils/elles	**sont**	**puni(e)s**	ils/elles	**ont été**	**puni(e)s**	ils/elles	**étaient**	**puni(e)s**

	Futur			Conditionnel	
je	**serai**	**puni(e)**	je	**serais**	**puni(e)**
tu	**seras**	**puni(e)**	tu	**serais**	**puni(e)**
il/elle	**sera**	**puni(e)**	il/elle	**serait**	**puni(e)**
nous	**serons**	**puni(e)s**	nous	**serions**	**puni(e)s**
vous	**serez**	**puni(e)(s)**	vous	**seriez**	**puni(e)(s)**
ils/elles	**seront**	**puni(e)s**	ils/elles	**seraient**	**puni(e)s**

1. Le temps du verbe *être* indique le temps du verbe au passif.

PRÉSENT DU PASSIF:	**Le crime n'*est* pas toujours *puni*.**
PASSÉ COMPOSÉ DU PASSIF:	**Un criminel *a été arrêté* par la police.** (action)
IMPARFAIT DU PASSIF:	**Le jury *était composé* de douze personnes.** (description)
FUTUR DU PASSIF:	**Ce criminel *sera*-t-il *condamné?***
FUTUR ANTÉRIEUR DU PASSIF:	**S'il est exécuté, pensez-vous qu'il *aura été puni* de son crime?**
CONDITIONNEL:	**Il ne *serait* pas *exécuté* en France aujourd'hui.**
CONDITIONNEL PASSÉ (PARFAIT):	**Mais il *aurait été exécuté* quand la peine de mort existait encore.**

Les transports urbains au XXe siècle, prédits par Robida. Les transports urbains par avion et hélicoptère personnels restent encore aujourd'hui une chose de l'avenir.

2. L'accord du participe passé: Il s'accorde avec le sujet.

Caroline est invité*e* par ses amis.
Les bonnes actions sont souvent récompensé*es*.
Les condamné*s* sont enfermé*s* dans des prisons.

3. Formation de l'infinitif passif

Robespierre a été condamné à *être guillotiné*.

L'infinitif présent est formé de *être* à l'infinitif + le participe passé.

Après *avoir été blessé* et après avoir passé la nuit dans la salle de l'Assemblée, il a été conduit à son exécution.

L'infinitif passé est composé de *avoir été* + le participe passé.

B Les usages du passif

Le français n'aime pas beaucoup le passif, et l'emploie seulement quand il n'y a pas d'alternative pour exprimer l'idée.

1. Quand il n'y a pas d'agent ou d'instrument:

Un crime *est commis* tous les jours.
Le jeune soldat *a été tué*.
Vos instructions *seront suivies*.

2. Quand l'attitude du sujet est clairement passive et qu'il est important de l'exprimer:

Cet enfant n'*a* pas *été élevé* par sa mère. Il *a été adopté* par une autre famille.

C Quand le passif est-il impossible?

1. Un verbe réfléchi ne peut pas devenir passif.

2. Le complément d'objet *indirect* ne peut pas devenir le sujet d'un verbe passif:

   I was told: **On m'a dit**
   I was given: **On m'a donné**
   I was given to understand: **On m'a fait comprendre**

Exception: Trois verbes qui ont un complément indirect peuvent être au passif: *obéir, désobéir, pardonner.*

Vous *serez pardonnés* par le Bon Dieu.
Vos ordres *seront obéis*.

D L'agent et l'instrument du passif

Règle générale: *par* exprime l'agent, *de* exprime l'instrument.

Le jeune soldat a été tué *d*'une balle *(instrument)* **tirée *par* un ennemi.** *(agent)*

E Comment éviter le passif quand il est désirable de l'éviter.

Il y a trois possibilités:

1. *On* (quand l'agent, non exprimé, est une personne):

   On m'a envoyé ce catalogue. *(I was sent this catalog.)*

2. Une construction active:

   Le directeur a ouvert la porte. *(The door was opened by the director.)*

Pour donner de l'emphase à l'agent, ajoutez *c'est/ce sont:*

C'est le directeur qui a ouvert la porte.

3. Un verbe pronominal (voir *Septième étape*, page 205)

   Ça se fait. *(This is done.)*
   En France, le fromage se sert à la fin du repas. *(In France, cheese is served at the end of the meal.)*

On a construit la Tour Eiffel à l'occasion de l'Exposition universelle de 1889.

11.2 L'infinitif

L'infinitif est la forme nominale du verbe. C'est le *nom* du verbe. Beaucoup d'infinitifs sont employés comme noms: *le déjeuner, le dîner, le souper, le manger, le boire, le rire, le sourire, le savoir, le repentir* (toujours masculins).

AMBASSADEURS
aristide
BRUANT
dans
son cabaret
«Aristide Bruant»: affiche de Toulouse-Lautrec.

Chaque verbe a un infinitif présent et un infinitif passé. L'infinitif passé est formé de *avoir* ou *être* + le participe passé.

parler	**avoir parlé**	aller	**être allé(e)(s)**
finir	**avoir fini**	sortir	**être sorti(e)(s)**
attendre	**avoir attendu**	descendre	**être descendu(e)(s)**

A Quand deux verbes se suivent, le second est toujours infinitif.

J'aime *lire*. Tu préfères *sortir* de bonne heure.
Nous voudrions *aller* en France.

B Employez l'infinitif après toutes les prépositions, excepté *en* (pour *en*, voir page 246)

J'étudie *pour savoir* le français. Je commence *à* bien le *comprendre*. J'ai envie *d'aller* à Paris un jour.
On ne réussit pas *sans travailler*.
***Avant de partir*, je te téléphonerai.**

C Employez l'infinitif passé avec *après*.

***Après avoir fait* trois kilomètres, je n'avais plus d'essence!**
***Après être sorties*, Lise et Caroline se sont aperçues qu'elles avaient oublié d'emporter de l'argent.**

D La négation de l'infinitif

Tu m'as promis de *ne pas être* en retard.
Hamlet se demande s'il préfère être ou *ne pas être*.
Avez-vous peur de *ne plus revoir* vos copains de classe?
«Ne rien dire, ne rien voir, ne rien entendre.»

Quand un infinitif est négatif, les deux parties de la négation précèdent le verbe.

Exception: *ne... personne:*

Je suis surpris de *n*'avoir rencontré *personne* dans la rue.
Ma petite sœur a promis de *ne* parler *à personne* et de ne pas accepter de bonbons.

E L'infinitif et l'adverbe

Vous commencez à *bien parler* français! (mais: **Vous parlez bien français.)**
À la télé française, je ne suis pas sûr de *toujours comprendre*.

L'adverbe est normalement après le verbe. Mais certains adverbes courts, et en particulier *bien, très bien* et *toujours*, sont *avant* l'infinitif.

F On emploie l'infinitif dans les instructions, les ordres, les défenses et les recettes (de cuisine ou autres).

1. Les instructions et les défenses:

Dans l'avion:

***Attacher* vos ceintures de sécurité.**
Éteindre* les cigarettes. *Ne pas fumer.

Dans le train:

***Ne pas se pencher* à la portière.**
***Ne pas laisser* les enfants jouer avec la serrure.**

Par courtoisie, les instructions sont souvent précédées de *prière de:*

Prière de *ne pas fumer.*
Prière de *préparer* la monnaie. *(dans l'autobus)*
Prière de *tourner* la page (ou: **Tournez la page, s'il vous plaît.)**

Les instructions négatives *(ne... pas)* sont des défenses et on les précède souvent de *Défense de:*

Défense d'afficher. *(Post no bills.)*
Défense de marcher sur l'herbe. *(dans un parc)*
Défense de parler au chauffeur. *(dans l'autobus)*

2. Les recettes, de cuisine et autres.

Pour faire une soupe de légumes. *Préparer* les légumes, les *laver,* les *mettre* dans un pot d'eau bouillante. Bien *faire* cuire, etc...
Un régime: *Ne pas manger* de féculents *(starches).* ***Éviter* le sucre, etc...**

Des conseils pour votre santé: *Se lever* de bonne heure. *Faire* un peu de gymnastique. *Ne pas se fatiguer* excessivement, etc.

Les Galeries Lafayette, un des premiers grands magasins de Paris.

11.3 *Quelque chose* + préposition

Les termes *quelque chose, pas grand-chose, rien, quelqu'un, pas grand-monde, personne, beaucoup,* etc. (voir *Huitième étape,* pages 242–245) sont suivis de:

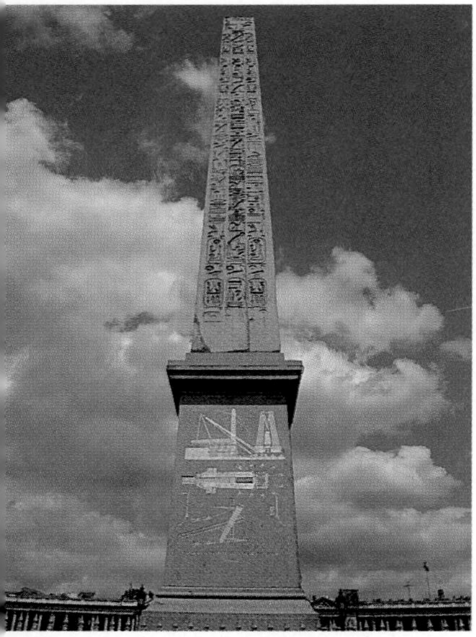

L'Obélisque à Paris. Donné à la France par l'Égypte, il a été installé sous le règne de Louis-Philippe, place de la Concorde, à l'endroit où se trouvait la guillotine pendant la Révolution. (Les dessins dorés sur le piédestal sont ceux des ingénieurs qui ont érigé le monument.)

A *De* + un adjectif

Il n'y a *rien de nouveau* ce soir.
Racontez-moi *quelque chose d'amusant.*
Je connais *quelqu'un de charmant.* C'est Caroline.

Remarquez: L'adjectif après ce *de* est invariable. (Caroline est *quelqu'un de charmant,* pas *de charmante.*)

B *À* + un infinitif

Je n'ai *rien à faire.* As-tu *quelque chose à me dire?*
Nous n'avons *pas grand-chose à manger* dans la maison.

C Quand vous employez ces deux constructions ensemble:

Tu as *quelque chose d'*important *à* faire.

De + adjectif précède *à* + verbe.

Application

Le passif

A Un cours préparatoire à l'université.
Vous allez passer un mois dans une résidence d'étudiants à Tours. Le premier jour, vous demandez quelles sont les règles de la maison.

Le petit déjeuner? (servir / de 7h à 8h)
Le petit déjeuner est servi de 7h à 8h.

1. Le ménage? (faire / le mercredi)
2. Les ordures (f.)? (ramasser / tous les matins)
3. Les draps? (changer / une fois par semaine)
4. Le courrier? (mettre / dans votre boîte l'après-midi)
5. Le déjeuner? (servir / à midi)
6. Des films? (montrer / après dîner)
7. Les résidents? (prier / d'observer les règles)
8. La porte d'entrée? (fermer / jamais)

A
1. Le ménage est fait le mercredi.
2. Les ordures sont ramassées tous les matins.
3. Les draps sont changés une fois par semaine.
4. Le courrier est mis dans votre boîte l'après-midi.
5. Le déjeuner est servi à midi.
6. Des films sont montrés après dîner.
7. Les résidents sont priés d'observer les règles.
8. La porte d'entrée n'est jamais fermée.

B Les événements de la semaine dernière. Il s'est passé beaucoup de choses pendant la semaine!

un autre chien / adopter / ma famille
Un autre chien a été adopté par ma famille.

1. la moto de Luc / voler / un mauvais garçon
2. le mariage de ma cousine / annoncer / les journaux
3. la tarte aux pommes de maman / dévorer / mon frère et moi
4. ce film d'aventures / voir / cent mille personnes
5. le passif / comprendre / toute la classe
6. un million de coca-cola (m.)* / boire / des gens assoiffés
7. les coupables d'un vol / découvrir / un détective privé
8. beaucoup d'exercices / faire / un(e) élève bien fatigué(e)! (Vous, peut-être?)

B
1. La moto de Luc a été volée par un mauvais garçon.
2. Le mariage de ma cousine a été annoncé par les journaux.
3. La tarte aux pommes de maman a été dévorée par mon frère et moi.
4. Ce film d'aventures a été vu par cent mille personnes.
5. Le passif a été compris par toute la classe.
6. Un million de coca-cola ont été bus par des gens assoiffés.
7. Les coupables d'un vol ont été découverts par un détective privé.
8. Beaucoup d'exercices ont été faits par un(e) élève bien fatigué(e)! (Vous, peut-être?)

C Une campagne électorale. Vous voulez être élu(e) président(e) du Cercle français. Voilà votre plate-forme électorale:

les règles du Cercle / changer / le mois prochain
Les règles du Cercle seront changées le mois prochain.

1. une réunion / annoncer / deux fois par mois
2. des livres / recevoir / de France tous les semestres
3. un abonnement *(subscription)* au *Journal Français d'Amérique* / prendre / immédiatement
4. le français / employer / exclusivement
5. les revues *Match* et *Elle* / mettre / à la disposition des membres
6. une table / réserver / à la cantine chaque midi
7. des CD français / entendre / dans la salle du Cercle
8. les minutes et les comptes / tenir /par le (la) secrétaire
9. un voyage en France / organiser / et / accompagner / par un professeur

C
1. Une réunion sera annoncée…
2. Des livres seront reçus…
3. Un abonnement au *Journal Français d'Amérique* sera pris …
4. Le français sera employé …
5. Les revues *Match* et *Elle* seront mises…
6. Une table sera réservée…
7. Des CD français seront entendus …
8. Les minutes et les comptes seront tenus…
9. Un voyage en France sera organisé et accompagné…

Troupe de
Mlle ÉGLANTINE
Eglantine Jane Avril
Cléopatre Gazelle

«Troupe de Mlle Églantine»: affiche de Toulouse-Lautrec.

***un coca:** (invariable) is the French word for "a coke."

METROPOLITAIN

Le métro de Paris. La première ligne de métro s'est ouverte en 1900. Aujourd'hui la station Porte Dauphine reste un des seuls exemples de ces premières stations.

D 1. On parle français au Sénégal. (Le français se parle au Sénégal.)
2. Ce morceau se joue au piano. (On joue ce morceau au piano.)
3. On entend les nouvelles toutes les heures à France-Inter. (Les nouvelles s'entendent toutes les heures à France-Inter.)
4. On mange toujours du pain avec les repas en France. (Le pain se mange...)
5. Allons voir le film qu'on joue cette semaine. (Allons voir le film qui se joue cette semaine.)
6. On comprend facilement ce que vous dites. (Ce que vous dites se comprend facilement.)

E 1. Je ne t'ai pas dit au revoir avant de partir.
2. Je n'ai pas pris ton numéro de téléphone avant de te quitter.
3. Je n'ai pas mis cette lettre à la poste avant de rentrer chez moi.
4. Je n'ai pas vu le mauvais temps dehors avant de sortir.
5. Je n'ai pas compris le problème avant d'aller à la classe de maths.

D Corrigez ces phrases. Les phrases suivantes sont au passif, mais elles seraient plus élégantes exprimées autrement.

Les asperges sont servies avec une vinaigrette.
On sert les asperges avec une vinaigrette. ou:
Les asperges se servent avec une vinaigrette.

1. Le français est parlé au Sénégal.
2. Ce morceau est joué au piano.
3. Les nouvelles sont entendues toutes les heures à France-Inter.
4. Le pain est toujours mangé avec les repas en France.
5. Allons voir le film qui est joué cette semaine.
6. Ce que vous dites est facilement compris.

L'infinitif

E *Avant de.* Faites des phrases en employant *avant de* + l'infinitif.

Mon dieu! Je n'ai pas fait attention, alors je n'ai pas...
(emporter de l'argent) (aller en ville)
Je n'ai pas emporté d'argent avant d'aller en ville!

1. (te dire au revoir) (partir)
2. (prendre ton numéro de téléphone) (te quitter)
3. (mettre cette lettre à la poste) (rentrer chez moi)
4. (voir le mauvais temps dehors) (sortir)
5. (comprendre le problème) (aller à la classe de maths)

F *Après avoir.* *Lucky Luke* est une bande dessinée qui a beaucoup de succès en France. Racontez cette nouvelle aventure de Lucky Luke, qui vient d'arriver dans une petite ville du «Far Ouest».

(voyager longtemps) (être fatigué)
Après avoir voyagé longtemps, il était fatigué.

1. (arriver avec son chapeau blanc) (ouvrir la porte)
2. (entrer dans le bar) (demander un verre d'eau)
3. (regarder autour de lui) (voir un ivrogne *[drunkard]* ennuyer *[bothering]* la serveuse)
4. (tirer des coups de revolver) (chasser le vilain monsieur)
5. (offrir son bras à la jeune fille) (l'emmener sur son cheval)
6. (l'épouser devant le juge) (partir avec elle pour Dodge City)

F 1. Après être arrivé... il a ouvert...
2. Après être entré... il a demandé...
3. Après avoir regardé... il a vu...
4. Après avoir tiré... il a chassé...
5. Après avoir offert... il l'a emmenée...
6. Après l'avoir épousée... il est parti...

G **Des conseils utiles.** Fabrice vient de France et il est dans votre école pour un an. Il n'y a pas de *prom* en France, alors son copain Bill lui donne quelques conseils. Mettez le verbe à la forme correcte.

1. En (inviter) ma sœur, tu es sûr d'avoir une fille sympa.
2. Avant de (louer) ton smoking *(tuxedo)*, cherche le magasin le moins cher.
3. Après (aller) chez le coiffeur, et en (rentrer) à la maison, achète des fleurs, sans (dépenser) trop d'argent.
4. Le soir, viens chez nous sans (être) en retard, et sois aimable en (parler) avec mes parents, et sans (faire attention) si ma sœur n'est pas prête.
5. Danse sans (marcher) sur les pieds de ta danseuse et en (faire attention) de ne pas gêner les autres danseurs.

G 1. En invitant...
2. Avant de louer...
3. Après être allé... et en rentrant... sans dépenser...
4. ... sans être... en parlant... sans faire...
5. ... sans marcher... en faisant...

Additional Topics
For additional topics related to other structure points, please refer to the Teacher's Manual.

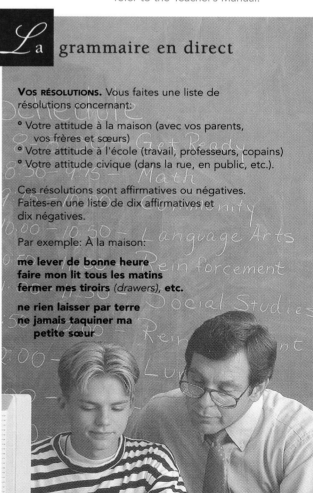

La grammaire en direct

VOS RÉSOLUTIONS. Vous faites une liste de résolutions concernant:

- Votre attitude à la maison (avec vos parents, vos frères et sœurs)
- Votre attitude à l'école (travail, professeurs, copains)
- Votre attitude civique (dans la rue, en public, etc.).

Ces résolutions sont affirmatives ou négatives. Faites-en une liste de dix affirmatives et dix négatives.

Par exemple: À la maison:

me lever de bonne heure
faire mon lit tous les matins
fermer mes tiroirs *(drawers)*, **etc.**

ne rien laisser par terre
ne jamais taquiner ma petite sœur

L'Art du dix-neuvième siècle

C'est la peinture qui domine l'art de ce siècle, et elle va se transformer radicalement entre le début et la fin des années 1800.

«Impression: Soleil levant» de Claude Monet (1874) représentait une révolution en peinture. Un critique a nommé sarcastiquement cette nouvelle école *l'Impressionnisme.* Ce paysage, un port au soleil levant, représente en effet *l'impression* de l'artiste et non pas une réalité détaillée (comme le ferait une peinture classique).

La peinture classique et romantique Au commencement, la peinture est dominée par les peintres classiques comme David. (Voyez *Le Serment du Jeu de paume,* page 252, *Le Serment des Horaces, page 286 et Le Sacre de Napoléon Ier,* page 290.) David et son élève, Ingres, sont influencés par l'admiration de la période napoléonienne pour la Rome antique.

Par contre, Delacroix est le chef de l'école romantique qui correspond au romantisme en littérature. *La Liberté guidant le peuple* (page 329) exprime le désir de liberté cher au romantisme. Au Louvre, sa *Mort de Sardanapale* domine un mur dans la salle des Romantiques, face au *Radeau*[1] *de la Méduse* de Géricault, un autre peintre romantique.

L'Impressionnisme En 1874, une exposition par des peintres refusés au Salon officiel attire les sarcasmes des critiques et journalistes. Là, une toile[2] de Claude Monet intitulée *Impression: Soleil levant* fait dire à un de ces critiques: «Ce n'est pas de l'art! C'est une horreur! C'est... c'est... de l'impressionnisme!» Le nom du mouvement qui devait devenir le plus célèbre était né.

L'Impressionnisme recherche, non pas la représentation exacte des choses, mais leur réalité *subjective,* leur impression sur l'œil du peintre et sa sensibilité. Les grands Impressionnistes sont Monet (voir aussi *La Gare Saint-Lazare,* page 327), Pissarro, Sisley, Manet, Degas, qui peint les petites danseuses de l'Opéra, Renoir, avec ses effets de lumière subtils. Une femme fait partie du groupe, c'est Berthe Morisot. Caillebotte (voir *Rue de Paris: temps de pluie,* page 318) a laissé une importante collection au Louvre qu'on peut voir aujourd'hui au Musée d'Orsay. Chacun évolue dans la direction guidée par sa personnalité.

Cézanne est un post-impressionniste, célèbre surtout pour ses paysages de Provence et ses natures mortes[3], comme le *Bouquet dans un vase de Delft.*

La fin du siècle Le siècle se termine avec Gauguin et ses scènes de Tahiti, et surtout Vincent Van Gogh, un Hollandais qui vivait en France où il est mort à 37 ans. Van Gogh voulait emprisonner la lumière et transmettre ses vibrations à la toile. Vous avez sûrement vu ses *Tournesols*[4] et ses *Iris. La Nuit étoilée* transforme le ciel en une spirale de galaxies qui est presque surréaliste.

[1] **Radeau** Raft
[2] **toile** canvas
[3] **natures mortes** still-life paintings
[4] **Tournesols** Sunflowers

«*Bouquet dans un vase de Delft*» *de Cézanne.* Admirez la richesse des couleurs de Cézanne.

«*La danse à Bougival*» *de Renoir.* À Bougival, il y avait des guinguettes *(open-air dance halls)* où les travailleurs allaient danser le dimanche. Renoir saisit les effets de lumière et les gestes tendres de ce couple.

Discussion

1. **David et Delacroix.** Qu'est-ce qui caractérise chacun de ces artistes?
2. **L'impressionnisme.** Comment cette école de peinture a-t-elle été nommée? Est-ce un nom approprié? Pourquoi?
3. **Les grands peintres.** Quels sont les grands peintres impressionnistes?
4. **Van Gogh.** Que savez-vous sur Van Gogh? Que pensez-vous de *La Nuit étoilée?* Voyez-vous une évolution de la peinture entre le commencement et la fin du siècle? Expliquez.

(1889, Museum of Modern Art, New York)

«*La Nuit étoilée*» *de Van Gogh.* Voyez comme la peinture a évolué! Les spirales de ces galaxies sont presque abstraites et annoncent l'art du XXe siècle.

Douzième Étape

Un vitrail moderne de l'artiste Marc Chagall.

Un peu d'histoire

Le vingtième siècle: Âge de grand progrès

La première moitié[1] du vingtième siècle est marquée par deux terribles guerres: Ce sont des guerres mondiales, dans lesquelles sont entraînées[2] les principales puissances.

Le drapeau de l'Union européenne (quand de nouveaux pays entrent dans l'Union, le nombre des étoiles augmente).

La Première Guerre mondiale (1914–1918)

Cette guerre contre l'Allemagne est causée, en partie, par l'esprit de revanche qui pousse à reprendre l'Alsace-Lorraine. Elle va durer quatre ans et coûter des millions de vies humaines. Pour la première fois, l'Angleterre, ancienne ennemie de la France, est son alliée. C'est une guerre d'artillerie: Pour se protéger des obus, les soldats creusent[3] des kilomètres de tranchées[4] où ils passent des mois de souffrance dans le froid et la boue[5].

C'est pourtant la première guerre «moderne», où on emploie les premiers transports motorisés de troupes, des tanks et les premiers avions pour bombarder l'ennemi.

En 1917, les deux côtés sont épuisés[6] et la victoire de la France incertaine. Mais les Américains envoient un corps expéditionnaire, et, grâce au courage de ces soldats venus de si loin, dont beaucoup meurent sur le sol de France, la guerre se termine par la victoire des Alliés (France, Angleterre, États-Unis) et l'Armistice (11 novembre 1918) est suivi du Traité de Versailles (1919) qui rend l'Alsace-Lorraine à la France. Tout le monde, horrifié des morts et des souffrances, promet que cette guerre sera la dernière. Hélas...

Did You Know?

La cause «immédiate» de la déclaration de guerre, c'est l'assassinat à Sarajevo (Bosnie) de l'archiduc François-Ferdinand, neveu de l'empereur d'Autriche.

C'est la première guerre *mondiale*, où des combattants viennent de continents autres que l'Europe (Américains, Canadiens, Australiens et troupes coloniales françaises d'Afrique et d'Indochine).

L'Entre-deux-guerres

C'est ainsi qu'on appelle la période qui va de la Première à la Seconde Guerre mondiale. La France se remet[7] difficilement de ses terribles pertes (plus d'un million et demi de morts), et souffre de troubles politiques entre les partis conservateurs et les groupes de tendance communiste.

1 **moitié** half
2 **entraînées** drawn
3 **creusent** dig
4 **tranchées** trenches
5 **boue** mud
6 **épuisés** exhausted
7 **se remet** recovers

CHRONOLOGIE

1914-1918 Première Guerre mondiale

1918 Armistice: Fin de la guerre

1919 Traité de Versailles: L'Alsace-Lorraine est rendue à la France.

1933 Hitler se déclare *Reichsführer.*

1937 Annexion de l'Autriche à l'Allemagne

1939-1945 Seconde Guerre mondiale

Après la défaite de la France, en 1940, des troupes allemandes défilent sur les Champs-Elysées.

Pendant ce temps, l'Allemagne, humiliée et affamée[8] par les termes du Traité de Versailles, passe par une période d'inflation galopante (un timbre-poste coûte dix millions de marks!) et de mouvements communistes. Le parti national-socialiste (nazi) promet la paix dans la prospérité. En 1933, son chef, Adolf Hitler, est élu premier ministre, puis se déclare *Reichsführer,* seul chef du gouvernement. Pour enrichir l'Allemagne, il commence une politique d'expansion. D'abord, il annexe l'Autriche à l'Allemagne (1937). L'année suivante, il demande une partie de la Tchécoslovaquie. Par faiblesse, et dans l'espoir d'éviter la guerre, la France et l'Angleterre acceptent (Accords de Munich, 1938). Mais c'est en vain. En septembre 1939, Hitler envahit la Pologne.

La Seconde Guerre mondiale (1939)

En principe, cela ne concerne pas la France. Mais l'Angleterre est alliée avec la Pologne, et la France avec l'Angleterre. De sorte que, vingt et un ans après la fin de la Première (qui devait être la dernière!) Guerre mondiale, la Seconde commence. La France et l'Angleterre déclarent la guerre à l'Allemagne. Dans la consternation[9], les soldats français partent vers l'est.

Mais ni la France ni l'Angleterre ne sont prêtes, et la supériorité allemande est évidente. En mai 1940, les forces allemandes envahissent la France et l'armistice est signé. La France est occupée. L'Angleterre, cependant, protégée par sa situation d'île, refuse l'armistice et continue la guerre. Pendant l'Occupation, les Français auront faim, froid et souvent peur. Et ils ont l'humiliation de voir les troupes allemandes défiler[10] sur les Champs-Élysées, et le drapeau à croix gammée[11] flotter dans leur ciel.

Un Français regarde le défilé des troupes allemandes et pleure l'humiliation de son pays.

De Gaulle, la Résistance et l'aide américaine

L'Angleterre, bombardée constamment, tient[12] toujours dans son île. Maintenant, elle se prépare. Elle est aidée par les États-Unis (le *Lend-Lease Act,* qui fournit une quantité prodigieuse de matériel[13]). En 1941, les États-Unis entrent en guerre contre l'Allemagne et bientôt, l'Angleterre ressemble à une énorme base, chargée de matériel, de machines de guerre et de troupes américaines.

Les troupes françaises qui ont échappé aux Allemands se regroupent en Angleterre autour d'un général inconnu, le général de Gaulle, qui refuse la défaite de la France et forme ses troupes en *Forces françaises libres.* En France, des hommes et des femmes courageux s'organisent pour résister aux forces d'occupation et aider à préparer l'arrivée des libérateurs.

[8] **affamée** starved
[9] **consternation** dismay
[10] **défiler** march
[11] **croix gammée** swastika
[12] **tient** holds out
[13] **matériel** supplies

1940
Occupation de la France

1941
Entrée en guerre des États-Unis

1944
Débarquement en Normandie

1945
Fin de la guerre

1957
Fondation de la CEE

1981
Mitterrand devient président: L'expérience socialiste.

1995
Chirac devient président.

Le débarquement de Normandie: Libération de la France par les Américains. Victoire des Alliés.

Le 6 juin 1944, les troupes anglo-américaines débarquent en France*. Beaucoup laissent leur vie héroïque sur les vastes plages de Normandie (le cimetière américain de Colleville-sur-Mer est magnifique et émouvant), mais les Américains aidés par les Anglais et les Forces françaises libres libèrent la France et gagnent la victoire. Les Français libérés reçoivent les Américains dans un délire de joie et de gratitude.

Les troupes américaines débarquent en Normandie.

La seconde partie du vingtième siècle

L'Europe est en ruines. Mais les États-Unis votent le Plan Marshall, qui offre une aide économique aux Alliés et aux Allemands pour reconstruire leur pays. Dans les villes détruites, des quartiers neufs remplacent les ruines. Des usines neuves et bien plus modernes que celles qu'elles remplacent s'élèvent en Europe de l'Ouest.

La victoire enfin! Le général de Gaulle descend les Champs-Elysées après la libération de Paris.

Une Europe unie: L'Union européenne

Devenu Président de la République, de Gaulle guide la France vers une ère nouvelle. Il a compris que l'avenir demande l'union des nations et non pas la guerre.

Jean Monnet (1888–1979) est le promoteur de l'idée d'une union économique entre les pays d'Europe. Pour la première fois, les considérations d'intérêt commun vont remplacer les vieilles haines[14] ancestrales, et aujourd'hui, quinze pays font partie de l'Union européenne**.

En 1992, les frontières ont été en grande partie abolies. Les habitants des divers pays peuvent travailler dans l'un ou l'autre pays et le passeport français est remplacé par le passeport de la Communauté européenne. La puissance économique de ce groupe de 370 millions d'habitants est la deuxième mondialement. Mais chaque pays garde son identité culturelle, et son autonomie politique.

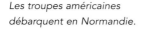

*Not far from the spot where, in 1066, William (soon to be called the Conqueror) gathered his own invasion forces and sailed the reverse route to conquer England (see *Troisième étape*, p. 56).

****l'Union européenne:** L'union économique de l'Europe s'appelait le Marché Commun. Son nom a été changé et est devenu la Communauté économique européenne (CEE). La Communauté européenne (CE) dont le nom changera plus tard en Union européenne, c'est le groupe de pays participants.

[14] **haines** hatreds

Des Africains à Paris

La décolonisation

De Gaulle a compris que le temps des colonies était passé. Il a donné, à partir de 1957, leur indépendance et leur propre drapeau aux colonies françaises d'Afrique. Celles-ci gardent la langue française comme langue officielle ou véhiculaire* et beaucoup restent en union économique avec la France.

Une nouvelle diversité due à l'immigration

Depuis vingt ans, un grand nombre de personnes venues surtout d'Afrique du Nord (des anciennes colonies d'Algérie, du Maroc et de la Tunisie) et aussi de l'Afrique subsaharienne ont émigré vers la France.

C'est une situation nouvelle pour un pays dont la population était, jusqu'à ce moment, stable, judéo-chrétienne et établie de longue date. Ces nouveaux groupes apportent leur culture et leur religion (l'islam). Une adaptation de part et d'autre[15] est nécessaire et provoque parfois des heurts[16].

Avec la facilité des communications il est certain que de plus en plus de gens pourront chercher à se faire une meilleure vie dans un pays plus prospère que le leur. En France, comme ailleurs[17], c'est une situation qu'il faudra accepter et tourner à l'avantage de tous.

L'expérience socialiste (1981–1995)

Le pays vote, en 1981, pour un gouvernement socialiste** avec le président Mitterrand. Grandes industries et banques sont nationalisées. Mais le résultat n'est pas satisfaisant et bientôt, beaucoup sont retournées au secteur privé.

Les élections présidentielles de 1995 sanctionnent[18] la fin de l'expérience socialiste avec l'élection à la présidence de Jacques Chirac***, maire de Paris, un conservateur dynamique dans l'esprit de de Gaulle.

Développement des communications: Le TGV, le Tunnel sous la Manche

Le TGV (train à grande vitesse), qui atteint[19] une moyenne[20] de 186 km/h, relie[21] les grandes villes les unes aux autres et à Paris. Étant donné[22] que les distances en France ne sont pas grandes (moins de 1.000 km pour la plus longue, de Dunkerque à Perpignan), il est souvent plus pratique que l'avion.

Longtemps considéré impossible, le Tunnel sous la Manche est aujourd'hui réalisé. Des trains de voitures traversent ainsi de Calais à Ashford (Kent) sans être obligés de prendre le *ferry*.

15 **de part et d'autre** on both sides
16 **heurts** conflicts
17 **ailleurs** elsewhere
18 **sanctionnent** approve
19 **atteint** reaches
20 **moyenne** average (speed)
21 **relie** links
22 **Étant donné** Given

4,30
TUNNEL SOUS LA MANCHE
REPUBLIQUE FRANÇAISE LA POSTE 1994

Le Tunnel sous la Manche. Le coq gaulois (emblème de la France) et le lion couronné (emblème de l'Angleterre), se rejoignent pour célébrer le Tunnel sous la Manche.

***langue véhiculaire:** Whenever many languages are involved (as in Africa), it is necessary to have one that is known to almost everybody, and which can be used to communicate in.

****socialiste:** Do not confuse *socialism* and *communism*. Socialism respects private property. Only the major industries (automobile, railroad, mining, heavy industry, and banking) are managed by the state. Communism, on the contrary, does not recognize private property.

***The president of the French Republic is elected for a seven-year term and can serve several terms. Mitterrand served for 14 years (1981–1995).

Le nouveau Paris

Vous savez déjà que Paris, grâce à Napoléon III et son architecte Haussmann, avait été transformé en ville du dix-neuvième siècle. De magnifiques gares se sont élevées après l'installation des chemins de fer. La Tour Eiffel (1889), triomphe de la construction métallique, domine toujours le ciel de Paris.

Les présidents d'après-guerre (surtout Pompidou et Mitterrand), avec le concours[23] de l'énergique maire de Paris, Jacques Chirac, ont enrichi Paris de monuments modernes:

Le Palais omnisports de Bercy: Au bord de la Seine, cette pyramide tronquée[24], aux côtés recouverts de gazon[25] presque vertical, reçoit tous les sports, et groupe d'immenses auditoires[26] pour concerts et manifestations musicales.

Le nouveau Louvre ou Grand Louvre: Transformé sous Louis XIV et sous Napoléon III, le Louvre est un musée national de la France. Récemment, en creusant des parkings souterrains[27], on a retrouvé les fondations du Louvre de Charles V (1338-1380). Maintenant, le Louvre souterrain offre non seulement des parkings, des boutiques, des galeries mais aussi un coup d'œil[28] sur un passé lointain. Une pyramide de verre, conçue par l'architecte sino-américain I.M. Pei, critiquée par les uns, admirée par d'autres, en abrite[29] l'entrée et apporte une note étonnante dans la cour du Louvre.

Le Musée d'Orsay: C'était une gare à l'architecture très ornée[30] de la fin du dix-neuvième siècle. Elle était désaffectée[31], et on en a fait le musée de l'Impressionnisme, car l'Impressionnisme date de la même période.

[23] **concours** assistance
[24] **tronquée** truncated
[25] **gazon** grass, turf
[26] **auditoires** audiences
[27] **souterrains** underground
[28] **coup d'œil** glimpse
[29] **abrite** houses
[30] **ornée** ornate
[31] **désaffectée** no longer in use

Le Palais omnisports de Bercy reçoit d'immenses auditoires.

Le contraste entre l'architecture classique du Louvre et les pyramides de verre de I. M. Pei étonne les visiteurs.

Le bassin du Centre Pompidou. Il est rempli de fontaines amusantes par Nikki de Saint-Phalle. Ces fontaines tournent, dansent et ravissent les enfants de tous les âges.

[32] **insolite** unusual
[33] **tuyaux** pipes, vents
[34] **climatisation** air conditioning
[35] **emplacement** site
[36] **se dresse** rises, towers
[37] **légués** handed down, bequeathed

Le Centre Pompidou ou Centre National d'art et de culture étonne par son architecture insolite[32]: Les tuyaux[33] de chauffage, de climatisation[34], d'eau, etc. sont visibles et peints de couleurs vives. Non loin, un bassin rempli de fontaines qui tournent et se promènent, en forme de chapeau, de serpent multicolore, ou de lèvres souriantes, ravit les enfants.

Le nouvel Opéra-Bastille est construit près de l'emplacement[35] de la vieille Bastille. On y joue surtout des œuvres modernes. L'Opéra construit par Garnier au dix-neuvième siècle est toujours là, et on l'appelle désormais le *Palais Garnier.*

L'Arche de la Défense: Cette immense arche rectangulaire se dresse[36] derrière l'Arc de Triomphe dans la perspective Concorde-Champs-Élysées. Malgré son nom, elle n'a rien de militaire et abrite de paisibles bureaux et entreprises. (Elle doit son nom à l'avenue de la Défense, où elle est construite.)

Paris a célébré ses deux mille ans en 1950, l'anniversaire de la date où Jules César, à la tête de ses légions romaines, est arrivé au village de Lutèce. Loin d'avoir vieilli, Paris est plus beau aujourd'hui que jamais, et en pleine vigueur pour entrer dans le vingt-et-unième siècle.

L'Arc de Triomphe est, avec la Tour Eiffel, un des monuments les plus célèbres du monde.

La France, première destination touristique du monde

Plus de touristes viennent en France que dans n'importe quel autre pays.

Ils sont attirés par la délicieuse cuisine, les paysages variés à l'infini, l'art présent partout et les monuments légués[37] par des siècles d'histoire qui sont les *trésors du temps.*

Votre voyage en France sera incomparablement enrichi par tout ce que vous avez appris dans vos classes de français.

C'est beau, les mots!

A Le mot approprié. Complétez les phrases suivantes par le mot approprié.

1. Le contraire de l'amour ou de l'affection, c'est la ___ .
2. Quelque chose d'étrange, et surtout d'inhabituel, qu'on n'a pas l'habitude de voir, est ___ .
3. Les avions arrivent à l'aéroport, et les trains arrivent à la ___ .
4. De l'herbe coupée court, bien verte, c'est une pelouse ou du ___ .
5. Les parkings sont souvent à plusieurs étages *au-dessous* du niveau de la terre. Ils sont ___ .
6. Si vous regardez rapidement, vous jetez un ___ .
7. Un bâtiment qui n'est plus employé est ___ .
8. Dans une maison ou un immeuble, des ___ amènent l'eau, le gaz, etc.
9. L'endroit où on place quelque chose, comme un bâtiment, est son ___ .
10. Un fossé *(ditch)* profond est une ___ .
11. Le projectile d'un canon, c'est un ___ .

A 1. haine
2. insolite
3. gare
4. gazon
5. souterrains
6. coup d'œil
7. désaffecté
8. tuyaux
9. emplacement
10. tranchée
11. obus

Votre réponse, s'il vous plaît

B Vrai ou faux? Si c'est faux, quelle est la phrase correcte?

1. La guerre mondiale de 1914–1918 était la dernière.
2. Les Américains ont aidé la France et l'Angleterre dans leurs guerres.
3. En 1994 on a célébré le 50ᵉ anniversaire du Débarquement de Normandie.
4. Le rêve de Charlemagne et de Napoléon Iᵉʳ d'unifier l'Europe est en partie réalisé.
5. Paris ne change pas.
6. L'Arche de la Défense est pour la protection de Paris.

B 1. Faux. La guerre mondiale de 1914–1918 était la première.
2. Vrai.
3. Vrai.
4. Vrai.
5. Faux. Paris change beaucoup. La ville est plus belle aujourd'hui que jamais.
6. Faux. L'Arche de la Défense n'a rien de militaire; elle doit son nom à l'avenue de la Défense, où elle est construite.

C Parlons du texte. Répondez aux questions.

1. Qu'est-ce qui caractérise la Première Guerre mondiale?
2. Pourquoi les soldats creusaient-ils des tranchées?
3. Qui a gagné cette guerre? Comment?
4. Comment a été causée la Seconde Guerre mondiale?
5. Comment a-t-elle fini? Quelles sont ses dates?
6. Qu'est-ce que l'Union européenne? Quels en sont les avantages pour ses membres?
7. Qu'est-ce qu'on appelle *la décolonisation?*
8. Pourquoi y a-t-il en France une nouvelle diversité de la population?
9. Qu'est-ce que l'expérience socialiste? Quelles sont ses dates? Était-ce un grand succès?
10. Qu'est-ce que le TGV? Pourquoi est-il pratique en France?
11. Quels présidents (et autres) ont contribué au nouveau Paris?
12. Qu'est-ce que le palais de Bercy?
13. Pourquoi parle-t-on du «nouveau Louvre» ou «Grand Louvre»? Est-ce que le Louvre est un bâtiment récent? Expliquez.

C For answers to Ex. C, please refer to the Teacher's Manual.

14. Qu'est-ce que le Musée d'Orsay et le Centre Pompidou ont en commun? Sont-ils différents en apparence? Expliquez.
15. Combien d'opéras y a-t-il à Paris maintenant? Expliquez.
16. Est-ce que la France est une importante destination touristique? Expliquez.

D Analyse et opinion. Répondez aux questions.

1. **Les horreurs de la guerre.** Pourquoi les guerres du vingtième siècle étaient-elles si destructrices? Quelles sont les nouvelles armes? Comparez une guerre du dix-huitième siècle avec une guerre moderne.
2. **Comment expliquer la guerre.** Tout le monde sait que le résultat le plus net *(obvious)* de la guerre, c'est la mort et la destruction. Alors, pourquoi des gouvernements, en principe rationnels, font-ils des guerres?
3. **Une Europe unie.** On dit que «l'union fait la force». Est-ce le cas pour l'Union européenne? Quels sont, à votre avis, les avantages et les inconvénients d'une telle union? (Pensez, par exemple, à une union semblable entre les États-Unis, le Mexique et le Canada.)

Exprimez-vous

Prenez parti, comme le font les Parisiens. Les Parisiens sont divisés entre ceux qui rejettent automatiquement tous les nouveaux monuments (beaucoup n'ont pas encore accepté la Tour Eiffel qui est là depuis plus de cent ans!) et ceux qui sont enchantés par toute nouveauté.

La classe se divise en deux groupes: les *modernes* et les *anciens,* et chaque groupe contribue à une discussion animée du Grand Louvre, du Centre Pompidou, de l'Arche de la Défense, etc.

L'Arche de la Défense est le centre d'un quartier moderne.

Vie et littérature

Le vingtième siècle

Ce siècle est si riche en tendances diverses qu'il est impossible de toutes les indiquer en quelques lignes. Ces tendances reflètent les événements historiques que vous avez vus dans cette Étape.

Avant la Première Guerre mondiale (avant 1914)

C'est en réalité une continuation du siècle précédent avec, par exemple, Anatole France *(Le Crime de Sylvestre Bonnard, Les Dieux ont soif)*, écrivain ironique et sceptique. C'est la guerre qui va marquer une coupure[1].

Après la Première Guerre mondiale (après 1918)

Le roman connaît une grande période avec André Gide *(La Symphonie pastorale)* qui poursuit la recherche de la liberté personnelle. Marcel Proust *(À la recherche du temps perdu)* s'efforce de remonter le cours du temps pour récupérer le passé.

Comme la guerre a renversé toutes les valeurs établies, on cherche «autre chose». C'est ainsi que le mouvement surréaliste propose une poésie basée sur les mots plutôt que sur le sens (André Breton, Tristan Tzara) et qui correspond à l'art abstrait en peinture. Mais il y a aussi de grands poètes classiques comme Paul Valéry *(«Le Cimetière marin»)* et innovatifs, comme Jean Cocteau, qui écrit aussi du théâtre et des films comme *La Belle et la Bête.*

Le théâtre de Jean Anouilh va des pièces «roses» humoristiques *(Le Bal des voleurs)* aux pièces plus sombres *(L'Alouette, Antigone).*

Après la Seconde Guerre mondiale (après 1945)

Jean-Paul Sartre propose un nouveau système de pensée: l'existentialisme, relié au marxisme, qui considère que *l'existence précède l'essence,* c'est-à-dire que l'être humain se fait lui-même par la façon dont il vit sa vie *(L'Être et le Néant, La Nausée).* Albert Camus étudie l'absurde de la condition humaine *(L'Étranger, Le Mythe de Sisyphe).* Simone de Beauvoir jette les bases du féminisme *(Le Deuxième sexe).*

Le *nouveau roman* se développe surtout avec Alain Robbe-Grillet *(La Jalousie),* Michel Butor *(La Modification)* et Claude Simon *(L'Acacia).* Ces auteurs essaient de briser les règles du roman traditionnel (narration linéaire dans le temps, par exemple): pas de narration suivant l'écoulement[2] du temps, personnages anonymes, répétitions qui suivent le cours d'une pensée obsessionnelle.

Le théâtre d'Eugène Ionesco *(La Cantatrice chauve, La Leçon)* amuse par son absurdité, mais en réalité c'est une critique féroce de notre société.

[1] **coupure** break
[2] **écoulement** passing

Beaucoup de femmes écrivains

Les femmes ne sont plus une exception dans la vie littéraire. Le premier roman de Françoise Sagan, *Bonjour tristesse,* écrit quand elle avait moins de vingt ans, fait sensation. Françoise Mallet-Joris voit la famille comme la source des bouleversements modernes *(Le Rempart des béguines).* Nathalie Sarraute *(Portrait d'un inconnu)* participe au nouveau roman, mais elle étudie surtout les émotions *avant* que l'individu en prenne conscience. Marguerite Duras *(Moderato cantabile, L'Amant)* lutte contre les oppressions culturelles et morales. Marguerite Yourcenar *(Mémoires d'Hadrien)* est la première femme élue à l'Académie française (1980).

Pre-reading
Est-ce que la poésie doit obligatoirement avoir des rimes? Un certain nombre de syllabes dans chaque vers? Ou bien est-il possible d'écrire en poésie libre, sans rimes et avec un rythme libre? Expliquez et donnez des exemples.

Une littérature francophone

La francophonie, c'est l'ensemble des pays (Afrique du Nord et de l'Ouest, Madagascar, Antilles, Suisse, Belgique, Luxembourg, Québec) dont le français est soit la langue officielle, soit une langue véhiculaire.

Une littérature considérable vient aujourd'hui de ces pays. Les auteurs sont nombreux: Léopold Senghor (Sénégal), Amadou Hampâté Bâ (Mali), Aimé Césaire (Antilles), Mohammed Dib (Algérie), Albert Memmi (Tunisie), Georges Schéhadé (Liban), Georges Simenon (Belgique), Jacques Chessez (Suisse), Antonine Maillet, Gabrielle Roy (Québec). Chacun apporte la saveur de son pays natal et l'exprime en français, souvent avec ses idiomes propres.

Jacques Prévert.

«Pour faire le portrait d'un oiseau»

Jacques Prévert (1900–1977)

L'auteur Le sympathique Jacques Prévert est à la fois[1] un cinéaste et un poète. Ses films comprennent[2] le très célèbre *Les Enfants du paradis* et *Les Visiteurs du soir.*

Ses poésies sont réunies dans des recueils[3] comme *Paroles* ou *La Pluie et le beau temps.* Dans ses poèmes, Prévert s'indigne souvent contre les injustices sociales par l'ironie sarcastique, mais il sait aussi montrer une grande tendresse. Sa poésie est un parfait exemple de la liberté contemporaine, sans rimes ni rythme obligatoire. Même sa ponctuation, comme vous allez le voir, laisse beaucoup à l'imagination.

Le poème Ici, Prévert donne une «recette» pour faire le portrait d'un oiseau. Il emploie l'infinitif comme pour les instructions ou les recettes de cuisine.

Mais en réalité, ce n'est pas seulement le portrait d'un oiseau que le poète explique en termes poétiques. C'est en fait le procédé tout entier de la création artistique. L'effort ne doit pas se montrer, ni le temps passé à cette œuvre, et le succès est difficile à définir autrement que parce qu'il «chante».

[1] **à la fois** both, simultaneously
[2] **comprennent** include
[3] **recueils** collections

«Pour faire le portrait d'un oiseau»

Peindre d'abord une cage
avec une porte ouverte
peindre ensuite
quelque chose de joli
quelque chose de simple
quelque chose d'utile
pour l'oiseau
placer ensuite la toile[1] contre un arbre
dans un jardin
dans un bois
ou dans une forêt
se cacher derrière l'arbre
sans rien dire
sans bouger...
Parfois l'oiseau arrive vite
mais il peut aussi bien[2] mettre de longues années
avant de se décider
Ne pas se décourager
Attendre
Attendre s'il le faut pendant des années
la vitesse ou la lenteur de l'arrivée
de l'oiseau n'ayant aucun rapport
avec la réussite du tableau
Quand l'oiseau arrive
s'il arrive
observer le plus profond silence
attendre que l'oiseau entre dans la cage
et quand il est entré
fermer doucement la porte avec le pinceau[3]
puis
effacer un à un tous les barreaux[4]
en ayant soin de ne toucher aucune des plumes de l'oiseau
Faire ensuite le portrait de l'arbre
en choisissant la plus belle de ses branches
pour l'oiseau
peindre aussi le vert feuillage et la fraîcheur du vent
la poussière[5] du soleil
et le bruit des bêtes de l'herbe dans la chaleur de l'été
et puis attendre que l'oiseau se décide à chanter
Si l'oiseau ne chante pas
c'est mauvais signe
signe que le tableau est mauvais
mais s'il chante c'est bon signe
signe que vous pouvez signer
alors vous arrachez tout doucement
une des plumes de l'oiseau
et vous écrivez votre nom dans un coin du tableau

[1] **toile** canvas
[2] **aussi bien** just as easily
[3] **pinceau** paintbrush
[4] **barreaux** bars (of the cage)
[5] **poussière** dust

Exprimez-vous

Une recette. En suivant le modèle général de ce poème, composez un poème qui donne une «recette» pour faire quelque chose. Par exemple: *Comment passer une bonne (ou une mauvaise) journée.* Ou: *Comment se faire un nouvel ami (ou comment en perdre un).* C'est peut-être *Comment tomber amoureux* ou même *Comment écrire un poème quand on n'a pas beaucoup d'inspiration.*

La Peste

Albert Camus (1913-1960)

Pre-reading

Quel est le but de la médecine et des médecins? Quel est le but de la religion? Est-ce que les deux sont compatibles? Pourquoi?

L'auteur Albert Camus est né en Algérie, mais il a fait ses études en France et a passé sa vie adulte à Paris.

Son premier roman, *L'Étranger*[1], écrit quand il était très jeune, montre Meursault, un jeune homme indifférent à tout, incapable d'émotions, qui reste «étranger» à la vie et aux autres. Le sentiment de l'absurde, et que la vie n'a pas de sens, anime le *Mythe de Sisyphe*: Nous n'avons rien à attendre entre la vie et la mort et pas d'autres récompenses que l'action elle-même.

Mais la Deuxième Guerre mondiale le persuade que le bien et le mal existent, et que chaque être humain doit prendre une position. Il devient ainsi un humaniste. Ses personnages changent: À Meursault, le jeune homme indifférent de *L'Étranger,* il oppose dans *La Peste*[2] (1947) le docteur Rieux dont toute la vie est une lutte[3] contre la mort.

Albert Camus.

Camus a aussi écrit des pièces de théâtre et des essais, et a reçu le Prix Nobel de Littérature en 1957 pour son roman *La Chute*[4], histoire d'un homme qui refuse d'être jugé par les autres. Il est mort tragiquement et prématurément à 47 ans dans un accident automobile.

La Peste Dans ce roman, écrit juste après la Deuxième Guerre mondiale (1947), Camus imagine une épidémie de peste qui ravage une ville. Les gens, terrifiés au début, finissent par accepter les milliers de morts, avec seulement un souci: sauver leur propre vie.

On peut voir dans ce roman un *symbole:* le *fascisme (1930–1945),* qui a empoisonné l'Europe et causé tant de morts injustes, est peut-être une autre «peste*».

Dans le passage qui suit, le docteur Rieux vient d'assister à la mort d'un enfant. Le prêtre, le père Paneloux, essaie de le convaincre que cette mort incompréhensible est peut-être la volonté[5] de Dieu.

Le prêtre et le médecin

Le docteur Rieux quitta déjà la salle d'un pas si précipité[6] et avec un tel air, que lorsqu'il dépassa le père Paneloux, celui-ci tendit le bras pour le retenir.

«Allons, docteur», dit-il.

Rieux se tourna vers lui avec violence:

«Ah, celui-là, au moins, était innocent, vous le savez bien!»

Puis, il se détourna et, franchissant les portes de la salle avant Paneloux, il gagna[7] le fond de la cour. Il s'assit sur un banc. Il avait envie de crier encore. La chaleur tombait lentement entre les branches des arbres. Rieux se laissa aller sur son banc. Il regardait les branches, le ciel, retrouvant lentement sa respiration.

«Pourquoi m'avoir parlé avec cette colère?» dit une voix derrière lui. «Pour moi aussi, ce spectacle est insupportable.»

[1] ***L'Étranger*** *The Stranger*
[2] ***La Peste*** *The Plague*
[3] **lutte** struggle, fight
[4] ***La Chute*** *The Fall*
[5] **volonté** will
[6] **d'un pas si précipité** so quickly
[7] **gagna** reached

***la peste:** Although Camus may have been thinking of fascism when he wrote the book, we may choose to see in it an allegory of the spread of drugs, violence, and the proliferation of weapons that plague our society and kill innocent children.

Rieux se retourna vers le prêtre:

«C'est vrai, dit-il. Pardonnez-moi. Mais la fatigue est une folie. Et il y a des heures où je ne sens plus que ma révolte.»

«Je comprends, murmura Paneloux. Cela est révoltant parce que cela passe notre mesure. Mais peut-être devons-nous aimer ce que nous ne pouvons pas comprendre.»

Le docteur se redressa[8] d'un seul coup[9]. Il regardait le prêtre avec toute la force et la passion dont il était capable et secouait la tête.

«Non, mon père, dit-il. Je me fais une autre idée de l'amour. Et je refuserai jusqu'à la mort d'aimer cette création où des enfants sont torturés.»

Sur le visage du père Paneloux une ombre bouleversée passa:

«Ah, docteur, dit-il avec tristesse, je viens de comprendre ce qu'on appelle la grâce*.»

Mais Rieux s'était laissé aller de nouveau sur son banc. Du fond de sa fatigue revenue, il répondit avec plus de douceur:

«C'est ce que je n'ai pas, je le sais. Mais je ne veux pas discuter cela avec vous. Nous travaillons ensemble pour quelque chose qui nous réunit au-delà des blasphèmes et des prières. Cela seul est important.»

Paneloux s'assit près du docteur. Il avait l'air ému[10].

«Oui, dit-il, vous aussi vous travaillez pour le salut[11] de l'homme.»

Le docteur Rieux essaya de sourire.

«Le salut de l'homme est un trop grand mot pour moi. Je ne vais pas si loin. C'est sa santé qui m'intéresse. Sa santé d'abord.»

(Le docteur Rieux conclut en disant que lui et le père Paneloux, unis contre la mort et le mal, ne peuvent pas être séparés par Dieu.)

Abrégé de La Peste, ©*Éditions Gallimard*

[8] **se redressa** sat up straight
[9] **d'un seul coup** quickly, in one swift movement
[10] **ému** moved
[11] **salut** salvation

C'est beau, les mots!

A Le mot approprié. Complétez les phrases suivantes par le mot approprié.

1. Mille est un chiffre exact. Mais pour dire *approximativement mille*, on dit un ____ .
2. Au Moyen-Âge, et à d'autres périodes, de terribles épidémies de ____ faisaient des quantités de victimes.
3. Dans un roman, on ne dit pas *les personnes* (ou *les caractères*). On dit les ____ . Par exemple, Meursault dans *L'Étranger* et le docteur Rieux dans *La Peste* sont des ____ opposés.
4. Si vous éprouvez une très forte émotion, vous êtes ____ .
5. Le docteur travaille à la santé physique de l'homme, le prêtre au ____ de son âme.
6. Un autre terme pour *aller à* ou *arriver à*, c'est ____ . Par exemple: «Le docteur Rieux ____ le fond de la cour.»
7. Quand Camus a accepté l'idée que chaque être humain doit prendre une position en faveur du bien des autres, il est devenu un ____ .

A 1. millier
2. peste
3. personnages, personnages
4. ému(e), bouleversé(e)
5. salut
6. gagner, gagna
7. humaniste

***la grâce:** La doctrine chrétienne affirme que, pour accepter le monde, ses souffrances et ses injustices sans protester contre Dieu, nous avons besoin de *la grâce*, donnée par Dieu à ses fidèles.

B Les différents sens du même mot: *coup, salut.* Donnez une explication ou une équivalence pour chacune des expressions suivantes.

Le docteur se redressa *d'un seul coup.*
Le docteur se redressa *d'un seul mouvement.*

1. *Donnez-moi un coup de téléphone.*
2. Les boxeurs *donnent des coups de poing.*
3. Frappez trois *coups* à la porte et je l'ouvrirai.
4. *Donne-moi un coup de main pour* laver la voiture.
5. Quand je vois mes amis, je leur dis: *«Salut!»*
6. Le prêtre pense au *salut* de votre âme.
7. Les soldats font un *salut militaire* aux officiers.

B 1. Téléphonez-moi.
2. Les boxeurs frappent avec leur poing (leur main fermée).
3. Frappez trois fois à la porte et je l'ouvrirai.
4. Aide-moi à laver la voiture.
5. Quand je vois mes amis, je leur dis: «Bonjour!»
6. Le prêtre pense au bien de votre âme. Il veut qu'elle aille au Paradis.
7. Les soldats font un geste de respect (avec la main ouverte au front).

Votre réponse, s'il vous plaît

C Parlons du texte. Répondez aux questions.

1. Quelles sont les circonstances de ce passage?
2. Qui sont les personnages? Que fait chacun de ces personnages?
3. Pourquoi le docteur est-il en colère?
4. Quelle est l'attitude du prêtre? Est-ce la colère ou autre chose? Expliquez.
5. Le docteur a-t-il la même attitude? Pourquoi?
6. Qu'est-ce qui révolte les deux hommes?
7. Quel est le but commun du prêtre et du médecin?

C For answers to Ex. C, please refer to the Teacher's Manual.

D Analyse et opinion. Répondez aux questions.

1. **Le Nazisme.** Le Nazisme (la politique de Hitler) qui a ravagé l'Europe de 1930 à 1945, était, entre autres, raciste. Pourquoi peut-on le symboliser par la peste?
2. **La grâce.** Pourquoi le père Paneloux dit-il: «Je viens de comprendre ce qu'on appelle la grâce»?
3. **Le médecin et le prêtre.** Quelles sont les similarités entre le médecin et le prêtre? Quelles sont les différences?

Exprimez-vous

Vous et l'injustice. Si vous voyez une terrible injustice, par exemple la mort d'un enfant innocent, quelle est votre attitude: la colère, la révolte devant notre monde imparfait? Au contraire êtes-vous résigné(e) et acceptez-vous cette manifestation de la volonté de Dieu? Qu'est-ce que votre attitude indique sur vos convictions personnelles?

Moderato cantabile

Marguerite Duras (1914–1996)

L'auteur Marguerite Duras est née en Indochine (Viêt-Nam) mais elle a passé sa vie adulte en France. Elle a écrit des romans (*Moderato cantabile, La Vie tranquille, Le Marin de Gibraltar, L'Amant*), le scénario du film *Hiroshima mon amour* et des pièces de théâtre (*L'Amante anglaise*).

Toute son œuvre est un cri d'amour contre la mort et la persécution sous toutes ses formes.

La leçon de piano Cette scène est le début de *Moderato cantabile* (1958). Un petit garcon est amené par sa mère, Anne Desbarèdes, chez une dame, professeur de piano, pour une leçon.

Pre-reading

1. Quand vous étiez enfant, avez-vous été obligé(e) de faire des choses que vous détestiez? (Leçons de musique, leçons de danse, d'autre chose, par exemple?)
2. Quelle était votre réaction quand quelqu'un (votre mère, votre père) prenait votre défense? Étiez-vous heureux(-se)?

«Veux-tu lire ce qu'il y a d'écrit au-dessus de ta partition[1]?» demanda la dame.

«*Moderato cantabile*», dit l'enfant.

La dame ponctua cette réponse d'un coup de crayon sur le clavier[2]. L'enfant resta immobile, la tête tournée vers la partition.

«Et qu'est-ce que ça veut dire, *moderato cantabile?*» reprit la dame.

«Je ne sais pas.»

Sa mère, assise à trois mètres de là, soupira.

«Tu es sûr de ne pas savoir ce que ça veut dire, *moderato cantabile?*» reprit la dame.

L'enfant ne répondit pas. La dame poussa un cri[3] d'impuissance étouffé[4], et frappa de nouveau le clavier de son crayon. L'enfant ne bougea pas. La dame se retourna:

«Madame Desbarèdes*, quelle tête il a, cet enfant[5]!»

Anne Desbarèdes soupira une nouvelle fois.

«À qui le dites-vous[6]», dit-elle.

La dame répéta:

«Je te l'ai dit la dernière fois, je te l'ai dit cent fois, tu es sûr de ne pas le savoir?»

L'enfant jugea bon de ne pas répondre. La fureur de la dame augmenta. Anne Desbarèdes regarda son fils avec quelque chose comme de l'admiration.

«Ce qu'il y a, continua la dame, c'est que tu ne veux pas le dire.»

Anne Desbarèdes considéra son fils des pieds à la tête mais d'une autre façon que la dame.

«Tu vas le dire tout de suite», hurla la dame.

«C'est un enfant difficile», dit Anne Desbarèdes avec une certaine timidité.

L'enfant tourna la tête vers elle, puis reprit sa pose d'objet, face à la partition.

«Je ne veux pas savoir s'il est difficile ou non», dit la dame. Difficile ou pas, il faut qu'il obéisse, ou bien... »

Les Editions de Minuit
"double"
MARGUERITE DURAS
MODERATO
CANTABILE

[1] **partition** sheet music
[2] **clavier** keyboard
[3] **poussa un cri** let out a cry
[4] **étouffé** stifled, muffled
[5] **quelle... enfant** this child is so stubborn
[6] **À qui le dites-vous** You're telling me!

***prononcez:** day/bah/red

Le bruit de la mer entra par la fenêtre... Une vedette[7] passa dans le cadre[8] de la fenêtre ouverte. L'enfant, tourné vers sa partition, remua[9] à peine, alors que—seule sa mère le savait—la vedette lui passait dans le sang. Le rose de la journée finissante colorait le ciel tout entier. D'autres enfants, ailleurs, sur les quais, regardaient.

«Sûr, vraiment, une dernière fois, tu es sûr?»

La vedette passait encore.

«Quel métier, quel métier», gémit la dame.

La vedette finit de traverser le cadre de la fenêtre ouverte. Le bruit de la mer s'éleva, seul, dans le silence de l'enfant.

«Moderato?»

L'enfant ouvrit sa main, se déplaça[10] et se gratta[11] légèrement le mollet[12].

«Je ne sais pas», dit-il après s'être gratté.

Les couleurs du soleil couchant devinrent si glorieuses qu'elle modifièrent la blondeur de l'enfant.

«C'est facile», dit la dame un peu plus calmement.

«Quel enfant j'ai fait là, dit Anne Desbarèdes joyeusement, mais quel enfant j'ai fait là! Comment se fait-il qu'il[13] soit venu entêté[14] comme ça?»

La dame ne crut pas bon de remarquer tant d'orgueil[15].

[7] **vedette** motorboat
[8] **cadre** frame
[9] **remua** moved
[10] **se déplaça** changed position, moved
[11] **se gratta** scratched
[12] **mollet** calf
[13] **Comment se fait-il qu'il** How is it that he, How did he
[14] **entêté** stubborn
[15] **orgueil** pride

«La Leçon de piano» par Henri Matisse.

(Été 1916, Museum of Modern Art, New York)

«Ça veut dire, dit-elle à l'enfant, écrasée[16], pour la centième fois, ça veut dire *modéré et chantant.*»

«Modéré et chantant», dit l'enfant, indifférent.

«Terrible, dit Anne Desbarèdes en riant, têtu comme une chèvre! Terrible.»

«Recommence», dit la dame.

L'enfant ne recommença pas. On entendit de nouveau le bruit de la mer dans le silence de son obstination. Le rose du ciel augmenta.

«Je ne veux pas apprendre le piano», dit l'enfant.

Abrégé de Moderato cantabile, *©Éditions de Minuit*

[16] **écrasée** wearily

C'est beau, les mots!

A Le mot approprié. Complétez les phrases suivantes par le mot approprié.

1. La musique que vous jouez (ou que vous chantez) est écrite sur une ___ musicale.
2. Si vous n'avez pas de succès, pas d'autorité, vous êtes ___ .
3. Les touches *(keys)* noires et blanches d'un piano forment le ___ .
4. Vous mettez une photo ou une peinture dans un ___ .
5. Un ___ , c'est une profession, une occupation spécialisée.
6. Le matin, le ciel est coloré par le soleil levant et le soir par le soleil ___ .
7. Une personne qui refuse absolument de changer d'avis ou d'obéir est ___ . On dit aussi que cette personne est ___ .
8. La vanité est un sentiment de fierté injustifiée. Par contre, l' ___ est une fierté justifiée.
9. Le terme opposé à *rester immobile,* c'est ___ ou bouger.
10. Un autre terme pour *la manière,* c'est la ___ .

A 1. partition
2. impuissant(e)
3. clavier
4. cadre
5. métier
6. couchant
7. entêtée, têtue (têtue, entêtée)
8. orgueil
9. remuer
10. façon

B Quelques expressions. Quel est le sens?

1. Quelle tête il a:
   a. Il est entêté.
   b. Il a une tête bizarre.
2. À qui le dites-vous:
   a. Ne le dites à personne.
   b. Je le sais très bien.
3. Comment se fait-il qu'il soit venu entêté comme ça?
   a. Il est entêté quand il vient chez cette dame.
   b. Je ne comprends pas pourquoi il est né si entêté.
4. *moderato cantabile:* C'est un terme italien parce que:
   a. C'est une partition de musique italienne.
   b. Ce genre d'instructions (comme *allegro, andante, pianissimo,* etc.) est généralement en italien sur les partitions.

B 1. a
2. b
3. b
4. b

Votre réponse, s'il vous plaît

C Parlons du texte. Répondez aux questions.

1. Quels sont les personnages de cette scène?
2. Pourquoi cet enfant est-il là? Quelle est son attitude: indifférente? révoltée? Est-il content d'être là?
3. Comment manifeste-t-il ses sentiments?
4. Quelle est la réaction du professeur de piano à l'attitude de l'enfant?
5. À quel moment de la journée se passe cette scène? Comment le savons-nous?
6. Quelle est la conclusion de la scène? Est-ce une surprise pour vous? Pourquoi?

C 1. Les personnages de cette scène sont: le petit garçon, sa mère et son professeur de piano.
2. L'enfant est là parce qu'il a une leçon de piano. Il n'est pas content d'être là. Il ne veut pas apprendre le piano.
3. Il manifeste ses sentiments en regardant sa partition au lieu de regarder son professeur et en refusant de répondre à la question du professeur.
4. Elle croit que l'enfant est têtu. Elle se met en colère contre lui. Elle hurle, elle insiste pour qu'il réponde, etc.
5. Cette scène se passe au coucher du soleil. Nous le savons parce qu'il est question, dans le texte, des «couleurs du soleil couchant» et du «rose de la journée finissante».
6. À la fin de la scène l'enfant dit qu'il ne veut pas apprendre le piano. *Answers will vary.*

D Analyse et opinion. Répondez aux questions.

1. **L'attitude de la mère.** Cherchez les termes qui caractérisent l'attitude de la mère du petit garçon. Quelles conclusions en tirez-vous: Elle est *avec,* ou *contre,* son fils? Expliquez. Si vous étiez dans la situation du petit garçon, seriez-vous heureux de l'attitude de votre mère? Pourquoi?
2. **Le professeur de piano.** Que pensez-vous des méthodes et de l'attitude du professeur de piano? Apprendriez-vous à jouer du piano avec des méthodes semblables?

Exprimez-vous

L'oppression. Marguerite Duras est *contre* l'oppression. Voyez-vous un exemple d'oppression dans ce texte? Expliquez.

Est-il vrai que les enfants sont souvent opprimés par les adultes? Cherchez des exemples pour justifier votre réponse.

Un terrain de jeu moderne dans un quartier résidentiel à Paris. Les enfants ont nommé le serpent Toto.

*Amkoullel l'enfant peul**

Amadou Hampâté Bâ (1900-1991)

Pre-reading
Vous êtes en voyage, seul(e) avec votre mère, très loin de chez vous. Soudain, elle tombe malade. Que faites-vous? Quelle est la réaction probable des gens qui vous entourent?

L'auteur Amadou Hampâté Bâ est une des grandes figures de la sagesse[1] et de la culture africaines. Il est né au Mali, a vécu en Afrique et en France, où il fut membre du Conseil exécutif de l'UNESCO**.

Écrivain, historien, penseur et conteur, il a mené un combat pour sauver les richesses et les valeurs des cultures orales africaines. Il a fait un effort pour encourager le dialogue entre cultures et civilisations. Il est célèbre, entre autres, pour ses ouvrages[2] autobiographiques, qui racontent un siècle de vie africaine.

Amadou Hampâté Bâ est une grande figure de la culture africaine.

L'œuvre *Amkoullel l'enfant peul* (premier tome[3] de ses *Mémoires*) est un récit[4] autobiographique, où Bâ raconte sa vie en Afrique, au Mali, au début du XXe siècle. Le livre a gagné le Prix Tropiques en 1991.

La mère du petit Amkoullel est allée rejoindre son mari, retenu[5] dans un village très éloigné[6]. En cours de route elle est forcée de s'arrêter au village de Donngorna, dont la population est d'une autre ethnie.

Amkoullel, qui n'a que quatre ans, ne comprend rien à ce qui se passe. Il croit que sa mère va mourir et il pleure.

Naissance de mon petit frère

Koudi, notre servante, m'emmena chez la femme du chef du village. Celle-ci, pour me calmer, me donna une poignée[7] d'arachides bouillies[8].

«Tu vas avoir un petit frère ou une petite sœur, me dit-elle en souriant. Il faut attendre ici.»

J'entendais Koudi répéter comme une litanie: «Youssoufi! Youssoufi!» Instinctivement, je me mis aussi à crier: «Youssoufi! Youssoufi!» Plus tard, j'apprendrai que Youssoufi (le prophète Joseph) était le patron[9] des mères et que l'invocation de son nom devait faciliter la naissance.

Tout à coup, j'entendis les vagissements[10] d'un nouveau-né. Koudi m'appela:

«Amkoullel, viens! Tu as un petit frère!»

Je courus vers ma mère. Son visage était souriant. Koudi tenait devant elle un gros garçon au teint clair, qui avait le front[11] haut et la chevelure[12] abondante. Le bébé, apparemment furieux, crispait[13] son petit visage et n'arrêtait pas de pleurer. Koudi le calmait d'une voix douce, l'appelant du joli nom traditionnel que l'on donne à tous les nouveaux-nés avant qu'ils n'aient reçu leur nom véritable:

«Ô bienheureux[14] Woussou-Woussou! Sois le bienvenu parmi nous! Apporte-nous longévité, santé et fortune. Ne pleure pas, Woussou-Woussou... Tu es ici chez toi.»

Elle se tourna vers moi:

«Amkoullel, voici ton petit frère que ta maman a fait exprès[15] pour toi. Il est à toi.

—Pourquoi pleure-t-il? Il n'est pas content?»

***peul:** an important ethnic group in Mali.
****UNESCO:** United Nations Educational, Scientific and Cultural Organization, a branch of the United Nations concerned with promoting better understanding among people through cultural exchanges.

[1] **sagesse** wisdom
[2] **ouvrages** works
[3] **tome** volume
[4] **récit** account
[5] **retenu** detained
[6] **éloigné** far away, distant
[7] **poignée** handful
[8] **arachides bouillies** boiled peanuts
[9] **patron** patron saint (protector)
[10] **vagissements** wailing
[11] **front** forehead
[12] **chevelure** head of hair
[13] **crispait** tensed up
[14] **bienheureux** blessed
[15] **exprès** expressly, specially

Avant qu'elle ne me réponde, je vis une vieille femme arriver dans la cour, chargée des cadeaux traditionnels servant à laver et à masser[16] l'enfant: du savon, du sel, du miel[17], du beurre de karité*. Ma mère se prépara à laver le bébé et à masser son petit corps, suivant la coutume des mamans africaines.

Peu après, le doyen[18] du village, vêtu d'une tunique jaune, arriva à son tour, appuyé[19] sur son bâton[20] cérémonial. Il demanda une calebasse[21] d'eau claire, puis s'accroupit[22] auprès du nouveau-né et lui dit:

«Sois le bienvenu! Voici ton eau de bon accueil**. Accepte-la en échange de notre bien-être et notre longévité.» Il tendit la calebasse à ma mère:

«Verses-en quelques gouttes[23] dans la bouche de ton fils», lui dit-il. Quand ce fut fait, il ajouta, s'adressant au bébé:

«Nous ne savons pas encore comment ton père te nommera. Pour nous, tu es *Njî Donngorna,* l'envoyé du ciel aux habitants de Donngorna.»

Après son départ, chaque famille vint offrir quelque chose au petit Njî Donngorna: Un poulet de bienvenue, une boule de karité enveloppée dans des feuilles fraîches, des tomates, du mil[24], du maïs[25]... Plus tard, le crieur public parcourut les ruelles[26] du village en criant qu'il fallait dîner tôt, car le dieu Komo ferait une apparition le soir même en l'honneur du nouveau-né.

[16] **masser** massage
[17] **miel** honey
[18] **doyen** eldest person
[19] **appuyé** leaning
[20] **bâton** stick
[21] **calebasse** gourd
[22] **s'accroupit** crouched down
[23] **Verses-en...gouttes** Pour a few drops
[24] **mil** millet (a type of cereal)
[25] **maïs** corn
[26] **ruelles** alleys, narrow streets

Chapitre abrégé et adapté, extrait de Amkoullel l'enfant peul

C'est beau, les mots!

A **Le mot approprié.** Complétez les phrases suivantes par le mot approprié.

1. Les ___ servent à faire de l'huile. On les appelle aussi des cacahuètes.
2. Le cri d'un bébé nouveau-né, c'est un ___ .
3. Si une personnalité religieuse vous protège, c'est votre ___ .
4. Si vous êtes nerveux, pas relax, vous êtes probablement ___ .
5. Celui qui est très heureux, parce qu'il est favorisé du ciel, est ___ .
6. Les abeilles *(bees)* produisent le ___ dans leur ruche *(hive).*
7. Une très petite quantité de liquide, c'est une ___ . (On la dispense parfois avec un compte- ___ .)
8. Le ___ , un très petit grain, et le ___ , un gros grain jaune, sont des céréales africaines.
9. Une petite rue étroite entre des maisons est une ___ .

A 1. arachides
2. vagissement
3. patron
4. crispé
5. bienheureux
6. miel
7. goutte, gouttes
8. mil, maïs
9. ruelle

***karité:** a tree, in tropical Africa, whose large seeds produce a substance very much like butter.
****ton eau de bon accueil:** Donner quelques gouttes à boire à l'enfant correspond à un geste africain traditionnel de bienvenue.

Votre réponse, s'il vous plaît

B Vrai ou faux? Si c'est faux, quelle est la phrase correcte?

1. Cet épisode se passe en Europe.
2. La maman a expliqué à Amkoullel qu'elle va avoir un bébé.
3. Amkoullel et sa mère sont en voyage, loin de leur village.
4. Les habitants de ce village sont hostiles à cette femme et son enfant.
5. Nous apprenons plusieurs coutumes africaines dans ce texte.
6. Les habitants du village apportent beaucoup de cadeaux au nouveau-né.

B 1. Faux. Cet épisode se passe en Afrique (subsaharienne).
2. Faux. Il ne comprend pas ce qui se passe.
3. Vrai.
4. Faux. Les habitants de ce village accueillent cette femme et son enfant. (Cette femme et son enfant sont les bienvenus dans ce village.)
5. Vrai.
6. Vrai.

C Parlons du texte. Répondez aux questions.

1. Que savez-vous (sans répéter le texte) sur l'auteur?
2. De quel pays est-il? Situez ce pays sur une carte d'Afrique. Est-ce l'Afrique du Nord ou l'Afrique subsaharienne?
3. De quel livre est tiré ce texte? Quel est le sujet de ce livre?
4. Pourquoi le petit Amkoullel a-t-il peur? Comment la femme du chef du village le console-t-elle? Et qu'est-ce qu'on lui donne?
5. Comment est le petit frère? Pensez-vous qu'il est vraiment furieux?
6. Quels sont les produits nécessaires pour laver et masser le nouveau-né?
7. Quel important personnage du village vient voir le bébé? Que fait-il?
8. Comment appelle-t-on tous les bébés à leur naissance? Et quel nom flatteur le doyen du village donne-t-il au nouveau-né? Celui-ci aura-t-il un autre nom? Donné par qui?

C For answers to Ex. C, please refer to the Teacher's Manual.

D Analyse et opinion. Répondez aux questions.

1. **La culture africaine.** Vous découvrez plusieurs coutumes africaines dans ce texte. Quelles sont-elles? Qu'est-ce que ces coutumes indiquent? (Hostilité? Solidarité? Générosité? Respect de l'enfant? Importance du nouveau-né dans le groupe? Autre chose?)
2. **Comparez deux cultures.** Une jeune mère, avec son enfant, est en voyage dans *votre* région. Elle doit s'arrêter pour donner naissance. Quelle est l'attitude des habitants comparée à celle des habitants de ce village africain? Quelles conclusions en tirez-vous?

Exprimez-vous

Le nouveau-né. C'est une discussion pour la classe. Avez-vous eu un petit frère ou une petite sœur dont vous vous rappelez la naissance? Racontez quelles étaient vos premières réactions: joie? orgueil? Avez-vous changé d'avis ensuite? Pourquoi? Étiez-vous jaloux(-se)? Expliquez.

(Si ce n'était pas un petit frère ou une petite sœur, c'était peut-être un neveu ou une nièce? Un petit cousin ou une petite cousine? dont l'arrivée a eu un impact sur votre vie.)

PLAISIR DES YEUX

L'Art du vingtième siècle

Après la révolution commencée par les Impressionnistes, l'art du vingtième siècle subit une transformation totale.

«Prismes électriques» de Sonia *Delaunay.* Sans chercher de sujet concret, il faut admirer les couleurs et la composition de cette œuvre abstraite.

Au début du siècle, des artistes comme Braque et surtout Picasso commencent à décomposer les objets en cubes: c'est le *cubisme*. Puis, ils les représentent vus sous différents angles. *Les Trois musiciens,* de Picasso, illustrent bien l'influence du cubisme et de la perspective multiple.

Vers la même période, Sonia Delaunay est parmi les peintres dont il faut regarder les œuvres sans essayer de deviner leur sujet. C'est la peinture *abstraite.* Il faut seulement admirer le jeu des couleurs et la composition.

Raoul Dufy se place entre la peinture représentative et l'abstraction. On l'admire pour sa fantaisie et la ligne légère de son dessin. *La Fée électricité* montre un orchestre entouré de paysages. Dufy suggère-t-il que, grâce à l'électricité, on peut entendre la musique de cet orchestre dans le monde entier?

Henri Matisse est un des grands noms de la peinture. Dans les dernières années de sa vie, il compose des collages de papiers découpés. *La Tristesse du roi* est un immense collage. Son sujet? C'est à chacun de le déterminer. Mais est-il indispensable d'avoir un sujet?

En art moderne, il faut se poser la question: «Peut-on admirer un tableau sans reconnaître son sujet? Peut-on éprouver une émotion sans le comprendre?» Si votre réponse est *oui*, vous êtes un amateur de l'art d'aujourd'hui.

«Les Trois musiciens» de Pablo *Picasso.* Ces figures angulaires sont dérivées du cubisme.

(Été 1921, Museum of Modern Art, New York)

«La Fée électricité» de Raoul Dufy. L'électricité était la merveille du siècle! C'est la «fée électricité» qui permet à cet orchestre d'être entendu partout.

Discussion

1. **La peinture moderne.** Qu'est-ce qui caractérise la peinture du vingtième siècle?
2. **L'art abstrait.** Qu'est-ce que l'art abstrait? Comment les peintres sont-ils passés de l'impressionnisme à l'abstraction?
3. **Un sujet concret.** À votre avis, un sujet concret est-il indispensable en peinture? Pourquoi?
4. **À votre avis.** Est-il possible d'aimer et d'admirer une peinture sans la comprendre? Pourquoi?

«La Tristesse du roi» d'Henri Matisse. C'est un immense collage de papiers peints, dont le spectateur peut essayer d'imaginer le sujet. Mais un sujet est-il absolument nécessaire?

Tableaux des conjugaisons

I. The auxiliary verbs **avoir** and **être**

	AVOIR (to have)		**ÊTRE** (to be)	
	Infin. prés.: avoir / ***passé:*** avoir eu	***Part. prés.:*** ayant / ***passé:*** eu	***Infin. prés.:*** être / ***passé:*** avoir été	***Part. prés.:*** étant / ***passé:*** été
INDICATIF				
	Prés.	***Passé composé***	***Prés.***	***Passé composé***
j (e)	ai	ai eu	suis	ai été
tu	as	as eu	es	as été
il	a	a eu	est	a été
nous	avons	avons eu	sommes	avons été
vous	avez	avez eu	êtes	avez été
ils	ont	ont eu	sont	ont été
	Imparf.	***Plus-que-parf.***	***Imparf.***	***Plus-que-parf.***
j (e)	avais	avais eu	étais	avais été
tu	avais	avais eu	étais	avais été
il	avait	avait eu	était	avait été
nous	avions	avions eu	étions	avions été
vous	aviez	aviez eu	étiez	aviez été
ils	avaient	avaient eu	étaient	avaient été
	Futur	***Futur antér.***	***Futur***	***Futur antér.***
j (e)	aurai	aurai eu	serai	aurai été
tu	auras	auras eu	seras	auras été
il	aura	aura eu	sera	aura été
nous	aurons	aurons eu	serons	aurons été
vous	aurez	aurez eu	serez	aurez été
ils	auront	auront eu	seront	auront été
	Passé déf. (litt.)	***Passé antér. (litt.)***	***Passé déf. (litt.)***	***Passé antér. (litt.)***
j (e)	eus	eus eu	fus	eus été
tu	eus	eus eu	fus	eus été
il	eut	eut eu	fut	eut été
nous	eûmes	eûmes eu	fûmes	eûmes été
vous	eûtes	eûtes eu	fûtes	eûtes été
ils	eurent	eurent eu	furent	eurent été
CONDITIONNEL				
	Prés.	***Passé (parf.)***	***Prés.***	***Passé (parf.)***
j (e)	aurais	aurais eu	serais	aurais été
tu	aurais	aurais eu	serais	aurais été
il	aurait	aurait eu	serait	aurait été
nous	aurions	aurions eu	serions	aurions été
vous	auriez	auriez eu	seriez	auriez été
ils	auraient	auraient eu	seraient	auraient été
SUBJONCTIF				
	Prés.	***Passé (parf.)***	***Prés.***	***Passé (parf.)***
que j (e)	aie	aie eu	sois	aie été
que tu	aies	aies eu	sois	aies été
qu'il	ait	ait eu	soit	ait été
que nous	ayons	ayons eu	soyons	ayons été
que vous	ayez	ayez eu	soyez	ayez été
qu'ils	aient	aient eu	soient	aient été
IMPÉRATIF				
	aie, ayons, ayez		sois, soyons, soyez	

II. Regular verbs: There are 3 groups of regular verbs. Their infinitives end in **-er, -ir,** or **-re.**

1. –er: **DONNER** (to give)		2. –ir: **FINIR** (to finish)		3. –re: **ATTENDRE** (to wait for)	
Infin. prés.	***Part. prés.***	***Infin. prés.***	***Part. prés.***	***Infin. prés.***	***Part. prés.***
donner	donnant	finir	finissant	attendre	attendant
Infin. passé	***Part. passé***	***Infin. passé***	***Part. passé***	***Infin. passé***	***Part. passé***
avoir donné	donné	avoir fini	fini	avoir attendu	attendu

Indicatif

	Prés.	***Passé composé***	***Prés.***	***Passé composé***	***Prés.***	***Passé composé***
j (e)	donn e	ai donné	fin is	ai fini	attend s	ai attendu
tu	donn es	as donné	fin is	as fini	attend s	as attendu
il	donn e	a donné	fin it	a fini	attend	a attendu
nous	donn ons	avons donné	fin iss ons	avons fini	attend ons	avons attendu
vous	donn ez	avez donné	fin iss ez	avez fini	attend ez	avez attendu
ils	donn ent	ont donné	fin iss ent	ont fini	attend ent	ont attendu

	Imparf.	***Plus-que-parf.***	***Imparf.***	***Plus-que-parf.***	***Imparf.***	***Plus-que-parf.***
j (e)	donn ais	avais donné	fin iss ais	avais fini	attend ais	avais attendu
tu	donn ais	avais donné	fin iss ais	avais fini	attend ais	avais attendu
il	donn ait	avait donné	fin iss ait	avait fini	attend ait	avait attendu
nous	donn ions	avions donné	fin iss ions	avions fini	attend ions	avions attendu
vous	donn iez	aviez donné	fin iss iez	aviez fini	attend iez	aviez attendu
ils	donn aient	avaient donné	fin iss aient	avaient fini	attend aient	avaient attendu

	Futur	***Futur antér.***	***Futur***	***Futur antér.***	***Futur***	***Futur antér.***
j (e)	donner ai	aurai donné	finir ai	aurai fini	attendr ai	aurai attendu
tu	donner as	auras donné	finir as	auras fini	attendr as	auras attendu
il	donner a	aura donné	finir a	aura fini	attendr a	aura attendu
nous	donner ons	aurons donné	finir ons	aurons fini	attendr ons	aurons attendu
vous	donner ez	aurez donné	finir ez	aurez fini	attendr ez	aurez attendu
ils	donner ont	auront donné	finir ont	auront fini	attendr ont	auront attendu

	Passé déf. (litt.)	***Passé antér. (litt.)***	***Passé déf. (litt.)***	***Passé antér. (litt.)***	***Passé déf. (litt.)***	***Passé antér. (litt.)***
j (e)	donn ai	eus donné	fin is	eus fini	attend is	eus attendu
tu	donn as	eus donné	fin is	eus fini	attend is	eus attendu
il	donn a	eut donné	fin it	eut fini	attend it	eut attendu
nous	donn âmes	eûmes donné	fin îmes	eûmes fini	attend îmes	eûmes attendu
vous	donn âtes	eûtes donné	fin îtes	eûtes fini	attend îtes	eûtes attendu
ils	donn èrent	eurent donné	fin irent	eurent fini	attend irent	eurent attendu

Conditionnel

	Prés.	***Passé (parf.)***	***Prés.***	***Passé (parf.)***	***Prés.***	***Passé (parf.)***
j (e)	donner ais	aurais donné	finir ais	aurais fini	attendr ais	aurais attendu
tu	donner ais	aurais donné	finir ais	aurais fini	attendr ais	aurais attendu
il	donner ait	aurait donné	finir ait	aurait fini	attendr ait	aurait attendu
nous	donner ions	aurions donné	finir ions	aurions fini	attendr ions	aurions attendu
vous	donner iez	auriez donné	finir iez	auriez fini	attendr iez	auriez attendu
ils	donner aient	auraient donné	finir aient	auraient fini	attendr aient	auraient attendu

Subjonctif

	Prés.	***Passé (parf.)***	***Prés.***	***Passé (parf.)***	***Prés.***	***Passé (parf.)***
que j (e)	donn e	aie donné	fin iss e	aie fini	attend e	aie attendu
que tu	donn es	aies donné	fin iss es	aies fini	attend es	aies attendu
qu'il	donn e	ait donné	fin iss e	ait fini	attend e	ait attendu
que nous	donn ions	ayons donné	fin iss ions	ayons fini	attend ions	ayons attendu
que vous	donn iez	ayez donné	fin iss iez	ayez fini	attend iez	ayez attendu
qu'ils	donn ent	aient donné	fin iss ent	aient fini	attend ent	aient attendu

Impératif

donn e	fin is	attend s
donn ons	fin iss ons	attend ons
donn ez	fin iss ez	attend ez

III. **-er** verbs with spelling changes

A. Verbs in -er with a change of accent: **mener** and **préférer.**

MENER* (to lead)

Infin. prés.: mener ***Part. prés.:*** menant
passé: avoir mené ***passé:*** mené

INDICATIF

	Prés.	*Futur*	*Imparf.*	*Passé litt.*
j (e)	mène	mènerai	menais	menai
tu	mènes	mèneras	menais	menas
il	mène	mènera	menait	mena
nous	menons	mènerons	menions	menâmes
vous	menez	mènerez	meniez	menâtes
ils	mènent	mèneront	menaient	menèrent

CONDITIONNEL — **SUBJONCTIF**

	Prés.		*Prés.*
j (e)	mènerais	***que j (e)***	mène
tu	mènerais	***que tu***	mènes
il	mènerait	***qu'il***	mène
nous	mènerions	***que nous***	menions
vous	mèneriez	***que vous***	meniez
ils	mèneraient	***qu'ils***	mènent

IMPÉRATIF: mène, menons, menez

PRÉFÉRER** (to prefer)

Infin. prés.: préférer ***Part. prés.:*** préférant
passé: avoir préféré ***passé:*** préféré

INDICATIF

	Prés.	*Futur*	*Imparf.*	*Passé litt.*
j (e)	préfère	préférerai	préférais	préférai
tu	préfères	préféreras	préférais	préféras
il	préfère	préférera	préférait	préféra
nous	préférons	préférerons	préférions	préférâmes
vous	préférez	préférerez	préfériez	préférâtes
ils	préfèrent	préféreront	préféraient	préférèrent

CONDITIONNEL — **SUBJONCTIF**

	Prés:		*Prés.*
j (e)	préférerais	***que j (e)***	préfère
tu	préférerais	***que tu***	préfères
il	préférerait	***qu'il***	préfère
nous	préférerions	***que nous***	préférions
vous	préféreriez	***que vous***	préfériez
ils	préféreraient	***qu'ils***	préfèrent

IMPÉRATIF: préfère, préférons, préférez

B. Verbs that double their consonant. A few verbs, instead of adding an accent grave, double their consonant (*l* or *t*): **appeler (jeter).**

APPELER (to call)

Infin. prés.: appeler ***Part. prés.:*** appelant
passé: avoir appelé ***passé:*** appelé

	INDICATIF *Prés.*	*Futur*	*Imparf.*	*Passé litt.*	**CONDITIONNEL** *Prés.*	**SUBJONCTIF**	*Prés.*
j (e)	appelle	appellerai	appelais	appelai	appellerais	***que j (e)***	appelle
tu	appelles	appelleras	appelais	appelas	appellerais	***que tu***	appelles
il	appelle	appellera	appelait	appela	appellerait	***qu'il***	appelle
nous	appelons	appellerons	appelions	appelâmes	appellerions	***que nous***	appelions
vous	appelez	appellerez	appeliez	appelâtes	appelleriez	***que vous***	appeliez
ils	appellent	appelleront	appelaient	appelèrent	appelleraient	***qu'ils***	appellent

IMPÉRATIF: appelle, appelons, appelez

On the pattern of **appeler: s'appeler** (to be called), **rappeler** (to call back), **jeter** (to throw), **rejeter** (to reject).

C. Verbs with a **y** that changes to i: **ennuyer**

ENNUYER (to bother, to annoy)

Infin. prés.: ennuyer ***Part. prés.:*** ennuyant
passé: avoir ennuyé ***passé:*** ennuyé

	INDICATIF *Prés.*	*Futur*	*Imparf.*	*Passé litt.*	**CONDITIONNEL** *Prés.*	**SUBJONCTIF**	*Prés.*
j (e)	ennuie	ennuierai	ennuyais	ennuyai	ennuierais	***que j (e)***	ennuie
tu	ennuies	ennuieras	ennuyais	ennuyas	ennuierais	***que tu***	ennuies
il	ennuie	ennuiera	ennuyait	ennuya	ennuierait	***qu'il***	ennuie
nous	ennuyons	ennuierons	ennuyions	ennuyâmes	ennuierions	***que nous***	ennuyions
vous	ennuyez	ennuierez	ennuyiez	ennuyâtes	ennuieriez	***que vous***	ennuyiez
ils	ennuient	ennuieront	ennuyaient	ennuyèrent	ennuieraient	***qu'ils***	ennuient

IMPÉRATIF: ennuie, ennuyons, ennuyez

On the pattern of **ennuyer: s'ennuyer** (to be bored), **payer** (to pay)

*Note that verbs like **mener, amener, (r)emmener, ramener, lever** and **acheter** which do not have an accent in their infinitive form, have an *accent grave* in the future and conditional forms.
Verbs like **préférer, répéter, espérer, céder, régler which have an *accent aigu* in their infinitive form retain this accent in the future and conditional forms.

IV. Irregular verbs

A. Irregular verbs in **-er** (1st group). There are only 2 irregular verbs in the first group: **aller** and **envoyer.**

1. **ALLER** (to go)

Infin. prés.: aller ***Part. prés.:*** allant
passé: être allé ***passé:*** allé

	INDICATIF Prés.	Futur	Imparf.	Passé litt.	CONDITIONNEL Prés.	SUBJONCTIF	Prés.
j (e)	vais	irai	allais	allai	irais	***que j (e)***	aille
tu	vas	iras	allais	allas	irais	***que tu***	ailles
il	va	ira	allait	alla	irait	***qu'il***	aille
nous	allons	irons	allions	allâmes	irions	***que nous***	allions
vous	allez	irez	alliez	allâtes	iriez	***que vous***	alliez
ils	vont	iront	allaient	allèrent	iraient	***qu'ils***	aillent

IMPÉRATIF: va, allons, allez

2. **ENVOYER** (to send)

Infin. prés.: envoyer ***Part. prés.:*** envoyant
passé: avoir envoyé ***passé:*** envoyé

	INDICATIF Prés.	Futur	Imparf.	Passé litt.	CONDITIONNEL Prés.	SUBJONCTIF	Prés.
j (e)	envoie	enverrai	envoyais	envoyai	enverrais	***que j (e)***	envoie
tu	envoies	enverras	envoyais	envoyas	enverrais	***que tu***	envoies
il	envoie	enverra	envoyait	envoya	enverrait	***qu'il***	envoie
nous	envoyons	enverrons	envoyions	envoyâmes	enverrions	***que nous***	envoyions
vous	envoyez	enverrez	envoyiez	envoyâtes	enverriez	***que vous***	envoyiez
ils	envoient	enverront	envoyaient	envoyèrent	enverraient	***qu'ils***	envoient

IMPÉRATIF: envoie, envoyons, envoyez

B. Irregular verbs in **-ir** (2nd group). There are several irregular verbs in this group. The most important are:

3. **DORMIR** (to sleep)

Infin. prés.: dormir ***Part. prés.:*** dormant
passé: avoir dormi ***passé:*** dormi

	INDICATIF Prés.	Futur	Imparf.	Passé litt.	CONDITIONNEL Prés.	SUBJONCTIF	Prés.
j (e)	dors	dormirai	dormais	dormis	dormirais	***que j (e)***	dorme
tu	dors	dormiras	dormais	dormis	dormirais	***que tu***	dormes
il	dort	dormira	dormait	dormit	dormirait	***qu'il***	dorme
nous	dormons	dormirons	dormions	dormîmes	dormirions	***que nous***	dormions
vous	dormez	dormirez	dormiez	dormîtes	dormiriez	***que vous***	dormiez
ils	dorment	dormiront	dormaient	dormirent	dormiraient	***qu'ils***	dorment

IMPÉRATIF: dors, dormons, dormez

On the pattern of **dormir**: **s'endormir** (to fall asleep), **partir** (to leave), **sentir** (to feel), **servir** (to serve), **sortir** (to go out).

4. **COURIR** (to run)

Infin. prés.: courir ***Part. prés.:*** courant
passé: avoir couru ***passé:*** couru

	INDICATIF Prés.	Futur	Imparf.	Passé litt.	CONDITIONNEL Prés.	SUBJONCTIF	Prés.
j (e)	cours	courrai	courais	courus	courirais	***que j (e)***	coure
tu	cours	courras	courais	courus	courirais	***que tu***	coures
il	court	courra	courait	courut	courirait	***qu'il***	coure
nous	courons	courrons	courions	courûmes	couririons	***que nous***	courions
vous	courez	courrez	couriez	courûtes	couririez	***que vous***	couriez
ils	courent	courront	couraient	coururent	couriraient	***qu'ils***	courent

IMPÉRATIF: cours, courons, courez

5. **MOURIR** (to die)

Infin. prés.: mourir — *Part. prés.:* mourant
passé: être mort — *passé:* mort

	Indicatif				Conditionnel	Subjonctif	
	Prés.	***Futur***	***Imparf.***	***Passé litt.***	***Prés.***		***Prés.***
j (e)	meurs	mourrai	mourais	mourus	mourrais	***que j (e)***	meure
tu	meurs	mourras	mourais	mourus	mourrais	***que tu***	meures
il	meurt	mourra	mourait	mourut	mourrait	***qu'il***	meure
nous	mourons	mourrons	mourions	mourûmes	mourrions	***que nous***	mourions
vous	mourez	mourrez	mouriez	mourûtes	mourriez	***que vous***	mouriez
ils	meurent	mourront	mouraient	moururent	mourraient	***qu'ils***	meurent

Impératif: meurs, mourons, mourez

6. **OUVRIR** (to open)

Infin. prés.: ouvrir — *Part. prés.:* ouvrant
passé: avoir ouvert — *passé:* ouvert

	Indicatif				Conditionnel	Subjonctif	
	Prés.	***Futur***	***Imparf.***	***Passé litt.***	***Prés.***		***Prés.***
j (e)	ouvre	ouvrirai	ouvrais	ouvris	ouvrirais	***que j (e)***	ouvre
tu	ouvres	ouvriras	ouvrais	ouvris	ouvrirais	***que tu***	ouvres
il	ouvre	ouvrira	ouvrait	ouvrit	ouvrirait	***qu'il***	ouvre
nous	ouvrons	ouvrirons	ouvrions	ouvrîmes	ouvririons	***que nous***	ouvrions
vous	ouvrez	ouvrirez	ouvriez	ouvrîtes	ouvririez	***que vous***	ouvriez
ils	ouvrent	ouvriront	ouvraient	ouvrirent	ouvriraient	***qu'ils***	ouvrent

Impératif: ouvre, ouvrons, ouvrez

On the pattern of **ouvrir: couvrir (couvert)** to cover, **découvrir (découvert)**, to discover, **offrir (offert)**, to offer, **souffrir (souffert)**, to suffer.

7. **VENIR** (to come)

Infin. prés.: venir — *Part. prés.:* venant
passé: être venu — *passé:* venu

	Indicatif				Conditionnel	Subjonctif	
	Prés.	***Futur***	***Imparf.***	***Passé litt.***	***Prés.***		***Prés.***
j (e)	viens	viendrai	venais	vins	viendrais	***que j (e)***	vienne
tu	viens	viendras	venais	vins	viendrais	***que tu***	viennes
il	vient	viendra	venait	vint	viendrait	***qu'il***	vienne
nous	venons	viendrons	venions	vînmes	viendrions	***que nous***	venions
vous	venez	viendrez	veniez	vîntes	viendriez	***que vous***	veniez
ils	viennent	viendront	venaient	vinrent	viendraient	***qu'ils***	viennent

Impératif: viens, venons, venez

On the pattern of **venir: devenir** (to become), **revenir** (to come back), **tenir** (to hold), **maintenir** (to maintain), **obtenir** (to obtain), etc.

C. Irregular verbs in **-re** (3rd group).

8. **BOIRE** (to drink)

Infin. prés.: boire *Part. prés.:* buvant
passé: avoir bu *passé:* bu

	INDICATIF				CONDITIONNEL	SUBJONCTIF	
	Prés.	*Futur*	*Imparf.*	*Passé litt.*	*Prés.*		*Prés.*
j (e)	bois	boirai	buvais	bus	boirais	***que j (e)***	boive
tu	bois	boiras	buvais	bus	boirais	***que tu***	boives
il	boit	boira	buvait	but	boirait	***qu'il***	boive
nous	buvons	boirons	buvions	bûmes	boirions	***que nous***	buvions
vous	buvez	boirez	buviez	bûtes	boiriez	***que vous***	buviez
ils	boivent	boiront	buvaient	burent	boiraient	***qu'ils***	boivent

IMPÉRATIF: bois, buvons, buvez

9. **CONDUIRE** (to drive)

Infin. prés.: conduire *Part. prés.:* conduisant
passé: avoir conduit *passé:* conduit

	INDICATIF				CONDITIONNEL	SUBJONCTIF	
	Prés.	*Futur*	*Imparf.*	*Passé litt.*	*Prés.*		*Prés.*
j (e)	conduis	conduirai	conduisais	conduisis	conduirais	***que j (e)***	conduise
tu	conduis	conduiras	conduisais	conduisis	conduirais	***que tu***	conduises
il	conduit	conduira	conduisait	conduisit	conduirait	***qu'il***	conduise
nous	conduisons	conduirons	conduisions	conduisîmes	conduirions	***que nous***	conduisions
vous	conduisez	conduirez	conduisiez	conduisîtes	conduiriez	***que vous***	conduisiez
ils	conduisent	conduiront	conduisaient	conduisirent	conduiraient	***qu'ils***	conduisent

IMPÉRATIF: conduis, conduisons, conduisez

On the pattern of **conduire: construire** (to build), **détruire** (to destroy), **produire** (to produce), **traduire** (to translate).

10. **CONNAÎTRE** (to know)

Infin. prés.: connaître *Part. prés.:* connaissant
passé: avoir connu *passé:* connu

	INDICATIF				CONDITIONNEL	SUBJONCTIF	
	Prés.	*Futur*	*Imparf.*	*Passé litt.*	*Prés.*		*Prés.*
j (e)	connais	connaîtrai	connaissais	connus	connaîtrais	***que j (e)***	connaisse
tu	connais	connaîtras	connaissais	connus	connaîtrais	***que tu***	connaisses
il	connaît	connaîtra	connaissait	connut	connaîtrait	***qu'il***	connaisse
nous	connaissons	connaîtrons	connaissions	connûmes	connaîtrions	***que nous***	connaissions
vous	connaissez	connaîtrez	connaissiez	connûtes	connaîtriez	***que vous***	connaissiez
ils	connaissent	connaîtront	connaissaient	connurent	connaîtraient	***qu'ils***	connaissent

IMPÉRATIF: connais, connaissons, connaissez

On the pattern of **connaître: reconnaître** (to recognize), **paraître** (to seem, to appear).

11. **CRAINDRE** (to fear)

Infin. prés.: craindre *Part. prés.:* craignant
passé: avoir craint *passé:* craint

	INDICATIF				CONDITIONNEL	SUBJONCTIF	
	Prés.	*Futur*	*Imparf.*	*Passé litt.*	*Prés.*		*Prés.*
j (e)	crains	craindrai	craignais	craignis	craindrais	***que j (e)***	craigne
tu	crains	craindras	craignais	craignis	craindrais	***que tu***	craignes
il	craint	craindra	craignait	craignit	craindrait	***qu'il***	craigne
nous	craignons	craindrons	craignions	craignîmes	craindrions	***que nous***	craignions
vous	craignez	craindrez	craigniez	craignîtes	craindriez	***que vous***	craigniez
ils	craignent	craindront	craignaient	craignirent	craindraient	***qu'ils***	craignent

IMPÉRATIF: crains, craignons, craignez

On the pattern of **craindre: plaindre** (to pity), **se plaindre** (to complain)

12.

CROIRE (to believe)

Infin. prés.: croire ***Part. prés.:*** croyant
passé: avoir cru ***passé:*** cru

	INDICATIF Prés.	Futur	Imparf.	Passé litt.	CONDITIONNEL Prés.	SUBJONCTIF	Prés.
j (e)	crois	croirai	croyais	crus	croirais	***que j (e)***	croie
tu	crois	croiras	croyais	crus	croirais	***que tu***	croies
il	croit	croira	croyait	crut	croirait	***qu'il***	croie
nous	croyons	croirons	croyions	crûmes	croirions	***que nous***	croyions
vous	croyez	croirez	croyiez	crûtes	croiriez	***que vous***	croyiez
ils	croient	croiront	croyaient	crurent	croiraient	***qu'ils***	croient

IMPÉRATIF: crois, croyons, croyez

13.

DIRE (to say)

Infin. prés.: dire ***Part. prés.:*** disant
passé: avoir dit ***passé:*** dit

	INDICATIF Prés.	Futur	Imparf.	Passé litt.	CONDITIONNEL Prés.	SUBJONCTIF	Prés.
j (e)	dis	dirai	disais	dis	dirais	***que j (e)***	dise
tu	dis	diras	disais	dis	dirais	***que tu***	dises
il	dit	dira	disait	dit	dirait	***qu'il***	dise
nous	disons	dirons	disions	dîmes	dirions	***que nous***	disions
vous	dites	direz	disiez	dîtes	diriez	***que vous***	disiez
ils	disent	diront	disaient	dirent	diraient	***qu'ils***	disent

IMPÉRATIF: dis, disons, dites

14.

ÉCRIRE (to write)

Infin. prés.: écrire ***Part. prés.:*** écrivant
passé: avoir écrit ***passé:*** écrit

	INDICATIF Prés.	Futur	Imparf.	Passé litt.	CONDITIONNEL Prés.	SUBJONCTIF	Prés.
j (e)	écris	écrirai	écrivais	écrivis	écrirais	***que j (e)***	écrive
tu	écris	écriras	écrivais	écrivis	écrirais	***que tu***	écrives
il	écrit	écrira	écrivait	écrivit	écrirait	***qu'il***	écrive
nous	écrivons	écrirons	écrivions	écrivîmes	écririons	***que nous***	écrivions
vous	écrivez	écrirez	ériviez	écrivîtes	écririez	***que vous***	écriviez
ils	écrivent	écriront	écrivaient	écrivirent	écriraient	***qu'ils***	écrivent

IMPÉRATIF: écris, écrivons, écrivez

On the pattern of **écrire: décrire** (to describe).

15.

FAIRE (to do, to make)

Infin. prés.: faire ***Part. prés.:*** faisant
passé: avoir fait ***passé:*** fait

	INDICATIF Prés.	Futur	Imparf.	Passé litt.	CONDITIONNEL Prés.	SUBJONCTIF	Prés.
j (e)	fais	ferai	faisais	fis	ferais	***que j (e)***	fasse
tu	fais	feras	faisais	fis	ferais	***que tu***	fasses
il	fait	fera	faisait	fit	ferait	***qu'il***	fasse
nous	faisons	ferons	faisions	fîmes	ferions	***que nous***	fassions
vous	faites	ferez	faisiez	fîtes	feriez	***que vous***	fassiez
ils	font	feront	faisaient	firent	feraient	***qu'ils***	fassent

IMPÉRATIF: fais, faisons, faites

16. **LIRE** (to read)

Infin. prés.: lire — *Part. prés.:* lisant
passé: avoir lu — *passé:* lu

	Indicatif *Prés.*	*Futur*	*Imparf.*	*Passé litt.*	Conditionnel *Prés.*		Subjonctif *Prés.*
j (e)	lis	lirai	lisais	lus	lirais	**que j (e)**	lise
tu	lis	liras	lisais	lus	lirais	**que tu**	lises
il	lit	lira	lisait	lut	lirait	**qu'il**	lise
nous	lisons	lirons	lisions	lûmes	lirions	**que nous**	lisions
vous	lisez	lirez	lisiez	lûtes	liriez	**que vous**	lisiez
ils	lisent	liront	lisaient	lurent	liraient	**qu'ils**	lisent

Impératif: lis, lisons, lisez

17. **METTRE** (to place, to put)

Infin. prés.: mettre — *Part. prés.:* mettant
passé: avoir mis — *passé:* mis

	Indicatif *Prés.*	*Futur*	*Imparf.*	*Passé litt.*	Conditionnel *Prés.*		Subjonctif *Prés.*
j (e)	mets	mettrai	mettais	mis	mettrais	**que j (e)**	mette
tu	mets	mettras	mettais	mis	mettrais	**que tu**	mettes
il	met	mettra	mettait	mit	mettrait	**qu'il**	mette
nous	mettons	mettrons	mettions	mîmes	mettrions	**que nous**	mettions
vous	mettez	mettrez	mettiez	mîtes	mettriez	**que vous**	mettiez
ils	mettent	mettront	mettaient	mirent	mettraient	**qu'ils**	mettent

Impératif: mets, mettons, mettez

On the pattern of **mettre: permettre** (to allow), **promettre** (to promise).

18. **PLAIRE** (to please, to attract)

Infin. prés.: plaire — *Part. prés.:* plaisant
passé: avoir plu — *passé:* plu

	Indicatif *Prés.*	*Futur*	*Imparf.*	*Passé litt.*	Conditionnel *Prés.*		Subjonctif *Prés.*
j (e)	plais	plairai	plaisais	plus	plairais	**que j (e)**	plaise
tu	plais	plairas	plaisais	plus	plairais	**que tu**	plaises
il	plaît	plaira	plaisait	plut	plairait	**qu'il**	plaise
nous	plaisons	plairons	plaisions	plûmes	plairions	**que nous**	plaisions
vous	plaisez	plairez	plaisiez	plûtes	plairiez	**que vous**	plaisiez
ils	plaisent	plairont	plaisaient	plurent	plairaient	**qu'ils**	plaisent

Impératif: plais, plaisons, plaisez

On the pattern of **plaire: déplaire** (to displease).

19. **PRENDRE** (to take)

Infin. prés.: prendre — *Part. prés.:* prenant
passé: avoir pris — *passé:* pris

	Indicatif *Prés.*	*Futur*	*Imparf.*	*Passé litt.*	Conditionnel *Prés.*		Subjonctif *Prés.*
j (e)	prends	prendrai	prenais	pris	prendrais	**que j (e)**	prenne
tu	prends	prendras	prenais	pris	prendrais	**que tu**	prennes
il	prend	prendra	prenait	prit	prendrait	**qu'il**	prenne
nous	prenons	prendrons	prenions	prîmes	prendrions	**que nous**	prenions
vous	prenez	prendrez	preniez	prîtes	prendriez	**que vous**	preniez
ils	prennent	prendront	prenaient	prirent	prendraient	**qu'ils**	prennent

Impératif: prends, prenons, prenez

On the pattern of **prendre: apprendre** (to learn), **comprendre** (to understand), **surprendre** (to surprise).

20. RIRE (to laugh)

Infin. prés.: rire ***passé:*** avoir ri — ***Part. prés.:*** riant ***passé:*** ri

	Indicatif *Prés.*	*Futur*	*Imparf.*	*Passé litt.*	Conditionnel *Prés.*	Subjonctif	*Prés.*
j (e)	ris	rirai	riais	ris	rirais	***que j (e)***	rie
tu	ris	riras	riais	ris	rirais	***que tu***	ries
il	rit	rira	riait	rit	rirait	***qu'il***	rie
nous	rions	rirons	riions	rîmes	ririons	***que nous***	riions
vous	riez	rirez	riiez	rîtes	ririez	***que vous***	riiez
ils	rient	riront	riaient	rirent	riraient	***qu'ils***	rient

Impératif: ris, rions, riez

On the pattern of **rire: sourire** (to smile).

21. SUIVRE (to follow)

Infin. prés.: suivre ***passé:*** avoir suivi — ***Part. prés.:*** suivant ***passé:*** suivi

	Indicatif *Prés.*	*Futur*	*Imparf.*	*Passé litt.*	Conditionnel *Prés.*	Subjonctif	*Prés.*
j (e)	suis	suivrai	suivais	suivis	suivrais	***que j (e)***	suive
tu	suis	suivras	suivais	suivis	suivrais	***que tu***	suives
il	suit	suivra	suivait	suivit	suivrait	***qu'il***	suive
nous	suivons	suivrons	suivions	suivîmes	suivrions	***que nous***	suivions
vous	suivez	suivrez	suiviez	suivîtes	suivriez	***que vous***	suiviez
ils	suivent	suivront	suivaient	suivirent	suivraient	***qu'ils***	suivent

Impératif: suis, suivons, suivez

22. VIVRE (to live)

Infin. prés.: vivre ***passé:*** avoir vécu — ***Part. prés.:*** vivant ***passé:*** vécu

	Indicatif *Prés.*	*Futur*	*Imparf.*	*Passé litt.*	Conditionnel *Prés.*	Subjonctif	*Prés.*
j (e)	vis	vivrai	vivais	vécus	vivrais	***que j (e)***	vive
tu	vis	vivras	vivais	vécus	vivrais	***que tu***	vives
il	vit	vivra	vivait	vécut	vivrait	***qu'il***	vive
nous	vivons	vivrons	vivions	vécûmes	vivrions	***que nous***	vivions
vous	vivez	vivrez	viviez	vécûtes	vivriez	***que vous***	viviez
ils	vivent	vivront	vivaient	vécurent	vivraient	***qu'ils***	vivent

Impératif: vis, vivons, vivez

On the pattern of **vivre: survivre** (to survive).

D. Irregular verbs in **-oir.** All verbs ending in **-oir** are irregular, and do not belong to any group.

23. **S'ASSEOIR** (to sit down)

Infin. prés.: s'asseoir — ***Part. prés.:*** s'asseyant
passé: s'être assis — ***passé:*** assis

	Indicatif *Prés.*	*Futur*	*Imparf.*	*Passé litt.*	Conditionnel *Prés.*		Subjonctif *Prés.*
j (e)	m'assieds	m'assiérai	m'asseyais	m'assis	m'assiérais	***que j (e)***	m'asseye
tu	t'assieds	t'assiéras	t'assseyais	t'assis	t'assiérais	***que tu***	t'asseyes
il	s'assied	s'assiéra	s'asseyait	s'assit	s'assiérait	***qu'il***	s'asseye
nous	nous asseyons	nous assiérons	nous asseyions	nous assîmes	nous assiérions	***que nous***	nous asseyions
vous	vous asseyez	vous assiérez	vous asseyiez	vous assîtes	vous assiériez	***que vous***	vous asseyiez
ils	s'asseyent	s'assiéront	s'asseyaient	s'assirent	s'assiéraient	***qu'ils***	s'asseyent

IMPÉRATIF: assieds-toi, asseyons-nous, asseyez-vous

24. **DEVOIR** (must, to be supposed to)

Infin. prés.: devoir — ***Part. prés.:*** devant
passé: avoir dû — ***passé:*** dû

	Indicatif *Prés.*	*Futur*	*Imparf.*	*Passé litt.*	Conditionnel *Prés.*		Subjonctif *Prés.*
j (e)	dois	devrai	devais	dus	devrais	***que j (e)***	doive
tu	dois	devras	devais	dus	devrais	***que tu***	doives
il	doit	devra	devait	dut	devrait	***qu'il***	doive
nous	devons	devrons	devions	dûmes	devrions	***que nous***	devions
vous	devez	devrez	deviez	dûtes	devriez	***que vous***	deviez
ils	doivent	devront	devaient	durent	devraient	***qu'ils***	doivent

IMPÉRATIF: dois, devons, devez

25. **FALLOIR** (must, to be necessary, to have to)

(Note that **falloir** is an impersonal verb. It is only conjugated in the 3rd person singular, **il.**)

Infin. prés.: falloir — ***Part. prés.:*** (pas de part. prés.)
passé: avoir fallu — ***passé:*** fallu

	Indicatif *Prés.*	*Futur*	*Imparf.*	*Passé litt.*	Conditionnel *Prés.*		Subjonctif *Prés.*
il	faut	faudra	fallait	fallut	il faudrait	***qu'il***	faille

IMPÉRATIF: (pas d'impératif)

26. **PLEUVOIR** (to rain)

(Note that **pleuvoir** is an impersonal verb. It is only conjugated in the 3rd person singular, **il.**)

Infin. prés.: pleuvoir — ***Part. prés.:*** pleuvant
passé: avoir plu — ***passé:*** avoir plu

	Indicatif *Prés.*	*Futur*	*Imparf.*	*Passé litt.*	Conditionnel *Prés.*		Subjonctif *Prés.*
il	pleut	pleuvra	pleuvait	plut	il pleuvrait	***qu'il***	pleuve

IMPÉRATIF: (pas d'impératif)

27. **POUVOIR** (to be able to, can, may)

Infin. prés.: pouvoir — *Part. prés.:* pouvant
passé: avoir pu — *passé:* pu

	Indicatif: Prés.	Futur	Imparf.	Passé litt.	Conditionnel: Prés.	Subjonctif	Prés.
j (e)	peux	pourrai	pouvais	pus	pourrais	**que j (e)**	puisse
tu	peux	pourras	pouvais	pus	pourrais	**que tu**	puisses
il	peut	pourra	pouvait	put	pourrait	**qu'il**	puisse
nous	pouvons	pourrons	pouvions	pûmes	pourrions	**que nous**	puissions
vous	pouvez	pourrez	pouviez	pûtes	pourriez	**que vous**	puissiez
ils	peuvent	pourront	pouvaient	purent	pourraient	**qu'ils**	puissent

IMPÉRATIF: (pas d'impératif)

28. **RECEVOIR** (to receive, to entertain)

Infin. prés.: recevoir — *Part. prés.:* recevant
passé: avoir reçu — *passé:* reçu

	Indicatif: Prés.	Futur	Imparf.	Passé litt.	Conditionnel: Prés.	Subjonctif	Prés.
j (e)	reçois	recevrai	recevais	reçus	recevrais	**que j (e)**	reçoive
tu	reçois	recevras	recevais	reçus	recevrais	**que tu**	reçoives
il	reçoit	recevra	recevait	reçut	recevrait	**qu'il**	reçoive
nous	recevons	recevrons	recevions	reçûmes	recevrions	**que nous**	recevions
vous	recevez	recevrez	receviez	reçûtes	recevriez	**que vous**	receviez
ils	reçoivent	recevront	recevaient	reçurent	recevraient	**qu'ils**	reçoivent

IMPÉRATIF: reçois, recevons, recevez

29. **SAVOIR** (to know, to be aware of)

Infin. prés.: savoir — *Part. prés.:* sachant
passé: avoir su — *passé:* su

	Indicatif: Prés.	Futur	Imparf.	Passé litt.	Conditionnel: Prés.	Subjonctif	Prés.
j (e)	sais	saurai	savais	sus	saurais	**que j (e)**	sache
tu	sais	sauras	savais	sus	saurais	**que tu**	saches
il	sait	saura	savait	sut	saurait	**qu'il**	sache
nous	savons	saurons	savions	sûmes	saurions	**que nous**	sachions
vous	savez	saurez	saviez	sûtes	sauriez	**que vous**	sachiez
ils	savent	sauront	savaient	surent	sauraient	**qu'ils**	sachent

IMPÉRATIF: sache, sachons, sachez

30. **VOIR** (to see)

Infin. prés.: voir — *Part. prés.:* voyant
passé: avoir vu — *passé:* vu

	Indicatif: Prés.	Futur	Imparf.	Passé litt.	Conditionnel: Prés.	Subjonctif	Prés.
j (e)	vois	verrai	voyais	vis	verrais	**que j (e)**	voie
tu	vois	verras	voyais	vis	verrais	**que tu**	voies
il	voit	verra	voyait	vit	verrait	**qu'il**	voie
nous	voyons	verrons	voyions	vîmes	verrions	**que nous**	voyions
vous	voyez	verrez	voyiez	vîtes	verriez	**que vous**	voyiez
ils	voient	verront	voyaient	virent	verraient	**qu'ils**	voient

IMPÉRATIF: vois, voyons, voyez

On the pattern of **voir**: **revoir** (to see again), **entrevoir** (to glimpse).

31. **VOULOIR** (to want)

Infin. prés.: vouloir ***Part. prés.:*** voulant
passé: avoir voulu ***passé:*** voulu

	Indicatif				Conditionnel		Subjonctif
	Prés.	***Futur***	***Imparf.***	***Passé litt.***	***Prés.***		***Prés.***
j (e)	veux	voudrai	voulais	voulus	j(e) voudrais	***que j (e)***	veuille
tu	veux	voudras	voulais	voulus	voudrais	***que tu***	veuilles
il	veut	voudra	voulait	voulut	voudrait	***qu'il***	veuille
nous	voulons	voudrons	voulions	voulûmes	voudrions	***que nous***	voulions
vous	voulez	voudrez	vouliez	voulûtes	voudriez	***que vous***	vouliez
ils	veulent	voudront	voulaient	voulurent	voudraient	***qu'ils***	veuillent

Impératif: veuille, veuillons, veuillez

How to find the irregular verb you are looking for:

You will find the following irregular verbs under the numbers of the model verbs in the preceding charts. For instance, if you are looking for the verb **apprendre** (to learn), the number 19 means that you will find **apprendre** under **19**, **prendre**, since it follows the same pattern of irregularity as **prendre**.

Note: The auxiliary verbs **avoir** and **être** appear on page 370.

Vocabulaire français-anglais

A

à to; at; in
à cause de because of, on account of
à côté to one side, near
à côté de next to
à mesure que as
à moins que unless
à partir de from
à propos de about
à travers across
abbaye *(f.)* abbey
abdiquer to abdicate
abolir to abolish
abonnement *(m.)* subscription
aborder to come up to
abréger to abridge; to shorten
abri *(m.)* shelter
abricot *(m.)* apricot
abriter to house
s'— to take shelter
absolu(e) absolute
absoudre to forgive
abstrait(e) abstract
acajou *(m.)* mahogany
accablé(e) overwhelmed
accentué(e) stressed
pronom — stress pronoun
acclamer to cheer
s'accomplir to be carried out
accord *(m.)* agreement
être d'— to agree
accorder to grant
accroché(e) hanging on
accrocher to hang
s'accroupir to crouch down
accueil *(m.)* welcome
accusation: mis(e) en — indicted
achat *(m.)* purchase
acheter to buy
achever to finish
acier *(m.)* steel
acquérir to acquire
acquisition: faire l'— to acquire
action *(f.)* share
actionnaire *(m./f.)* shareholder
actionner to drive
admettre to admit
affaiblir to weaken
affaire *(f.)* matter, business
—s belongings
affamé(e) starved
afficher to post
affirmer to confirm; to assert
affolé(e) frantic
s'affoler to panic
affreux (-se) horrible
afin que so that
âgé(e) aged
— de... ans . . . years old
plus — older
s'agenouiller to kneel
agir to act
s'— de to be a question of
agrandir to enlarge
agréable pleasant
agriculteur *(m.)* farmer
aide-de-camp *(m./f.)* aide-de-camp
aigle *(m./f.)* eagle
aiguille *(f.)* needle
aile *(f.)* wing; flank (of army)
ailleurs elsewhere
aimer to like; to love
s'— to love each other
ainsi thus, so
— que as well as
air *(m.)* air
avoir l'— to look, to seem
en plein — open-air; outdoors
ajouter to add
ajuster to aim
aliment *(m.)* food
allemand(e) German
aller to go, to be going to
— chercher to pick up
se laisser — to let oneself go
s'en — to go away
allongé(e) reclining, lying
allumer to light
alors so; then
et —? so what?
amabilité *(f.)* friendliness
amandier *(m.)* almond tree
amateur *(m.)* enthusiast
ambulant(e) itinerant
âme *(f.)* soul
état d'— mood
améliorer to improve
amener to bring
amer (-ère) bitter
ami(e) *(m./f.)* friend
petit(e) ami(e) boyfriend (girlfriend)
amiral *(m.)* admiral
amour *(m.)* love
amour-propre *(m.)* pride
amoureux (-se) in love
tomber — to fall in love
s'amuser to have fun
ancêtre *(m.)* ancestor
ancien(ne) ancient, old; former
ancre: à l'— anchored
âne *(m.)* donkey
ange *(m.)* angel
anglais(e) English
animé(e) lively
année *(f.)* year
— bissextile leap year
— dernière last year
anniversaire *(m.)* birthday; anniversary
annoncer to show, to reveal; to announce; to foretell
antérieur: futur — future perfect
antique ancient
antiquité *(f.)* ancient times
—s antiques
s'apercevoir to realize; to see each other
apogée *(f.)* high point
apôtre *(m.)* apostle
apparaître to appear
apparence *(f.)* appearance
apparenté(e) related
appartenir to belong
appel *(m.)* call
faire — to appeal
appeler to call, to call for
s'— to be named
appétissant(e) alluring
s'appliquer to apply oneself
apporter to bring
apprendre to learn
approcher to draw near
approprié(e) appropriate
approvisionner to supply
appuyer to lean
âpre harsh
après after
d'— according to
après-midi *(m. or f.)* afternoon
aqueduc *(m.)* aqueduct
arachide *(f.)* peanut
arbre *(m.)* tree
arc-boutant *(m.)* flying buttress
arche *(f.)* arch
arène *(f.)* arena
argent *(m.)* money
arme *(f.)* weapon
—s coat of arms
armée *(f.)* army
arpent *(m.)* acre
arracher to pull out; to tear away
arrestation *(f.)* arrest
arrêter to stop; to arrest
s'— to stop
arrière *(m.)* rear
arrière-garde *(m.)* rear guard

arrière-petit-fils *(m.)* great-grandson
arriver to happen
artichaut *(m.)* artichoke
artifice: feu d'— fireworks
ascenseur *(m.)* elevator
asperges *(f.pl.)* asparagus
assassinat *(m.)* assassination; murder
assaut *(m.)* assault
s'asseoir to sit down
assez rather; enough; quite
assiégé(e) under siege
assiette *(f.)* plate
assis(e) seated
assister à to attend
assoiffé(e) thirsty
assurance *(f.)* insurance
atelier *(m.)* studio; workshop
atmosphère *(f.)* air
attaché(e) dangling
attaquer to attack
atteindre to reach
attendre to wait (for); to expect
attention *(f.)* attention
  faire — to pay attention
attentivement attentively
atterrir to land
attirer to attract
aucun(e) no, none
  ne... — no, not any, none
audace *(f.)* audacity
au-delà de beyond
au-dessous below
au-dessus above
auditoire *(m.)* audience
augmenter to increase
aulne *(m.)* old French measure of length, about one meter
aumône *(f.)* alms
  demander l'— to beg
auprès: — de with
  d'— nearby
auquel/à laquelle/auxquels/auxquelles to which, to whom
aussi also; so, thus; as; therefore
  — bien just as easily
aussitôt immediately
  — que as soon as
autant so much
  — que as much as
autel *(m.)* altar
autoroute *(f.)* highway
autostop *(m.)* hitchhiking
  faire de l'— to hitchhike
autour de around
autre *(pron.)* another
  —s others
autre *(adj.)* other; different
  — chose something else
  rien d'— que nothing but
autrement otherwise
Autriche *(f.)* Austria
avance: d'— in advance
  en — early
avancer to advance
avant before
  — de before
  — que before
  en —! let's go!
avantage *(m.)* advantage
avare *(m./f.)* miser
avenir *(m.)* future
aventure *(f.)* adventure; unusual event
s'aventurer to venture
avertir to warn
aveugler to blind
avis *(m.)* opinion
avocat(e) *(m./f.)* lawyer
avoir to have
  — ... ans to be . . . years old
  — besoin de to need
  — envie de to want
  — faim to be hungry
  — hâte de to be eager to
  — honte (de) to be ashamed (of)
  — l'air to look, to seem
  — le teint brun to have a dark complexion
  — l'habitude (de) to be in the habit (of)
  — lieu to take place
  — peur (de) to be afraid (of)
  — raison to be right
  — soif to be thirsty
  — tort to be wrong
avouer to acknowledge; to admit

B

bagages *(m.pl.)* luggage
  faire ses — to pack
bague *(f.)* ring
baigner to bathe
baignoire *(f.)* bathtub
bâiller to yawn
bain *(m.)* bath
baiser *(m.)* kiss
baiser to kiss
baisser to lower
  — la tête to bow one's head
  se — to bend down
bal *(m.)* ball
balayer to sweep away; to sweep
balle *(f.)* bullet
banc *(m.)* bench
bande dessinée *(f.)* comic strip
bandé(e): les yeux bandés blindfolded
banlieue *(f.)* suburbs
baptême *(m.)* baptism
barbare *(m.)* barbarian
barbare barbarous, primitive; barbaric; barbarian
barbarie *(f.)* barbaric times
barbe *(f.)* beard
barde *(m.)* bard, poet
baron *(m.)* baron
baronne *(f.)* baroness
barque *(f.)* rowboat
barreau *(pl.* **-x**) *(m.)* bar
bas *(adv.)* low
  parler plus — to lower one's voice
bas *(m.)* stocking
bas(se) *(adj.)* low
base: jeter les —s to lay the foundations
bassin *(m.)* pool
bataille *(f.)* battle
batailleur *(m.)* fighter
bateau *(pl.* **-x**) *(m.)* boat
bâtiment *(m.)* building
bâtir to build
bâton *(m.)* stick
battre to beat
  se — to fight
bavard(e) talkative
beau (belle) *(m.pl.* **beaux**) handsome, beautiful
  de plus belle more and more
beau-frère *(m.)* brother-in-law
beau-père *(m.)* stepfather
beauté *(f.)* beauty
bébé *(m.)* baby
bec *(m.)* beak
becqueter to peck at
bêlement *(m.)* bleating
belvédère *(m.)* summerhouse (with a view)
bénéficier to profit
bercer to rock
berceuse *(f.)* lullaby
berger *(m.)* shepherd
besoin *(m.)* need
  avoir — de to need
bétail *(m.)* cattle
bête *(f.)* animal; insect
bête stupid
bêtise *(f.)* nonsense
  faire des —s to play the fool
beurre *(m.)* butter
bien well; very
  aussi — just as easily
  — des many
  — que although
  — sûr of course
  c'est — peu de chose que nous we are of very little importance
  je voudrais — I sure would like
bien *(m.)* good
bien-aimé(e) beloved
bienheureux (-se) blessed
bientôt soon
bienveillance *(f.)* kindness
bienvenu(e) welcome
bifteck *(m.)* steak
bijou *(pl.* **-x**) *(m.)* jewel
bijoutier *(m.)* jeweler
billet *(m.)* ticket
biscuit *(m.)* cookie
bise *(f.)* north wind

bissextile: année — leap year
blanc (-che) white
blanchisseuse *(f.)* laundress
blé *(m.)* wheat
blessé(e) wounded
— à mort mortally wounded
blesser to wound
bleu(e) blue
bleuté(e) bluish
blocus *(m.)* blockade
blondin *(m.)* fair youth
blondir to dye blond
boire to drink
bois *(m.)* wood
boisson *(f.)* drink
boîte *(f.)* box
bon(ne) correct, good
bon à rien good for nothing
tout de bon seriously
bonbon *(m.)* candy
bonheur *(m.)* happiness
bonnet *(m.)* cap
bord: au — de at the side of
border to border
bouche *(f.)* lips; mouth
boucherie *(f.)* slaughter
boue *(f.)* mud
bouger to move
bougie *(f.)* candle
bouillant(e) boiling
bouillir to boil
boulanger (-ère) *(m./f.)* baker
boule *(f.)* ball
boulet *(m.)* cannonball
bouleversé(e) overcome; distressed
bouleversement *(m.)* upheaval
bouleverser to overturn
bourgeois(e) *(m./f.)* member of the middle class
bourgeois(e) bourgeois, middle-class
bourse *(f.)* purse; scholarship
Bourse stock market
boussole *(f.)* compass
bout *(m.)* end
bouton *(m.)* button
boutonnière *(f.)* buttonhole
bœuf *(m.)* steer; beef; ox
braire to bray
brandir to brandish
bras *(m.)* arm
brave brave; good
bref (brève) brief
brièvement briefly
briller to shine
brin *(m.)* sprig
brique *(f.)* brick
brisé(e) broken
briser to break
se — to shatter; to break
brocard *(m.)* brocade
broder to embroider
se brosser to brush
brouillard *(m.)* fog
brouillé(e) avec on bad terms with
bruit *(m.)* noise, sound
brûler to burn
brume *(f.)* mist
brunir to tan
brusquement suddenly
bureau *(pl.* **-x**) *(m.)* office
— de vente sales office
but *(m.)* purpose; goal
butin *(m.)* booty

C

ça that
cabinet *(m.)* small room; cabinet
cacahuète *(f.)* peanut
cache-cache *(m.)* hide-and-seek
cacher to hide
se — to hide
cadeau (*pl.* **-x**) *(m.)* gift
cadence: en — rhythmically
cadre *(m.)* frame
cahier de doléances *(m.)* list of grievances
caisse *(f.)*: **— de résonance** echo chamber
calebasse *(f.)* gourd
calendrier *(m.)* calendar
calomnie *(f.)* slander
cambrioler to rob
camembert *(m.)* camembert (cheese)
campagne *(f.)* country(side); campaign
canaliser to channel
canard *(m.)* duck
cannelle *(f.)* cinnamon
cantine *(f.)* cafeteria
capacité *(f.)* ability
caporal *(m.)* lance corporal
capter to collect
car for
caractères mobiles *(m.pl.)* movable type
carrière *(f.)* career; course
carrosse *(m.)* carriage
carte *(f.)* map; card
jouer aux —s to play cards
cartouche *(f.)* cartridge
cas *(m.)* case
au — où in case
en tout — in any case
casanier (-ère) *(m./f.)* homebody
cascadeur (-euse) *(m./f.)* stuntman/stuntwoman
caserne *(f.)* barracks
casque *(m.)* helmet
casser to break
cassette *(f.)* jewel box
cathédrale *(f.)* cathedral
causer to talk, to chat
caverne *(f.)* cave
ce/cet/cette this, that
ce *(pron.)* this, that
ce que what
ce qui what, that
ceci *(pron.)* this
céder to give up
ceinture de sécurité *(f.)* seatbelt
cela *(pron.)* this, that
célèbre famous
celle *see* **celui**
celles *see* **ceux**
celui/celle he, she; the one
celui-ci/celle-ci the latter; this one
celui-là/celle-là the former; that one
cendre *(f.)* ash(es)
centre commercial *(m.)* mall
cependant however
cerveau *(m.)* mind
cervelle *(f.)* brain
ces these, those
cesser to cease, to stop
c'est-à-dire that is
césure *(f.)* caesura
ceux/celles *(pron.)* these; those; the ones
ceux-ci/celles-ci *(pron.)* these; the latter
ceux-là/celles-là *(pron.)* those; the former
chacun(e) *(pron.)* each (one)
à chacun son tour each one in turn
chagrin *(m.)* sorrow
chaîne *(f.)* chain
chair *(f.)* flesh
chaise *(f.)* chair
chaleur *(f.)* heat
chaleureux (-se) warm(hearted)
chambre *(f.)* bedroom
champ *(m.)* field
— de bataille battlefield
chanceler to stagger
changement *(m.)* change
chanson *(f.)* song
chanter to sing
chanteur (-euse) *(m./f.)* singer
chapeau (*pl.* **-x**) *(m.)* hat
chaque each
char *(m.)* float
charge: à la — de paid by
chargé(e) loaded
— de responsible for
charolais(e) from Charolais (area of Burgundy)
charrette *(f.)* tumbril
charrier to push around
charte *(f.)* charter
chasse *(f.)* hunting
chasser to chase away
chasseur *(m.)* hunter
château (*pl.* **-x**) *(m.)* château, castle
chatouiller to tickle
chaudement warmly
chauffage *(m.)* heating
chauffer to heat
chauffeur *(m.)* driver
chaussette *(f.)* sock
chaussure *(f.)* shoe
chaux *(f.)* lime
eau de — lime water

chef *(m.)* head, leader
— de cuisine chef
— d'état head of state
chef-d'œuvre (*pl.* **chefs-d'œuvre**) masterpiece
chemin *(m.)* path; way; track
— de fer *(m.)* railroad
cheminée *(f.)* fireplace; mantel
chemise *(f.)* shirt; nightgown
chêne *(m.)* oak
cher (-ère) dear; expensive
coûter cher to be expensive
chercher to look for, to seek
aller — (venir —, passer —) to pick up
chéri(e) *(m./f.)* dear
chéri(e) beloved
cheval (*pl.* **chevaux**) *(m.)* horse
chevalier *(m.)* knight
chevelure *(f.)* head of hair
cheveux *(m.pl.)* hair
chèvre *(f.)* goat
chez at (the home of)
chien *(m.)* dog
chirurgien(ne) *(m./f.)* surgeon
choisir to choose
choix *(m.)* choice
chose *(f.)* thing
autre — something else
c'est bien peu de — que nous we are of very little importance
quelque — something
chou-fleur (*pl.* **choux-fleurs**) *(m.)* cauliflower
chrétien(ne) Christian
christianisme *(m.)* Christianity
chroniqueur *(m.)* chronicler
chuchoter to whisper
chute *(f.)* fall; downfall
cible *(f.)* target
ciel (*pl.* **cieux**) *(m.)* sky, heaven
cimetière *(m.)* cemetery
cinéaste *(m./f.)* filmmaker
circonstance *(f.)* circumstance; occasion
circulation *(f.)* movement of goods
ciseaux *(m.pl.)* scissors
ciseler to carve
citation *(f.)* quotation
citer to quote; to mention
citoyen(ne) *(m./f.)* citizen
civilité *(f.)* courtesy
manquer à la — to be impolite
clair(e) clear
clair de lune *(m.)* moonlight
clairon *(m.)* bugler, bugle
clavier *(m.)* keyboard
clé *(f.)* key
clergé *(m.)* clergy
climatisation *(f.)* air conditioning
cloche *(f.)* bell
clocher *(m.)* bell tower, steeple
clou de girofle *(m.)* clove
cocarde *(f.)* cockade
cœur *(m.)* heart
par — by heart
coiffe *(f.)* cap
coiffeur (-euse) *(m./f.)* hairdresser
coiffure *(f.)* headdress, hairstyle
coin *(m.)* corner
col *(m.)* (mountain) pass
colère *(f.)* anger
en — angry
se mettre en — to get angry
collant *(m.)* stocking
collègue *(m./f.)* colleague
coller to fasten
collier *(m.)* necklace
colline *(f.)* hill
colombe *(f.)* dove
colon *(m.)* colonist
colonne *(f.)* column
combat *(m.)* fight
mener un — fight a battle
combattre to fight
combien de how many, how much
commander to order
comme like, as; how; such as; since
— si as if
commencement *(m.)* beginning
commencer to begin
commerce *(m.)* relations
commettre to commit
commode *(f.)* chest of drawers
communication *(f.)* communication; road
compagnie *(f.)* company
dame de — lady's companion
complément d'objet direct *(m.)* direct object
complot *(m.)* plot
comploter to plot
compote de fruits *(f.)* stewed fruit
comprendre to understand; to include
se — to be understood
comprimer to squeeze
compris(e) included
y compris including
compte *(m.)* account
se rendre — to realize
compte-gouttes *(m.inv.)* eyedropper
compter to count
comte *(m.)* count
concevoir to design
concilier to reconcile
conclure to conclude
concours *(m.)* competition; assistance
condamner to condemn; to convict
conditionnel *(m.)* conditional mood
conduire to drive; to carry on; to lead, to conduct
se — to behave
conduite *(f.)* behavior, conduct
confiance *(f.)* confidence
confisquer to confiscate
confit(e) candied
confiture *(f.)* jam
confrérie *(f.)* brotherhood
confronté(e) confronted
confus(e) confused; obscure
congestionné(e): le visage congestionné red in the face
conjugaison *(f.)* conjugation
connaissance *(f.)* knowledge
connaître to know; to be familiar with; to acknowledge
conquérant(e) *(m./f.)* conqueror
conquérir to conquer
consacrer to consecrate
conscience: prendre — de to become aware of
conseil *(m.)* advice; council
conseiller *(m.)* advisor
conseiller to advise
conservateur (-trice) conservative
conserver to preserve
consommation *(f.)* consumption
constamment constantly
consternation *(f.)* dismay
consterné(e) appalled; in a state of confusion
construire to construct, to build
conte *(m.)* short story
— de fées fairy tale
contempler to contemplate
contemporain(e) contemporary
contenir to contain
se contenter de to be satisfied with
conter to tell
conteur (-euse) *(m./f.)* storyteller
contraire *(m.)* opposite
contrairement as opposed to
contre against
par — on the other hand
pour et — pro and con
contre-révolution *(f.)* counterrevolution
convaincu(e) convinced
se convertir to convert
convoquer to call together
copain *(m.)*, **copine** *(f.)* friend, pal
coquille *(f.)* shell
— de noix nutshell
coquin(e) *(m./f.)* rascal
corail *(m.)* coral
corbeau (*pl.* **-x**) *(m.)* raven
corde *(f.)* thread
cordonnier *(m.)* shoemaker
corne *(f.)* horn
corps *(m.)* body; army, force
correction: maison de — prison
cortège *(m.)* procession
costume *(m.)* suit
côte *(f.)* coast
côté *(m.)* side; direction
à son — at his/her side
d'un — on one hand
cou *(m.)* neck

couchant(e) setting (sun)
couché(e) lying
coucher *(m.)* going to bed
l'heure du — bedtime
se coucher to go to bed
coudre to sew
couler to sink; to flow
couleur *(f.)* color
coup *(m.)* shot; blow
— de pied kick
— d'état takeover of the government
— d'œil glimpse
d'un seul — quickly
tout à — suddenly
coupable guilty
couper to cut, to cut off
coupure *(f.)* break, pause
cour *(f.)* court; courtyard
courant *(m.)* current
courbe curved
courir to run; to chase
couronne *(f.)* crown
couronnement *(m.)* coronation
couronner to crown
courrier *(m.)* mail
cours *(m.)* course; class
au — de during, over (the course of)
— du temps passing of time
donner libre — to give free rein
course *(f.)* course; errand
faire des —s to go shopping
court(e) short
courtisan *(m.)* courtier
courtois(e) courtly
roman courtois medieval courtly romance
couteau *(pl.* **-x**) *(m.)* knife
coûter to cost
— cher to be expensive
coûteux (-se) costly
coutume *(f.)* custom
couture *(f.)* high fashion
couturière *(f.)* seamstress
couvent *(m.)* convent
couverture *(f.)* cover
couvrir to cover
cœur *(m.)* heart
cracher to spit
craindre to fear
crayon *(m.)* pencil
créer to create
cresson *(m.)* watercress
creuser to dig
creux (-se) hollow
crever un œil to put out an eye
cri *(m.)* shout
pousser un — to scream; to let out a cry
criblé(e) riddled
crier to shout
crisper to tense up
critiquer to criticize
croire to believe
croisade *(f.)* crusade
croisé *(m.)* crusader
croix *(f.)* cross
— gammée swastika
cruauté *(f.)* cruelty
cueillir to gather
cuillère *(f.)* spoon
cuir *(m.)* leather
cuire to cook
— au four to bake
cuisine *(f.)* cooking; kitchen
faire la — to do the cooking
cuivre *(m.)* copper; brass
culotte *(f.)* knee breeches
culpabilité *(f.)* guilt
curieux (-se) curious

D

d'abord at first, first
d'accord: être — to agree
dame *(f.)* lady
— de compagnie lady's companion
damner to damn
d'après according to
date: de longue — longstanding
dauphin *(m.)* eldest son of French king
d'auprès nearby
d'avance in advance
davantage more
dé à coudre *(m.)* thimble
débarquement *(m.)* landing
débarquer to land
débarrasser to rid, to remove
débordant(e) overactive
debout standing
se tenir — to stand
début *(m.)* beginning
déchéance *(f.)* downfall
déchirer to tear
décimé(e) decimated
décolorer to bleach
découverte *(f.)* discovery
découvrir to discover, to find out
décrire to describe
déesse *(f.)* goddess
défaite *(f.)* defeat
défaut *(m.)* shortcoming
défavorable unfavorable
défendre to forbid; to defend
se — to defend oneself
défense *(f.)* ban, prohibition
— de + infin. no + gerund
défenseur *(m.)* defendant
défi *(m.)* challenge
défiler to parade; to file by; to march
définir to define
défunt(e) deceased
se dégager to emerge
déguisé(e) disguised
dehors outdoors
déjà already
déjeuner *(m.)* lunch
déjeuner to have lunch
délégué(e) *(m./f.)* delegate
délice *(m.)* delight
délire *(m.)*: **— de joie** transports of joy
délivrer to save; to free
déloger to dislodge
demander to ask
se — to wonder
demandeur *(m.)* plaintiff
déménageur *(m.)* mover
démesuré(e) enormous
demi: à — half
demi-chauve: à — balding
démolir to demolish
démontrer to prove
dénoncer to denounce
denrées *(f.pl.)* goods
dent *(f.)* tooth
dentelle *(f.)* lace
départ *(m.)* departure
dépasser to surpass, to transcend; to pass
se dépêcher to hurry
dépens *(m.)* expense
au — de at the expense of
dépenser to spend (money)
dépenses *(f.pl.)* expenses
se déplacer to change position
déployer to unfurl (flag), to spread out
déposer to store
dépôt *(m.)* warehouse
depuis since; for
— que since
député *(m.)* deputy
dernier (-ère) last; latter
derrière behind
derrière *(m.)* rear end
dès from, as early as, as soon as it was
— que as soon as
désaffecté(e) no longer in use
désarmer to disarm
descendre to come down, to go down, to get down
désespéré(e) desperate
se déshabiller to get undressed
désigner to point out
désir *(m.)* desire, wish
désobéir to disobey
désolé(e) sorry
désormais from then on, henceforth
despote *(m.)* despot
dessécher to dry up
dessin *(m.)* drawing
dessiner to design
se — to stand out
dessous beneath
destiné(e) à intended for
détenir to have, to hold
détester to hate
se détourner to turn away
détresse *(f.)* financial difficulties

détruire to destroy
dette *(f.)* debt
deux two
tous les — both
devant before; in front of
devanture *(f.)* shop front
devenir to become
deviner to guess
devoir *(m.)* duty; assignment
devoir to owe; to be supposed to; to have to
dévorer to devour
dévoué(e) devoted
dévouement *(m.)* devotion
diable *(m.)* devil
pauvre — poor guy
diantre by Jove
dictature *(f.)* dictatorship
dieu *(pl.* **-x***)* *(m.)* god
mon —! goodness!
diligence *(f.)* stagecoach
dimanche *(m.)* Sunday
diminuer to reduce
dîner *(m.)* dinner
dire to say, to tell
à vrai — as a matter of fact
se — to say to oneself; to be said
diriger to run, to manage, to direct
se — to move; to go; to head for
discours *(m.)* speech
discuter (de) to discuss
disparaître to disappear
disputer to dispute
se — to argue
se dissimuler to hide
se distinguer to differ
distraction *(f.)* amusement
divaguer to be delirious; to digress
divers(e) diverse, different, various
divin(e) divine
droit divin divine right
divorcer to get a divorce
doigt *(m.)* finger
domaine *(m.)* field; estate
domestique *(m./f.)* servant
domicile: à — at home
dommage: c'est — it's too bad
donc therefore; thus, so
donjon *(m.)* castle keep
donner to give
— naissance à to give birth to
se — rendez-vous to make a date
dont of which, of whom; about which; whose
ce — what, of which
doré(e) golden
dormeur (-euse) *(m./f.)* sleeper
dormir to sleep
doucement softly, gently
douceur *(f.)*: **avec —** gently
douleur *(f.)* pain; grief
douloureux (-se) painful
doute *(m.)* doubt
dans le — in doubt
sans — probably
douteux (-se) doubtful
d'outre-tombe from beyond the grave
doux (douce) mild; sweet; good; soft
doyen(ne) *(m./f.)* oldest person
drap *(m.)* sheet; cloth
drapeau *(pl.* **-x***)* *(m.)* flag
drapier: marchand — cloth merchant
dresser to erect, to set up
— contre to set against
se — to stand, to rise
droit *(m.)* right
— divin divine right
en — by right
droit(e) straight; right, sound
drôle funny
dupe easily deceived
duquel/de laquelle/desquels/desquelles of which, from which; of whom
dur(e) hard; harsh
œuf dur hard-boiled egg
durable lasting
durant during
durer to last

E

eau *(f.)* water
— courante running water
— de chaux lime water
ébéniste *(m./f.)* cabinetmaker
éblouissant(e) dazzling
écaille *(f.)* tortoiseshell
écarter to spread out
échanger to exchange
échapper (à) to escape
échecs *(m.pl.)* chess
échelle *(f.)* scale
éclairage *(m.)* lighting
éclairer to light up
école *(f.)* school
économe thrifty
économies *(f.pl.)* savings
faire des — to save money
écoulé(e) exhausted, spent
écoulement *(m.)* passing
écouter to listen (to)
écrasé(e) wearily
écraser to crush
s'écrier to cry out, to exclaim
écrire to write
écriture *(f.)* writing
écrivain *(m./f.)* writer
s'écrouler to collapse
édit *(m.)* edict
éduquer to educate
effacer to erase
effet *(m.)* effect
en — in fact, indeed
s'efforcer to endeavor, to make every effort, to strive
effrayant(e) frightening
effrayer to frighten
effroyable horrible, horrifying
égal(e) *(m.pl.* **-aux***)* equal
également equally
égaler to equal
égalité *(f.)* equality
église *(f.)* church
Église Catholic Church
égout *(m.)* sewer
élever to raise
s'— to rise up
elle she; it; her
elles they; them
éloigné(e) distant
s'éloigner to walk away
élu(e) elected
embarcation *(f.)* boat
embarquement *(m.)* embarkation
embaumé(e) fragrant
embellir to embellish
emblème *(m.)* symbol
embouteillage *(m.)* traffic jam
embrasser to kiss
embrasure *(f.)*: **— d'une porte** doorway
embuscade *(f.)* ambush
émeraude *(f.)* emerald
émeute *(f.)* riot
emmener to take (along)
émouvant(e) moving
empêcher to prevent
empereur *(m.)* emperor
emplacement *(m.)* site
employer to use
empoisonner to poison
empoisonneur (-euse) *(m./f.)* poisoner
emporter to take along, to take out; to take away
emprunter to borrow
ému(e) moved
en *(prép.)*: **en effet** in fact
— tout in all
en *(pron.)* of (from) it/them; some (of it/them); any
enchaîner to link together
enchanté(e) delighted; enchanted
enchantement *(m.)* spell
encor else; yet
encore still
— plus even more
ne... pas — not yet
plus — even more
endormir to fall asleep
s'— to fall asleep
endroit *(m.)* place
endurcir to harden
enfance *(f.)* childhood
enfant *(m./f.)* child
— terrible enfant terrible
enfer *(m.)* hell
enfermer to lock up

enfin finally; in the end
enflammé(e) on fire
s'enflammer to burst into flame
enfoncer to break in
s'enfuir to flee
s'engager to commit oneself
enhardi(e) emboldened
enlever to remove
ennemi(e) *(m./f.)* enemy
ennui *(m.)* blame
ennuyer to annoy; to bore; to bother
s'— to be bored
ennuyeux (-se) boring
énorme enormous
énormément enormously
enregistrer to check (luggage)
enrichir to enrich
s'enrôler to enlist
ensanglanté(e) bloody
enseignement *(m.)* teaching
enseigner to teach
ensemble together
ensuite then
entendre to hear
— parler de to hear about
s'— to be heard; to get along
enterrer to bury
entêté(e) stubborn
entêtement *(m.)* stubbornness
entier (-ère) whole, entire
entourer to surround
entraînement *(m.)* training
entraîner to draw
entraîneur *(m.)* coach
entre between; among
entre-deux-guerres *(f.* ou *m.)* interwar years
entrevue *(f.)* interview
envahir to invade
envahisseur *(m.)* invader
envelopper to wrap
envers toward
envie: avoir — de to want
environ approximately
s'envoler to fly away
envoyer to send
épargner to spare
épaule *(f.)* shoulder
épée *(f.)* sword
épeler to spell
épice *(f.)* spice
épine *(f.)* thorn
épingle *(f.)* pin
épique epic
époque *(f.)* era, age; time; period
à l'— at that time
épouse *(f.)* wife
épouser to marry
époux *(m.)* husband
éprouver to feel; to put to the test
épuiser to exhaust
ère *(f.)* era
avant notre — B.C.
de notre — A.D.
ériger to erect
éroder to erode
errant(e) wandering
erreur *(f.)* mistake
escalier *(m.)* stairs
escargot *(m.)* snail
escarpé(e) steep
esclave *(m./f.)* slave
escroc *(m.)* crook
espèce *(f.)* kind, sort
espérance *(f.)* hope
espérer to hope
espoir *(m.)* hope
esprit *(m.)* mind; wit; spirit
essayer to try
essence *(f.)* gasoline
essuyer to wipe off
s'— to wipe
est *(m.)* east
et... et both . . . and
établir to establish
s'— to take up residence
étage *(m.)* story
étalage *(m.)* stall
étant donné given
étape *(f.)* stage, step
état *(m.)* state; condition
chef d'— head of state
— d'âme mood
religion d'— state religion
États généraux *(m.pl.)* Estates General
été *(m.)* summer
éteindre to put out
éteint(e) extinct
étendard *(m.)* standard
étendre to extend; to spread out; to stretch out
ethnie *(f.)* ethnic group
étincelle *(f.)* spark
étiquette *(f.)* formality, etiquette
étoilé(e) starry
étonné(e) surprised
étouffé(e) stifled
étrange strange
étranger (-ère) *(m./f.)* stranger, foreigner
être *(m.)* being
être to be
— à to belong to
— à l'heure to be on time
— d'accord to agree
— de retour to be back
— en avance to be early
— en retard to be late
— en train de to be in the process of
soit all right
étroit(e) narrow
étude *(f.)* study
eux them
s'évanouir to faint
événement *(m.)* event
évêque *(m.)* bishop
évoluer to evolve
excès *(m.)* excess
s'exclamer to exclaim
exécrable hateful
exemple *(m.)* example
par — for example
exercer to use
s'—: la calomnie s'exerçait slander was rife
exiger to require; to demand
expérience *(f.)* experiment
explication *(f.)* explanation
expliquer to explain
s'— to be explained
exposer to exhibit
exprès specially
exprimer to express
s'— to express oneself
exquis(e) exquisite
extérieur: politique extérieure foreign policy

F

fabrique *(f.)* factory
fabriquer to manufacture
face: d'en — opposite
en — opposite; in the face
faire — à to meet, to cope with
se fâcher to be angry
facilité *(f.)* ease
faciliter to ease
façon *(f.)* manner, way
facultatif (-ve) optional
faible weak
faïence *(f.)* pottery
faillite *(f.)* failure
faim *(f.)* hunger
avoir — to be hungry
fainéant(e) idle, "do-nothing"
faire to do; to make
ça se fait people are doing that
— + infinitive to have (something) done
— appel to appeal
— attention to pay attention
— des bêtises to play the fool
— des courses to go shopping
— des économies to save (money)
— de l'autostop to hitchhike
— du camping to go camping
— du sport to play sports
— figure to cut a figure
— la cuisine to do the cooking
— la vaisselle to do the dishes
— le ménage to do housework
— partie de to be part of
— semblant de to pretend to
— ses bagages to pack
— son lit to make one's bed
— tort à to work against
— une faute to make a mistake

— une promenade to go for a walk
— un voyage to take a trip
il fait... it is . . . (in weather expressions)
se — à to get used to
se — — to have (something) done
s'en — to worry
fait *(m.)* fact
en — in fact
— accompli accomplished fact
fait(e) made
bien — shapely; handsome
— prisonnier (-ère) taken prisoner
falloir to be necessary
il me faut I need
il faut it is necessary
fameux (-se) famous
fantaisie *(f.)* fantasy, whimsy
farce *(f.)* farce
farine *(f.)* flour
fatalité *(f.)* fate
fatigué(e) tired
faubourg *(m.)* suburb
faucille *(f.)* sickle
faussement erroneously
faute *(f.)* mistake, error, fault
fauteuil *(m.)* armchair
faux (fausse) false
favori(te) favorite
favoriser to favor
féculent *(m.)* starchy food
fée *(f.)* fairy
feint(e) fake
femme *(f.)* woman; wife
fenêtre *(f.)* window
fer *(m.)* iron
ferme *(f.)* farm
fermer to close
fermeté: avec — resolutely
fermière *(f.)* farm wife
férocement fiercely
fête *(f.)* party; festival
feu *(m.)* fire
à — et à sang ravaged
— d'artifice fireworks
— de circulation traffic light
mettre le — à to set fire to
prendre — to catch fire
feuillage *(m.)* foliage
feuille *(f.)* leaf
fichtre! darn!
fidèle faithful
fidèles *(m.pl.)* faithful
fidélité *(f.)* loyalty
se fier à to trust
fier (fière) proud
fierté *(f.)* pride
fièvre *(f.)* fever
figure *(f.)* face; figure
faire — to cut a figure
filet *(m.)* trickle
fille: jeune — girl
fils *(m.)* son
fin *(f.)* end; ending
finir to finish
— par to end up, to wind up
fiole *(f.)* vial
fixer to hold
flamme *(f.)* flame
flatté(e) flattered
fléau (*pl.* **-x**) disaster
flèche *(f.)* arrow
pointe de — arrowhead
fleur *(f.)* flower
— de lis fleur-de-lis
fleuronner to blossom
fleuve *(m.)* river
flocon *(m.)* flake
flot *(m.)* flood; wave
flotte *(f.)* fleet
foi *(f.)* faith
foin *(m.)* hay
fois *(f.)* time
à la — both
une — de plus once again
folie *(f.)* folly, extravagance; madness
foncé(e) dark
fonctionnaire *(m./f.)* civil servant; government employee
fond *(m.)* background; back, end
fondation *(f.)* foundation
fonder to found
fondre to melt
fontaine *(f.)* fountain
force *(f.)* force; power; strength
à — de by dint of
forme *(f.)* shape
fort *(adv.)* quite, very
fort(e) strong
fortement firmly, strongly
forteresse *(f.)* fortress
fossé *(m.)* ditch
fou (folle) insane; crazy
fouilles *(f.pl.)* excavations
foule *(f.)* crowd
four *(m.)* oven
cuire au — to bake
fourchette *(f.)* fork
fourreur *(m.)* furrier
foyer *(m.)* fireplace
fraîcheur *(f.)* coolness
frais (fraîche) cool; fresh
fraise *(f.)* strawberry
franc (franque) Frankish
franchement frankly
franchir to go through
franchise *(f.)* frankness
frappant(e) striking
frapper to strike; to hit; to knock
freiner to halt
frère *(m.)* brother
frigo *(m.)* fridge
frire to fry
frissonner to quiver
frites *(f.pl.)* French fries
froid(e) cold
fromage *(m.)* cheese
front *(m.)* forehead
frontière *(f.)* border
fruite *(f.)* flight
fumée *(f.)* smoke; odor
fumer to smoke
funérailles *(f.pl.)* funeral
furieux (-se) furious
fusil *(m.)* rifle
fusillade *(f.)* rifle fire
fusillé(e) shot at
fusiller to shoot
futur *(m.)* future
— antérieur future perfect

G

gager to bet
gagner to win; to gain; to reach
galant(e) elegant
galerie *(f.)* gallery
gamin *(m.)* kid
gant *(m.)* glove
garçon *(m.)* boy
garde *(f.)* guard
garde *(m.)* sentry, guard
garde-robe *(f.)* wardrobe
garder to keep; to watch over
gardien(ne) *(m./f.)* guardian
gare *(f.)* train station
se garer to park
garnison *(f.)* garrison
gâté(e) spoiled
gâteau (*pl.* **-x**) *(m.)* cake
gaz *(m.)* gas
gazon *(m.)* turf
géant *(m.)* giant
geler to freeze
gémir to moan
gênant(e) embarrassing
gendarme *(m.)* member of the state police
gêné(e) embarrassed
gêner to get in the way of
génie *(m.)* spirit; genius
genou (*pl.* **-x**) *(m.)* knee
à —x kneeling
genre *(m.)* type
gens *(m.pl.)* people
gentil(le) nice
gentilhomme (*pl.* **gentilshommes**) *(m.)* gentleman
gentillesses *(f.pl.)* sweet nothings
gentiment pleasantly
gérondif *(m.)* gerund
geste *(f.)* feat
geste *(m.)* gesture
giberne *(f.)* cartridge pouch
givre *(m.)* frost
glace *(f.)* ice

glacé(e) icy
glaïeul *(m.)* yellow flag iris
glissant(e) slippery
glisser to slip
gloire *(f.)* glory
gothique gothic
goût *(m.)* taste
  avoir bon — to taste good
goûter to taste
goutte *(f.)* drop
gouverneur *(m.)* commanding officer
grâce à thanks to
  de — I beg you
grand(e) big; great; tall
grand-chose: pas — not much
grandeur *(f.)* size
grandiose grand, imposing
grandir to grow
grand-monde: pas — not many people
grand-père *(m.)* grandfather
se gratter to scratch
gravure *(f.)* engraving
gré *(m.)* will
grec (grecque) Greek
grenouille *(f.)* frog
grès *(m.)* rock
grillade *(f.)* grilled meat
griller to grill
grimper to climb
grippe *(f.)* flu
gris(e) gray
gronder to mutter
gros(se) big; fat; thick
grossir to gain weight
grotte *(f.)* cave; grotto
guère: ne... — hardly, scarcely
guéridon *(m.)* pedestal table
guérir to cure
guerre *(f.)* war
guerrier *(m.)* warrior
guerrier (-ère) warlike
guet *(m.)* lookout
  tour de — watchtower
gui *(m.)* mistletoe

H

*An asterisk indicates an aspirate *h*.

habilement cleverly
habiller to dress
  s'— to get dressed
habitant(e) *(m./f.)* inhabitant
habiter to live
habitude *(f.)* habit
  avoir l'— (de) to be in the habit (of)
s'habituer à to get used to
***hache** *(f.)* ax
***haillon** *(m.)* rag
***haine** *(f.)* hatred
***hameau** *(pl.* **-x**) *(m.)* hamlet
***hanche** *(f.)* hip
***hanté(e)** haunted
***harceler** to harass
***haricot vert** *(m.)* green bean
***hasard: par —** by chance
***hâte: avoir — de** to be eager to
***se hâter** to hurry
***haut** *(adv.)* loud
***haut** *(m.)* top
***haut(e)** high
***haut-parleur** *(m.)* loudspeaker
***hélas** alas
herbe *(f.)* grass; plant
herbé(e) containing herbs
hérétique *(m./f.)* heretic
hériter to inherit
héritier (-ère) *(m./f.)* heir
hermine *(f.)* ermine
***héros** *(m.)* hero
hésiter to hesitate
heure *(f.)* time; hour; o'clock
  être à l'— to be on time
  tout à l'— in a minute
heureux (-se) happy
***heurt** *(m.)* conflict
***heurter** to knock; to collide with
hier yesterday
  — soir last night
***hisser** to hoist
histoire *(f.)* history; story
hiver *(m.)* winter
***holà!** hello!
honnête honest
honneur *(m.)* honor
  à l'— at the place of honor
***honte** *(f.)* shame
  avoir — (de) to be ashamed (of)
horloge *(f.)* clock
***hors-la-loi** *(m. inv.)* outlaw
hôte *(m.)* host
hôtel *(m.)* private residence
  — de ville *(m.)* city hall
  — particulier mansion
***huguenot** *(m.)* Huguenot
huile *(f.)* oil
humeur *(f.)* mood
  être de bonne (mauvaise) — to be in a good (bad) mood
humide damp
humiliant(e) humiliating
***hurler** to yell, to howl
hymen *(m.)* marriage

I

ici here
idée *(f.)* idea
ignorer to not know
il y a ago
île *(f.)* island
image *(f.)* picture
imiter to imitate
immeuble *(m.)* apartment building
immobile unmovable
impératrice *(f.)* empress
impôt *(m.)* tax
impressionner to impress
imprimer to print
imprimerie *(f.)* printing
imprimeur *(m.)* printer
impuissance *(f.)* helplessness
incendie *(m.)* fire
incendier to set fire to
inconnu(e) *(m./f.)* stranger
inconnu(e) unknown
inconscient(e) unaware
inconvénient *(m.)* disadvantage
incroyable incredible
indigène *(m./f.)* native
s'indigner contre to be indignant at
indiscuté(e) unchallenged
infante *(f.)* infanta
inférieur(e) lower; inferior
infini: à l'— infinitely
infirmier (-ère) *(m./f.)* nurse
inhabituel(le) unusual
injure *(f.)* insult
injuste unfair
injustice *(f.)* injustice
innocemment innocently
inondation *(f.)* flood
inonder to flood
inoubliable unforgettable
inouï(e) extraordinary
inoxydable: acier — stainless steel
inquiet (-ète) worried
s'inquiéter to worry
inquiétude *(f.)* anxiety
insolite unusual
installation *(f.)* setting up house
instamment urgently
instant: à l'— a moment ago
interdiction *(f.)* ban
interdire to forbid; to ban
s'intéresser (à) to be interested (in)
intérêt *(m.)* interest
interrompre to interrupt
intervalle *(m.)* interval
  dans l'— in the meantime
intime intimate
intitulé(e) entitled
inviter to invite
invraisemblable unlikely
irréparable irreparable
irrespectueux (-se) disrespectful
isolé(e) isolated
s'isoler to isolate oneself
ivrogne(sse) *(m./f.)* drunkard

J

jamais ne... never
  — nul temps never ever
  ne... — never
  ne... — plus never again

jambe *(f.)* leg
jardin *(m.)* garden
— potager vegetable garden
jeter to throw
— les bases to lay the foundations
— un regard to glance
jeu (*pl.* **-x**) *(m.)* play; game
jeudi *(m.)* Thursday
jeune fille *(f.)* girl
jeunesse *(f.)* youth
joie *(f.)* joy
— de vivre zest for life
joindre to combine
se — to join
joli(e) pretty, beautiful
jonquille *(f.)* daffodil
joue *(f.)* cheek
jouer to play
jouer de to play (an instrument)
jouir to enjoy
jour *(m.)* day
de nos —s today
petit — dawn
journal (*pl.* **-aux**) *(m.)* newspaper; journal
journalier (-ère) daily
journée *(f.)* day
joyeux (-se) happy
juge *(m.)* judge
jugement *(m.)* judgment; trial
mise en — arraignment
juger to condemn, to judge
juif (-ive) Jewish
jupe *(f.)* skirt
jurer to swear
jusqu'à up to; until
— ce que until
jusque là before then
juste *(adv.)* exactly; just
juste *(adj.)* exact, right
à midi — at the stroke of noon
justement precisely
justesse: de — barely

K

krak *(m.)* type of fortress

L

la *(pron. d'obj.)* her; it
là there
— où where
labourer to plough
laboureur *(m.)* farm worker
là-haut up there
laid(e) ugly
laine *(f.)* wool
laisser to leave; to let, to allow
— tomber to drop
se — aller to let oneself go
se — pousser to let grow
lait *(m.)* milk
laitier (-ère) *(adj.)* dairy
lame *(f.)* blade
lampadaire *(m.)* lamppost
lancer to launch
langue *(f.)* language
lanterne *(f.)* lantern
lapin *(m.)* rabbit
laquelle *see* **lequel/auquel/duquel**
large full (skirt)
larme *(f.)* tear
las alas
las(se) weary
lavande *(f.)* lavender
laver to wash
se — to wash (oneself)
le/la/l' *(pron. d'obj.)* it; him; her
léger (-ère) minor; light
légitimité *(f.)* legitimacy
légué(e) handed down
légume *(m.)* vegetable
lendemain *(m.)* next day
lentement slowly
lequel/laquelle which (one)
les *(pron. d'obj.)* them
lesquels/lesquelles which (ones)
leur *(pron. d'obj. ind.)* to them, for them, them
leur/leurs *(pron. poss.)* theirs
levé(e) standing
lever *(m.)* ceremony of King's rising
lever to pick up, to raise
se — to get up
lèvre *(f.)* lip
liberté *(f.)* freedom
libre free
licorne *(f.)* unicorn
lier to bind together
lieu (*pl.* **-x**) *(m.)* place, site
au — de instead of
avoir — to take place
ligne *(f.)* line
limite *(f.)* boundary
lin *(m.)* linen
linge *(m.)* laundry
lire to read
lis *(m.)* lily
fleur de — fleur-de-lis
lit *(m.)* bed
livre *(f.)* pound
livre *(m.)* book
livrer to deliver
livreur *(m.)* delivery person
logement *(m.)* lodging
loger to lodge
loi *(f.)* law
— salique Salic law
loin far; far away
lointain(e) distant
long: le — de along
long(ue) long
de longue date longstanding
longer to go along
longtemps a long time
longueur *(f.)* length
lorsque when
louer to rent
loup *(m.)* wolf
lourd(e) heavy
lui him; it; to him, to her
lui-même himself
luire to shine
lumière *(f.)* light
lunettes *(f.pl.)* eyeglasses
lutte *(f.)* struggle
lutter to fight
luxe *(m.)* luxury
luxueux (-se) luxurious
lycée *(m.)* high school
lyrisme *(m.)* lyricism
lys *(m.)* lily

M

machine *(f.)* engine, machine
— à vapeur steam engine
mâchoire *(f.)* jaw
magasin *(m.)* store
maigre skinny; thin
maigrir to lose weight
main *(f.)* hand
donner un coup de — to help out
maintenant now
maintenir to maintain
se — to remain
maire *(m.)* mayor
mais si yes
maïs *(m.)* corn
maison *(f.)* house
— de correction prison
maître *(m.)* master
maîtresse *(f.)* mistress
majestueux (-se) majestic
mal poorly; badly
mal *(m.)* evil; plight; illness
avoir le — de mer to be seasick
— aux dents toothache
— de mer seasickness
dire du — de to say something bad about
malade *(m./f.)* invalid
malade ill
maladie *(f.)* disease; malady
malédiction *(f.)* curse
malgré despite, in spite of
malheureusement unfortunately
malin (-igne) clever
maltraiter to mistreat
malveillant(e) malevolent
Manche *(f.)* English Channel
mandat *(m.)* term of office
manger to eat
manières *(f.pl.)* manners
manifestation *(f.)* event

se manifester to show itself
manœuvre *(f.)* maneuver; handling
manquer to miss; to be lacking; to lack
— à la civilité to be impolite
manteau *(pl.* **-x**) *(m.)* coat
manufacture *(f.)* factory
maquette *(f.)* model
se maquiller to put on makeup
marchand(e) *(m./f.)* merchant
marchand drapier cloth merchant
— de primeurs fruit and vegetable merchant
marche: se mettre en — to set out
marché *(m.)* market
marcher to walk
marécage *(m.)* swamp
mari *(m.)* husband
marier to marry off
se — to get married
marin *(m.)* sailor
marin(e) marine
marine: bleu — navy blue
marqueterie *(f.)* inlaid work
marron brown, chestnut
marteau *(pl.* **-x**) hammer
masser to massage
massif (-ve): or massif solid gold
mât *(m.)* mast
matériaux *(m.pl.)* materials
matériel *(m.)* supplies
matière première *(f.)* raw materials
maudit(e) accursed
mauvais(e) bad; wrong
me me, to me, for me
méchanceté *(f.)* malice
méchant(e) wicked
mécontentement *(m.)* discontent
médecin *(m.)* doctor
médisance *(f.)* gossip; backbiting
meilleur(e) better
le/la/les meilleur(e)(s) the best
mélange *(m.)* mixture
mélanger to mix up
mêlée *(f.)* free-for-all
mêler to mix
se — à to be involved in
même *(adv.)* even
de — que as well as
le soir — that very night
nous-—s ourselves
même *(adj.)* same
mémoire *(f.)* memory
menace *(f.)* threat
menacer to threaten
ménage *(m.)* household; housework
faire le — to do the housework
mendiant(e) *(m./f.)* beggar
mener to lead
— un combat to fight a battle
mensonge *(m.)* lie
pieux — white lie
mentir to lie
méprisable contemptible
méprisant(e) contemptuous
mer *(f.)* sea
port de — seaport
merci *(m.)* forgiveness; thank you
mercredi *(m.)* Wednesday
mère *(f.)* mother
méridional(e) *(m.pl.* **-aux**) from the Midi (South of France)
mériter to deserve
merveille *(f.)* marvel
merveilleux (-se) marvelous
messager *(m.)* messenger
messe *(f.)* mass
mesure *(f.)* measure
à — que as
dans une large — to a great extent
sur — to measure
métier *(m.)* job, trade
mettre to put
— au monde to give birth to
— en ordre to straighten up
— en vente to put up for sale
— le feu à to set fire to
— les pieds sur to set foot on
se — à to begin
se — à table to sit down to eat
se — en colère to get angry
se — en marche to set out
se — en route to set out
meubler to furnish
meubles *(m.pl.)* furniture
meurtre *(m.)* murder
midi *(m.)* noon
à — juste at the stroke of noon
Midi *(m.)* the South of France
miel *(m.)* honey
mien/mienne/miens/miennes mine
mieux *(adv.)* better
le — the best
faire de son — to do one's best
mignon(ne) *(m./f.)* sweetheart
mil *(m.)* millet
milice *(f.)* militia
milieu *(m.)* middle
au — de in the middle of
mille *(m.)* thousand
milliardaire *(m./f.)* billionaire
millier *(m.)* (about a) thousand
ministre *(m.)* minister
premier — prime minister
minuit *(m.)* midnight
mise en jugement *(f.)* arraignment
mise en scène *(f.)* staging
faire la — to direct
misère *(f.)* unhappiness; poverty
mitraille *(f.)* grapeshot
mobilier *(m.)* furnishings, furniture
mobylette *(f.)* moped
mode *(f.)* fashion
à la — in style
mode *(m.)* mood
moi *(pron.)* me
moindre least
moine *(m.)* monk
moineau *(pl.* **-x**) *(m.)* sparrow
moins less
à — que unless
au — at least
du — at least
mois *(m.)* month
moitié *(f.)* half
monde *(m.)* world
tout le — everyone
mondial(e) *(m.pl.* **-aux**) world *(adj.)*
monnaie *(f.)* currency; change
pièce de — coin
monotone monotonous
monsieur *(pl.* **messieurs**) gentleman
montant(e) mounting
monter to go up; to come up; to rise (up)
— à to climb
montre *(f.)* watch
montrer to show, to exhibit
se moquer (de) to make fun (of)
moral(e) *(m.pl.* **-aux**) emotional
morceau *(pl.* **-x**) *(m.)* piece; lump
mort *(f.)* death
mortel(le) mortal
mot *(m.)* word; remark
motif *(m.)* design; motif
moto *(f.)* motorcycle
motocyclette *(f.)* motorcycle
mouchoir *(m.)* handkerchief
mourir to die
mousqueterie *(f.)* musketry
mousseline *(f.)* chiffon
mousser to bubble
mouton *(m.)* sheep
moyen *(m.)* means
— de transport means of transportation
—s means
Moyen-Âge *(m.)* Middle Ages
moyenne *(f.)* average
Moyen-Orient *(m.)* Middle East
muet(te) silent; mute
se multiplier to become more frequent
munitions *(f.pl.)* ammunition
mur *(m.)* wall
murmurer to murmur
musculation *(f.)* weightlifting
musée *(m.)* museum
musulman(e) Moslem

N

nacre *(f.)* mother-of-pearl
naïf (-ve) naive
naissance *(f.)* birth
naître to be born
nappe *(f.)* tablecloth
narine *(f.)* nostril

natal(e) (*m.pl.* **-aux**) of one's birth
nature (*f.*) nature
  peint(e) d'après — painted from life
  — morte still life
naviguer to sail
navré(e) sorry
ne not
  ne... aucun(e) no, not any, none
  ne... jamais plus never again
  ne... jamais never
  ne... ni... ni neither . . . nor
  ne... nul(le) no one, not any
  ne... nulle part nowhere
  ne... pas not
  ne... pas encore not yet
  ne... pas non plus not . . . either; neither
  ne... personne no one, nobody
  ne... plus no longer, no more
  ne... point not at all
  ne... que only
né(e) born
néanmoins nevertheless
néant (*m.*) nothingness
négligemment carelessly
négliger to neglect
neige (*f.*) snow
nerf (*m.*) nerve
net(te) obvious
neuf (-ve) (brand-)new
neveu (*pl.* **-x**) (*m.*) nephew
nez (*m.*) nose
  faire des pieds de — to thumb one's nose
ni nor
  ne... ni... ni neither . . . nor
nier to deny
n'importe quel(le) any
niveau (*pl.* **-x**) (*m.*) level
noblesse (*f.*) nobility
Noël (*m.*) Christmas
noircir to blacken
noix (*f.*) nut
  coquille de — nutshell
nom (*m.*) name
nombre de a number of
nombreux (-se) numerous
nommer to name
non not
  — pas not
nord (*m.*) north
normand(e) Norman
notaire (*m.*) man of law
nôtre/nôtres (*pron. poss.*) ours
nourrice (*f.*) nurse
nourrir to feed
  se — to eat
nourriture (*f.*) food
nous we; us; to us, for us
nouveau (nouvelle; *m.pl.* **nouveaux)** new
  Nouvel An New Year
  de nouveau (once) again
Nouveau-Monde (*m.*) New World
nouveau-né(e) (*m./f.*) newborn
nouveauté (*f.*) novelty
nouvelle (*f.*) piece of news
noyer to drown
  se — to drown
nu(e) bare
  pieds nus barefoot
nu-tête bareheaded
nuage (*m.*) cloud
  être dans les —s to daydream
nue (*f.*) clouds
nuit (*f.*) night
nul(le) no, none
  jamais nul temps never ever
  ne... — no one, not any
  ne... nulle part nowhere
  — ne no one, not any
nuque (*f.*) nape (of the neck)

O

obéir to obey
obéissant(e) obedient
objet: pronom d'— object pronoun
obliger to oblige, to force; to require
obscurcissement (*m.*) darkening
obscurité (*f.*) darkness
obtenir to obtain
obus (*m.*) shell
s'occuper de to concern oneself with; to take care of
odorat (*m.*) sense of smell
œil (*m.; pl.* **yeux**) eye; gaze
  crever un — to put out an eye
œillet (*m.*) carnation
œuf (*m.*) egg
  — dur hard-boiled egg
œuvre (*f.*) work
offrir to offer, to give
ogival(e): arche ogivale Gothic-style arch
oiseau (*pl.* **-x**) (*m.*) bird
oliphant (*m.*) horn
ombre (*f.*) shadow, ghost; shade
oncle (*m.*) uncle
onde (*f.*) waters
opprimé(e) oppressed
or (*m.*) gold
  — massif solid gold
orage (*m.*) storm
ordonnance (*f.*) order; prescription
ordonner to order
ordre (*m.*) order
  mettre en — to straighten up
ordures (*f.pl.*) garbage
oreille (*f.*) ear
orgueil (*m.*) pride
origine: à l'— originally
  d'— original
orné(e) ornate
orner to decorate
  s'— to be decorated
orphelin(e) (*m./f.*) orphan
os (*m.*) bone
oser to dare
ostensiblement openly
ôter to remove
où where; when
  où que wherever
ou... ou either . . . or
oublier to forget
ouest (*m.*) west
ouïe (*f.*) (sense of) hearing
outil (*m.*) tool
outre aside from
ouverture (*f.*) opening
ouvrage (*m.*) work
ouvrier (-ère) (*m./f.*) worker
ouvrir to open; to open up
  s'— to open up

P

païen(ne) pagan
paille (*f.*) straw
pain (*m.*) bread
paisible peaceful
paisiblement peacefully
paître to graze
paix (*f.*) peace
palais (*m.*) palace
pâlir to pale
palmette (*f.*) palm leaf-shaped decoration
palmier (*m.*) palm tree
panier (*m.*) basket
panneau (*pl.* **-x**) road sign
pape (*m.*) pope
paquebot (*m.*) ocean liner
paquet (*m.*) package
par by
  — terre on the ground
paraître to appear, to seem
parapluie (*m.*) umbrella
paravent (*m.*) screen
parbleu of course
pardon (*m.*) forgiveness
pardonner to forgive
pareil(le) same
paresseux (-se) lazy
parfait(e) perfect
parfois at times
parfumé(e) flavored
parler to talk, to speak
  entendre — de to hear about
  — plus bas to lower one's voice
  se — to talk to each other
parmi among
parole (*f.*) word
  —s (*f.pl.*) lyrics
part (*f.*) share; part
  à — aside
  d'autre — on the other hand
  de la — de on the part of

de — et d'autre on both sides
ne... nulle — nowhere
quelque — somewhere
partagé(e) torn
partager to share
parti *(m.)* party
participe *(m.)* participle
particulier (-ère): hôtel particulier mansion
partie *(f.)* part
en grande — in large part
faire — de to be part of
partir to leave; to start out, to take off
à — de from
— vers to leave for
partition *(f.)* sheet music
partout everywhere
parure *(f.)* costume
parvenir to come
— jusqu'à nous to come down to us
pas not, no
ne... — encore not yet
ne... — non plus not . . . either; neither
ne... — not
pas *(m.)* step
passé *(m.)* past
passer to pass; to spend (time)
passe pour never mind about
— chercher to pick up
— dans to get into
— la mesure to exceed all bounds
se — to happen
se — de to do without
pasteur *(m.)* minister
patrimoine *(m.)* heritage
patron(ne) *(m./f.)* patron saint; boss
pauvre *(m./f.)* poor person
pauvre poor; low in fertility (soil)
le —! poor guy!
— diable poor guy
pauvreté *(f.)* poverty
pavé *(m.)* street; pavement; paving stone
payer to pay
pays *(m.)* country
Pays de Galles *(m.)* Wales
paysage *(m.)* landscape
paysagiste *(m.)* landscape artist
paysan(ne) *(m./f.)* peasant
peau (*pl.* **-x**) *(f.)* skin; hide
pêche *(f.)* fishing
péché *(m.)* sin
pêcheur *(m.)* fisher
se peigner to comb one' hair
peindre to paint
peine *(f.)* trouble
à — barely; scarcely
c'est à — si hardly
valoir la — to be worth it
peintre en bâtiment *(m.)* house painter
peinture *(f.)* painting
pèlerinage *(m.)* pilgrimage
pelouse *(f.)* lawn
se pencher (sur, à) to lean (over, on)
pendant during
pendentif *(m.)* pendant
pendre to hang
pendu(e) *(m./f.)* hanged person
pensée *(f.)* thought
penser to think
penseur (-euse) *(m./f.)* thinker
pensif (-ve) pensive
perception *(f.)* collection of taxes
perché(e) perched (high)
perdre to lose
périr to perish
permanente *(f.)* permanent
permettre to permit
permis de conduire *(m.)* driver's license
perruque *(f.)* wig
personnage *(m.)* character
personne: ne... — no one, nobody
— ne no one
personnel *(m.)* staff
perspective *(f.)* vista
perte *(f.)* loss
peser to weigh
peste *(f.)* plague
petit(e) small; short
petit jour dawn
petitesse *(f.)* small size
petit-fils *(m.)* grandson
peu: à — près more or less
c'est bien — de chose que nous we are of very little importance
— de little; few
un — (de) a little
peuplade *(f.)* tribe
peuple *(m.)* people
peuplier *(m.)* poplar
peur *(f.)* fear
avoir — (de) to be afraid (of)
de — que for fear that
peureux (-se) fearful
peut-être perhaps
phare *(m.)* lighthouse
photographe *(m./f.)* photographer
phrase *(f.)* sentence
physicien(ne) *(m./f.)* physician
pie *(f.)* magpie
pièce *(f.)* piece; room
— de monnaie coin
— de théâtre play
pied *(m.)* foot
à — on foot
coup de — kick
faire des —s de nez to thumb one's nose
mettre les —s sur to set foot on
—s nus barefoot
pierre *(f.)* stone
pieux (-se) pious, devout
pieux mensonge white lie
piller to pillage
pilule *(f.)* pill
pin *(m.)* pine tree
pinceau (*pl.* **-x**) *(m.)* paintbrush
pique *(f.)* lance
piqûre *(f.)* injection
faire une — to give an injection
pire (what is) worse
pistache *(f.)* pistachio nut
pitié *(f.)* pity; mercy
pittoresque picturesque
placé(e): mal — misplaced
plage *(f.)* beach
plaider to go to court
plaindre to pity; to feel sorry for
se — (de) to complain (about)
plainte *(f.)* grievance
plaire to please
plaît-il? I beg your pardon?
se — to like each other
plaisanter to joke
plaisanterie *(f.)* joke
plaisir *(m.)* pleasure
résidence de — pleasure house
plan: au premier — in the foreground
planche *(f.)* board
plaque *(f.)* sheet
— tectonique tectonic plate
plein(e) full
en plein air open-air; outdoors
pleurer to cry
pleuvoir to rain
pli *(m.)* fold
plombier *(m.)* plumber
pluie *(f.)* rain
plume *(f.)* feather
plus more
de — belle more and more
de — en — more and more
encore — even more
ne... jamais — never again
ne... pas non — not . . . either; neither
ne... — no longer, no more
— ... encore even more
— de more than
— tard later
plusieurs several
plutôt que rather than
pluvieux (-se) rainy
pneu *(m.)* tire
poche *(f.)* pocket
poésie *(f.)* poetry
poète *(m.)* poet
poids *(m.)* weight
poignée *(f.)* handful
poing *(m.)* fist
coup de — *(m.)* punch
point *(m.)* point
ne... — not at all
sur ce — at that moment
pointe *(f.)* point
— de flèche arrowhead

pointer to point
pointu(e) sharp
poisson *(m.)* fish
poitrine *(f.)* chest
poivre *(m.)* pepper
politique *(f.)* politics
— extérieure foreign policy
pomme *(f.)* apple
— de terre *(f.)* potato
pommier *(m.)* apple tree
pont *(m.)* bridge
porc *(m.)* pork; pig
porte *(f.)* door
portefeuille *(m.)* wallet
porter to carry; to wear; to bear
— en terre to bury
portière *(f.)* door
poser to pose
— une question to ask a question
possesseur (-euse) *(m./f.)* owner
pot *(m.)* pot
pouce *(m.)* thumb
poudre *(f.)* dust; gunpowder
poulaine: à la — with long, turned-up toes
poule *(f.)* chicken
poulet *(m.)* chicken
pour for
— cent percent
— et contre pro and con
— que so that
pourquoi why
pourri(e) rotten
poursuite *(f.)* chase
poursuivre to pursue; to go on
pourtant nevertheless, however, yet
pourvu que so long as; provided that
pousser to push; to spur; to grow; to drive
faire — to grow
— un cri to scream; to let out a cry
se laisser — to let grow
poussière *(f.)* dust
pouvoir *(m.)* power
pouvoir to be able to; can
prairie *(f.)* meadow
pré-romantisme *(m.)* preromanticism
précédé(e) de preceded by
précédent(e) preceding
précepteur (-trice) *(m./f.)* tutor
prêcher to preach
précieux (-se) precious
précipiter to throw
se — to rush; to move fast
préciser to make explicit
prédire to predict
préférer to prefer
premier (-ère) first
premier ministre prime minister
prendre to take
— conscience de to become aware of
— feu to catch fire
s'en — à to take it out on
s'y — to go about (a task)
préoccuper to preoccupy; to be on one's mind
se — to worry about
se préparer to prepare (for oneself)
près: à peu — more or less
— de near
presque almost
pressant(e) pressing
pressé(e) in a hurry
pression *(f.)* pressure
prêt(e) ready
prétendre to intend
prêtre *(m.)* priest
preuve *(f.)* proof
prévu(e) expected
prier to pray, to beg, to ask very politely
prière *(f.)* prayer
— de please
primeurs *(m.pl.)* early produce
principe *(m.)* principle
printemps *(m.)* spring
pris(e) caught; taken
prise *(f.)* taking, storming
prisé(e) prized
prisonnier (-ère) *(m./f.)* prisoner
fait(e) — taken prisoner
privé(e) private
prix *(m.)* price
à tout — at any cost
procédé *(m.)* process
procès *(m.)* trial; lawsuit
prochain(e) next
proche close
prodige: enfant — child prodigy
produire to produce
produit *(m.)* product
—s laitiers dairy products
profond(e) deep
profondément deeply
proie: en — à fallen prey to
promenade *(f.)* walk
faire une — to go for a walk
se promener to walk
promettre to promise
promontoire *(m.)* promontory
promulguer to proclaim
pronom *(m.)* pronoun
— accentué stress pronoun
— d'objet object pronoun
propagande *(f.)* propaganda
propager to disseminate
se — to spread
propice favorable
proposer to propose, to suggest
proposition *(f.)* clause
propre own; proper
sens — literal meaning
proprement dit(e) actual
propriété *(f.)* property
protégé(e) *(m./f.)* protégé
protéger to protect
provençal(e) *(m.pl.* **-aux***)* from Provence
provenir de to come from
provisoire provisional
proximité: à — de near
pseudonyme *(m.)* pseudonym
publicité *(f.)* advertising
puis then
puisque since
puissance *(f.)* power
puissant(e) powerful
punir to punish
pur(e) pure
purement purely
pureté *(f.)* purity
purgatoire *(m.)* purgatory

Q

quant à as for
quantité: des —s de a great number of
quart *(m.)* quarter
quartier *(m.)* neighborhood
que that, whom; what
ce — what
ne... — only
quel(le) which, what
n'importe — any
quelque(s) some
quelque chose something
quelque part somewhere
quelques-un(e)s some *(pron.)*
quelqu'un someone
querelle *(f.)* quarrel
quereller to argue
se — to quarrel
qu'est-ce que what
quête: faire une — to take up a collection
qui who, which, that
ce — what, that
— est-ce que whom
— est-ce — who
— que whoever
quitter to leave
quoi what
il n'y a pas de — you're welcome
— que whatever
quoique although
quotidien(ne) everyday, daily

R

raccourcir to shorten
racine *(f.)* root
raconter to relate, to tell; to tell of
raffiné(e) refined
raffinement *(m.)* refinement
se raffiner to become refined
raie *(f.)* streak; stripe
raison *(f.)* reason
avoir — to be right

raisonner to reason
rajeunir to get younger; to make young again
ralentir to slow down
ramasser to pick up
ramener to bring back
rameur (-euse) *(m./f.)* rower
ramper to crawl
rangée *(f.)* row
ranimer to rekindle
rappeler to remind
se — to recall, to remember
rapport *(m.)* relationship
rapporter to bring back, to take back, to return (something)
se rapprocher to come near
se raser to shave
rassembler to collect; to assemble
rassurer to reassure
rattacher to incorporate
ravi(e) delighted
ravir to delight
ravissant(e) beautiful
rayer to streak
rayon *(m.)* ray
réaliste realist; realistic
récemment recently
recette *(f.)* recipe
recevoir to receive; to entertain; to host
réchauffer to warm
recherche *(f.)* search
rechercher to track down
réciproque reciprocal
récit *(m.)* narrative; story; account
recommencer to begin again
récompense *(f.)* reward
se réconcilier to make up
reconduire to escort
reconnaissable recognizable
reconnaissant(e) grateful
reconnaître to recognize
reconstitution *(f.)* reconstruction
reconstruire to rebuild
recours: avoir — à to have recourse to
recouvrir to cover
recueil *(m.)* collection
reculer to retreat
récupérer to recover, to recoup
redoubler to increase
redouter to fear
se redresser to stand up again; to sit up straight
rééducation *(f.)* rehabilitation
réel(le) real
réfléchir to reflect
reflet *(m.)* reflection
refléter to reflect, to show
se réfugier to take refuge
refuser to refuse
se — to be declined
regard *(m.)* gaze
regarder to look, to watch
régence *(f.)* regency
régent(e) *(m./f.)* regent
régler to govern
règne *(m.)* reign
régner to reign
regretter to be sorry, to regret; to miss
reine *(f.)* queen
rejeter to reject
rejoindre to rejoin
se — to meet, to come together
se relever to get up again
relier to link
religieux voyageur *(m.)* itinerant friar
religion *(f.)* religion
— d'état state religion
reliquaire *(m.)* reliquary
relire to reread
remarquer to notice
remboursement *(m.)* reimbursement
remède *(m.)* remedy
remercier to thank
remettre to put back; to postpone; to hand over
se — to recover
rémission *(f.)* forgiveness
remmener to take back
remonter to get back on (a horse); to wind
— le cours d'une rivière to go upstream
— le cours du temps to go back in time
remplacer to replace
remplir to fill
remporter to take back; to win
remuer to move
rencontre *(f.)* meeting
rencontrer to meet
se — to meet
rendez-vous *(m.)* meeting place
se donner — to make a date
rendre to give back; to make; to render
— un service to do a favor
se — compte to realize
renommé(e) renowned
renouveler to renew
rentrer to go (come) home
renverser to knock over
renvoyer to send back; to fire
répandre to spread
répandu(e) strewn
réparer to repair; to make amends for
repas *(m.)* meal
répéter to repeat
se replier to withdraw
répliquer to retort
répondre to answer
repos *(m.)* rest
reposer to lie
se — to rest
repousser to repel; to grow back
reprendre to pick up; to take back; to take up again
— son travail to get back to work
réserver to hold in store
réservoir *(m.)* gas tank
résonance *(f.)*: **caisse de —** echo chamber
respiration *(f.)* breathing
respirer to breathe
ressembler à to resemble
restaurer to reinstate
reste *(m.)* remains
rester to remain, to stay
résultat *(m.)* result
rétablir to reestablish
retard: en — late
retenir to retain, to remember, to detain
— par cœur to memorize
retirer to withdraw
se — to withdraw
retour *(m.)* return
être de — to be back
retourner to go (come) back; to return; to turn around
retraite *(f.)* retreat
retrouver to find
se — to meet again
réuni(e)s together
réunion *(f.)* meeting
réunir to combine; to gather together; to collect
se — to meet
réussir to succeed
revanche *(f.)* revenge
rêve *(m.)* dream
se réveiller to wake up
revenir to come back, to return
révérence *(f.)* curtsey
faire une — to bow
réviser to review
revoir to see again
au — good-bye
riant(e) laughing
rideau (*pl.* **-x**) *(m.)* curtain
ridiculiser to mock
rien nothing
ne... — nothing
rime *(f.)* rhyme
rimer to rhyme
riposte *(f.)* response
riposter to answer back
rire to laugh
se — de to laugh at
risquer to risk
rivage *(m.)* shore
rive *(f.)* shore
rixe *(f.)* fight
robe *(f.)* dress
— de chambre dressing gown
robinet *(m.)* faucet
rocher *(m.)* rock, boulder
roi *(m.)* king
rôle *(m.)* role
romain(e) Roman

roman *(m.)* novel
— courtois medieval courtly romance
roman(e) Romance (language); Romanesque
romantisme *(m.)* romanticism
rompre to break
ronce *(f.)* bramble
rond(e) round
rose *(f.)* rose window
rose pink
roseau (*pl.* **-x**) *(m.)* reed
rôti *(m.)* roast
rôtir to roast
rôtisserie *(f.)* barbecue stand, stall
rouge red
rouge à lèvres *(m.)* lipstick
rougir to blush
rouiller to get rusty
rouleau (*pl.* **-x**) *(m.)* bolt
rouler to roll
route *(f.)* road
royaume *(m.)* kingdom
royauté *(f.)* royalty
ruban *(m.)* ribbon
ruche *(f.)* hive
rudement roughly; rudely
rue *(f.)* street
ruelle *(f.)* alley, small street
se ruiner to spend a fortune
ruisseau (*pl.* **-x**) *(m.)* gutter
rythmer to count out the syllables

S

sabot *(m.)* wooden shoe
sac *(m.)* handbag
— à dos *(m.)* knapsack
sacre *(m.)* coronation
sacré(e) sacred
sacrer to crown (a king)
sagesse *(f.)* wisdom
saisir to grab; to seize
saladier *(m.)* salad bowl
salaire *(m.)* wages
salarié(e) paid a salary
sale dirty
salière *(f.)* saltcellar
salique: loi — Salic law
salle *(f.)* hall; classroom
— à manger dining room
salon *(m.)* salon; drawing room
saluer to greet
salut hi
salut *(m.)* salvation; salute
salve *(f.)* salvo
sanctionner to approve
sang *(m.)* blood
à feu et à — ravaged
sanglant(e) bloody
sanglot *(m.)* sob
sans without
— doute probably
— que without
santé *(f.)* health
satisfait(e) satisfied
sauf except
sauvage *(m./f.)* savage
sauvage wild
sauvagerie *(f.)* savagery
sauver to save
se — to escape; to run away
savant *(m.)* scientist
savant(e) learned
savoir to know; to know how to
ça se sait everybody knows that
se — to be known
savon *(m.)* soap
savoureux (-se) tasty
scolaire school *(adj.)*
séance *(f.)* sitting
sec (sèche) dry
secouer to shake
secours *(m.)* help
seigneur *(m.)* lord; noble
sel *(m.)* salt
selle *(f.)* saddle
selon according to
semaine *(f.)* week
à la — by the week
semblable similar
semblant: faire — de to pretend to
sens *(m.)* meaning; sense; direction
— propre literal meaning
sensibilité *(f.)* sensitivity
sensible sensitive
sentiment *(m.)* feeling
sentir to feel; to smell
se — to feel
se séparer to disband
serment *(m.)* oath
serpenter to wind, curve
serrure *(f.)* lock
servir to serve
— à to be used for
serviteur *(m.)* servant
seuil *(m.)* threshold
seul(e) only, alone
un(e) — ... a single . . .
seulement only
sévère strict
sévérité *(f.)* severity
si if; so; whether; yes (in response to a negative)
siècle *(m.)* century
siéger to have its headquarters
sien(ne) his, hers; his/her own
siffler to blow
silex *(m.)* flint
simple: — d'esprit feebleminded
sino-américain(e) Chinese-American
sinueux (-se) winding
situation *(f.)* position
situer to place, to set
smoking *(m.)* tuxedo
sœur *(f.)* sister
soie *(f.)* silk
soif *(f.)* thirst
avoir — to be thirsty
soigner to take care of, to treat
soigneusement carefully
soin *(m.)* care
avoir — de to take care to
soir *(m.)* evening
ce — tonight
hier — last night
soirée *(f.)* evening
soit... soit either . . . or
sol *(m.)* soil; ground
soldat *(m.)* soldier
soleil *(m.)* sun
sombre dark, gloomy
somme *(f.)* sum
somme *(m.)* nap
sommeil *(m.)* sleep
sommet *(m.)* peak
son *(m.)* sound
sonner to ring; to sound; to strike (hour)
sorcier (-ère) *(m./f.)* sorcerer, witch
sornettes *(f.pl.)* foolish talk
sort *(m.)* chance; fate; luck
sorte *(f.)* kind, sort
de la — in this way
de — que so that
sortir to go out; to take out
sottise *(f.)* foolishness
sou *(m.)* penny
souci *(m.)* worry, care; concern
soucoupe volante *(f.)* flying saucer
soudain suddenly
souffler to blow
souffleter to slap
souffrance *(f.)* suffering
souffrir to suffer
souhait *(m.)* wish
souhaiter to wish
soulager to relieve
soulier *(m.)* shoe
soumettre to submit
soumis(e) subject; obedient
nous sommes — à ton désir your wish is our command
soupçonner to suspect
soupir *(m.)* sigh
soupirer to sigh
sourcil *(m.)* eyebrow
sourire *(m.)* smile
sourire to smile
souris *(f.)* mouse
sous under
soutenir to support
souterrain(e) underground
soutien *(m.)* support
souvenir *(m.)* memory; memento
en — de in memory of
se souvenir de to remember
souvent often

station-service *(f.)* gas station
strophe *(f.)* stanza, verse
stupéfait(e) aghast
stylo *(m.)* pen
subir to undergo
succéder to follow after
sud *(m.)* south
suffire to suffice
il suffit de all it takes is
suffisant(e) sufficient
suisse Swiss
suites *(f.pl.)* what came next
suivant(e) following
suivre to follow
sujet *(m.)* subject
au — de about
supérieur(e) upper
supplier to beg
suppôt *(m.)* henchman
supprimer to do away with; to remove
sûr(e) sure, certain
bien sûr of course
surmonté(e) par surmounted by
surmonter to rise above
surnaturel(le) supernatural
surnom *(m.)* nickname
surprendre to surprise
surtout especially
surveiller to watch
survivre to survive
suspendre to stop
symétrique symmetrical
sympa nice
syndicat *(m.)* labor union

T

tabatière *(f.)* snuffbox
table *(f.)* table
se mettre à — to sit down to eat
tableau (*pl.* **-x**) *(m.)* chalkboard; painting
taille *(f.)* size
tailleur *(m.)* tailor
se taire to be quiet, to stop talking
tambour *(m.)* drum
tandis que while
tant so, so much, so many
— de so much, so many
— que to such an extent that
tapis *(m.)* carpet
tapisserie *(f.)* tapestry
taquiner to tease
tard late
plus — later
te you, to you, for you
teindre to dye
teint *(m.)* complexion
— brun dark complexion
tel(le) que as, such
tempête *(f.)* storm
temps *(m.)* time
en même — at the same time
jamais nul — never ever
tendre to offer
tendre gentle; delicate
tendresse *(f.)* love
ténèbres *(f.pl.)* darkness, shadows
tenir to hold; to hold out
se — to stay; to stand
se — debout to stand
— à to be anxious to; to be fond of
tenu(e) maintained
terminaison *(f.)* ending
terminer to finish
se — to end
ternir to tarnish
terrain de jeu *(m.)* playground
terre *(f.)* earth; land
par — on the ground
porter en — to bury
Terre Sainte Holy Land
tremblement de — earthquake
testament *(m.)* will
tête *(f.)* head
têtu(e) stubborn
théâtre *(m.)* theater
tien/tienne/tiens/tiennes yours
tiens! say! well!
tiers (tierce) third
Tiers-État *(m.)* Third Estate (the common people)
tige *(f.)* stalk
timide timid; shy
tiré(e) de derived from; taken from
tirer to pull; to draw out; to shoot; to pull out
tireur (-euse) *(m./f.)* shooter
tiroir *(m.)* drawer
tisser to weave
tissu *(m.)* cloth
titre *(m.)* title
toi you; to you
toile *(f.)* cloth; canvas
toilette *(f.)* washing and dressing
toit *(m.)* roof
tolérer to tolerate; to endure
tombe *(f.)* tomb; grave
tombeau (*pl.* **-x**) *(m.)* tomb
tomber to fall
laisser — to drop
— amoureux (-se) to fall in love
— aux mains de to fall into the hands of
tome *(m.)* volume
tort *(m.)* error
avoir — to be wrong
faire — à to work against
tôt early
plus — earlier, before
touche *(f.)* key
toucher *(m.)* touch
toucher to touch; to border (on)
toujours always; still
tour *(f.)* tower
— d'assaut assault tower
— de guet watchtower
tour *(m.)* ride, turn; trick
à chacun son — each one in turn
à son — in his/her turn
— à bicyclette bike ride
— à — in turn
— du monde round-the-world trip
tourner to turn
tous/toutes *(pron.)* all
tousser to cough
tout *(adv.)*: **— à coup** suddenly
— à fait quite
— à l'heure in a minute
— de bon seriously
— en + *part. prés.* while
tout/toute/tous/toutes *(adj.)* all; every; each; whole
tout le monde everyone
tous (toutes) les deux both
traduire to translate
trahir to betray
trahison *(f.)* betrayal
train *(m.)* train
être en — de to be in the process of
traîner to drag; to pull
traité *(m.)* treaty
traiteur *(m.)* caterer
trame *(f.)* plot
tranchée *(f.)* trench
transmettre to transmit
transport *(m.)* transportation
travail (*m.; pl.* **-aux**) work
travailler to work
— la terre to cultivate the land
traverser to cross; to span
tremblement de terre *(m.)* earthquake
trembler to tremble, to shake, to shiver
trésor *(m.)* treasure; treasury
tréteau (*pl.* **-x**) *(m.)* trestle
tribu *(f.)* tribe
tribunal *(m.)* courthouse
tricher to cheat
triste sad
tristesse *(f.)* sadness
tromper to cheat, to cheat on
se — to be mistaken
se — de to take (make, choose, etc.) the wrong (+ noun)
trompeur (-se) *(m./f.)* cheater
trône *(m.)* throne
tronqué(e) truncated
trop too
trottoir *(m.)* sidewalk
trou *(m.)* hole
troupe *(f.)* troop
troupeau (*pl.* **-x**) *(m.)* herd
trouver to find
se — to be located; to be found; to find oneself
tuer to kill
tuyau (*pl.* **-x**) *(m.)* pipe
type *(m.)* guy

U

un: l'un... l'autre one . . . the other
uni(e) united
unique: enfant — only child
unité *(f.)* unit (of measure)
usage *(m.)* use
usé(e) worn
eaux usées waste water
usine *(f.)* factory
utile useful
utiliser to use

V

vacances *(f.pl.)* vacation
vache *(f.)* cow
vagabondage *(m.)* wandering
vagissement *(m.)* wailing
vague *(f.)* wave
vaincu(e) defeated
vainqueur *(m.)* victor
vaisseau (*pl.* **-x**) *(m.)* vessel
vaisselle *(f.)* dishes
faire la — to do the dishes
val *(m.)* hollow, small valley
valeur *(f.)* value, asset
valoir to be worth
il vaut mieux que it is better that
— bien to be well worth
— la peine to be worth it
— mieux to be better
vapeur *(f.)* steam
machine à — steam engine
veau (*pl.* **-x**) *(m.)* calf; veal
vedette *(f.)* star; motorboat
véhiculaire: langue — common language
veille *(f.)* eve
veine *(f.)* vein
vendre to sell
se — to be sold
venir to come
les siècles à — centuries to come
— chercher to pick up
— de to have just
vent *(m.)* wind
dans le — "in," all the rage
vente *(f.)* sale
bureau de — sales office
mettre en — to put up for sale
ventre *(m.)* belly
verbe *(m.)* verb
— s pronominaux pronominal verbs
verdure *(f.)* greenery
verglas *(m.)* slippery ice
véritable true, real
vérité *(f.)* truth
à la — in truth
verre *(m.)* glass
vers *(m.)* line of verse
vers *(prep.)* toward; around
versant *(m.)* side
verser to pour
vert(e) green
vertu *(f.)* virtue
vêtements *(m.pl.)* clothing
vêtu(e) dressed
viande *(f.)* meat
victoire *(f.)* victory
victorieux (-se) victorious
vide *(m.)* emptiness
vide empty
vider to empty
vie *(f.)* life; living
vieillesse *(f.)* old age
vieillir to grow old
Vierge *(f.)* Virgin Mary
vieux/vieille/vieux/vieilles old
mon vieux buddy, "man"
vif (vive) bright (color); alive
vignoble *(m.)* vineyard
vigueur *(f.)* strength
ville *(f.)* city
vin *(m.)* wine
vingtaine *(f.)* about twenty
violemment violently
violent(e) violent; forceful
visage *(m.)* face; expression
le — congestionné red in the face
viser to aim (at)
vite fast, quickly
vitesse *(f.)* speed
vitrail (*pl.* **-aux**) *(m.)* stained-glass window
vitré(e) glazed
vivant(e) alive
vivre to live
voguer to sail
voici here is, here are
voilà there is, there are
— une heure qu'il danse he's been dancing for an hour
voile *(f.)* sail
voile *(m.)* veil
voir to see
ça se voit that's obvious
se — to be seen
voisin(e) *(m./f.)* neighbor
voiture *(f.)* car
voix *(f.)* voice
vol *(m.)* theft; flight
voler to steal; to rob; to fly
voleur (-se) *(m./f.)* thief
volontaire *(m./f.)* volunteer
volonté *(f.)* will
volontiers gladly
vomir to vomit
vôtre/vôtres *(pron. poss.)* yours
vouloir to want (to)
vous you; to you, for you
voûte *(f.)* vault
voyant(e) *(m./f.)* seer
vrai *(m.)* truth
à — dire as a matter of fact
vrai(e) real; true
vraiment really
vraisemblable probable
vue *(f.)* eyes; meeting; sight; view
vulgaire common, vernacular

Y

y there; about it/them
y compris including
yeux *(m.pl.)* (*sing.* **œil**) eyes
les — bandés blindfolded

Index grammatical

Acknowledgments

We wish to express our appreciation to the numerous individuals throughout the United States who have advised us in the development of these teaching materials. Special thanks are extended to the people whose names appear here.

Linda Allen
Triton Regional Junior/Senior High School
Byfield, Massachusetts

Robert Ballinger
Worthington Kilbourne High School
Worthington, Ohio

Susan Coleman
Northridge, California

Sandra Evin
Salt Lake City, Utah

Jean Holtzclaw
Concord, North Carolina

Professor Christine Hoppe
University of New Hampshire
Rollinsford, New Hampshire

Zoe Koufopoulos
Santa Monica High School
Santa Monica, California

Credits

Cover: Musée Condé, Chantilly, Pol de Limbourg, *Très Riches Heures du Duc de Berry:* May (Palace of Riom, Fol. 5v) photo Giraudon/Art Resource, NY.

Agence Top: 175 J. C. Pinheira; 219(T) Petremand; 219(B), 222(M) Rosine Mazin; 347 © Ha Segalen. From *America Explored* by Adrian Johnson, A Studio Book, The Viking Press, NY, 1974: 222(TI-2). Archives Nationales, Paris: 87(TI) photo Giraudon/Art Resource, NY. The Art Institute of Chicago: 318 Gustave Caillebotte, French, 1848–1894. *Paris Street, Rainy Day.* Oil on canvas, 1876/77, 212.2 x 276.2 cm., Charles H. and Mary F. S. Worcester Collection, 1964. 336 Photo © 1995, The Art Institute of Chicago. All Rights Reserved. Eugene Berman: 229. The Bettmann Archive: 121(B); 122(T); 257(TI-2); 259. Biblioteca Nazionale Marciana, Venice: iv(B); 79. Bibliothèque de l'Arsenal, Paris: 163; 99 photos Bulloz; 117(B) photo Giraudon/Art Resource, NY. Bibliothèque municipale, Cambrai: 28(L) (Ms. 386). Bibliothèque Nationale de France, Paris: iv(T); v; 25; 26(TI-3); 29(R); 54(TI-2); 55(BL); 61; 62; 77; 85(B); 88; 89; 111; 120(TI-2, detail); 129; 133; 231; 254; 257(TI detail); 260; 265; 271; 291(TI); 293(T) © Cliché Bibliothèque Nationale de France; 165; 192; 255; 291 photos Giraudon/Art Resource, NY; 124; 225; 236 photos Bulloz. Michael P. Blatty: 297(B); 313. By permission of The British Library, London: 73 (Royal 14C VII folio 8v.); 86(B) (Ms. Royal 16G VI folio 442). © British Museum: 33. Anne S. K. Brown Military Collection, Brown University: 294. © Bullaty/Lomeo: 2(B); 3(TI-2); 14; 68; 259(B). Canadian Museum of Civilization, Quebec: 237. Centre Guillaume Le Conquérant, Bayeux. Tapisserie de Bayeux: 55(TI); 56(T, B); 57; 82(BL); 83(BR). Centre Régional de Documentation Pédagogique de Dijon: 34; 41(L) photos H. Guénégo. Chalons-sur-Marne: 270 photo Bulloz. Chartres Cathedral: 116(B) photo Bulloz; 117(TL) photo Scala/Art Resource, NY. Château/Musée de Compiègne: 321(B, detail) photo Giraudon/Art Resource, NY. Château/Musée de Malmaison: 291 photo Giraudon/Art Resource, NY; Châteaux/Musée de Versailles et de Trianon: 154; 176; 187; 223(BL) photos R. M. N.; 125; 150; 156; 180; 183(B); 221(T); 221(B); 223(MR); 226(detail); 232; 252(T); 257(TI-1, detail); 290(TI-1); 317 photos Giraudon/Art Resource, NY; 319(B); 320(TL-1, detail) photos Bulloz. David Cunningham: 121(TI). Das Domkapitel, Domschatzkammer, Aachen: 58(B). Dumbarton Oaks, Washington, D.C.: 35. Éditions Albert René, 1996: 50; 51. Éditions de Minuit, Paris, © 1958: 361. Explorer/F. Jalain: 55 (MR). FPG International Corp.: 46 © Daniel Phillips; 343 © Michael Hart. Giraudon/Art Resource, NY: iii; 2(ML); 3(TI-1); 24; 92; 93; 98; 300; 341. The Granger Collection, New York: 48; 119; 120(ML); 195; 220; 223(TI); 256(TI-1,2, details); 256(M); 261; 262(detail); 290(TI-3); 337; 348(TI-1, detail). Hermitage Museum, St. Petersburg: 218(B). The Image Bank, Inc.: 147 © 1992 Luis Castañeda; 244; 247 © Garry Gay; 304 © John Kelly; 351(T) © Alain Choisnet; 357 © Hans Wolf. © Keystone, Paris/Sygma: 349(B); 358. Kunsthistorisches Museum, Vienna: 149(B). Life Magazine © Time Inc.: 59 photo Dmitri Kessel. McGraw-Hill Publishers: 12 Curt Fischer; 83(T); 186(TI-2); 216. Maison de Victor Hugo: 331 photo Bulloz. Marianne Majerus: 215. Musée de l'Armée, Paris: 296(detail); 297(T); 321(TI detail); 321(M). Musée de la Cathedrale, Reims: 53 photo Bulloz; 85(T) photo Scala/Art Resource, NY. Musée Condé, Chantilly: 63; 65; 84; 131; 184; 321(TI-3, detail); 322. © Musée de Grenoble: 139; 310 photo R. M. N. Musée de Cluny, Paris: 148 photo Giraudon/Art Resource, NY. Musée departemental, Rouen: 38 photo Giraudon/Art Resource, NY. Musée Goya, Castres: 52 photo Giraudon/Art Resource, NY. Musée du Louvre, Paris: 74 D. Arnaudet; 169; 185; 222(TI-3) photos © R. M. N.; 54(B) © Erich Lessing; 118; 149(T); 152(ML); 153(M); 182; 186(M); 193 © Erich Lessing; 218; 286; 290; 290(TI-2, detail); 329 photos Giraudon/Scala/Art Resource, NY. Musée de Mâcon: 306 photo Ville de Mâcon. Musée Marmottan, Paris: 344 photo Giraudon/Art Resource, NY. Musée du Moyen Age—Thermes de Cluny, Paris: 136 photo Giraudon/Art Resource, NY. Musée National d'Art Moderne, Paris: 368(T); 369(T detail); 369(B) © Erich Lessing, photos Giraudon/Art Resource, NY. Musée Nationaux, Paris: 288 photo Giraudon/Art Resource, NY. Musée d'Orsay, Paris: viii(detail); 292 photo R. M. N.; 327; 345(TR) photo Giraudon/Art Resource, NY. Musée Rennes: 183 photo Scala/Art Resource, NY. Musée Royaux des Beaux-Arts, Brussels: 287(B) photo Giraudon/Art Resource, NY. Musée Toulouse-Lautrec, Albi: 338 photo Giraudon/Art Resource, NY. Musées de la Ville de Paris/Carnavalet © SPADEM 1996: 224; 275; 166; 168; 190; 199; 235; 253(T); 253(B); 257(B); 258; 275; 287(T) photos Giraudon/Art Resource, NY; 252(T), 267 photos Bulloz. Courtesy Museum of Fine Arts, Boston: 345(TL) Pierre Auguste Renoir, French 1841–1919, *Dance at Bougival,* 1883, Oil on canvas, 181.8 x 98.1 cm., Picture Fund. The Museum of Modern Art, New York: 362 Henri Matisse, *Piano Lesson,* Issy-les-Moulineaux (late summer 1916). Oil on canvas, 8 1/2" x 6' 11 3/4". Mrs. Simon Guggenheim Fund. Photo © 1996 The Museum of Modern Art, NY, © 1996 Succession H. Mattisse/Artists Rights Society NY; 368(B) Pablo Picasso, *Three Musicians.* Fontainebleau, summer 1921. Oil on canvas, 6' 7" x 7' 3 3/4". Mrs. Simon Guggenheim Fund. Photo © 1994 The Museum of Modern Art, NY, © 1996 Succession Pablo Picasso/Artists Rights Society NY; 345(B) Vincent Van Gogh, *The Starry Night.* (1889) Oil on canvas, 29" x 36 1/4". Acquired through the Lillie P. Bliss Bequest. Photo © 1995 The Museum of Modern Art, NY. The Newberry Library, Chicago: 189; 320(M); 321(TI-2); 336. The New York Public Library: 222(TI-1); 241. Orleans Museum: 91 photo Bulloz. Osterreichische Nationalbibliothek, Vienna: 293(B). Panoramic Images: 351 © 1995 Mark Segal. Photo Researchers: 3(B) © John Moss. © 1995 The Pierpont Morgan Library, New York: 69 (M.87, f.410V). Rodica Prato: 1(B); 6; 8. Public Archives of Canada: 249. Rapho: vi; 151 photo Dehesdin; 201 © F. Ancellet; 324. Rodin Museum, Paris: 181 photo Art Resource, NY, © Gian Berto Varni. Wayne Rowe: ix; 7(T); 7(B); 9; 10; 11; 15; 16; 17; 21; 22(T); 26(B); 27(TI-2); 27(B); 28(R); 29(L); 31; 32; 36; 37; 39; 41(R); 43; 44; 45; 49; 81; 82(TR); 86(TI-1, 2, 3); 87(M, B); 97; 104; 105; 106; 108; 109; 112; 115; 116(T); 117(TR); 120(TI-3); 120(B); 121(M); 123; 127; 130; 137; 141; 142; 144; 152(TI-2); 153(TI-1); 167; 173; 179; 206; 209; 210; 212; 263; 266; 269; 278; 279; 284; 285; 295; 301; 315; 319(T); 332; 340; 346; 348(TI-2); 349(TI-2); 350(T); 352(T); 364; 365. Mario Ruspoli/Amicare Pizzi: x; 152(TI-1, 2). Seabright Studio: 2(TI-2); 134. The Smithsonian Institution, National Numismatic Collection: 289. Staatsbibliothek zu Berlin, Preublischer Kulturbesitz: 66. Staatliche Antikensammlungen, Munich (Studio Koppermann): 26(TI-2). The Stock Market: 217 © Bryan F. Peterson. Stock Montage, Inc.: 122(B); 314. © Tony Stone Images, Inc.: 251 Rosanne Olson; ix, 326 Tony Craddock; 339 Glen Allison; 342, 352(B) John Lawrence; 354 Patrick Ingrand. Sygma: 22(B); 23(T); 23(B); 349(TI-3) © Bernard Bisson; 356. Underwood Photo Archives: 348(M). UPI/Bettmann: 348(B); 349(TI-1); 349(M). © Collection Viollet, Paris: 95; 102; 103; 126; 128; 158; 196; 323(T, B). Wallace Collection, London: 187(TI-2, detail); 188(detail). Woodfin Camp & Associates, Inc.: 178 © Adam Woolfitt. Leo De Wys Inc.: 86(ML) Jon Hicks.